Wilhelm Wundt
Reden und Aufsätze

Wundt, Wilhelm: Reden und Aufsätze
Hamburg, SEVERUS Verlag 2011.
Nachdruck der Originalausgabe von 1913.

ISBN: 978-3-86347-020-3

Druck: SEVERUS Verlag, Hamburg, 2011

Der SEVERUS Verlag ist ein Imprint der Diplomica Verlag GmbH.

Bibliografische Information der Deutschen Nationalbibliothek:
Die Deutsche Nationalbibliothek verzeichnet diese Publikation in der Deutschen Nationalbibliografie; detaillierte bibliografische Daten sind im Internet über http://dnb.d-nb.de abrufbar.

© **SEVERUS Verlag**
http://www.severus-verlag.de, Hamburg 2011
Printed in Germany
Alle Rechte vorbehalten.

Der SEVERUS Verlag übernimmt keine juristische Verantwortung oder irgendeine Haftung für evtl. fehlerhafte Angaben und deren Folgen.

seVERUS
  verlag

Vorwort des Verlegers

Verehrter Leser,

der SEVERUS Verlag hat es sich zur Aufgabe gemacht, ausgewählte vergriffene Schriften aus dem letzten Jahrtausend wieder zu verlegen. Der schriftlich festgehaltene Teil der Vergangenheit, von Menschen aus der entsprechenden Zeit verfasst, wird so für die Zukunft bewahrt und wieder einer breiten Leserschaft zugänglich gemacht.

Gerade in unserem, dem sogenannten digitalen Zeitalter, ist die Gefahr der Vernichtung und vor allem der Verfälschung von Quellen so groß wie bisher in keiner anderen Phase der Neuzeit. Die Bibliotheken sind gezwungen, mit immer geringeren Budgets zu haushalten und können den Interessierten nicht mehr oder nur noch selten den Zugang zu den Schriftstücken im Original gewähren. Die Anzahl antiquarischer Bücher sinkt aufgrund des altersbedingten Verfalls, der unvermeidbaren Zerstörung durch Unfälle und Naturkatastrophen sowie des Abhandenkommens durch Diebstahl stetig. Viele Titel verschwinden zudem in den Regalen von Sammlern und sind für die Allgemeinheit nicht mehr zugänglich. Das Internet mit seinem vermeintlich unbegrenzten Zugriff auf Informationen stellt sich immer mehr als die große Bedrohung für Überlieferungen aus der Vergangenheit heraus. Die Bezugsquellen der digitalen Daten sind nicht nachhaltig, die Authentizität der Inhalte nicht gewährleistet und die Überprüfbarkeit der Inhalte längst unmöglich. Die Digitalisierung von Bibliotheksbeständen erfolgt meist automatisiert und erfasst die Schriften häufig lückenhaft und in schlechter Qualität. Die digitalen Speichermedien wie Magnetplatten, Magnetbänder oder optische Speicher haben im Gegensatz zu Papier nur einen sehr kurzen Nutzungszeitraum. Langzeiterkenntnisse liegen nicht vor oder bestätigen die kürzere Haltbarkeit wie bei der Compact Disc.

Der SEVERUS Verlag verlegt seine Bücher klassisch als Buch in Papierform broschiert, teilweise auch als hochwertiges Hardcover und als digitales Buch. Die Aufbereitung der Originalschriften erfolgt manuell durch fachkundige Lektoren. Titel in Fraktur-Schrift werden in moderne Schrift übersetzt und oft nebeneinander angeboten. Vielen Titeln werden Vorworte von Wissenschaftlern und Biographien der Autoren vorangestellt, um dem Leser so den Zugang zum Dokument zu erleichtern.

Gerne nehmen wir auch Ihre Empfehlung zur Neuauflage eines vergriffenen Titels entgegen (kontakt@severus-verlag.de).

Viel Freude mit dem vorliegenden SEVERUS Buch wünscht
Björn Bedey,
Verleger

Vorwort.

Die Reden und Aufsätze, die dieser Band enthält, sind zu verschiedenen Zeiten und bei sehr verschiedenen Anlässen entstanden. Gleichwohl hofft der Verfasser, daß sie in den Augen des Lesers nicht als ein zufälliges Aggregat erscheinen, sondern in der annähernd chronologischen Ordnung, in der sie in diese Sammlung aufgenommen sind, der geistigen Einheit nicht ganz entbehren. Es sind durchweg historisch gerichtete Betrachtungen allgemeiner Art, Rückblicke auf die Geschichte der Wissenschaft, Schilderungen gegenwärtiger Zustände und Vorausblicke in die Zukunft, die diese Sammlung vereinigt. Zwei festliche Reden leiten die Sammlung ein und schließen sie ab: die erste mit einer Rückschau auf das vergangene Jahrhundert, das klarer vielleicht als irgend ein anderes Zeitalter den Zusammenhang zwischen Leben und Wissen vor Augen führt; die letzte mit einer Rückschau auf ein halbes Jahrtausend, wie es in den Schicksalen einer einzigen geistigen Bildungsstätte sich spiegelt und von der Gegenwart aus zu Forderungen berechtigt, die unser heutiges Leben der Wissenschaft der Zukunft entgegenbringt. Einem festlichen Anlaß verdankt auch das zweite Stück der Sammlung seine Entstehung. Aber im Gegensatz zu den Kämpfen der jüngsten Vergangenheit, als deren treibendes Motiv in Leben und Wissenschaft die Eingangsrede die allmähliche Überwindung des Individualismus der Aufklärungszeit durch die im neunzehnten Jahrhundert sich regenden Triebfedern eines neuen Staatsgefühls und einer neuen Humanität nachzuweisen sucht, möchte die zweite eine Ergänzung dieses geschichtlichen Bildes geben, indem sie die der Gegenwart gestellte Aufgabe einer Neubegründung der Ethik im Sinne der praktischen politischen und humanen Ideale unserer Zeit vor Augen führt.

Mehr abseits von diesen die Sammlung eröffnenden und schließenden Reden liegen die folgenden Aufsätze, von denen der erste, über die Metaphysik in Vergangenheit und Gegenwart, die seit alter Zeit oft gehörte und doch immer wieder neu angestimmte Verkündigung des bevorstehenden oder bereits glücklich erreichten Endes der Metaphysik teils geschichtlich teils kritisch zu beleuchten unternimmt. Der Satz, daß es nichts absolut Neues unter der Sonne gibt, und daß insonderheit in der Philosophie alte Anschauungen in wenig verwandelter Gestalt immer von neuem wiederkehren, kann freilich nachgerade als eine Binsenwahrheit gelten. Insofern macht daher diese Arbeit keinen Anspruch darauf, dem Leser etwas Neues zu sagen. Immerhin wird es vielleicht von Interesse sein zu sehen, welch überraschende Ähnlichkeit in den Anschauungen heutiger Metaphysiker mit denen längst vergangener philosophischer Systeme im Lichte vergleichender Geschichtsbetrachtung zutage tritt. Der objektive Beobachter darf sich dabei allerdings durch den Umstand nicht stören lassen, daß die Metaphysiker neuesten Datums in der Regel nicht zu den sogenannten Philosophen vom Fach gehören, sondern vornehmlich aus den Reihen der Naturforscher hervorgegangen sind und sich selbst für überzeugte Gegner der Metaphysik ausgeben. Eine gewisse Analogie zu diesem Verhältnis der bewußten Metaphysiker zu den unbewußten bietet übrigens, in eine überindividuelle Sphäre übertragen, dasjenige des noch völlig unphilosophischen, naiv sein mythologisches Weltbild in die Wirklichkeit hinübertragenden primitiven Menschen zu der späteren Philosophie. Dieses Verhältnis sucht der folgende Aufsatz in einigen Umrissen zu schildern. Gewiß kann der Unterschied der Erkenntnisstufe auf beiden Seiten kaum größer gedacht werden, und doch reichen unverkennbar mannigfache Beziehungen von einer Seite zur andern hinüber. An diese Gegenüberstellung unserer gegenwärtigen philosophischen Strömungen und der einem weit zurückliegenden Zeitalter angehörigen Philosophie schließt sich in dem Aufsatz über die Psychologie im Anfang des 20. Jahrhunderts ein weiteres geschichtliches Bild, das an einem konkreten Beispiel die fruchtbare Wechselwirkung, die verschiedene Gebiete wissenschaftlicher Forschung aufeinander ausüben können, zu schildern sucht. Die vorliegende Skizze will dies vor allem an dem Ursprung der neueren experimentellen Psychologie aus der Physiologie und an der Entstehung der Völkerpsychologie aus dem Zusammenwirken gewisser Geisteswissenschaften dartun. Noch ist der Kampf der Meinungen um die Stellung dieser neuen Gebiete nicht ganz erloschen. Vielleicht kann aber dieser Kampf gerade darin als ein charakteristisches Symptom der Gegenwart gelten, daß die Gegner der experimentellen Psychologie hauptsächlich den Reihen jener Philosophen angehörten und zum Teil noch angehören, die der Philosophie ein eigenstes Gebiet spekulativer Betrachtung, fernab von dem Kontakt mit der Gesamtheit der andern Wissenschaften, wahren möchten. Sehr im Gegensatz zum größten Philosophen der deutschen Vergangenheit: zu Leibniz.

Leibniz und Fechner, der Staats- und Weltmann und der bescheidene, in stiller Zurückgezogenheit seiner Gedankenarbeit lebende Gelehrte, — ein größerer Kontrast nicht bloß der äußeren Stellung, sondern fast mehr noch der geistigen

Eigenart, wie er zwischen diesen beiden, anscheinend nur durch den Boden der gemeinsamen sächsischen Heimat verbundenen Männern besteht, läßt sich kaum denken. Und doch fehlt es beiden Persönlichkeiten, mit denen sich der sechste und siebente der folgenden Beiträge beschäftigt, nicht an jener »Coincidentia oppositorum«, in welcher der größere unter ihnen ein Zeugnis der universellen Harmonie erblickte, die der leitende Gedanke seiner wissenschaftlichen wie religiösen Überzeugungen war. Bewundern wir in Leibniz die nie wieder erreichte Verstandesklarheit, die über alle Gebiete des Globus intellectualis ihr Licht verbreitet, so fühlen wir uns wohl bei dem späteren Denker und Dichter von der Kühnheit phantasievoller Bilder hingerissen, in denen er Natur und Geist, Diesseits und Jenseits nicht weniger wie der Führer der deutschen Verstandesaufklärung, wenngleich auf so ganz andere Weise zu einer harmonischen Einheit zu verbinden strebt. Und doch ist Leibniz, vor dessen Auge sich die Schatten des Geheimnisvollen überall zu verflüchtigen scheinen, im tiefsten Grunde mit seinen philosophischen Überzeugungen in den Gedanken jener alten deutschen Mystik verankert, deren Ziel, wie das seine, die Verbindung von Glauben und Wissen war; und durch eine wunderbare Verkettung der Gedanken und Geschicke wird Fechner aus dem mystischen Naturphilosophen, der er gewesen und im Grunde immer geblieben ist, zum Begründer exakter Messungsmethoden der empirischen Psychologie.

Leipzig, 20. November 1912.

W. Wundt.

Inhalt.

	Seite
Über den Zusammenhang der Philosophie mit der Zeitgeschichte	1
Über das Verhältnis des Einzelnen zur Gemeinschaft	36
Die Metaphysik in Vergangenheit und Gegenwart	66
Die Philosophie des primitiven Menschen	119
Die Psychologie im Anfang des zwanzigsten Jahrhunderts	163
Gottfried Wilhelm Leibniz	232
Gustav Theodor Fechner	254
Die Leipziger Hochschule im Wandel der Jahrhunderte	344

I.
Über den Zusammenhang der Philosophie mit der Zeitgeschichte.[1)]

Eine Zentenarbetrachtung.

Wenn die akademische Sitte dem Rektor des neuen Universitätsjahres die Pflicht auferlegt, mit einem Vortrag aus seinem besonderen Lehrgebiet sein Amt anzutreten, so wird dem einzelnen diese feierliche Gelegenheit zumeist ein willkommener Anlaß sein, um auf solche Aufgaben und Ergebnisse der ihm anvertrauten Wissenschaft hinzuweisen, die durch ihren hervorragenden praktischen Wert ein allgemeineres Interesse erheischen. Leicht wird es dem Vertreter einer Einzelwissenschaft, solch berechtigtem Wunsche zu genügen. Ist es doch die Vorbereitung zu einem der Allgemeinheit dienenden Lebensberuf, in der alle Fachwissenschaften schließlich zu einem gemeinsamen Zweck sich vereinigen. Die Philosophie muß, wie es scheint, diesem Vorteil entsagen. Ohne sichtbaren äußeren Nutzen, nur einem intellektuellen Bedürfnisse dienend, scheint sie einsam ihren Weg zu verfolgen. Begreiflich daher, daß sie in unserer die Ausbildung nutzbringender Fähigkeiten über alles schätzenden Zeit wohl manchem als ein Überlebnis aus vergangenen Tagen gilt, an dessen Stelle

---

[1)] Rede, gehalten beim Antritt des Rektorates am 31. Oktober 1889 in der akademischen Aula zu Leipzig (Deutsche Rundschau, Jahrg. 1890).

2 Über den Zusammenhang der Philosophie mit der Zeitgeschichte.

für die Gegenwart Naturwissenschaft und Geschichte getreten seien. Unter den Philosophen selbst aber ist die Vorstellung noch immer nicht ausgestorben, Philosophie sei eine, über allem Wechsel der Zeiten erhabene, von allen äußeren Einflüssen unabhängige Betrachtungsweise der Dinge, entweder, wie die Urheber der spekulativen Systeme im Anfang des 19. Jahrhunderts glaubten, dazu bestimmt, über alle anderen Wissenschaften zu herrschen, oder, wie einer der populärsten Denker der jüngsten Vergangenheit bescheidener sich ausdrückte, entsprungen aus dem Privilegium des menschlichen Geistes, Nutzloses hervorzubringen.

Ich teile weder die eine noch die andere dieser Meinungen. Mag unsere Wissenschaft an unmittelbarer Bedeutung für die einzelnen Fragen des intellektuellen Interesses und des praktischen Nutzens zweifellos hinter der Gesamtheit der besonderen Wissensgebiete zurücktreten, so steht sie, wie ich glaube, in einer um so innigeren Verbindung mit dem geistigen Leben im ganzen, dergestalt, daß die philosophischen Ideen überall von der allgemeinen geschichtlichen Entwicklung getragen sind und nicht selten ihrerseits wieder bestimmend auf diese zurückwirken. Der hauptsächlichste Wert der Geschichte der Philosophie scheint mir daher darin zu liegen, daß die philosophischen Ideenentwicklungen ebensowohl ein Abbild des geistigen Lebens der verschiedenen Zeitalter sind, wie sie einen fortlaufenden Kommentar zu ihm bilden. Denn indem die Philosophie auch die dunkleren Stimmungen und Strebungen des Zeitgeistes in die Sphäre der Reflexion erhebt, behalten die Antworten, die sie auf ihre Probleme findet, so verfehlt sie uns an sich betrachtet erscheinen mögen, immer ihren geschichtlichen Wert, als Ausdruck von Anschauungen, die als lebendige Faktoren des Zeitbewußtseins die Handlungen der einzelnen wie der Völker bestimmt haben.

Unsere Zeit rühmt sich ihres Sinnes für geschichtliche Betrachtung auf allen Gebieten. So erschien es mir denn als eine für den heutigen Zweck nicht unangemessene Aufgabe, auf diesen Zusammenhang der Philosophie mit der Zeitgeschichte einen kurzen Blick zu werfen. Um aber diese Aufgabe nicht in allzu abstrakte Betrachtungen zu verflüchtigen, sei es mir vergönnt, sie einzuschränken auf eine uns dem Interesse wie der Zeit nach näher gelegene Periode, auf das zurückgelegte Jahrhundert, und auf eine einzelne Frage von überwiegend praktischer Bedeutung, auf das sittliche Problem.

Wohl ist das Jahr, in dem wir leben, dazu angetan, auch den Philosophen zu Zentenarbetrachtungen aufzufordern. In der großen Staatsumwälzung des Jahres 1789 haben philosophische Ideen einen Sieg errungen, wie ihn gewaltiger die neuere Geschichte nicht gesehen hat. Nicht als ob die Revolution in der ihr vorausgegangenen Philosophie ihre letzte Ursache hätte: die politischen Ereignisse und die sie begleitende revolutionäre Ideenbewegung sind vielmehr Erzeugnisse der nämlichen, unaufhaltsam dem Umsturz der bestehenden Gesellschaftsordnung zuführenden geschichtlichen Bedingungen. Aber die Philosophie hat die Gedanken hervorgebracht, welche die Revolution beseelten. Bei den Philosophen sind die Redner und Gesetzgeber der Revolution in die Schule gegangen. Zwischen den Parteien der Revolutionszeit wurden die Kämpfe ausgefochten, welche die philosophischen Richtungen des 18. Jahrhunderts entzweit hatten. So sind die welterschütternden Taten der Revolution die lebendig gewordenen philosophischen Ideen des vorangegangenen Zeitalters.

Kein sprechenderes Zeugnis gibt es für diesen Zusammenhang, als jenes denkwürdige Aktenstück, welches die gesetzgeberischen Handlungen der Revolution eröffnet, die Deklaration der Menschenrechte von 1789. In unseren Augen gleicht diese Erklärung mehr einem philosophischen Glaubensbekenntnisse als der Einleitung zu einer Staatsverfassung. Aber die Urheber derselben waren — und darin folgten sie dem Vorbild ihrer philosophischen Lehrer — der festen Überzeugung, daß es vor allem not tue, die Menschen über Natur und Wesen ihrer Rechte aufzuklären; dann werde sich nicht nur die richtige Staatsverfassung von selbst ergeben, sondern es werde auch jene Einsicht unausbleiblich die einzelnen in vortreffliche Staatsbürger umwandeln.

Die Menschenrechte von 1789 sind das sittliche Glaubensbekenntnis der Revolution. Sie enthalten die Prinzipien, in denen die Parteien der Revolution trotz sonstiger Gegensätze einig waren, und die alle folgenden Gesetzgebungsakte beherrschten. Daß alle Menschen gleiche, unveräußerliche Rechte besitzen, daß die Freiheit des einzelnen keine Schranken habe als diejenigen, die durch die gleichen Rechte der anderen und durch die Notwendigkeit, die Freiheit aller zu sichern, erfordert werden, daß endlich der einzige Zweck der politischen Gemeinschaft die Erhaltung dieser natürlichen Rechte sei, — diese Sätze galten jener Zeit für so überzeugend, daß wohl da und dort Zweifel über die Zweckmäßigkeit ihrer Aufnahme in eine Verfassung, kaum solche über ihren Inhalt laut geworden sind.

Innerhalb dieser Prinzipien blieb freilich dem Widerstreit einzelner Richtungen und mit ihm der Verbindung widerstreitender Anschauungen noch ein weiter Spielraum. Das Verfassungswerk von 1791, das die praktische Anwendung der Deklaration der Menschenrechte sein sollte, zeigt in der Tat deutlich die Spuren der drei philosophischen Schulen, die an der Vorbereitung der Revolution mitgearbeitet haben. An Locke und Montesquieu knüpfte die Durchführung der Teilung der Gewalten im Staate an. Auf Rousseau ging alles das zurück, was zur Verwirklichung der absoluten Rechtsgleichheit der Bürger führen sollte; im Anschlusse an ihn gewann zugleich der Gedanke der Unveräußerlichkeit der Rechte die besondere Bedeutung, daß die freiwillige Zustimmung aller, an die man die Entstehung des Staates gebunden dachte, streng genommen als unerläßlich auch zu jeder einzelnen politischen Maßregel angesehen wurde. Mit Helvetius und Holbach endlich, den fortgeschrittenen Schülern Voltaires, ersetzte man den für eine politische Schöpfung unbrauchbaren idealen Naturzustand Rousseaus, auf den dieser selbst in seinem »Contrat social« zum Teil schon verzichtet hatte, durch einen Zustand vollkommenster Kultur. Dieser, angeblich herbeigeführt durch die eingetretene Einsicht des Menschen in sein wahres Wesen und seine natürlichen Rechte, wurde dann aber mittels einer der merkwürdigen Fiktionen, von denen die Zeit so reich ist, meist zugleich als übereinstimmend mit dem wahren Naturzustand angesehen.

Gemeinsam ist allen diesen Richtungen die Auffassung, daß der Staat ein willkürliches Erzeugnis, ein von den einzelnen geschlossener Vertrag sei, dessen einziger Zweck in dem Schutz der Rechte der Individuen bestehe. Von Rousseau stammt jene Begeisterung für die Idee der absoluten Freiheit der Persönlichkeit, welche der Revolution ihre unüberwindliche Macht verlieh und zugleich allen ihren Verfassungsentwürfen den Fluch der Undurchführbarkeit anheftete. War doch der Begriff der Volkssouveränität hier derart auf die Spitze getrieben, daß daran nicht nur Montesquieus Teilung der Gewalten, sondern überhaupt jede Staatsordnung scheitern mußte. Der Atheismus und Materialismus eines Helvetius und Holbach, der in der Abschaffung des höchsten Wesens und dem Kultus der Vernunft einen schnell vorübergehenden Triumph erlebte, vermochte es mit der

Freiheitsbegeisterung und der rednerischen Kunst Rousseaus nicht aufzunehmen. Aber in einem Punkte trug er doch über diesen den Sieg davon. Rousseau hatte überall auf die edlen Eigenschaften der Menschen gebaut, die aus dem natürlichen Gefühl ihren Ursprung nehmen. Die Kultur hat nach ihm vornehmlich deshalb das Übel in die Welt gebracht, weil sie auf der Reflexion, auf dem Nachdenken über Mittel und Zwecke beruht, das unvermeidlich den unedlen Trieben, die aus dem Eigennutz entspringen, über die besseren, die auf dem natürlichen Gefühl beruhen, zum Sieg verhelfen soll. Das war ein Zug, in welchem die Philosophie Rousseaus dem Zeitalter der Aufklärung schnurstracks widerstrebte, und hier kamen diesem die Wortführer des Materialismus um so willfähriger entgegen. Der Mensch ist ihnen eine Maschine, die auf das vollkommenste mit der Eigenschaft der Reflexion ausgestattet ist, einer Eigenschaft, der wir, mag sie theoretisch noch so dunkel sein, praktisch alles verdanken, was wir sind. Nicht aus dem Denken stammt daher nach diesen Philosophen das Übel in der Welt, sondern aus seinem Mangel oder aus seiner unzulänglichen Anwendung. „Aus dem Irrtum, aus der Unwissenheit der natürlichen Ursachen", sagt Holbach in dem »System der Natur«, „sind die Fehler und Laster der einzelnen ebenso wie alle politischen Übel hervorgegangen. Durch den Irrtum sind die Menschen in Sklaverei verfallen; durch ihn haben sie sich andern Menschen unterworfen, die sie für Götter auf Erden hielten. Wenn man den Menschen zur Natur, das heißt zur Einsicht in sein wahres Wesen und in das Wesen der natürlichen Ursachen zurückführt, so werden sich daher die Nebel von selbst zerstreuen, die ihn den Weg zur Tugend und zur wahren Glückseligkeit nicht finden ließen."

Zwei Bestandteile sind es, durch welche diese Vorstellungen mit der das ganze Jahrhundert beherrschenden

Lebensanschauung zusammenhängen. Der erste ist ein unbeschränkter Individualismus. Nur die einzelne Persönlichkeit ist nach dieser Philosophie ein wirkliches Wesen; nur ihre Zwecke haben einen realen Wert. Der Staat ist, wie ihn Thomas Hobbes genannt hatte, ein »künstlicher Körper«, von den einzelnen willkürlich und nur zu ihren persönlichen Zwecken ins Leben gerufen. Der zweite Bestandteil ist ein einseitiger Intellektualismus. Das Jahrhundert der Aufklärung glaubte in dem vernünftigen Denken, in der allen Vorurteilen entsagenden Reflexion über die Dinge nicht bloß das Heilmittel für alle Übel und das Hilfsmittel zur Erreichung eines vollkommenen Zustandes, sondern auch diejenige Tätigkeit des Geistes gefunden zu haben, aus welcher der ganze Reichtum des wirklichen Lebens sich ableiten lasse. Die sittlichen Triebe wurden auf klug berechnende Überlegung des eigenen Vorteils, Recht und Sitte auf eine zu wechselseitigem Schutz gestiftete Vereinbarung zurückgeführt. Alles Unheil verrotteter politischer Zustände sollte aus intellektuellen Irrtümern entspringen; als das einzige Heil gegen solche Mängel galt daher die wachsende Verbreitung der Einsicht, die Aufklärung der Menschen über das, was ihnen nützlich und schädlich sei.

Zu diesen fast allen philosophischen Richtungen des Jahrhunderts gemeinsamen Anschauungen fügte aber die Ethik der Revolution noch einen dritten Bestandteil, der zum mindesten in der hier auftretenden einseitigen Ausprägung nur ihr eigen ist. Er besteht darin, daß in dieser Ethik nur der Begriff des Rechtes der Persönlichkeit zum Ausdruck gelangt. Die Deklaration der Menschenrechte sagt, daß die Rechte der Freiheit, des Eigentums, der Sicherheit und des Widerstandes gegen Unterdrückung für alle Menschen gleich und unveräußerlich seien. Von Pflichten ist in diesem Aktenstück nicht die Rede; nur stillschweigend sind solche vorausgesetzt, indem als einzige Schranke der individuellen Freiheit die gleichen Rechte der Nebenmenschen anerkannt werden. Damit sollen aber nicht etwa bloß rechtsphilosophische Maximen aufgestellt werden, sondern in jenen Grundgedanken enthalten die Menschenrechte von 1789 in verdichteter Form den wesentlichen Inhalt der ethischen Systeme ihrer Zeit. In dieser ganzen Ethik hat überhaupt nur der Begriff des Rechts einen positiven Inhalt, derjenige der Pflicht ist bloß negativ bestimmt, als Pflicht, solche Handlungen zu unterlassen, welche die Rechte anderer kränken. Nur das Recht besteht — dahin führt folgerichtig diese Anschauung — im Handeln, die Pflicht einzig und allein im Unterlassen rechtswidriger Handlungen. Schon Rousseau hatte in seinem Émile gegen die Pädagogen geeifert, welche bei der Erziehung immer und immer das Wort Pflicht im Munde führten. Dieses Wort, das nur den Gedanken der Abhängigkeit und Unterwürfigkeit vor die Seele führe, sollte nach seiner Meinung ganz und gar aus der Sprache des Kindes verbannt bleiben. Darum handelten die Gesetzgeber von 1789 völlig im Sinne des Philosophen, als sie einen schüchternen Vorschlag, die Aufzählung der Menschenrechte durch eine Erwähnung der bürgerlichen Pflichten zu ergänzen, mit überwältigender Mehrheit niederstimmten.

Man wird nicht anstehen, in dieser ausschließlichen Hervorhebung des Rechtsbegriffs denjenigen Zug der revolutionären Ethik zu erblicken, in welchem sie gegen jenes System des politischen Despotismus, der nur Pflichten der Untertanen, Rechte allein für die bevorzugten Stände anerkennt, ihren energischen Widerspruch erhebt. Zugleich aber ist, abgesehen von diesen besonderen Zeitbedingungen, der einseitige Rechtsbegriff dieser Ethik die folgerichtige Anwendung des sie mit ihrer ganzen Zeit beherrschenden extremen Individualismus. Wenn alle Zwecke menschlichen Handelns

Über den Zusammenhang der Philosophie mit der Zeitgeschichte. 9

in der Befriedigung der Glücksbedürfnisse der einzelnen aufgehen, so kann auch der positive Inhalt alles sittlichen Strebens in nichts anderem bestehen als in dem Schutz und der Förderung der individuellen Interessen. Jeder wird dann vornehmlich das Interesse zu fördern suchen, das ihm am nächsten liegt, nämlich sein eigenes. Für die Pflicht bleibt nur die negative Bestimmung übrig, daß niemand seinen eigenen Vorteil auf Kosten der gleichen Rechte anderer erstreben soll, und für diese Regel läßt sich wiederum keine bessere Begründung finden als die Erwägung, daß der eigene Vorteil am sichersten dann geschützt ist, wenn so viel als möglich der Vorteil anderer geschont bleibt. So wird unvermeidlich die Selbstsucht zur Grundlage der Sittlichkeit.

Hier aber widerstreitet diese Ethik offenkundig dem Zeugnis des sittlichen Gewissens, wie es in den sittlichen Lebensanschauungen aller Zeiten siegreich sich Geltung verschafft hat, nach welchem Zeugnisse dem selbstlosen Handeln allein ein sittlicher Wert zukommt, und dieser Wert wieder um so höher geschätzt wird, je mehr das eigene Wohl freiwillig dem Wohle der Nebenmenschen geopfert wird. Auch der Individualismus des 18. Jahrhunderts hat sich diesem Zeugnisse nicht verschließen können. So bietet sich uns denn das merkwürdige Schauspiel dar, daß nahezu gleichzeitig mit dem Ausbruch der französischen Revolution, aber freilich unter dem Einflusse abweichender nationaler Kulturbedingungen, eine sittliche Weltanschauung entsteht, die, in vollem Gegensatze zu jener Ethik der Menschenrechte, die Idee der Pflicht zum Grund- und Eckstein aller Sittlichkeit macht.

Ein Jahr vor dem Ausbruch der französischen Revolution erschien Kants „Kritik der praktischen Vernunft", ein Buch, von dem vielleicht mit größerem Rechte als von dem theoretischen Hauptwerk des gleichen Philosophen gesagt werden kann, daß es eine Umwälzung in der geistigen Welt bedeute. Vom äußersten Nordosten Deutschlands, von einem Manne, der durch seinen Beruf dem öffentlichen Leben ferne stand, war dies Werk ausgegangen. Dennoch würde es verfehlt sein, wollte man in ihm die Schöpfung eines einsamen Denkers erblicken, der sich des Zusammenhanges mit den Gesinnungen seiner Zeit völlig entäußert habe. Genau das Gegenteil ist richtig. Wie die französische Revolution die in Taten umgesetzte Philosophie der französischen Aufklärung, so ist Kants Ethik das in Philosophie umgewandelte Staats- und Pflichtbewußtsein der Monarchie Friedrichs des Großen. Schon den Zeitgenossen würde dieser Zusammenhang vielleicht erkennbar gewesen sein, hätten sie den Einblick in die Gesinnungen des großen Königs gehabt, den wir durch die Vermittlung seiner gesammelten Werke heute besitzen. In wiederholten Ausführungen ist Friedrich in seinen Schriften auf die ethischen Fragen zurückgekommen. Vielleicht kein Problem hat ihn häufiger und anhaltender beschäftigt als dieses, und immer und immer wieder bewegen sich seine Gedanken um den Begriff der Pflicht. Seine Pflicht zu tun ist ihm das Höchste für den Menschen; selbstlos, ohne Aussicht auf Wiedervergeltung der Pflicht zu genügen, ist allein des sittlichen Menschen würdig. Die Größe der Pflicht aber bemißt sich nach der äußeren Lebensstellung. Wem Gott viel gegeben, von dem darf er viel verlangen. Darum sind die Pflichten des Fürsten um so vieles schwerer als die des Untertanen. „Unsere Pflicht ist es, gerecht und wohltätig zu sein; man mag uns Beifall zollen, aber es ist zu viel, elende Erdenwürmer zu loben, die nur während eines Augenblicks existieren und dann für immer verschwinden." Es ist dies die nämliche Begeisterung für die Pflicht, ohne Rücksicht auf das eigene Wohl oder Wehe, wie sie uns in Kants Worten entgegentritt: „Pflicht! Du erhabener, großer Name, der du nichts Beliebtes, was Einschmeichelung bei sich führt, in dir fassest, sondern Unterwerfung verlangst, doch auch nichts drohest, was natürliche Abneigung im Gemüt erregte, sondern bloß ein Gesetz aufstellest, vor dem alle Neigungen verstummen!"

Kant hat die philosophischen Gedanken Friedrichs nicht gekannt, wie wir sie heute kennen; aber vor seinen Augen stand das lebendige Bild einer Staatsordnung, in welcher jeder, vom unumschränkten Herrscher bis herab zum kleinen Beamten und zum gemeinen Soldaten, ohne Widerrede, ohne zu fragen, ob etwa Leistung und Gegenleistung miteinander im Gleichgewicht ständen, dem Gebote der Pflicht gehorchte.

In einer Frage nur waren der König und der Philosoph nicht gleicher Meinung, in der Frage nach dem Grund der sittlichen Pflichtgebote. Friedrich war ein Schüler der französischen Aufklärungsphilosophie, und in seinen späteren Lebensjahren erschien ihm mehr und mehr die Metaphysik der materialistischen Systeme als die wahrscheinlichste, so sehr er auch zeitlebens die atheistischen Behauptungen eines Helvetius und Holbach bestritt. Demgemäß glaubte er im Sinne jener Systeme alle Moral aus der Selbstliebe ableiten zu können. Freilich gewann bei ihm dieser Begriff der Selbstliebe eine völlig veränderte Bedeutung. Während den französischen Philosophen alles egoistische Streben in dem Trieb nach sinnlichen Lustgefühlen aufging, erblickt Friedrich das höchste Glück in jener Ruhe der Seele, die aus einem reinen Gewissen und aus dem Bewußtsein treuer Pflichterfüllung entspringt. Die richtig geleitete Selbstliebe wird daher, wie er meint, die vorübergehenden äußeren Glücksgüter den dauernden der Ehre, des Ruhms und der aus der Aufopferung für andere entspringenden Selbstbefriedigung hintansetzen. So steht Friedrich nicht allzu fern jener stoischen Glücksverachtung, die sein Vorbild, der Philosoph unter den römischen Kaisern, Mark Aurel, als die Summe menschlicher Weisheit gepriesen hatte.

Aber wenn er immerhin glaubte, zwischen den Grundsätzen der stoischen Moral und dem Prinzip Epikurs, dem egoistischen Glückseligkeitstrieb, eine Art Verbindung herstellen zu können, so täuschte sich sein in philosophischen Dingen tiefer blickender Zeitgenosse, Kant, nicht über die innere Unvereinbarkeit einer auf den strengen Pflichtbegriff gegründeten sittlichen Lebensanschauung mit jeder Art von Eudämonismus. Darum liegt der Schwerpunkt der Kantischen Ethik und zugleich ihr Gegensatz zu der Reflexionsmoral der vorangegangenen Zeit in der Hervorhebung der Unbedingtheit des Pflichtgebots. Das Sittengesetz liegt in uns, nicht außer uns. Entspringend aus der allen sinnlichen Bedingungen des Daseins vorausgehenden Freiheit des Wollens, kann es nicht von Überlegungen des Nutzens, ja nicht einmal von Wünschen und Neigungen abhängig gemacht werden. Nicht die Reflexion, nicht der Trieb, sondern das Gewissen soll unser Gesetzgeber sein. Nach der Pflichterfüllung allein, und um so mehr, wenn die Pflicht im Widerstreit mit den sinnlichen Neigungen liegt, bemißt sich daher der Wert unserer Handlungen.

Kein größerer Gegensatz läßt sich denken als der zwischen dieser Ethik Kants und jener sittlichen Anschauung, welche in der Erklärung der Menschenrechte ihren Ausdruck fand. Hier gibt es nur Rechte, und diese Rechte werden in ihrer Geltungsweise bestimmt durch das gesellige Zusammenleben der Menschen; dort gibt es nur ein Pflichtgebot, und dieses Pflichtgebot gilt unumschränkt, unabhängig von allen besonderen Bedingungen unseres Daseins. Die Menschenrechte sind aus der verständigen Überlegung über die Bedürfnisse unseres sinnlichen Lebens hervorgegangen; das Pflichtgebot

Kants liegt vor jeder Reflexion in uns: es ist das vornehmste Zeugnis unseres übersinnlichen Ursprungs. Aber das Jahrhundert fordert überall seinen Tribut. In einem Punkte wirkte der Geist dieses Zeitalters auch in der Kantischen Ethik fort. Der einzige eigentliche Gegenstand des sittlichen Handelns bleibt ihr der einzelne Mensch. Wo es sich daher um die Untersuchung der Bedingungen der sittlichen Gemeinschaft handelt, da kehrt Kant zu den Voraussetzungen zurück, auf denen die Philosophie der französischen Aufklärung ihr ethisch-politisches Gebäude errichtet hatte. Diese Voraussetzungen werden von ihm da und dort ermäßigt, aber sie werden nirgends in einer wesentlichen Beziehung verändert. Auch nach Kant ist der Staat aus einer ursprünglichen Vertragsschließung hervorgegangen, oder er muß wenigstens so betrachtet werden, als liege ihm ein Vertrag zugrunde. Nicht minder kehren in der Kantischen Rechtslehre die dem 18. Jahrhundert geläufigen, ganz freilich auch heute noch nicht verschwundenen Fiktionen wieder: die Ableitung alles Eigentums aus einer ursprünglichen Besitzergreifung von seiten der einzelnen, der richterlichen Gewalt aus der natürlichen Neigung des Menschen dem gewalttätigen Streit durch die Wahl eines Schiedsrichters vorzubeugen usw. Auch nach Kant soll der Staatsvertrag die Gleichheit der Rechte aller erfordern, wenngleich nachträglich diese Folgerung vorsichtig auf die Untertanenrechte eingeschränkt, nicht mit den Ethikern der Revolution auf die Souveränitätsrechte erweitert wird. So gibt überall, wo die ethischen Prinzipien für die Fragen der sittlichen Gemeinschaft fruchtbar werden sollten, der kategorische Imperativ der Pflicht an die Ideen von Rousseaus Contrat social seine Herrschaft ab. Wird auch der Begriff der Pflicht nicht, wie es bei Rousseau geschehen war, geflissentlich unterdrückt, so tritt er doch ganz von selbst hinter der Erörterung der

14 Über den Zusammenhang der Philosophie mit der Zeitgeschichte.

individuellen Rechte in die Stellung eines bloß begrenzenden Hilfsbegriffs zurück. Man begreift, daß Kant im Banne dieser Anschauung die Republik, der er allerdings prinzipiell die konstitutionelle Monarchie gleichstellt, deshalb für die vollkommenste Staatsform erklären mußte, weil sie der Herrschaft aller möglichst nahe komme, und man versteht sein Urteil über die französische Revolution, die er gelegentlich als das größte Ereignis der Zeit begrüßt, weil sie das Streben eines großen Volkes nach einer naturrechtlichen, auf den ewigen Prinzipien der Freiheit und Rechtsgleichheit beruhenden Verfassung offenbart habe.

So auffallend aber der Gegensatz ist, in dem durch diese Hintansetzung des Pflichtbegriffs die Rechtslehre Kants zu seiner ethischen Grundanschauung steht, ist es doch unverkennbar die schon der letzteren eigentümliche Beschränkung des Pflichtbewußtseins auf das subjektive Gewissen, die notwendig allen Anwendungen der Ethik auf das Problem der sittlichen Gemeinschaft jene Wendung geben mußte. Bezieht sich das Sittengebot ursprünglich nur auf die individuelle Persönlichkeit, so können alle Anwendungen desselben auf das Zusammenleben der Menschen nur den Charakter von Hilfsnormen an sich tragen, welche die Geltung jenes Gebotes innerhalb der zufälligen Bedingungen der sinnlichen Existenz regeln sollen. Die Familie, der Staat, sittliche und humane Gemeinschaft werden zu bloßen Hilfsmitteln für die Entwicklung der individuellen Sittlichkeit; nirgends erscheinen sie als selbständige, geschweige denn als ursprünglich der Einzelpersönlichkeit übergeordnete Träger sittlicher Zwecke.

So treten uns als letztes Ergebnis der ethischen Selbstbesinnung des 18. Jahrhunderts zwei Lebensanschauungen entgegen, von denen die eine einseitig auf die Idee des persönlichen Rechts, die andere ebenso einseitig auf die Idee der persönlichen Pflicht gegründet ist. Beide aber hängen in ihrer Wurzel zusammen. Diese Wurzel ist der Individualismus, die ausschließliche Geltendmachung der Einzelpersönlichkeit als des eigentlichen Gegenstandes sittlicher Zwecke. Ferne sei es von uns, das achtzehnte Jahrhundert um dieser Beschränkung willen gering zu achten. In seiner Beschränkung liegt zugleich seine Stärke. Die Anerkennung des Wertes der individuellen Persönlichkeit als solcher, welche die christliche Ethik auf rein geistigem Gebiete zur Geltung gebracht, auch für das äußere Leben sicherzustellen, das war ein Gewinn, der um den Preis jener Irrtümer und Mängel, die einseitigen Gedankenrichtungen immer anhaften, nicht zu teuer erkauft war. Uns aber, die wir uns im Besitz der Güter wissen, die das Zeitalter der Aufklärung mit heißen Mühen erstritten, uns kann es nicht mehr zweifelhaft sein, daß, wenn die Philosophie dieser Zeit bei den Problemen der sittlichen Gemeinschaft überall nur mit geschichtlich wie psychologisch gleich unhaltbaren Konstruktionen sich zu helfen wußte, dieser Mangel in dem beschränkten Individualismus des Jahrhunderts seine letzte Quelle hat. Wahrlich, wenn es noch eines historischen Belegs für diese Folgerung bedürfte, so würde er, wie ich meine, in der Tatsache liegen, daß zwei so von Grund aus verschiedene Anschauungen, wie die revolutionäre Ethik der Franzosen und die aus dem deutschen Geiste der friderizianischen Epoche geborene Sittenlehre Kants, in der Frage nach dem sittlichen Wesen von Staat und Gesellschaft den wirklichen Gegenstand der sittlichen Pflicht, die sittliche Gemeinschaft selbst, so gut wie ganz aus dem Auge verlieren.

So übernimmt die neue Zeit mit der Erbschaft der Vergangenheit zugleich eine der wichtigsten ethischen Aufgaben. Diese Aufgabe, an der, wie ich glaube, das 19. Jahrhundert bis zu dem heutigen Tage gearbeitet hat und noch arbeitet, besteht in der Überwindung des Individualismus, in der Begründung einer sittlichen Weltanschauung, welche den Wert der einzelnen Persönlichkeit anerkennt, ohne darum den selbständigen Wert der sittlichen Gemeinschaft preiszugeben. Wie hat das Jahrhundert dieser Aufgabe zu genügen vermocht, in deren Stellung es das vorangegangene gleichzeitig bekämpft und ergänzt?

Daß neue Ideenrichtungen nicht unvermittelt sich Bahn brechen, ist uns eine geläufige Erfahrung. Seltsamer erscheint es, wenn die neue Richtung aus der alten hervorgeht, indem diese selbst durch die Steigerung und Vertiefung ihres Prinzips in ihr Gegenteil umschlägt. Dennoch ist dies im vorliegenden Fall nicht nur der wirkliche geschichtliche Verlauf, sondern es ist vielleicht der psychologisch begreiflichste.

Der Philosophie der Aufklärung war der individuelle Mensch der letzte Zweck alles Denkens und Handelns. Dieser Mensch galt ihr aber immer und überall als der nämliche. Sie forderte gleiche Rechte für alle nicht zum wenigsten deshalb, weil sie voraussetzte, daß die intellektuellen und sittlichen Eigenschaften der Menschen ganz und gar übereinstimmten. Diese Eigenschaften könnten, so meinte man, unterdrückt, verkehrt angewandt, nie aber wesentlich verändert werden. So schuf man sich einen abstrakten Menschen, der unabhängig von allen geschichtlichen Bedingungen existieren, und für den überall die nämlichen Regeln der Sitte, des Rechts, der staatlichen Ordnung gültig sein sollten. Das Extrem dieser Anschauung wird auch hier durch die revolutionäre Ethik der Franzosen vertreten. „Alle Menschen," meint Holbach, „werden mit gleichen natürlichen Anlagen geboren; ihre scheinbaren Unterschiede entspringen nur aus den Verschiedenheiten der Erziehung, die auf das Gehirn ähnlich einwirken, wie jene mechanischen Vorrichtungen der Wilden, durch welche sie die Köpfe ihrer Kinder verunstalten."

Gegen diesen alles ausgleichenden Individualismus erhob sich zuerst in der Sturm- und Drangperiode unserer deutschen Dichtung der Geist einer neuen Zeit, welche den Wert der wirklichen Einzelpersönlichkeit mit ihrem Bewußtsein eingeborener Kraft und Freiheit gegen jene nach bloßen Verstandesbegriffen konstruierte, überall dem Zwang der nämlichen logischen Regeln unterworfene Scheinpersönlichkeit einsetzte. Am vollendetsten, geläutert von der überströmenden Leidenschaft einer stürmischen Übergangsepoche, hat sich dieser Geist der neuen Zeit in dem größten unserer Dichter, in Goethe, verkörpert. Die Romantik, der nur zu oft die maßhaltende Besonnenheit des Meisters mangelte, verband jenen Anspruch der Einzelpersönlichkeit auf freie Entfaltung ihres eigensten Wesens mit dem Streben nach kongenialem Verständnisse anders gearteter Zustände und Kulturperioden. So erwuchs als ein natürliches Erzeugnis dieses vertieften und erweiterten Individualismus allmählich jener geschichtliche Sinn, dessen das neunzehnte gegenüber dem achtzehnten Jahrhundert sich rühmen darf. Unwiederbringlich mußten aber im Lichte der geschichtlichen Betrachtung die schablonenhaften Konstruktionen verschwinden, mittels deren die Verstandesaufklärung Sprache und Sitte, Religionen und Staaten entstehen ließ. Die Überzeugung mußte unaufhaltsam sich Bahn brechen, daß der isolierte Einzelmensch des alten Naturrechts, der sich mit andern seinesgleichen zusammentut, um Rechtsordnungen und Staaten zu gründen, nie und nirgends in der Welt existiert hat, sondern daß die natürliche Einheit der sittlichen Lebensanschauungen die Grundlage ist, auf der sich jede Kulturgemeinschaft innerhalb der Menschheit entwickelt. So trug der aufs äußerste gesteigerte Individualismus, der in den Ideen der romantischen Schule seinen charakteristischen Ausdruck fand, überall schon den Keim zur Selbstauflösung jener Denkweise in sich.

Aber auch dieser Wandel der Anschauungen hat sich nicht bloß von innen heraus vollzogen, sondern er ist zugleich die unmittelbare Rückwirkung der gewaltigen politischen Bewegungen, in denen die französische Umwälzung das europäische Staatensystem erschütterte. Unsere Nation insbesondere wurde in der Schule des Leidens und der Erniedrigung, die ihr die Ära der Napoleonischen Eroberungen brachte, zu einem politischen Gesamtbewußtsein erweckt, vor dem die subjektive Gefühlsschwärmerei der Romantik ebenso wie die egoistische Moral der Verstandesaufklärung wie Spreu vor dem Sturme verwehen mußten. Diese Zeit der Vorbereitung der Befreiungskriege lebte so schnell, daß ihr viele der besten unserer Dichter und Denker, groß geworden in den alten Anschauungen, nicht zu folgen vermochten. Unsere Philosophie aber kennt einen Namen, dessen Träger den ungeheuren Wandel der Ideen, der aus dem alten den neuen Zeitgeist entstehen ließ, in sich selbst durchlebte: Johann Gottlieb Fichte.

Es wird uns heute nicht leicht, die Bedeutung dieses Mannes, ebenso wie die der meisten seiner philosophischen Zeitgenossen, richtig zu würdigen. Die Methode dialektischer Konstruktion, durch welche diese Philosophen ihre Ansichten zu unwiderstehlicher Evidenz zu bringen meinten, erscheint uns als ein gezwungenes und abstoßendes Gewand, das den Gedanken verhüllt und entstellt. Nicht nach dieser verfehlten, im letzten Grunde willkürlichen und künstlichen Form dürfen wir den Wert eines Mannes wie Fichte würdigen, sondern nach dem von dieser Form unabhängigen Inhalt seiner Ideen.

Mit einem für ihn und für seine Zeit bezeichnenden Wort hat dereinst Friedrich Schlegel der ersten, allein zum Abschlusse gelangten Periode der Philosophie Fichtes ihre Stellung in der deutschen Gedankenentwicklung angewiesen. Die

Über den Zusammenhang der Philosophie mit der Zeitgeschichte. 19

französische Revolution, Goethes Wilhelm Meister und Fichtes Wissenschaftslehre, meinte er, seien die drei größten Zeitereignisse. Uns mutet heute eine derartige Zusammenstellung fremdartig an; dennoch entspricht sie dem Werte, den jene Zeit den idealen Faktoren des Lebens einräumte, und dies vorausgesetzt, ist sie vollkommen zutreffend. War die französische Revolution die zur Tat gewordene Idee der persönlichen Freiheit, so hatte in Wilhelm Meister das Recht der menschlichen Persönlichkeit, die ihr eingeborenen Geistesrichtungen und Anlagen frei zu entfalten, ihren künstlerisch vollendetsten Ausdruck gefunden. Fichtes Philosophie aber erhob diese Freiheit des schöpferischen Ich zum Prinzip des Erkennens und Handelns. Die intellektuelle und die moralische Welt suchte sie als eine in sich zusammenhängende Reihe von Handlungen zu erfassen, als schöpferische Tätigkeiten eines Vernunftwillens, dessen ideales, durch die Schranken der Sinnlichkeit gehemmtes, und doch diese Schranken fortan überwindendes Streben auf diese absolute Freiheit als letzten sittlichen Zweck gerichtet sei. Im Sinne dieses Grundgedankens übernimmt Fichte den Pflichtbegriff der Kantischen Ethik, mit ihm den wertvollsten Inhalt der letzteren. Aber er gibt ihm, unter Ausscheidung mancher an den Rationalismus der Verstandesaufklärung erinnernden Zutaten, eine geschlossenere Form. In gleichem Sinne gestaltet er den Inhalt der Kantischen Rechts- und Staatslehre um. Die Rechtsgemeinschaft, von Kant mit der alten Vertragstheorie auf die zufällige Koexistenz der einzelnen zurückgeführt, wird bei Fichte zu einer notwendigen Bestimmung der Einzelpersönlichkeit, welche das Zusammensein mit anderen Wesen gleicher Art und die wechselseitige Anerkennung dieser Wesen als ursprüngliche Bedingung schon in sich trage. Nicht mit Unrecht konnte daher Fichte sich den Vollender der Kantischen Ethik nennen. Doch je mehr diese

20 Über den Zusammenhang der Philosophie mit der Zeitgeschichte.

Umbildung durch Strenge und Einheit der Entwicklung ihrem Vorbild überlegen ist, um so schärfer kommt in ihr der einseitige Individualismus der Kantischen Lehre, namentlich auch in der Anwendung auf die Probleme von Staat und Recht, zu erneuter Geltung. Fast ist es weniger ein Unterschied des Begriffs, der den Standpunkt Fichtes von demjenigen Kants scheidet, als ein solcher des Temperaments und Charakters. Haftet bei Kant an dem Begriff der sittlichen Einzelpersönlichkeit immer noch allzu viel von der abstrakten Menschheitsidee der Verstandesaufklärung, so hat in dem tätigen Ich Fichtes die selbstbewußte Persönlichkeit der Genieperiode ihren philosophischen Ausdruck gefunden.

Doch an einem Charakter, der in Leben und Lehre die Energie des tatkräftigen Wollens als das höchste menschliche Gut schätzte, konnten die Schicksale des eigenen Vaterlandes nicht ohne gewaltige Rückwirkungen vorübergehen. Mit dem Anfang des 19. Jahrhunderts beginnt in Fichte eine neue sittliche Weltanschauung sich vorzubereiten. Sie ist nicht aus einer Unsicherheit der Überzeugungen, wie sie leicht bestimmbaren Gemütern eigen ist, sondern aus jener Rückwirkung des öffentlichen Lebens auf die individuelle Anschauung hervorgegangen, welcher der handelnde Charakter am wenigsten sich entziehen kann. Wie in der ersten Periode der Fichteschen Lehre die Sturm- und Drangperiode, so verkörpert sich in der zweiten der Geist der deutschen Befreiungskriege. Hatte Rousseau die Ideen der französischen Revolution vorausverkündet, so lebte in Fichte der Gedanke, der in den folgenden Jahren die Erhebung des deutschen Volkes beseelte. Und dieser Gedanke ist der volle Gegensatz zu dem aufs höchste gesteigerten Individualismus der Genieperiode. War dort das Ich als eine weltschöpferische Macht erschienen, die selbst die sittliche Welt nur als eine Betätigung der eigenen Freiheit und zum Zweck des vollen Genusses dieser Freiheit hervorbringt, so wird hier der individuelle Wille zum Träger und Vollbringer einer allgemeinen Vernunft, die sich im Leben der Völker entfaltet. Nur das Leben der Gattung, das in der staatlichen Volksgemeinschaft, der wir angehören, das Gebiet der uns zunächst obliegenden Pflichthandlungen umschließt, ist das wahre Leben. Alle Tugend geht darin auf, in dieser Gemeinschaft sich selbst als Person zu vergessen; alles Laster entspringt daraus, nicht an die Gemeinschaft, sondern nur an sich selber zu denken.

Man kann diesen Gegensatz zweier auf- und auseinander folgender Ideenrichtungen nicht schärfer ausdrücken, als es von Fichte selbst in zwei Schriften geschehen ist, von denen die eine der früheren, die andere der späteren Periode seines Denkens angehört. In dem »Beitrag zur Berichtigung der Urteile des Publikums über die französische Revolution« vom Jahre 1793 tritt er, nicht schwankend und zweifelnd wie Kant, sondern mit der vollen Energie der Überzeugung für das Recht der Revolution in die Schranken. Fast aber ist für uns weniger die Tatsache, daß, als die Art, wie er dies tut, von Interesse. Hatte dereinst Thomas Hobbes auf Grund der Idee des Staatsvertrages die Zulässigkeit jeder Revolution bestritten, so leitet Fichte umgekehrt ihre Rechtmäßigkeit gerade aus dem Begriff des Vertrages ab. Dieser fordert dauernde Willensübereinstimmung aller, die an ihm teilnehmen. Hört die letztere auf, so kann jener gelöst werden. Hält endlich einer der Kontrahenten nicht die ihm auferlegten Verpflichtungen, so ist der Vertrag von selbst erloschen. Darum hat der Fürst, der seinen Regentenpflichten nicht nachkommt, sein Recht verwirkt; darum können die bevorrechteten Stände nicht gegen den Verlust ihrer Vorrechte klagen: liegt doch der Begriff des Privilegiums von Anfang an im Widerstreite mit dem Sinn des Staatsvertrages, der nur auf die gleichen Rechte aller gegründet sein kann. So macht Fichte in dieser Jugendschrift unverkürzt die Ideen der französischen Revolution zu den seinigen; nur daran bemerkt man den nebenher gehenden Einfluß der Kantischen Ethik, daß ihm als letztes absolutes Prinzip für die Beurteilung jeder Rechts- und Staatsordnung das Sittengesetz gilt.

Wie völlig anders lautet der Inhalt desjenigen Werkes seiner späteren Periode, in welchem die Abwendung von jenen Idealen der Jugend am schroffsten zutage tritt, der Vorlesungen über die »Grundzüge des gegenwärtigen Zeitalters« aus den Jahren 1804 und 1805! Mögen uns heute die geschichtsphilosophischen Konstruktionen, mittels deren hier Fichte jedem Zeitalter seine Stellung in der Entwicklung der Menschheit anzuweisen sucht, noch so bedenklich erscheinen; man kann nicht umhin, die Weite und Tiefe des Blickes zu bewundern, der die Schwächen und Fehler einer jüngst vergangenen Zeit so vollständig durchschaut, daß noch heute für ein objektiver gewordenes historisches Urteil kaum etwas nachzuholen sein wird, wenn auch ein solches den Verdiensten jener Periode besser gerecht werden dürfte, als es dem mitten im Kampf des Widerstreites zweier Zeitalter stehenden Denker möglich war. Die Verstandesaufklärung hat — das ist der Grundgedanke seiner Ausführungen — die Autorität der instinktiv herrschenden Vernunft gebrochen; aber zur bewußten Vernunfterkenntnis ist sie noch nicht durchgedrungen. So bewegt sie sich in dem Medium einer zersetzenden Kritik, die nur zu zerstören, nicht aufzubauen imstande ist, und für die, indem sie bloß das eigene Denken als klar und verständlich gelten läßt, nur der individuelle Mensch, den sie überdies stets nach dem eigenen Maße mißt, Wirklichkeit besitzt. In der Genieperiode und Romantik, als deren philosophischen Vertreter Fichte unverkennbar Schelling im Auge hat, ist die Nichtbefriedigung

Über den Zusammenhang der Philosophie mit der Zeitgeschichte. 23

mit diesem Zustande zu einer unklaren Schwärmerei ausgeartet. Statt von der Vernunft, wird sie von der Phantasie beherrscht; praktisch ist sie daher ebenso ohnmächtig wie der Dünkel der Verstandesaufklärung. Das Ziel der neuen Zeit aber erblickt Fichte schon hier in der Gründung einer neuen Staatsordnung und in der Erneuerung der religiöens Denkweise. In dem Kulturstaat der neuen Zeit sollen nicht die Sonderinteressen herrschen, sondern alle seine Bürger sollen durchdrungen sein von dem Zweck des Ganzen. Denn das echte Staatsbewußtsein besteht ebenso in dem Gefühl der fortwährenden lebendigen Einheit des einzelnen mit der Gesamtheit, wie die wahre Religiosität in dem Bewußtsein der Einheit des Menschen mit dem göttlichen Weltgrunde.

Das Ideal eines machtvollen nationalen Kulturstaates, welches Fichte hier, ebenso wie in den vier Jahre später gehaltenen »Reden an die deutsche Nation«, vorschwebte, ist nicht in Erfüllung gegangen. Durch die geistige Bildung, die sie in der vorangegangenen Zeit errungen, war die Nation reif geworden, das Joch der Fremdherrschaft abzuschütteln; sie war nicht reif genug — das lehren zum Teil Fichtes eigene politische Pläne — für sich selbst eine angemessene staatliche Form zu finden.

So wurde die Restauration zur inneren Notwendigkeit. Doch keine Restauration vermag das Alte unverändert wiederherzustellen. Die Ideen der unmittelbaren Vergangenheit sucht sie, wenn auch noch so notdürftig, mit der Wiederaufrichtung früherer Zustände zu verbinden. Mochten sich in dem Stilleben der zwanziger Jahre, wie es uns so anschaulich Karl Immermann in seinen »Epigonen« geschildert hat, Fürsten, Adel und ein in formeller Pflichterfüllung erstarrtes Beamtentum gelegentlich völlig in die Zustände des vergangenen Jahrhunderts zurückträumen: in der Jugend lebten noch die Ideen der Befreiungskriege; das Alter aber schwelgte in allgemeinen Humanitätsidealen, die durch ihre Unbestimmtheit politisch ebenso unverfänglich wie praktisch erfolglos waren. Es trat ein, was so oft den Mißerfolg von Bestrebungen begleitet: weil das Nächste, dessen man bedurfte, zur Zeit unerreichbar war, so versenkte man sich in den Gedanken an ein Höchstes, das überhaupt nicht erreichbar ist. Wilhelm Meisters Wanderjahre und der zweite Teil des Faust sind der künstlerische Ausdruck dieser Zeitstimmung. Der kecke Lebensmut des Meister der Lehrjahre, der titanenhafte Tatendrang des Faust aus der Tragödie erstem Teil, — sie enden, jener mit dem Plan einer phantastischen Organisation der Gesellschaft, dieser mit der unbestimmten Hingabe für das allgemeine Wohl der Menschheit.

Der philosophische Vertreter dieser zu allgemeinen Ideen verflüchtigten Humanitätsideale, bei denen man mit den bestehenden politischen und sozialen Zuständen im tiefsten Frieden lebte, ist Hegel. Er ist der echte Philosoph der Restaurationsperiode. Eine kontemplative Stimmung, die sich befriedigt findet, wenn es ihr gelungen ist, die gegebene Wirklichkeit in die Sphäre des Begriffs zu erheben, erfüllt ihn mit Mißgunst gegen alle Bestrebungen, die die Geschichte nach eigenen subjektiven Meinungen verbessern möchten. Auch in ihm lebt die in Fichte zur Tat gewordene Überzeugung, daß der einzelne sich in den Dienst der Ideen zu stellen habe, welche den sittlichen Organismus der Gesamtheit beseelen. Aber es ist nicht mehr der nationale Kulturstaat, das Ideal der Freiheitskriege, das ihm als die Verwirklichung dieses sittlichen Organismus gilt, sondern der abstrakte Staat als solcher, die unbedingte Unterordnung unter einen Gesamtwillen, dem alle Einzelwillen gehorchen. Der Staatsbegriff der Hegelschen Rechtsphilosophie ist daher auf irgend eine der willkürlichen Schöpfungen des Wiener Kongresses ebenso gut, ja vielleicht besser anwendbar, als auf den aus einer ursprünglichen nationalen Kulturgemeinschaft erwachsenen Volksstaat. Er ist die in abstrakten Begriffen entworfene Verherrlichung eines mit konstitutionellen Formen umkleideten bureaukratischen Beamtenstaats, und die Deutung, die der Philosoph diesen Formen zu geben weiß, ist beim Lichte besehen nichts anderes als eine Verewigung des **Scheinkonstitutionalismus**, die Erhebung der unhaltbarsten und leersten aller politischen Schöpfungen zu einem allgemeinen Vernunftpostulat. Der oft gerühmte Freiheitsbegriff dieses Systems aber ist ebenso harmlos und dehnbar, wie der Wunsch des sterbenden Faust, »auf freiem Grund mit freiem Volk zu stehn«.

Doch, damit die allgemeinen Humanitätsideen, in denen die Zeit einen Ersatz suchte für das verlorene politische Ideal, auch hier zu ihrem Rechte kommen, so stellt sich jener als lebendige Sittlichkeit verherrlichte Staat, der von dem einzelnen alles fordert, um ihm nichts zu gewähren, schließlich in den Dienst der höchsten geschichtsphilosophischen Idee des Systems, der absoluten Weltvernunft. Der Weltgeist, der in Hegels Philosophie mit dem Geiste der Menschheit zusammenfällt, thront über den einzelnen Volksgeistern, die er als die »Zeugen und die Zierraten seiner Herrlichkeit« und als die Vollbringer seines Willens um sich versammelt. Die Taten dieses Weltgeistes bilden den Inhalt der Geschichte. Der berühmt gewordene Satz der Hegelschen Rechtsphilosophie, daß alles Vernünftige wirklich und alles Wirkliche vernünftig sei, ist lediglich eine Anwendung dieses allgemeinen Gedankens. Auf Grund dieses Satzes kann aber alles Bestehende gerechtfertigt, und kann jede Kritik des Bestehenden untersagt werden. So wird jene höchste geschichtsphilosophische Idee des Systems schließlich selbst der politischen Tendenz dieser Restaurationsphilosophie dienstbar gemacht.

Es war ein merkwürdiges Verhängnis, das über diesem System schwebte. Es gab sich als die absolute Wahrheit, als die endgültig zur Selbsterkenntnis erhobene Weltvernunft. In den Dienst unhaltbarer sittlicher Zustände gestellt, wurde es eine der vergänglichsten philosophischen Schöpfungen aller Zeiten. In dem Maße, als die Bestrebungen der politischen Restauration darauf ausgingen, das absolute Regiment des 18. Jahrhunderts zu erneuern, mußten sie eine geistige Gegenströmung erwecken, die sich wiederum in den Bahnen der revolutionären Ideen bewegte. Der Individualismus, zuerst durch die Macht der nationalen Idee überwunden, dann durch einen abstrakten Staats- und Humanitätsbegriff gewaltsam zurückgehalten, brach sich von neuem Bahn. Von den Geistern, die als Stimmführer der öffentlichen Meinung den Umsturz oder die Reform der bestehenden Zustände verlangten, und die in der literarischen Bewegung des »jungen Deutschland« eine Art Erneuerung der Sturm- und Drangperiode herbeizuführen suchten, wurde abermals die Freiheit der Einzelpersönlichkeit zur Richtschnur aller Rechte und Pflichten gegenüber der Gesamtheit erhoben. Aber freilich, auch hier ist die Geschichte keine bloße Wiederholung des schon einmal Geschehenen. Wie in dem »jungen Deutschland« die Tendenzen der Verstandesaufklärung mit der Geniesucht der Romantik seltsam gemischt waren, so verbanden sich in den politischen Bestrebungen der Zeit mit den alten Idealen der Revolution die geistigen Strömungen der jüngsten Vergangenheit. Kosmopolitische und nationale Ideen, die Begeisterung für die Rechte des einzelnen und die Forderung der Hingabe für die Zwecke der Menschheit wohnten hier, oft unklar zusammenfließend, dicht bei einander.

In Deutschland ist der philosophische Verkündiger dieser geistigen Bewegung der dreißiger und vierziger Jahre ein Mann, dessen Einfluß und Bedeutung von der philosophischen

Geschichtsschreibung meist allzu gering geschätzt wird: Ludwig Feuerbach. Abgesehen von einem kleinen Häuflein überlebender Verehrer, ist Feuerbach heute beinahe vergessen. Höchstens kennt man ihn als einen der vielen, die zuerst von Hegel ausgegangen und dann von ihm abgefallen waren. Man lese Gottfried Kellers Jugendroman, den »grünen Heinrich«, um die Macht, die Feuerbach ausübte, richtiger zu würdigen. Seine Werke waren im Grafenschloß so gut wie im Haus des bildungsbedürftigen Landmanns zu finden. Für alle diejenigen, die der positiven Religion den Rücken gekehrt, ohne dem in ihr lebenden spekulativen Bedürfnisse abgestorben zu sein, galten diese Werke als ein neues Evangelium. Ihr Urheber wurde zum Mittelpunkt eines Kultus, dem auch die Apostel und Wanderprediger, die in diesem Kultus ihren Lebensberuf sahen, nicht fehlten.

Feuerbachs Philosophie ist die mit dem Geiste des 19. Jahrhunderts erfüllte Ethik der französischen Aufklärung. Seine logische und psychologische Einsicht bewahrt ihn vor dem naiven Materialismus jener Systeme; aber darin ist er ganz mit ihnen einig, daß der natürliche, sinnliche Mensch der einzige Inhalt und Zweck der Welt, und daß alles Übersinnliche ein leeres Idol, eine von den wahren Quellen unseres Daseins ablenkende Selbsttäuschung sei. So ist seine Philosophie nicht minder atheistisch wie die eines Helvetius und Holbach, aber, weit entfernt mit jenen die Religionen als absichtlich zur Unterjochung der Menschen erfundene Irrlehren zu brandmarken, bewährt er einen bewundernswerten Scharfblick in der Aufsuchung des psychologischen Ursprungs religiöser Vorstellungen. Gleichwohl, das Resultat bleibt das nämliche. Hat der Mensch nach Feuerbach im Stadium des religiösen Empfindens unbewußt sich selber vergöttert, so soll die bewußte Erkenntnis, daß er sein eigener Gott sei, zum Grundgedanken der neuen Weltanschauung werden.

An die Stelle der religiösen und der ihr verwandten metaphysischen Kontemplation soll die praktische, vornehmlich die des freien Menschen würdigste, die politische Tätigkeit treten. Daß Sittlichkeit und Glückseligkeit eins seien, und daß alle Glückseligkeit in dem Inhalt des sinnlichen, wirklichen Lebens eingeschlossen liege, steht für Feuerbach ebenso fest wie für die Ethiker der Revolutionszeit. Doch von der Unmöglichkeit des von diesen gemachten Versuchs, aus dem Egoismus alle gemeinnützigen Triebe abzuleiten, ist er nicht minder durchdrungen. Ohne Ich kein Du, aber auch ohne Du kein Ich. Alles sittliche Handeln beruht ihm daher auf der innigen Wechselbeziehung der Selbstliebe und der Nächstenliebe. In dem andern lieben wir uns selbst, in uns selbst zugleich den andern.

Trotz dieser Aufhebung der egoistischen Glückseligkeitsmoral bezeichnet Feuerbachs Ethik ihrer ganzen Tendenz nach unverkennbar einen Rückgang zu dem Individualismus der Aufklärungsphilosophie. Wie nur der einzelne Mensch unmittelbares Objekt der sinnlichen Wirklichkeit ist, so bleibt auch das Glück des einzelnen der letzte Zweck der sittlichen Gemeinschaft. Daneben freilich wirken die Humanitätsideale der Restaurationsperiode in dieser Philosophie fort; sie sind der letzte Rest jener Verherrlichung der absoluten Vernunft, der sich aus Hegels System in die Gedankenwelt seines Schülers hinübergerettet hat. Hieraus stammt die Begeisterung für den wirklichen Menschen, die bei Feuerbach in das Wort, daß der Mensch sein eigener Gott sei, tatsächlich etwas von der Wärme des religiösen Gefühls überströmen läßt.

In Wahrheit ist es ein merkwürdiges und doch psychologisch verständliches Gesetz der Geschichte, daß unter allen philosophischen Überzeugungen der Atheismus nicht am seltensten in der Form religiöser Schwärmerei auftritt. Nahezu gleichzeitig mit Feuerbach begründete in Frankreich Auguste Comte sein »System der positiven Philosophie«. Beide Denker haben wahrscheinlich nie voneinander gehört; dennoch sind beider Weltanschauungen, besonders in den ethischen Fragen, von überraschender Übereinstimmung, — auch dies ein Zeugnis für den Einfluß des allgemeinen Zeitgeistes auf die Entwicklung der philosophischen Ideen. Und mehr noch als bei Feuerbach wurde schließlich bei Comte der Mensch zum Gegenstand eines religiösen Kultus, als dessen Hohepriester sich der Philosoph selber betrachtete. So weit freilich hat sich der deutsche Denker nicht hinreißen lassen. Dennoch sind diese Unterschiede vielleicht mehr solche des nationalen Temperaments und der äußeren Lebenseinflüsse als der ursprünglichen Empfindung. Bei Comte erscheint diese religiöse Schwärmerei des Atheismus im katholischen, bei dem nüchternen Feuerbach im reformierten Gewande.

Mit den Hoffnungen des Jahres 1848 sank auch der Stern der Feuerbachschen Philosophie. Der Zeit der Entmutigung, die nun folgte, und die den rückwärts strebenden Gewalten in Staat und Gesellschaft freies Spiel ließ, war der lebensfreudige Optimismus jenes Denkers nicht mehr kongenial. Seine Überzeugungen wanderten zum Teil mit der zerstreuten Schar seiner Anhänger in die neue Welt aus. Das zurückbleibende Geschlecht aber entsagte entweder der Philosophie, oder es tröstete sich mit einer Philosophie der Entsagung.

Die Philosophie, die, von einzelnen rühmlichen Ausnahmen abgesehen, von nun an auf deutschen Universitäten herrschend wurde, begab sich in den Dienst der Philologie oder der Geschichtschreibung. Nach dem Vorbilde Hegels hat man es wohl versucht, auch diesen Zustand geschichtsphilosophisch zu konstruieren. Die romantische Idee Savignys von der Kunst der Rechtsbildung auf die Philosophie anwendend, meinte man: nachdem die Ära der Entstehung philosophischer Weltanschauungen vorüber, sei jene nun in eine neue Ära eingetreten, in der sie nur noch die Geschichte ihrer eigenen Vergangenheit sei.

Wer in der Menge der Gebildeten überhaupt noch philosophische Bedürfnisse empfand, der suchte Zuflucht bei der nun erst zur Verbreitung gelangten Weltanschauung Arthur Schopenhauers, wenn ihm nicht etwa jene materialistische Popularphilosophie genügte, die als eine verspätete Nachblüte der revolutionären Systeme des 18. Jahrhunderts auf den Trümmern der Feuerbachschen Lehre entstand. Schopenhauers Philosophie wurde der echte Ausdruck der Zeitstimmung. Nicht seine scharfsinnige Beleuchtung des Erkenntnisproblems, nicht seine mystische Willenslehre waren es, die ihm die Geister zuführten, sondern seine von dem Schmerz des Daseins erfüllte trostlose Weltansicht, der das Leben eine Mischung von Leiden und Entbehrung ist und die mit der Vedanta-Philosophie der Inder in der Vernichtung die wahre Erlösung von dem Übel erblickt. Diese Weltansicht ist das vollkommene Abbild jener Stimmung der Entmutigung und der Entsagung, die sich der Gemüter bemächtigt hatte. Ihre rasche Verbreitung beweist, daß eine Zeit, wenn sie die ihr kongeniale Philosophie in der Gegenwart nicht zu finden weiß, mit sicherem Instinkt in die Vergangenheit zurückgreift. Als Schopenhauers Hauptwerk in den zwanziger Jahren in die Öffentlichkeit trat, blieb es so gut wie unbeachtet. Der Pessimismus des einsamen Denkers fand keinen Widerhall in einer Zeit, in der die Kühneren die Hoffnungen der Freiheitskriege nicht aufgegeben hatten, die ruhigeren Geister aber entweder mit dem Bestehenden sich zufrieden gaben oder in fernen Humanitätsidealen schwelgten. Jetzt war die Zeit des Pessimismus gekommen, und der Greis erlebte noch den Triumph, den er sich dereinst als Jüngling geweis-

Über den Zusammenhang der Philosophie mit der Zeitgeschichte. 31

sagt hatte. Das sittliche Problem aber ermangelte in dieser Philosophie naturgemäß jeder praktischen Bedeutung. Welchen Wert sollte es auch haben, von Maximen des sittlichen Handelns zu reden, wenn der Verzicht auf den Willen zu handeln der Weisheit letzter Schluß ist? Schopenhauers Ethik läuft daher auf eine Psychologie und Metaphysik des Mitleids hinaus. Alles dreht sich in ihr um die Beantwortung der Frage, wie es doch komme, daß der Mensch als ein nach seinen sinnlichen Anlagen durch und durch egoistisches Wesen zugleich der Neigung für andere fähig sei.

Noch einmal hat sich in unseren Tagen eine Umwälzung vollzogen, ähnlich der, welche der Anfang des 19. Jahrhunderts in den Befreiungskriegen erlebte, — ähnlich, und doch in Eintritt und Verlauf, in Vorbereitung und Erfolg weit von jener verschieden. Dort zuerst überschwellende Hoffnung, dann notgedrungener Verzicht, — hier eine zuerst zögernd und mißtrauisch verfolgte, dann aber in energischer Zusammenfassung der Volkskräfte plötzlich erreichte Erfüllung der nationalen Wünsche. Dem Verlauf dieser politischen Umwälzungen entspricht ihr Verhältnis zur Welt der Ideen. Nicht wie die französische Revolution, nicht wie die deutschen Befreiungskriege ist diese neueste Entwicklung durch philosophische Ideen vorbereitet. Das neue Reich, eine Schöpfung der politischen Notwendigkeit, hat seine Verfassung nicht auf allgemeine Reflexionen über Bürger- und Menschenrechte, sondern auf das Rechtsgefühl und das Pflichtbewußtsein einer durch Sitte, Bildung und geschichtliche Erlebnisse verbundenen Volksgemeinschaft gegründet. So erblicken wir — was auch dieser oder jener an dem vollbrachten Werk verbessert sehen möchte — in ihm die Verwirklichung der einst von Fichte verkündeten Idee des nationalen Kulturstaates.

Wie in diesem Sinne in den politischen Schöpfungen der

Gegenwart die Gedanken einer ferneren Vergangenheit zum Leben erwacht sind, so aber hat nicht minder der Verlauf unserer neuesten Geschichte hinwiederum auf die philosophische Ideenentwicklung seine Rückwirkungen ausgeübt. Freilich, wenn die politische Geschichte der Gegenwart eine schwierige, so ist die geistige Geschichte derselben vielleicht eine unmögliche Aufgabe. Immerhin dürfen wir es versuchen, die Zeichen der Zeit zu deuten, die uns den wahrscheinlichen Verlauf der Dinge vorausverkünden.

Zwei solcher Zeichen treten uns, wie ich glaube, als die bedeutsamsten entgegen. Der Pessimismus hat seine Herrschaft über die Gemüter eingebüßt. Eine Philosophie der Entsagung mag einzelnen noch als angemessener Ausdruck ihrer subjektiven Stimmung erscheinen, eine herrschende philosophische Richtung ist sie nicht mehr. Hand in Hand damit geht eine veränderte Wertschätzung der allgemeinen Probleme. Der vorangegangenen Zeit erschien die Beschäftigung mit der Erkenntnistheorie als die vornehmste, wenn nicht einzige philosophische Aufgabe. Dies ist völlig anders geworden. Das sittliche Problem drängt sich heute immer mächtiger in den Vordergrund. Die Fragen über den Ursprung des Sittlichen, über das Verhältnis des einzelnen zur Gemeinschaft, über die Bedeutung von Recht und Pflicht sind als die wichtigsten Fragen der gegenwärtigen Philosophie anerkannt. Und wie stellen wir uns heute zu diesen Fragen? Wie verhalten sich die Ideen von 1889 zu den Ideen von 1789?

Schon darin spiegelt sich der Gegensatz der Jahrhunderte, daß über den Inhalt der Prinzipien, welche das Zeitalter der französischen Revolution beherrschten, nach den übereinstimmenden Aussprüchen der Philosophen und der politischen Redner jener Zeit nicht der geringste Zweifel bestehen kann, indes schwerlich jemand sich unterfangen wird, die Ideen der Gegenwart in ein allgemeingültiges Glaubensbekenntnis zusammenzufassen. Der Widerstreit der Meinungen fehlte auch dem achtzehnten Jahrhundert nicht; gleichwohl trugen die Anschauungen der vorurteilsfreien Denker ein übereinstimmendes Gepräge. Unser Zeitalter scheint seinen geschichtlichen Sinn auch darin zu bekunden, daß nahezu alle Standpunkte, die irgend einmal eine historische Berechtigung besitzen mochten, ein dauerndes Recht auf Existenz für sich in Anspruch nehmen. Wie in unseren politischen Parteien das Mittelalter mit der rationalistischen Aufklärung, die Gegenwart mit Zukunftsidealen, die in fernen Jahrhunderten einmal Wirklichkeit werden können, im Streite liegen, so gibt es in den Erörterungen, deren Gegenstand das sittliche Problem ist, kaum eine in der Geschichte der Philosophie zur Entwicklung gelangte Anschauung, die nicht heute noch einzelne Vertreter fände. Aber wenn wir vor allem diejenige Gedankenrichtung, welche in den politischen und sozialen Schöpfungen der Gegenwart zu erkennen ist, als den wahren Ausdruck der Ideen unseres Zeitalters gelten lassen, dann kann, wie ich meine, kein Zweifel darüber bestehen, wie die Antwort auf die oben aufgeworfene Frage lauten muß.

Ist es überhaupt ein Recht der Nationen, große Ereignisse ihrer Vergangenheit durch Erinnerungsfeste im Gedächtnis der Lebenden zu erneuern, so wird niemand dem Jahre 1789 den Anspruch auf eine Zentenarfeier streitig machen. Aber kein Irrtum könnte größer sein als der, welcher mit diesem Erinnerungsfeste den Glauben verbände, daß die Prinzipien von 1789 ewig leuchtende Wahrheiten seien, die sich mit unwiderstehlicher Gewalt zu jeder Zeit Anerkennung erzwingen müßten.

Stellte das 18. Jahrhundert alle Moral einseitig entweder unter den Gesichtspunkt des Rechts oder unter den der Pflicht, so ist heute unsere sittliche Lebensanschauung von dem Gedanken erfüllt, daß Pflicht und Recht überall zusammengehörige Begriffe sind, und daß es daher kein Recht gibt, das nicht an und für sich eine Pflicht des Berechtigten in sich schlösse, mag nun diese als Rechtspflicht von ihm gefordert und erzwungen werden können, oder mag sie, wie bei dem Eigentumsrecht, als eine sittliche Pflicht der freien Übung überlassen bleiben. Die sittliche Pflicht ist aber eine nur um so verantwortungsvollere, weil sie eine freie Pflicht ist, wie dies gerade bei der so lange gänzlich mißkannten Pflicht des Eigentumsrechtes heute immer deutlicher in das allgemeine Bewußtsein tritt.

Betrachtete das 18. Jahrhundert nur die einzelne Persönlichkeit als realen Gegenstand sittlicher Zwecke, so ist unsere heutige Anschauung von der Überzeugung beseelt, daß die politische und die humane Gemeinschaft Wirklichkeiten von einem dem Einzeldasein übergeordneten Wertsind. Nicht mit Hilfe zweifelhafter dialektischer Konstruktionen, sondern auf der Grundlage einer unbefangen die Tatsachen des geistigen Lebens prüfenden Psychologie sucht aber die Ethik der Gegenwart diese Auffassung wissenschaftlich zu rechtfertigen.

Galt endlich der Aufklärungsphilosophie die verstandesmäßige Reflexion als der einzige Richter über wahr und falsch, über gut und böse, und erblickte sie darum in der intellektuellen Beschäftigung des Geistes das größte Gut, so haben die heutige Psychologie und Ethik erkannt, daß die höchste menschliche Tätigkeit der aus dem Gefühl erwachsene, das Denken wie das äußere Handeln lenkende Wille ist, und daß darum das höchste menschliche Gut ein guter Wille bleibt.

Auch auf die Wissenschaften und ihre Pflege hat dieser Wandel der Anschauungen zurückgewirkt. Der Rationalismus des 18. Jahrhunderts huldigte der Meinung, aus der richtigen Einsicht entspringe von selbst das richtige Wollen. Wir denken bescheidener von unserem Wissen wie von unserem Können. Um so mehr sind wir von der Überzeugung durchdrungen, daß die Pflege des Wissens zwar der nächste, die Pflege der sittlichen Gesinnung aber der wichtigste Zweck ist, den wir erstreben. Die Berufstüchtigkeit und Berufstreue, in deren Ausbildung die einzelnen Fachwissenschaften zusammenwirken, sind die Eigenschaften, in denen auch innerhalb der gelehrten Berufsstände jene Gesinnung vornehmlich sich betätigen soll. Die Philosophie als solche muß auf den Vorzug verzichten, den die Beschäftigung mit den konkreten Aufgaben des Lebens mit sich bringt. Aber indem sie das Nachdenken über die allgemeinen Probleme des Daseins anzuregen und die Erkenntnis der sittlichen Aufgaben des Einzelnen wie der Gemeinschaft zu fördern bemüht ist, darf sie wohl hoffen, daß auch ihre Mithilfe an der sittlichen Gesamtarbeit der Wissenschaft und ihrer Lehre als eine nicht ganz nutzlose anerkannt werden möge.

II.
Über das Verhältnis des Einzelnen zur Gemeinschaft.[1])

Wenn heute allerorten im Sachsenlande die Festfreude des Tages von aufrichtiger Verehrung und treuer Liebe ein laut redendes Zeugnis ablegt, so hat in besonderem Maße die Hochschule dieses Landes Anlaß, dankbar des edlen Monarchen zu gedenken, der, ein echter deutscher König, zu dem einst errungenen Lorbeer des Führers im Kriege den nicht minder hohen Ruhm eines Friedensfürsten hinzugefügt hat, dessen Teilnahme der Wohlfahrt seines Volkes auf allen Gebieten und insonderheit der Blüte der Wissenschaften und Künste mit nie rastender Fürsorge zugewandt ist. Der Redner aber, dem die ehrenvolle Aufgabe geworden, nach akademischer Sitte durch einen wissenschaftlichen Vortrag allgemeineren Inhalts bei dieser Festfeier mitzuwirken, wird mehr noch als sonst bei solchem Anlasse bemüht sein, den Gegenstand, welchen er auf dem durch eigenen Arbeitsberuf ihm angewiesenen Felde zu suchen hat, zu der Gelegenheit des Tages in eine innere Beziehung zu setzen.

Indem ich daher, hochverehrte Anwesende, Sie bitte, mir zu einer kurzen Betrachtung über **das Verhältnis des Einzelnen zur Gemeinschaft** geneigtes Gehör zu schenken, will ich vor allem betonen, daß es nicht die juristische, ja

---

[1]) Rede, gehalten am 23. April 1891 zur Feier des Geburtsfestes Sr. Majestät des Königs Albert von Sachsen in der akademischen Aula zu Leipzig (Deutsche Rundschau, Jahrg. 1892).

nicht einmal die rechtsphilosophische Seite dieses Problems ist, die ich zu erörtern beabsichtige, so sehr sich dieselbe bei der Erwähnung des Themas in den Vordergrund drängen mag. Vielmehr ist es ein anderer, bis jetzt wenig beachteter Gesichtspunkt, der mich selbst zu jener Frage geführt hat, und für den ich in dieser Stunde Ihre Aufmerksamkeit in Anspruch nehmen möchte. Dieser Gesichtspunkt ist der psychologische. In der Tat, die Frage, wie sich der Einzelne zu den Lebensgemeinschaften verhält, die ihn umschließen, zu dem Volke, zu dem Staate, denen er angehört, sie ist sicherlich, ich könnte vielleicht sagen, sie ist in erster Linie eine psychologische Frage. Denn wenn es die geistige Natur des Menschen ist, auf der sein Wesen und die Art seiner Existenz vornehmlich beruhen, so wird diejenige Wissenschaft, die diese geistige Natur zu ihrem Objekte hat, auch zunächst über die Natur der Beziehungen Rechenschaft geben müssen, die in allen jenen Formen menschlicher Gemeinschaft den Menschen mit dem Menschen verbinden. Ist das Volk, das, durch Sprache, Sitte und Lebensanschauungen vereinigt, auf eine gemeinsame Geschichte zurückblickt und Geisteserzeugnisse von unvergänglichem Werte sein eigen nennt, nichts als die Menge der Einzelnen, die zu ihm gehören? Oder kommt etwas Weiteres hinzu, das die Eigenschaften dieser Gemeinschaft erst möglich macht, irgend eine geistige Gesamtkraft, die nicht bloß als eine Summe individueller Wirkungen begriffen werden kann? Und ist der Staat, in welchem eine solche Volksgemeinschaft zu einer fest gefügten Organisation sich zusammenschließt, nichts als eine Vervielfältigung der nämlichen Verbindungen, wie sie der Einzelne mit dem Einzelnen zu beliebigen vorübergehenden Zwecken willkürlich eingeht? Oder ist auch er ein einheitliches Gesamtwesen, nicht minder selbständig und eigenartig wie der einzelne Organismus?

Daß Aufgaben, die wir angesichts des Widerstreits der Meinungen, der über sie besteht, zu den schwierigsten rechnen, einer weit zurückliegenden Zeit, die ihnen mit einfacheren Hilfsmitteln, aber auch unter einfacheren Bedingungen gegenübertrat, leicht lösbar erschienen, ist ein Schauspiel, das uns die Geschichte der Wissenschaft oft genug darbietet. Seltener mag es sich ereignen, daß wir heute nach langen Umwegen solch früh gefundenen Lösungen wieder vor so manchen mühselig erdachten Theorien, die seitdem die Herrschaft behaupteten, den Vorzug einräumen, und vielleicht gerade deshalb einräumen, weil es einer unter einfacheren Voraussetzungen begonnenen Untersuchung leichter gelingen mochte, das Wesen der Sache mit raschem Blick zu erfassen, indes den später Kommenden durch die Fülle der seitdem ans Licht getretenen Nebenumstände oder auch durch überkommene Meinungen das Auge getrübt wird.

Zu den Problemen solcher Art gehört, wie ich glaube, das vorliegende. Daß das Wesen der menschlichen Gemeinschaft nur auf Grund einer umfassenden Einsicht in die geistige Natur des einzelnen Menschen erkannt werden könne, und daß nicht minder die Eigenschaften des Einzelnen die Gemeinschaft als ihre notwendige Bedingung voraussetzen, das ist kaum jemals wieder so treffend und klar ausgesprochen worden wie von demjenigen Denker, der die gesamten Welt- und Lebensanschauungen des Altertums in einem geschlossenen, maßvoll alle wohlberechtigten Forderungen beachtenden System zur Darstellung brachte, von Aristoteles. Nicht seiner Logik und Metaphysik, die trotz der langen Herrschaft, die sie geführt, für uns längst überlebt sind, sondern zwei anderen Schriften dieses Philosophen möchte ich darum den Vorrang einräumen, weil die Grundgedanken, von denen sie getragen sind, mit gewissen Einschränkungen noch heute für uns eine lebendige Bedeutung besitzen. Das ist die kleine Schrift über die Seele, und das reifste Werk seines Alters, die Politik. Beide gehören zusammen; denn erst beide vereinigt geben einen vollständigen Begriff davon, wie der Mann, der in der Philosophie wie in der Staatskunst eines Alexander des Großen Lehrer war, sich die Natur des Einzelnen, und wie er sich die der Gemeinschaft gedacht hat.

Sicherlich können für uns heute fast überall die Ausführungen der Aristotelischen Psychologie nicht mehr maßgebend sein. Sie erneuern zu wollen, wäre nicht weniger ein Anachronismus, als wenn man den Versuch machte, seine physikalischen Lehren in die heutige Physik zu verpflanzen. Aber wenn er auf den unteilbaren Zusammenhang aller seelischen Tätigkeiten, auf die gesetzmäßige Entwicklung der höheren aus den niederen, auf die innige Verbindung des seelischen Lebens mit den übrigen Lebensvorgängen hinweist, und vor allem, wenn er das wahre geistige Wesen des Menschen in den Geistestätigkeiten selber erblickt, nicht in irgend einer transzendenten Substanz, an der die seelischen Erscheinungen nur als vergängliche, dem wahren Wesen des Geistes fremde Schattenbilder vorüberziehen, so sind dies Anschauungen, zu denen heute die Psychologie nach langer Irrfahrt auf dem unsicheren Meer wechselnder metaphysischer Meinungen überall wieder zurückkehrt.

Ebenso sind wohl die meisten politischen Lehren des Philosophen unwiederbringlich dahin. Nicht bloß was er über die Beteiligung der Stände an der Regierung, über das Verhältnis des Bürgers zum Nichtbürger und Fremden, des Freien zum Sklaven sagt, widerstreitet unseren heutigen Rechts- und Humanitätsgefühlen, auch der enge Umfang des antiken Staats, der gänzliche Mangel jener mannigfaltigen Wechselwirkungen und freien Verbindungen der Einzelnen, die wir im Begriff der „Gesellschaft" der staatlichen Gemeinschaft gegenüberstellen, machen seine Erörterungen für uns unanwendbar. Dennoch dürfte seine Grundanschauung vom Staate heute gar manchem wieder allen den künstlichen Hypothesen überlegen erscheinen, die inzwischen zur Geltung gelangt sind. Vor allem der Gedanke, daß es nicht zulässig sei, die staatliche Existenz aus irgend einem vorangegangenen Zustand abzuleiten, in welchem der Einzelne außer aller Gemeinschaft mit seinesgleichen gelebt habe, der Gedanke also, daß der Mensch von Anfang an ein »politisches Wesen« sei, sowie der andere, daß der Staat nicht bloß um des Besitzes und der Sicherheit seiner Bürger willen existiere, sondern daß er zugleich sich selbst Zweck sei, dazu bestimmt, gute und schöne Handlungen hervorzubringen, — diese Grundgedanken der Aristotelischen Politik werden jetzt mehr als früher Aussicht auf Zustimmung haben, nachdem allmählich die Erkenntnis sich zu regen beginnt, daß egoistische Nützlichkeitserwägungen ein allzu unsicheres Fundament sind, um auf sie die edelsten Triebe der menschlichen Seele zu gründen.

Lang und seltsam verschlungen freilich sind die Wege, die uns heute zu Anschauungen zurückgeführt haben, denen verwandt, die ein unbefangen die menschlichen Dinge in sich aufnehmender Denker vor mehr als zweitausend Jahren ausgesprochen. Als die Kultur des Altertums sich ausgelebt und das Evangelium der Erlösung der trostbedürftigen Menschheit ein Ideal vor Augen gestellt hatte, das zu dem Ideal des lebensfreudigen Griechentums in den stärksten Kontrast trat, da mußte auch in den Anschauungen über Wesen und Wert des Einzelnen Daseins und der Lebensgemeinschaften, denen der einzelne angehört, jener Gegensatz zum Ausdruck gelangen. Die christliche Weltanschauung, die das sinnliche Leben nur als eine Vorbereitung auf das wahre Leben, das übersinnliche, gelten ließ, fand sich hier ungleich mehr als von den Aristotelischen Lehren von jener platonischen Auffassung befriedigt, welche die Verbindung des Geistes mit dem Körper als ein Übel, als eine Gefangenschaft der Seele betrachtete, aus der sich diese zur ungetrübten Reinheit ihres vorzeitlichen körperlosen Daseins zurücksehne. Selbst als späterhin Aristoteles der unbestrittene Führer der mittelalterlichen Wissenschaft geworden, fügte man sich daher seiner Lehre vom Wesen der Seele nur unter Vorbehalten, welche die Gebundenheit der niederen Seelenkräfte an die Organe des Leibes auf das diesseitige Leben beschränkten. Unter den Lebensgemeinschaften aber hat in den Augen der mittelalterlichen Kirche nur eine einen bleibenden Wert: die Gemeinschaft der Gläubigen, die ohne Rücksicht auf politische Schranken den Gottesstaat, ein Abbild des himmlischen Reiches auf Erden, verwirklicht. Nur diese eine Gemeinschaft ist göttlichen, übernatürlichen Ursprungs. Alle weltlichen Staaten sind auf natürlichem Wege entstanden. Sie sind zu vorübergehenden Zwecken durch Verträge gestiftet, die, wie alle weltlichen Verträge, gelöst werden können, wenn jene Zwecke hinfällig werden. Das ideale Leben jedoch ist das staatlose Leben. Darum hat der Mensch im Paradiese vor dem Sündenfall staatlos gelebt, ebenso wie das künftige ewige Leben ein staatloses sein wird, das der Gesetze und Rechtsordnungen dieser Welt nicht mehr bedarf. Weltumstürzende Entwicklungen können sich nur in gewaltigen Gegensätzen vollenden. Sollte das Christentum den einseitigen Glückseligkeitsbegriff der antiken Moral, sollte es den beschränkten Staatsgedanken der bürgerlichen Gemeinwesen des Altertums überwinden, sollte es endlich der einzelnen Persönlichkeit als solcher ohne Rücksicht auf Stammes- und Standesunterschiede ihren Anspruch auf sittliche Geltung sichern, so mochte das nur geschehen können, indem es alles, was dem Griechen als gut und begehrenswert erschienen war, für nichtig erklärte gegenüber den höheren Gütern, die es kennen lehrte. Aber daß die Verneinung des wirklichen Lebens, zu der auf solche Weise die christliche Philosophie unaufhaltsam getrieben wurde, allmählich sich selbst aufheben, daß sie, rücksichtslos zu Ende gedacht, zum Gegenteil dessen führen mußte, was sie erstrebte, das ist nicht bloß, allen Augen sichtbar, in der wie ein unabwendbares Verhängnis um sich greifenden Verweltlichung der mittelalterlichen Kirche zutage getreten, sondern das ist wohl noch in manchen anderen Erscheinungen zu spüren, die, der verborgeneren Entwicklung wissenschaftlicher Anschauungen angehörend, der Beachtung mehr zu entgehen pflegen. Zu diesen Erscheinungen gehört auch, wie ich glaube, die merkwürdige Tatsache, daß die von der kirchlichen Philosophie zum Schutze ihres transzendenten Systems geschmiedeten Waffen in dem folgenden Zeitalter, gegen dieses System gekehrt, in die wirksamsten Hilfsmittel einer völlig verweltlichten naturalistischen Lebensanschauung sich umwandelten.

Als im 16. und 17. Jahrhundert der neu sich regende Forschungstrieb auf allen Gebieten mit den Resten der mittelalterlichen Scholastik aufräumte, als von dem Gebäude der aristotelisch-scholastischen Physik und Metaphysik kein Stein mehr auf dem andern geblieben war, da retteten sich gerade jene zwei Bestandteile des kirchlich-philosophischen Lehrgebäudes, die sich auf das anthropologische und auf das soziologische Problem beziehen, ihren wesentlichen Grundgedanken nach unverändert in die neue Zeit. Hatte aber die mittelalterliche Metaphysik die Gebundenheit des Geistes an den Körper im Sinne der Beziehung aller irdischen Dinge auf die übersinnliche Welt als eine vorübergehende Gefangenschaft betrachtet, aus der erlöst zu werden die Hoffnung der duldenden Seele sei, so wurde der weltlich gesinnten Philosophie der kommenden Jahrhunderte dieselbe Vorstellungsweise zu einem willkommenen Werkzeug, um die anthropologischen Begriffe in jene mechanische Weltanschauung einzufügen, die unter dem Einflusse der bahnbrechenden naturwissenschaftlichen Entdeckungen zur Vorherrschaft gelangt war. Freilich galt dieser Zeit der Körper nicht mehr als ein von der Seele widerwillig erduldetes Gefängnis, sondern Körper und Geist traten mindestens als gleich reale Substanzen einander gegenüber, und in den Vorstellungen über die Wechselwirkungen derselben lag das Übergewicht so sehr auf der Seite des körperlichen Geschehens, daß der Seele höchstens noch die Rolle eines Atoms von spezifischen inneren Eigenschaften zufiel, das gleich den materiellen Elementen, an die es gebunden, der universellen mechanischen Gesetzmäßigkeit unterworfen sei. Begreiflich daher, daß man von diesen Vorstellungen aus leicht zu der Annahme gelangte, das geistige Leben selbst sei nichts als ein Spiel mechanischer Bewegungen. Hatte so der alles überflügelnde Aufschwung der mechanischen Physik seit dem Anfang des 17. Jahrhunderts materialistischen Anschauungen Vorschub geleistet, so bot nun aber gerade jener transzendente Begriff des Geistes, welcher dereinst aus der Verneinung der sinnlichen Welt entsprungen war, auch dieser verschieden gearteten Zeit das Hilfsmittel dar, um mit den Forderungen des Glaubens sich abzufinden. Die immaterielle unsterbliche Seele — so erklärten ein Francis Bacon, ein Pierre Gassendi und manche andere — die unsterbliche Seele entzieht sich unserer Erkenntnis: diese hat es allein mit der sinnlichen Seele zu tun, die notwendig selbst ein sinnliches Wesen ist.

Nicht anders übernahm in den Vorstellungen, die über die Bedeutung der staatlichen Gemeinschaft zur Herrschaft gelangten, die neue Zeit das Erbe der mittelalterlichen Kirche. Vergebens hatte schon im 14. Jahrhundert das Streben der staatlichen Gewalten nach unabhängiger Machtentfaltung die platonische Idee, daß der Staat ein lebendes, organisch gegliedertes Wesen sei, wiedererstehen lassen. Vergebens suchte in ähnlichem Sinne späterhin die deutsche Reformation dem Worte, daß die Obrigkeit von Gott eingesetzt sei, Geltung zu verschaffen. Aus der Wissenschaft verschwand der Gedanke, der Staat sei das Werk eines zwischen Menschen geschlossenen Vertrages, nicht wieder, und bald überwand er siegreich alle anderen Anschauungen. Aber darum handelte es sich nun nicht mehr, diesem um vergänglicher Zwecke willen geschaffenen Menschenstaat einen Gottesstaat gegenüberzustellen. Als Thomas Hobbes seine Idee der Staatskirche entwickelte, da forderte er vielmehr die unbedingte Unterordnung der letzteren rückhaltlos mit den zynischen Worten: „Religion ist was der Staat zu glauben gestattet, Aberglaube was er verbietet!" Das treibende Motiv dieser neuen Staatstheorien war es daher, eine Rechtsgrundlage für die Oberhoheit des Staates zu schaffen, die nicht auf irgend einen übersinnlichen Ursprung zurückführte, sondern das »Corpus politicum« als eine ebenso naturgemäße Schöpfung begreifen lehrte, wie man die Entstehung irgend eines Naturkörpers aus bekannten Naturkräften ableitete. So hatte sich auch hier die weltliche Theorie derselben Auffassung wie dereinst die kirchliche zu entgegengesetzten Zwecken bemächtigt. Dieser war der Staat ein menschliches Vertragswerk gewesen, um ihn um so sicherer dem Gottesstaat, der übernatürlichen Ursprungs sei, unterzuordnen. Jetzt wurde die Vertragstheorie ein Hilfsmittel, um, eben weil man das natürlich Entstandene für das allein Rechtmäßige hielt, den Staat gegen alle Angriffe sicherzustellen.

Hier mußte nun aber die folgerichtige Entwicklung dieser Anschauung allmählich weit über jenen Zweck hinausführen, um schließlich zu einem ihn wieder aufhebenden Erfolg zu gelangen. In dem Bestreben, die ursprüngliche

Gleichheit der natürlichen Rechte der Einzelnen zur Geltung zu bringen, hatte Hobbes schon die frühere Idee eines »Unterwerfungsvertrages«, die man, ausgehend von dem Verhältnis des Herrschers zu dem Beherrschten, auf den Staat angewandt, durch die eines »Gesellschaftsvertrages« ersetzt, den jeder mit jedem schließe, weil in dem dem Staate vorausgegangenen Naturzustande jeder nur von seinem eigenen Willen abhängig sei. Nun konnte zwar, wie es denn auch tatsächlich geschehen ist, dieser Gesellschaftsvertrag allen möglichen politischen Anschauungen angepaßt werden; am vollkommensten entsprach ihm aber doch das Ideal einer absoluten Volkssouveränität, wonach die beste Staatsverfassung die sein sollte, bei der jeder nur bis zu dem für die Sicherung aller unerläßlichen Minimum auf seinen ursprünglich unbeschränkten Willen Verzicht leiste. Hier traf dann der Gesellschaftsvertrag eines Jean Jacques Rousseau wieder auf das schönste mit der Überzeugung jener christlichen Philosophen zusammen, welche den Staat als ein notwendiges Übel und einen staatlosen Urzustand als den wahrhaft glücklichen gepriesen hatten.

So hat in mannigfachen Verwandlungen jene mittelalterliche Lehre bis an die Schwelle des 19. Jahrhunderts ihr Dasein gefristet. In seinem »Versuch, die Grenzen der Wirksamkeit des Staats zu bestimmen«, verwarf noch Wilhelm von Humboldt jede Tätigkeit des Staates, die den positiven Wohlstand der Bürger zu fördern suche, als eine verderbliche. Denn das höchste Ideal des Zusammenlebens menschlicher Wesen würde es sein, »wenn jeder nur aus sich selbst und nur um seiner selbst willen sich entwickelte«. Und wenige Jahre später meinte Fichte in seinen »Vorlesungen über die Bestimmung des Gelehrten«, sicherlich müsse dereinst einmal in der vorgezeichneten Laufbahn des Menschengeschlechtes ein Punkt liegen, »wo alle Staatsverbindungen überflüssig werden«, weil die bloße Vernunft als höchste Richterin allgemein anerkannt sei. Erst von da ab aber, also erst wenn der Staat allmählich sich selbst überflüssig gemacht habe, seien wir überhaupt »wahre Menschen«. Fürwahr, energischer läßt sich der Gegensatz nicht aussprechen gegen das Aristotelische Wort, daß der Staat früher als der Einzelne, und daß der Mensch ein politisches Wesen sei.

Doch hier wie dort steht die Auffassung der Gemeinschaft mit der des einzelnen Menschen im engsten Zusammenhang. Wenn das Gute und Wahre überall nur ein Erzeugnis der subjektiven Vernunft ist, dann kann eine Gemeinschaft, welche den Willen des Einzelnen bindet, nur als eine notgedrungene Hemmung empfunden werden, die schließlich dem Streben nach vollkommen freier Betätigung des vernünftigen Wollens nicht zu widerstehen vermag. So führt der kühne Idealismus der Sturm- und Drangperiode zu demselben Ergebnis, zu welchem der Naturalismus der Gesellschaftstheorien des 17. Jahrhunderts gelangt war. Wie für Fichte die individuelle Vernunft, so hatte für Hobbes der individuelle Körper allein Anspruch auf selbständige Realität besessen. In beiden Fällen wird die Gemeinschaft zu einer Summe von Einzelnen, die nur um übereinstimmender subjektiver Zwecke willen sich gewissen Normen des Handelns in freiwilliger Zustimmung unterwerfen.

Aber schon der Verfasser der »Reden an die deutsche Nation« hatte von den Grundgedanken seiner früheren Vorlesungen weit sich entfernt, ebenso wie der spätere Staatsmann Humboldt zu dem Inhalt seiner Jugendarbeit sich nicht mehr bekennen mochte. Zwei dem äußeren Anscheine nach voneinander unabhängige, im letzten Grunde jedoch von der Macht der nationalen Erhebung im Beginn des 19. Jahrhunderts halb bewußt, halb unbewußt getragene geistige Strömungen waren es, die zuerst jene Anschauungen ins Wanken brachten. Auf der einen Seite ließ die von der Romantik angeregte, dann zu selbständigem Leben erwachte geschichtliche Vertiefung in Sitte und Recht der Vorzeit die rationalistischen Konstruktionen von Staat und Gesellschaft in immer zweifelhafterem Lichte erscheinen. Auf der anderen Seite war in der deutschen Philosophie aus der folgerichtigen Fortbildung der Gedanken Fichtes die Idee einer objektiven Weltvernunft hervorgegangen, eines Gesamtgeistes, von dem man annahm, daß er in der Geschichte, im staatlichen Leben und in allen auf der zusammenhängenden Geistesarbeit der Menschheit beruhenden idealen Schöpfungen, wie Kunst, Religion, Philosophie, seine dem Einzeldasein unendlich überlegene selbständige Realität bekunde. Mochte das abstruse dialektische Gewand, in welches die durchgebildetste Darstellung dieser Idee, Hegels System, sie gekleidet hatte, ihrer Verbreitung noch so hinderlich sein, der Macht derselben konnte ein Zeitalter nicht sich entziehen, dessen Unterschied vom vorangegangenen nicht zum wenigsten darin bestand, daß es geschichtlich zu denken gelernt hatte. Gerade darum aber kann man nicht genug bedauern, daß der logische Schematismus jenes Systems an die Stelle der realen geschichtlichen Entwicklungen überall eine gekünstelte Systematik der Begriffe treten ließ, und daß er, durch diese verführt, in Gegensätze spaltete, was seinem Wesen und seiner Entstehung nach untrennbar zusammengehörte. Das Gebiet der objektiven Sittlichkeit wurde hier wie eine andere, höhere Welt der subjektiven Moralität gegenübergestellt. Recht und Staat erschienen wie Wesen eigener Art, fast als wenn sie unabhängig von den Einzelnen existieren könnten. So entstand eine Verselbständigung der Gemeinschaftsbegriffe, durch die sie im Grunde doch wieder allzu analog den Einzelwesen gedacht wurden.

In der neueren Staatswissenschaft haben diese Ideen mannigfache Spuren zurückgelassen. Wenn die Vertreter der sogenannten »organischen Staatslehre« nicht bloß — wogegen nichts einzuwenden wäre — den Begriff des Organismus auf das Staatsganze anwenden, sondern auch, nach dem Vorbilde Platos und der platonisierenden Theorien früherer Jahrhunderte, spezielle Beziehungen zwischen den Organen des Einzelorganismus und den Teilen der Staatsverwaltung aufzufinden bemüht sind, so scheinen diese Versuche einer Belebung der Gemeinschaftsbegriffe gerade das Gegenteil von dem zu erreichen, was sie beabsichtigen: man raubt den Gemeinschaftsorganismen ihren selbständigen Wert, indem sie zu vergrößerten Abbildern der Individuen gemacht werden. Mit größerer Vorsicht hat sich in ähnlichem Sinne die moderne Gesellschaftstheorie sogenannter »realer Analogien« bedient, indem sie soziale Erscheinungen mittels bekannter physiologischer Vorgänge zu erläutern suchte. Solche Vergleichungen, wie z. B. die des wirtschaftlichen Verkehrs mit dem Stoffwechsel, mögen erlaubt und nützlich sein, so lange man sich darauf beschränkt, zusammengesetzte durch einfachere Erscheinungen, die ihnen in gewissen Eigenschaften ähnlich sind, zu verdeutlichen. Sobald aber die Analogie nicht bloß als ein gelegentliches Bild gebraucht wird, sondern sich in eine konstante Beziehung zwischen den sozialen und den entsprechenden physiologischen Prozessen verwandelt, dürfte auch hier die Gefahr der falschen Begriffsübertragung größer sein als jener didaktische Vorteil. Den juristischen Politikern kann man es darum kaum verdenken, wenn manche unter ihnen heute wohl noch immer der juristisch wenigstens klar gedachten Vertragstheorie, mag diese auch psychologisch unmöglich und geschichtlich unwahr sein, vor den phantastischen Konstruktionen der älteren organischen Staatslehre wie vor den physiologischen Analogien der neueren Soziologie den Vorzug geben. Analogien sind ja überhaupt von zweifelhaftem Werte. Wenn sie aber einmal angewandt werden, so läßt sich aus der Vergleichung der Staatsbehörden mit den geschäftsführenden Personen einer Aktiengesellschaft, wie sie in einer anerkannt vorzüglichen Darstellung unseres Deutschen Reichsstaatsrechts durchgeführt wird, vielleicht doch noch mehr lernen, als aus der Wiedererneuerung des alten Platonischen Gedankens, daß der Staat nichts sei als ein Mensch im großen.

Doch ich lasse dahingestellt, inwieweit in den heute zwischen Juristen und Soziologen, zwischen Romanisten und Germanisten bestehenden Meinungsunterschieden jene alten philosophischen Gegensätze noch eine Rolle spielen. Handelt es sich doch überdies bei ihnen oft weniger um die großen Gemeinschaften von Volk und Staat, als um solche Körperschaften, die innerhalb einer Volks- und Staatsgemeinschaft zum Behuf besonderer sozialer Zwecke frei entstehen können. Die psychologische Betrachtung wird sich, ihrer allgemeinen Aufgabe gemäß, auf jene natürlich entstandenen und darum in irgendeiner Form überall die Ordnung des menschlichen Lebens bestimmenden Gemeinschaftsverbände beschränken müssen. Hier hat sie aber, wie ich glaube, was man auch sonst über ihren Wert denken mag, vor den philosophischen Begriffsentwicklungen den einen Vorzug, daß sie vor der Gefahr, die Beziehungen zwischen Individuum und Gesamtheit ganz aus dem Auge zu verlieren oder zu bloßen Analogien zu verflüchtigen, sicher ist. Denn der Psychologie stehen überhaupt nur die Eigenschaften des Einzelbewußtseins als letzte Erklärungsgründe zu Gebote, und gleichzeitig wird sie doch durch die Erfahrung auf die Grenzen der individuellen Leistungsfähigkeit hingewiesen. Solchen Standpunkten gegenüber, die sich, wie der juristische und der politische, grundsätzlich auf die Erscheinungen des Rechts- und Staatslebens selber beschränken, ist sie aber, so sehr sie auch, wo es sich um die Lösung einzelner praktischer Aufgaben handelt, bescheiden zurückstehen muß, doch vielleicht in der günstigen Lage, daß es ihr unmittelbar nahe gelegt wird, andere Erzeugnisse des geistigen Lebens von ähnlich allgemeingültiger Bedeutung zur Vergleichung herbeizuziehen und so das Schwierigere durch das Einfachere zu erläutern. In der Tat bilden ja Rechtsordnung und Staat nur hoch entwickelte Formen eines gemeinsamen Lebens, das von frühe an in der eine Volks- oder Stammesgemeinschaft verbindenden Sprache, in den ihr eigentümlichen religiösen und mythologischen Anschauungen, endlich in den für alle verbindlichen Normen der Sitte sich äußert. Mögen diese Erscheinungen auch früheren Ursprungs sein als Staat und Recht, wenigstens nach der geläufigen Abgrenzung dieser Begriffe, so gehören sie doch sicherlich mit ihnen zu denjenigen geistigen Schöpfungen, zu deren Entstehung eine Vielheit zusammenlebender Individuen unerläßlich ist; und sie werden ihnen insbesondere noch dadurch nahe gerückt, daß die Sitte Normen umschließt, die zum Teil als Vorstufen einer Rechtsordnung und einer staatlichen Organisation angesehen werden können.

Nun ist es eine bemerkenswerte Tatsache, daß der Rationalismus des 18. Jahrhunderts über den Ursprung von Sprache, Religion und Sitte durchgängig Vorstellungen huldigte, die der Theorie des Gesellschaftsvertrages vollkommen analog sind. Die Sprache gilt als ein willkürlich zum Zweck der Verständigung und des Gedankenaustausches ersonnenes System von Zeichen. Die Religionen sind von weisen Sittenlehrern gestiftet, oder sie sind, nach der von den radikalen Freidenkern des Revolutionszeitalters beliebten Umkehrung dieser Auffassung, die trügerischen Erfindungen schlauer Priester, mit Hilfe derer man die Völker in Finsternis und

Abhängigkeit zu erhalten sucht. Ebenso sind Mythus und Sage Dichtungen, die bald absichtlich zu lehrhaften Zwecken, bald ebenso absichtlich zur Verbreitung von Wahn und Täuschung erfunden wurden. Aus wie verschiedenen Ursachen man aber auch die Erscheinungen des gemeinsamen Lebens ableiten mag, darin sind alle diese Erklärungen einig, daß jene Erzeugnisse des Volksgeistes von einzelnen Individuen zu den Zwecken ersonnen sind, zu denen sie auf der heutigen Stufe geistiger Bildung allenfalls benutzt werden können, und daß die Eigenschaften des Menschen seit unvordenklichen Zeiten genau der Denkweise eines aufgeklärten Philosophen des 18. Jahrhunderts gleichen. Die Nützlichkeitserwägungen einer Philosophie, deren Glaube an eigene Unübertrefflichkeit kaum wieder erreicht wurde, erscheinen dieser Zeit von so selbstverständlicher und allgemeingültiger Wahrheit, daß man es gar nicht für möglich hält, es könne jemals Menschen gegeben haben, die anders fühlten und dachten.

Heute sind wir wohl gern bereit, die Behauptung, die Sprache sei durch »Verabredung« entstanden, ohne weiteres preiszugeben. Aber daß die Meinung, Staat und Recht beruhten auf einer notwendig vorauszusetzenden Vertragsschließung der Einzelnen, einen fehlerhaften Zirkel ähnlicher Art enthält, entzieht sich leichter unserer Beachtung. Dieser Unterschied in der Beurteilung von Theorien, die vollkommen einander analog und aus der nämlichen allgemeinen Auffassung menschlicher Verhältnisse hervorgegangen sind, hat sicherlich seine guten, nicht zu unterschätzenden Gründe. Wenn heute unter Kulturvölkern neue Staatenbildungen entstehen, so können solche überall erst durch staatsrechtliche Verträge eine rechtliche Sanktion gewinnen. Offenbar hat daher diese tatsächliche Existenz der Staatsverträge für die Bildung des Staates eine größere reale Bedeutung, als sie etwa die Möglichkeit eine Sprache, wie das »Volapük«, zu erfinden für die

Entstehung der Sprache hat. Aber erstens umfassen jene Rechtsakte, die der Existenz eines Staates ihre rechtliche Bestätigung verleihen, selbst unter heutigen Verhältnissen noch nicht im mindesten die Bedingungen seiner Entstehung, sondern jene Bestätigung selbst wird erst auf Grund von Bedingungen möglich, die mit der Gesamtheit der Eigenschaften und geschichtlichen Erlebnisse einer Volksgemeinschaft zusammenhängen. So hätte das neue Deutsche Reich nicht entstehen können, wäre die Willensgemeinschaft der deutschen Stämme, die diese Vereinigung erstrebte, nicht vor den Verträgen der Staaten und Fürsten vorhanden gewesen. In einer Kulturgemeinschaft bedarf jede politische Neubildung einer rechtlichen Sanktion, die sie gegen Angriffe von innen und außen sicherstellt. Doch diese Sanktion ist in der Reihe der Entstehungsmomente das letzte, nicht das erste Glied; und unter primitiven Verhältnissen fehlt dasselbe gänzlich. Die natürliche Stammesgemeinschaft genügt hier, namentlich wenn der überragende Wille einzelner Führer hinzutritt, um eine staatliche Organisation zu erzeugen. Welchen Sinn aber soll es haben, da, wo ein Vertrag überhaupt nicht existiert, von einem »stillschweigend geschlossenen« Vertrage zu reden? Könnte man doch mit demselben Recht auch die Sprache auf eine »stillschweigende Verabredung« zurückführen. Nicht minder rückt angesichts dieser tatsächlichen Entwicklung die alte Streitfrage, ob das Recht früher sei als der Staat oder umgekehrt, ungefähr in die nämliche Linie mit der berühmten zoologischen Frage, ob das Ei früher sei als die Henne. Nicht als plötzliche unvorbereitete Neuschöpfungen sind Recht und Staat entstanden, sondern sie sind aus den Regeln der Sitte und aus den primitiven Formen der Stammesgemeinschaft hervorgegangen. Sobald diese letztere den Charakter des Staates annahm, wurden bestimmte Normen der Sitte zu Grundbestandteilen einer Rechtsordnung, und hinwiederum sobald die Sitte zum Recht sich verdichtete, war zugleich die Gemeinschaft, die sich den Rechtsnormen unterordnete, aus einem Stammesverband zu einer staatlich organisierten Volksgemeinschaft geworden.

Sind die Volks- und die Staatsgemeinschaft nicht willkürliche Schöpfungen, nicht künstlich zusammengesetzte Körper, wie dereinst Thomas Hobbes sie nannte, sondern Entwicklungsprodukte ursprünglicher Formen des gemeinsamen Lebens, so werden nun aber auch die wirkenden Kräfte dieses Lebens anderswo zu suchen sein als auf dem Boden jener Nützlichkeitserwägungen, dem nach der heute immer noch nachwirkenden Verstandesphilosophie des 18. Jahrhunderts alle geistigen Triebe der menschlichen Gattung ihren Ursprung verdanken sollen: Nirgends treten uns hier die Grundbedingungen für die Entstehung geistiger Schöpfungen einer Gemeinschaft, nicht nur in ihrer Abhängigkeit von den Eigenschaften der Einzelnen, sondern auch in ihrer wesentlichen Verschiedenheit von den auf das Individuum beschränkten Leistungen, so einleuchtend vor Augen wie bei der Sprache. Triebartige Bewegungen, die in den Vorstellungen und Affekten des individuellen Bewußtseins ihre Quelle haben, sind sicherlich ohne jede Beziehung auf die Umgebung und ohne Anregung durch dieselbe möglich. Sie sind natürliche Erzeugnisse der geistigen und körperlichen Organisation des einzelnen Menschen. Aber zur Sprache können solche Ausdrucksbewegungen nur werden, indem sie in einer Gemeinschaft entstehen, deren Glieder unter den nämlichen äußeren und inneren Bedingungen leben, so daß die Gefühle und Vorstellungen, die der eine in sich findet, auch dem andern nicht fehlen, und daß die Lautbewegung, zu welcher Wahrnehmungen und Affekte den ersten antreiben, dem Ohr des zweiten ein unmittelbar verständlicher Ausdruck des gemeinsam Erlebten ist. So ist die Sprache eine Schöpfung der Einzelnen, und sie ist doch unendlich mehr als dies. Denn sie kann nur werden, indem das geistige Leben ein gemeinsames ist und als ein solches unmittelbar empfunden wird. Darum ist sie ein wahres Erzeugnis des Gesamtgeistes, und wie sie sich zu den triebartigen Äußerungen individueller Gefühle verhält, die in natürlichen Interjektionen und andern unwillkürlichen Ausdrucksbewegungen sich Luft machen, genau ebenso verhält sich jener Gesamtgeist zu den isoliert gedachten individuellen Geistern. Wie die Sprache keine Existenz außerhalb derer besitzt, die sie reden, so ist auch der Gesamtgeist kein geistiges Wesen, das außerhalb der Einzelnen lebt und sich entwickelt, sondern er ist die geistige Gemeinschaft der Einzelnen selber. Aber gerade darum ist auch er unendlich mehr als eine Summe von Individuen. So wenig aus einer bloßen Sammlung vereinzelter Ausdruckslaute jemals eine Sprache entstehen könnte, gerade so wenig ist ein geistiges Gemeinschaftsleben denkbar ohne jene ursprüngliche Gleichheit geistiger Vorgänge in den Gliedern der Gemeinschaft, durch die im Austausch der Gefühle und Vorstellungen das geistige Leben des Einzelnen erregt und verstärkt wird durch das Leben seiner Umgebung, um selbst wieder mit ähnlichen Kräften auf dieses zurückzuwirken. Darum ist das gemeinsame Leben niemals eine bloße Addition individueller Wirkungen. Nicht einmal — wenn es gestattet ist, diese Dinge durch mathematische Bilder zu veranschaulichen — einer Multiplikation möchte ich es vergleichen, da die letztere doch immer nur Größen derselben Art wie die ursprünglichen hervorbringt. Die geistigen Schöpfungen der Gemeinschaft dagegen sind Neuschöpfungen, zu deren Entstehung zwar die Anlage in den Individuen liegt, die aber qualitativ wie quantitativ neue Werte darstellen — ein Verhältnis, wie es etwa durch das der komplexen Zahlen zu den einfachen versinnlicht werden könnte, da auch die komplexen Zahlen nicht existieren würden ohne die einfachen, denen gegenüber sie trotzdem ein qualitativ neues Begriffsgebiet darstellen, zu dem man durch bloße Operationen quantitativer Vervielfältigung niemals gelangen würde. Nun ist aber die Sprache keineswegs etwa eine Funktion des gemeinsamen Lebens, die deshalb, weil sie bei jeder Erzeugung gemeinsamer Anschauungen und Normen des Handelns als unerläßliches Hilfsmittel dient, anders zu beurteilen wäre als die geistigen Lebensinhalte selbst, die sie erzeugen hilft. Ist doch jene ganze Gegenüberstellung von Form und Inhalt unseres Denkens, auf der eine solche Annahme größerer Ursprünglichkeit der Sprache beruht, eine zwar zu gewissen Zwecken nützliche Abstraktion, durch die wir uns jedoch die Einsicht in den realen Zusammenhang der Erscheinungen nicht sollten verkümmern lassen. Als eine verständliche Form des Ausdrucks von Vorstellungen ist die Sprache nur möglich, weil diese Vorstellungen selbst und die an sie geknüpften Gefühle und Triebe gemeinsame sind, so daß eben deshalb der vom Einzelnen gebrauchte Laut ohne weiteres als angemessenes Bild dessen, was alle empfinden, aufgefaßt wird. Die Sprachgemeinschaft schließt also an und für sich schon Lebensgemeinschaft mit allem, was zu ihr gehört, in sich. Religiöse Anschauungen, Sitten, Rechtsüberzeugungen können darum nimmermehr als ein gemeinsamer Lebensinhalt angesehen werden, der erst nach vollendeter Entwicklung der Sprache oder auch auf anderem Wege und mit anderen geistigen Kräften als sie entstehen könnte, sondern das geistige Leben ist, wie weit wir es auch zurückverfolgen mögen, ein einheitliches, in allen seinen Bestandteilen untrennbar verbundenes; und nichts vermag auch hier das Verständnis seines Werdens mehr zu trüben als der freilich oft begangene Fehler, logische Unterscheidungen, die unserer begrifflichen Auffassung der Dinge ihren Ursprung verdanken, auf die Dinge selbst zu übertragen. Was der Mensch war oder gewesen sein könnte, ehe er eine Sprache, ehe er gemeinsame Lebensanschauungen besaß, die in ihr ihren Ausdruck fanden, überhaupt also ehe er ein in Gemeinschaft lebendes Wesen war — davon sich eine Vorstellung machen zu wollen, ist sicherlich ein vergebliches Bemühen. Wir wissen nicht nur nichts von einer solchen isolierten Existenz der Einzelnen, sondern wir können uns auch den Menschen mit den Eigenschaften, die er tatsächlich besitzt, gar nicht in ihr denken. Wenn wir ein tierisches Dasein des Menschen annehmen, das dem Besitz der Sprache vorausging, so muß doch selbst in diesem irgendeine Art gemeinsamen Lebens, etwa ähnlich dem, wie wir es an gewissen Gesellschaften der Tiere kennen, existiert haben, wenn überhaupt der Mensch sich zum Menschen entwickeln sollte. Denn wie die Lebenserscheinungen der Gemeinschaft überall auf die geistigen Kräfte der Einzelnen zurückweisen, so bedürfen nicht minder die letzteren eines Gesamtlebens, von dem jede individuelle Entwicklung getragen und fortan in ihren Leistungen bestimmt wird. Ebenso aber steht die beschränkte Volksgemeinschaft, welcher der Einzelne angehört, wieder unter den Bedingungen der geschichtlichen Entwicklung, in der sie entstanden ist, und die während ihres Bestehens und Vergehens fortwährend auf sie einwirken. So ist das Einzelleben eine vergängliche Woge auf dem durch die Jahrhunderte dahinflutenden Strome des Lebens der Nation, mit dem es schließlich einmündet in den unermeßlichen Ozean des geistigen Gesamtlebens der Menschheit.

Wie ärmlich erscheint, gegenüber dieser überall durch die Tatsachen der geistigen Entwicklung nahegelegten Anschauung, jene Auffassung des Rationalismus und Utilitarismus mit seinen Vertrags- und Erfindungstheorien, nach denen der einzelne Mensch unveränderlich wie ein Fels in dem wogenden Meer von außen auf ihn einstürmender Wirkungen verharren soll, von ihnen da- und dorthin geschoben, wohl auch mit anderen seinesgleichen zu Konglomeraten vereinigt, immer aber nur selbst ein Ganzes, immer ohne anderen Zweck als den, sich selbst zu erhalten! Freilich haben die Verteidiger dieser Lehre zu den praktischen Folgerungen, zu denen sie führt, sich nur selten bekannt. Denn einseitigen ethischen Theorien ist es glücklicherweise zumeist eigen, daß sie von ihren Anhängern fortwährend durch die eigene Praxis des Lebens widerlegt werden.

Wohl pflegt für eine solche individualistische und atomistische Auffassung der Lebensverhältnisse noch heute nicht selten die Erfahrung ins Feld geführt zu werden, während man die entgegengesetzte Anschauung eine »transzendente« oder »metaphysische« nennt — Ausdrücke, die, so unberechtigt sie in diesem Falle auch sein mögen, in unserer metaphysikfeindlichen Zeit ihre Wirkung nicht leicht verfehlen. Natürlich gibt man bereitwillig zu, daß es für uns nicht möglich sei, die ursprüngliche Entstehung menschlicher Lebensgemeinschaften zu beobachten. Dagegen wird es als das allein berechtigte empirische Verfahren gepriesen, daß wir die Erzeugnisse einer fernen vorgeschichtlichen Vergangenheit nach den Erfahrungen beurteilen, die uns heute das menschliche Leben bietet. Als wenn nicht eben das ein unleugbarer Ertrag geschichtlicher und psychologischer Erfahrung wäre, daß wir das menschliche Denken und Handeln auf einer zurückliegenden Entwicklungsstufe nicht schlechthin nach unserem eigenen Denken und Handeln beurteilen dürfen! Und als wenn nicht die Hauptlehre, die die Geschichte dem Psychologen erteilen kann, eben die wäre, daß dieser, um ein primitives geistiges Leben verstehen zu lernen, es versuchen muß, in eine völlig von der heutigen verschiedene, wenn auch auf denselben elementaren Grundprozessen sich aufbauende geistige Welt sich zurückzudenken! Was dabei herauskommt, wenn man sich den Menschen unveränderlich vorstellt, dafür liefert vor allem die Geschichte der mythologischen Theorien von den Tagen des berühmten hellenischen Mythendeuters Euhemeros an bis auf unsere Zeit herab Beispiele genug, die ebenso erstaunlich wie ergötzlich sind.

Überhaupt aber ist es ein gründlicher Irrtum, wenn man meint, die individualistische Gemeinschaftstheorie sei frei von metaphysischen Voraussetzungen. Im Gegenteil, gerade sie ist es, die eben deshalb, weil sie sich nicht entschließen kann, unbefangen die Tatsachen aufzufassen, wie sie sich darbieten, unrettbar ein Opfer der Metaphysik wird. So war es ein seltsames Verhängnis, dem schon die naturalistische Philosophie des 17. und 18. Jahrhunderts anheimfiel, daß sie da, wo sie sich am gewissesten auf Tatsachen der Erfahrung zu stützen meinte, am unentrinnbarsten in metaphysische Voraussetzungen verstrickt wurde. Wenn Thomas Hobbes erklärte, nur der einzelne sinnlich wahrnehmbare Körper sei eine reale Substanz; alles, was sonst die Welt an eigentümlichem Inhalt besitze, sei daher aus Affektionen des Körpers abzuleiten: unser Vorstellen und Wollen aus mechanischen Bewegungen des Gehirns, die künstlichen Vereinigungen fühlender und wollender Körper, die Staaten, aus dem Streben jener lebenden Körper, sich selbst zu erhalten, so war es offenbar nicht die Erfahrung, sondern der feste Glaube an das System einer materialistischen Metaphysik, der diese Lehren erzeugt hatte. Wenn nun auch im Gegensatze hierzu der an Descartes sich anschließende Spiritualismus in der individuellen Seele eine übersinnliche Substanz sah, die nur in ihrer Trennung vom Körper, darum aber auch nur in voller Sonderung von den Lebensgemeinschaften, in denen sie sich infolge ihres sinnlichen Daseins befinde, ihr wahres Leben führe, so kam diese Ansicht doch in ihrer Auffassung der ethischen Bedeutung der Gemeinschaft zu denselben Ergebnissen, wie sie denn ihrer geschichtlichen Entstehung nach nichts anderes war als eine Anpassung der durch den Zeitgeist geforderten naturalistischen Philosophie an dogmatische Überlieferungen.

Die heutige Psychologie sucht, nachdem ihr Kant diesen Weg gezeigt, das Wesen der Seele wiederum, wie es Aristoteles schon getan, in den Tatsachen des geistigen Lebens selber, nicht in einem unerkennbaren »Ding an sich«, das nur durch die vorübergehenden Wechselwirkungen, in die es zu anderen Dingen tritt, das geistige Geschehen als einen vergänglichen Schein hervorbringt. Sie sucht es nicht in einer angeblich einfachen und doch unendlich zusammengesetzten Monade, die infolge wunderbarer Vorausbestimmung ein verworrenes Bild einer an sich ganz anders beschaffenen Welt erzeugt. Die Psychologie als empirische Wissenschaft weiß nichts von einem geistigen Lebensinhalt, der zu dem Inhalt unseres wirklichen Denkens, Fühlens und Handelns außer aller Beziehung stände. Eben darum vermag sie aber, wie ich meine, auch den ethischen Forderungen gerecht zu werden, die das wirkliche Leben an uns stellt. Ohne den Wert des Einzeldaseins preiszugeben, ja unter voller Anerkennung der Tatsache, daß die geistigen Kräfte der Gesamtheit nur in den Einzelnen ihren Ursprung nehmen und nur, indem sie auf die Einzelnen zurückwirken, ein geistiges Gesamtleben erzeugen können, muß sie doch nicht minder zugestehen, daß dieses Gesamtleben eine dem Einzeldasein gleiche und überall da, wo die Handlungen der Einzelnen auf die wichtigsten Lebenszwecke der Gemeinschaft gerichtet sind, eine ihm übergeordnete Realität besitzt. Wieder bildet hier die schöpferische Energie der Sprache, an die jede wertvollere Tätigkeit auch des Einzelnen gebunden ist, ein sinnenfälliges Zeugnis für diese überlegene Bedeutung der Gemeinschaft. Der praktisch triftigste Beweis scheint mir freilich darin zu liegen, daß die Normen des Rechts nur aus einem realen Gesamtwillen jene verpflichtende Kraft schöpfen können, vermöge deren sie ihre unbedingte Herrschaft über den Einzelwillen behaupten. Wo anders vermöchte auch die Strafgewalt des Staates, die über die höchsten äußeren Güter des Lebens der Einzelnen, ja über das Leben selber entscheidet, ihren Rechtstitel herzunehmen, wenn nicht aus dieser unbedingten Überordnung des aus dem Rechtsbewußtsein der Gemeinschaft entspringenden Gesamtwillens über den Einzelwillen? Und wie unzulänglich, wie widersprechend jedem natürlichen Rechtsgefühl erweisen sich hier jene rationalistischen Notbehelfe, die diese ungeheure Macht der Rechtsordnung nur aus egoistischen Erwägungen im Interesse der Sicherheit der Einzelnen rechtfertigen möchten!

Ist es in dem zuletzt erwähnten Falle nicht die Volksgemeinschaft als solche, sondern die durch eine bestimmte Rechtsordnung verbundene staatliche Gemeinschaft, welche die Trägerin eines Gesamtwillens von normativer Kraft wird, so liegt nun aber vornehmlich in der in Sprache, Sitte und übereinstimmenden Lebensanschauungen bestehenden ursprünglichen Einheit eines Volkes hinwiederum die Fähigkeit zur Bildung eines staatlichen Gesamtwillens. Mögen daher auch infolge des vielgestaltigen Einflusses geschichtlicher Bedingungen Staaten auf anderem Wege entstehen, mögen selbst die normalen Kausalverhältnisse gelegentlich sich umkehren können, indem nicht das Volk den Staat, sondern der Staat erst ein Volk hervorbringt, so erscheint uns doch die erste Entwicklungsweise als die natürliche, nicht bloß weil sie die ursprünglichere ist, sondern weil hier allein die Bildung des Staates als letztes Glied sich einfügt in alle jene Schöpfungen des Volksgeistes, die in der Sprachgemeinschaft ihren Ausdruck finden. Ein Volk ohne diese verschiedenen Gebiete gemeinsamer Tätigkeit, aus dem das Gesamtleben besteht, ist ein völlig leerer Begriff. Wenn man trotzdem allen Äußerungen seiner geistigen Wirksamkeit das Volk selbst als den Erzeuger derselben gegenüberstellt, so handelt es sich hier selbstverständlich um eine bloß begriffliche Unterscheidung. Wir verstehen dann unter dem Volke die Gemeinschaft als solche, ohne Rücksicht auf die einzelnen geistigen Schöpfungen, in deren Erzeugung sie sich als eine zusammengehörige betätigt. Nicht in allen Lebensrichtungen muß notwendig Übereinstimmung herrschen, um einer Gesamtheit den Charakter eines Volkes zu sichern. So haben die Deutschen auch zu den Zeiten ein Volk gebildet, da sie einer wahren staatlichen Verbindung ermangelten. So bilden die Schweizer ein Volk, obgleich die Einheit der Sprache ihnen fehlt. Immerhin ist in der natürlichen Entwicklung des Gesamtlebens die Sprachgemeinschaft die Grundlage aller anderen gemeinsamen Bildungen. An sie schließen sich zunächst, als notwendig mit ihr verbunden, aber doch größerer Differenzierungen fähig, gemeinsame Vorstellungen und Sitten. Als letztes erscheint die Unterwerfung unter eine aus den Normen der Sitte hervorgewachsene und dann durch historische Erlebnisse bestimmte staatliche Ordnung. Denkt man sich, was ja begrifflich, wenn auch nicht geschichtlich erlaubt ist, das Volk als den Erzeuger aller dieser Bildungen, so ist demnach das Volk die noch unorganisierte Gesamtheit, die aber die Fähigkeit besitzt, alle jene Schöpfungen durch eine ihr innewohnende organisierende Kraft hervorzubringen. In der Tat, alle Erzeugnisse der Volksgemeinschaft, die Sprache, die Sitte, die religiösen Anschauungen, der Staat, sie sind wahre geistige Organismen. Denn wenn es zum Begriff eines Organismus gehört, daß er eine natürlich entstandene, zusammengesetzte Lebenseinheit ist, welche aus Teilen besteht, die, selbst Einheiten von ähnlichen Eigenschaften, zugleich dienende Glieder oder Organe des Ganzen sind, wer möchte dann einer Sprache, und wäre es die roheste und unvollkommenste, die Eigenschaft absprechen, ein nach festen Gesetzen gebildeter geistiger Organismus zu sein? Oder wer möchte verkennen, daß die mythologischen Anschauungen eines Volkes, wenn sie vielleicht auch in höherem Maße als die Sprache äußeren Einflüssen und darum der Vermengung mit fremdartigen Vorstellungen ausgesetzt sind, und daß ebenso die Sitten und sittlichen Anschauungen einen einheitlichen Zusammenhang besitzen, der auch ihnen die Eigenschaften entwicklungsfähiger geistiger Organismen verleiht? Nur ein Materialismus, der geistigen Erzeugnissen überhaupt keine Realität zuschreibt, könnte leugnen, daß es sich hier um wahre organische Bildungen handelt. Unter allen diesen Bildungen nimmt aber der Staat eine eigentümliche Stellung ein. Er ist dasjenige Erzeugnis der Volksgemeinschaft, durch welches diese erst zu einem organischen Ganzen sich einigt. Die Bildung des Staates ist also nicht bloß Erzeugung eines geistigen Organismus, wie es etwa die Bildung der Sprache ist, sondern sie ist eine Tat der **Selbstorganisation der Gemeinschaft**, durch welche die letztere aus einem Substrat, das geistige Organismen hervorbringt, selbst zu einem Organismus wird. Indem dieser Organismus einer Willenseinheit sich unterordnet, die die Handlungen der Gesamtheit und der Einzelnen nach bindenden Normen regelt, gewinnt er aber zugleich den Charakter der **Gesamtpersönlichkeit**.

Die Begriffe des geistigen Organismus und der Persönlichkeit decken sich demnach keineswegs. Die Sprache, die Sitten und Lebensanschauungen einer Gemeinschaft sind organische Bildungen; aber nur eine phantastisch-mythologische Betrachtung könnte in ihnen persönliche Wesen erblicken wollen. Man hat darum zuweilen geglaubt, auch dem Staate zwar den Charakter des Organismus, nicht aber den der Persönlichkeit zuschreiben zu sollen. Nun hängt natürlich die Anwendung eines Begriffs von der Definition ab, die man ihm gibt. Verlegt man das Wesen der Persönlichkeit in jene unmittelbare Einheit eines von einem Einzelwillen beherrschten seelischen Geschehens, welche dem individuellen Selbstbewußtsein eigen ist, so ist damit eben von vornherein die Bedingung gestellt, daß nur ein Einzelwesen Person sein könne. Fordert man aber lediglich ein einheitliches Wollen und Handeln nach frei gewählten Motiven als die wesentliche Eigenschaft der Persönlichkeit, so kann es keinem Zweifel unterliegen, daß dem Staate die Bedeutung einer solchen zukommt. Doch handelt es sich dabei nicht bloß um jene übertragene Bedeutung des Begriffs, in welcher gewisse Körperschaften und Vereine, die sich zu mehr oder minder beschränkten sozialen Zwecken gebildet haben, als »juristische Personen« bezeichnet werden, um damit ihre Rechtsfähigkeit anzudeuten. Vielmehr umfaßt der Gesamtwille des Staates ebenso alle Richtungen des gemeinsamen Lebens, wie der Einzelwille der individuellen Persönlichkeit das ganze geistige Leben des Einzelwesens beherrscht. Gegenüber jenen Rechtssubjekten, die für einzelne beschränkte Zwecke eine der Einzelperson analoge Bedeutung gewinnen, ist daher der Staat die einzige reale Gesamtpersönlichkeit, und das unterscheidende Merkmal dieser, auf dem zugleich ihr eigentümlicher Wert beruht, besteht gerade darin, daß bei ihr Selbstbewußtsein und Wille, obgleich nicht minder frei und vielseitig wie bei der Einzelperson, doch nicht eine unmittelbare, an ein einzelnes physisches Substrat gebundene Einheit sind, sondern erst aus den Wechselbeziehungen einer großen Zahl selbständiger Einzelwesen hervorgehen. —

Wo abweichende Auffassungen geschichtlich gewordener Tatsachen miteinander im Streite liegen, da bilden die praktischen Folgerungen, die sich aus ihnen ergeben, eine letzte Instanz von entscheidendem Werte. Indem die Vertragstheorie den Staat als ein von den Einzelnen willkürlich geschaffenes Erzeugnis ansah, verfiel sie unentrinnbar einem Verhängnis, das in den revolutionären Staatstheorien des 18. Jahrhunderts und in den furchtbaren Anwendungen, die sie in der Geschichte gefunden, eine vernehmliche Sprache redet. Was die plötzlich und willkürlich entstandene Handlung der Einzelnen geschaffen, kann ebenso plötzlich und willkürlich wieder von den Einzelnen vernichtet werden. Die beste Staatsform ist dann nicht eine solche, die aus der organisierenden Kraft einer Volksgemeinschaft mit geschichtlicher Notwendigkeit sich entwickelt hat, sondern diejenige, die dem augenblicklichen Nutzen aller, oder, da dies nicht möglich ist, wenigstens dem Nutzen der herrschenden Mehrheit am besten zu entsprechen scheint.

Wie festgefügt erhebt sich doch über die vergänglichen Staatsgebilde dieser abstrakten Nützlichkeitstheorie der organisch gewordene, in den Lebensanschauungen und Sitten einer Volksgemeinschaft wurzelnde Staat, der nicht die geringste Bürgschaft für das dort vergeblich erstrebte Wohl der Gesamtheit in der Stetigkeit und Sicherheit seiner Entwicklung erblicken darf! Zu den Vorzügen aber, die dereinst schon Aristoteles für diesen organisch aus der Volksgemeinschaft erwachsenen Staat dem echten Königtum zuschrieb, darf heute noch ein weiterer — und er ist, wie ich meine, nicht der kleinste — hinzugefügt werden. Je ausgedehnter der räumliche Umfang der heutigen Staatsordnungen, je umfassender die geschichtliche Vergangenheit ist, auf die sie zurückblicken, um so wertvoller ist es, daß die Einheit des Staates in einem die Jahrhunderte überdauernden Herrschergeschlecht sichtbar werde, in dessen Schicksalen die geschichtlichen Erlebnisse des Staates selber sich spiegeln. Und je mehr der moderne Staat durch die Mannigfaltigkeit der Kulturaufgaben und der Einzelbestrebungen, die er zu einem geordneten Ganzen verbinden soll, den Gefahren der Zersplitterung und des Widerstreits der Interessen entgegenarbeiten muß, um so höher ist ein Königtum zu schätzen, dessen Träger, durch seine Geburt schon über allem Streit der Parteien und der Sonderinteressen erhaben, in seiner Person symbolisch die Gesamtpersönlichkeit des Staates zum Ausdruck bringt und in seinem Streben und Wollen tatsächlich die Zwecke der Gemeinschaft zu seinem eigenen Lebenszweck gemacht hat. Darum Heil dem Volke, dessen Fürst dieser schweren Aufgabe, die ihm geworden, als einer heiligen Pflicht waltet! Und Heil dem Fürsten, der seines hohen Berufes so klar sich bewußt ist, der ihn mit so viel Umsicht und Wohlwollen, mit so unermüdlicher Pflichttreue zu erfüllen weiß, wie wir voll aufrichtigen Dankes von unserm König dies rühmen dürfen!

III.
Die Metaphysik in Vergangenheit und Gegenwart.[1])

Man hat Hegel das Wort in den Mund gelegt, von allen seinen Schülern habe ihn nur einer verstanden, und der habe ihn mißverstanden. Die Geschichte ist vielleicht erfunden. Aber für alles, was man Metaphysik nennt, oder was, falls es diesen Namen verschmäht, dessen Stelle einnimmt, ist sie charakteristisch. Den ersten echten Metaphysiker, den die Geschichte der Philosophie kennt, den Heraklit, nannten schon die Alten um der tiefsinnigen Schwerverständlichkeit seiner Aussprüche willen den »Dunkeln«. Sogar der Name »Metaphysik« hat den Sinn, den wir heute mit ihm verbinden, eigentlich nur einem Mißverständnis zu danken. Was in der Ordnung der Aristotelischen Lehrschriften »nach der Physik« ($\mu\varepsilon\tau\grave{\alpha}$ $\tau\grave{\alpha}$ $\varphi v\sigma\varkappa\acute{\alpha}$) kam, diese äußerliche Benennung deuteten zuerst die Neuplatoniker in das um, »was über die Natur hinausgehe«, eine Interpretation, die bis zum heutigen Tag die geläufige geblieben ist.

Die Metaphysiker selbst unterstützen solche Mißverständnisse, da sie nicht selten mit einer gewissen Geringschätzung auf das Tun und Treiben der empirischen und praktischen Disziplinen herabsehen, womit sich dann bei den meisten noch eine gründliche Verachtung anderer metaphy-

---

[1]) Kultur der Gegenwart, Teil I, Abt. VI, 1902.

sischer Systeme verbindet. Auch dafür ist der alte Heraklit ein Vorbild. In einem seiner Aussprüche, der sich wahrscheinlich auf die Philosophen seiner Zeit bezieht, bezeichnet er diese als »Leute, die weder zu hören noch zu reden verstehen«, und höchst anzüglich meint er, Vielwisserei und Verstand seien zweierlei, wie man an Pythagoras und Xenophanes sehen könne. Seitdem hat noch jeder Metaphysiker sein eigenes System für das allein wahre erklärt. Daß aber diese Erscheinung nicht in persönlicher Anmaßung, sondern schließlich in der Eigenart der Metaphysik ihren Grund hat, das ist sehr treffend von Kant angedeutet worden, als er für seine kritische Philosophie dieselbe Unfehlbarkeit in Anspruch nahm. Wenn diese Philosophie, so meint er, sich als eine solche ankündige, vor der es überall noch gar keine gegeben habe, so tue sie nichts anderes, als »was alle Philosophen getan haben, tun werden, ja tun müssen, die eine Philosophie nach ihrem eigenen Plane entwerfen«.

Diese zwei altüberlieferten Eigenschaften, ihre Dunkelheit und der Anspruch eines jeden Systems auf ausschließliche Geltung, würden vielleicht schon genügen, die Metaphysik in der öffentlichen Meinung der gelehrten wie der ungelehrten Welt zu diskreditieren, auch wenn nicht als eine dritte Eigenschaft noch die hinzukäme, daß sie anerkanntermaßen eine gänzlich nutzlose Wissenschaft ist. Man kann zu Ehre und Ansehen in der Welt kommen, ohne etwas von ihr zu wissen; ja man kann selbst in den einzelnen der Erkenntnis der Natur oder des geistigen Lebens dienenden Gebieten Bedeutendes leisten, ohne sich jemals mit ihr behelligt zu haben. Es gibt kein noch so abgelegenes naturwissenschaftliches Problem, dessen Lösung nicht möglicherweise in der Zukunft einen praktischen Wert gewinnen könnte. Philologie und Geschichte fördern, indem sie die geistigen Schätze der Vergangenheit erschließen, damit indirekt zugleich die

Gesittung. Selbst andere Teile der Philosophie, wie Logik, Ästhetik, Ethik, können sich als allgemeine geistige Bildungsmittel in den Dienst des Lebens stellen. Von allem dem ist bei der Metaphysik keine Rede. Darum ist es vornehmlich dieser Gesichtspunkt des Nutzens, unter dem sie von dem großen Utilitarier Francis Bacon an bis herab zu dem Positivismus des 19. Jahrhunderts als eine teils überflüssige, teils rückständige Scheinwissenschaft bekämpft worden ist.

Nun sind freilich die Metaphysiker geneigt, alle diese Mängel für ebenso viele Vorzüge zu halten. Wirft man ihnen den Widerstreit vor, in dem sie miteinander stehen, so entgegnen sie mit Hegel, eben dies bezeichne die höchste Form des Wissens, daß jedes System die vorausgegangenen als seine aufgehobenen Momente enthalte. Behauptet man die Unfruchtbarkeit ihrer Bestrebungen, so erwidern sie mit Schopenhauer, das gerade sei der Adelsbrief des Genies, Unnützes zu produzieren. Aber dem Forscher, der sich auf seinem fest abgegrenzten Einzelgebiet sicher fühlt, können solche Aussprüche nicht imponieren. Aufgehobene Momente gibt es wohl allerwärts; doch er zieht es vor, sie schlecht und recht Irrtümer zu nennen, und er meint, nur das habe wirklichen Wert, was sich für die Dauer nicht als irrig herausstellt. Das Unnütze vollends läßt er allenfalls da gelten, wo es das Leben verschönt, und das tut nach seiner Meinung die Kunst besser als alle Philosophie.

Wie wäre es drum, wenn wir, nachdem sich die Welt mit zweifelhaftem Erfolg, beinahe könnte man sagen mit zweifellosem Mißerfolg um die Metaphysik solange bemüht hat, uns endlich einmal entschlössen, sie und alles, was unter einem anderen Namen ihr gleichsieht, für abgetan zu erklären? Im Hinblick auf die Rolle, die sie in der Kultur vergangener Zeiten gespielt, könnte ihr ja immerhin in den Werken über Geschichte der Philosophie ein ehrendes Begräbnis zuteil werden. Aber sind nicht alle Aufgaben, die sich die Wissenschaft heute noch stellen kann, auf der einen Seite von der Naturforschung einschließlich der Mathematik, auf der anderen Seite von den historischen Disziplinen in Anspruch genommen, zu denen für solche, die ihrer zu bedürfen glauben, allenfalls auch noch die Psychologie treten mag? Ich müßte mich sehr irren, wenn diese Gedanken nicht in ziemlich weiten Kreisen der wissenschaftlichen Welt, teils offenkundig, teils wenigstens im stillen verbreitet wären. Männer, denen selbst etwas von der Neigung zu philosophischen Verallgemeinerungen innewohnt, gehen auch wohl noch einen Schritt weiter. Sie sagen etwa: heute hat nicht mehr die Metaphysik, die doch nur eine verkappte Mythologie ist, die »Welträtsel« zu lösen, sondern die Naturwissenschaft. Oder auf der anderen Seite denkt man, die wahre Philosophie sei die Geschichte, da ihr Objekt, der Mensch mit seinen Schöpfungen, schließlich das einzig wertvolle Problem der Philosophie sei. Der partikulare Positivismus — wenn ich unter diesem Namen alle diese Überzeugungen zusammenfassen darf — schillert also wieder in sehr verschiedenen Farben, deren Widerspiel dem menschlich begreiflichen Motiv entspringt, die Dinge für die wichtigsten zu halten, mit denen man sich selber beschäftigt.

Doch mag man sich auch hier wie dort bei dieser Denkweise beruhigen, der Wunsch, über die Grenzpfähle des eigenen Gebietes hinaus in die Welt zu blicken, regt sich immer wieder. Und so ereignet sich denn das merkwürdige Schauspiel, daß in dem Augenblick, wo man die alte Metaphysik zu Grabe getragen wähnt, unerwartet eine neue entsteht, die zwar manchmal durchaus nicht als solche gelten will, die aber gleichwohl die zu jeder Zeit der Metaphysik eigenen Merkmale so augenfällig an sich trägt, daß sie es sich wohl oder übel gefallen lassen muß, zu ihr gezählt zu werden.

Auch sind die Historiker der neuesten Philosophie bereits an der Arbeit, diese eben erst entstandenen Systeme oder die Entwürfe zu ihnen in dem großen Mausoleum gewesener Metaphysik beizusetzen und sie mit den Signaturen zu versehen, an denen sich künftige Geschlechter über sie orientieren können. Dabei ist es ein bemerkenswertes Kennzeichen dieser neuesten Metaphysik, daß sie nur zu einem kleinen Teil von »Philosophen«, d. h. von solchen gemacht wird, denen das Philosophieren fachmäßig oder nach selbstgewähltem Beruf obliegt, sondern daß sie inmitten der positiven Wissenschaften entsteht, unter den Physikern und Chemikern, Zoologen und Physiologen, unter Juristen, Nationalökonomen, Theologen und Historikern. Nur die Philologie hat sich, namentlich seit ihr auf dem Felde der Philosophie selbst eine Tochter in der Kantphilologie erblüht ist, bis jetzt gegen den Sirenengesang der Spekulation spröde erwiesen, darin unähnlich ihrer Vergangenheit in dem Zeitalter Kants und Schellings. Nicht die am wenigsten merkwürdige unter diesen Erscheinungen der Gegenwart ist aber die, daß unter allen den genannten Gebieten gerade das exakteste und positivste, die Naturwissenschaft, vorzugsweise zur Konzeption solcher metaphysischer Ideen gelangt ist.

Mag man nun über diese Erscheinung denken wie man will, jedenfalls spricht sie nicht dafür, daß jene Ansicht, die in der Metaphysik bloß eine Wissenschaft vergangener Zeiten sieht, auf die Dauer recht behält. Wohl aber legt sie die Frage nahe, worin denn jener spekulative Trieb, der, wenn er aus der Philosophie nahezu verschwunden scheint, um so kräftiger sich in der positiven Wissenschaft zu regen beginnt, seine letzte Quelle habe. Im Hinblick auf das, was die Metaphysik zu allen Zeiten erstrebt hat, wird man wohl unbedenklich sagen dürfen: es ist der Einheitstrieb der menschlichen Vernunft selbst, der sich nicht daran genügen lassen will, das Einzelne zu erkennen und innerhalb der beschränkten Sphäre, der es zunächst angehört, mit anderem Einzelnen in Beziehung zu setzen, sondern der zu einer Weltanschauung gelangen möchte, in der die getrennten oder lose verbundenen Bruchstücke unseres Wissens zu einem Ganzen geeint sind. Das ist natürlich ein Bedürfnis, das nicht bei jedem Menschen und nicht zu jeder Zeit gleich lebendig zu sein braucht. Aber es ist doch ein solches, das, so wenig wie das religiöse oder das sittliche Bedürfnis, jemals ganz wird verschwinden können. Ob jener spekulative Trieb je sein Ziel erreicht, kann man gewiß bezweifeln; ja man darf wohl vermuten, daß dieses Ziel, ebenso wie das sittliche Ideal, zu jeder Zeit nur dem gerade bestehenden Zustande der Kultur und des geistigen Lebens entsprechen könne. Aber daß der spekulative Trieb selbst jemals verschwinden werde, wird man eben deshalb, weil sein Ziel in um so größere Ferne rückt, je näher man ihm zu sein glaubt, mit gutem Grunde bezweifeln dürfen.

Damit ist jedoch der Inhalt dessen, was Metaphysik sei, jedenfalls noch nicht zureichend bestimmt. Denn nicht jeden Versuch, aus jenem Einheitsbedürfnis heraus eine Weltanschauung zu gestalten, werden wir ein System der Metaphysik nennen. Sonst würde jede religiöse Weltanschauung oder jedes dichterische Weltbild, in dem Phantasie und Gemüt ihre Befriedigung suchen, auch Metaphysik sein. Doch so sehr hier in der Tat manchmal die Begriffe und die Dinge selbst ineinanderfließen, so wird man doch den eigentlichen Begriff der Metaphysik in dem Sinne begrenzen müssen, daß wir nur diejenigen Versuche zur Ausgestaltung einer einheitlichen Weltanschauung der Metaphysik zurechnen, die vom wissenschaftlichen Erkenntnisbedürfnis ausgehen und daher auch in erster Linie dieses zu befriedigen streben. Nur insofern wir den Begriff in dieser Weise einschränken, sind wir in der Tat berechtigt, die Metaphysik als einen Versuch, dem Ausdruck zu geben, was die Wissenschaft der Zeit bewegt, selbst der Wissenschaft zuzuzählen. Demnach läßt sich die Definition der Metaphysik wohl in den Satz zusammenfassen: Metaphysik ist der auf der Grundlage des gesamten wissenschaftlichen Bewußtseins eines Zeitalters oder besonders hervortretender Inhalte desselben unternommene Versuch, eine die Bestandteile des Einzelwissens verbindende Weltanschauung zu gewinnen. Darin liegt ausgesprochen, daß die Metaphysik weder ein unveränderliches noch auch nur ein immer in gleicher Richtung sich entwickelndes System sein kann. Vielmehr nimmt sie nicht bloß an den mannigfachen Schicksalen des wissenschaftlichen Denkens überhaupt teil, sondern es spiegeln sich auch in ihr die verschiedenen Richtungen dieses Denkens, und in ihrer Geschichte prägt sich stets zugleich der vorherrschende Einfluß bestimmter Wissensgebiete aus, die im Vordergrund des allgemeinen Interesses stehen. Darum erzeugt in der Regel ein bestimmtes Zeitalter nicht bloß ein metaphysisches System, sondern mehrere nebeneinander, und in dem Gegensatz solcher gleichzeitiger Systeme kommt, ebenso wie in dem vorherrschenden Einfluß bestimmter positiver Gebiete, der allgemeine Geist des Zeitalters in der Mannigfaltigkeit seiner Bestrebungen wie in seinen Eigentümlichkeiten gegenüber anderen Zeiten zum Ausdruck.

So darf man denn auch jene oben bemerkte Tatsache, daß in der Gegenwart der metaphysische Trieb weniger in der Philosophie als in den positiven Wissenschaften lebendig zu sein scheint, und daß unter diesen wieder die Naturforschung in erster Linie steht, als eine philosophische Signatur unserer Zeit betrachten. Zeigt diese Erscheinung zunächst, daß jenes Einheitsbedürfnis des Denkens, das schließlich die Wurzel aller Metaphysik bildet, heute in der Naturwissenschaft besonders stark sich wieder regt, so kommt darin wohl

außerdem die Tatsache zur Geltung, daß überhaupt seit alter
Zeit die Naturwissenschaft den vorherrschenden Einfluß auf
die philosophische Spekulation ausgeübt hat, und daß sie
infolgedessen noch heute in dem metaphysischen Denken
mächtiger nachwirkt als etwa die Geschichte und die von ihr
inspirierte Geschichtsphilosophie. Diese Macht der Tradition,
welcher der einzelne unbeschadet seiner Selbständigkeit nun
einmal nicht entgehen kann, spricht sich in diesem Fall überdies in der bekannten, in gewissen Grenzen selbst für das
wissenschaftliche Denken gültigen Regel aus, daß es etwas
absolut Neues unter der Sonne nicht gibt. In Wahrheit gilt
diese Regel weniger für die Wirklichkeit selbst, die mindestens unserer Betrachtung immer neue Seiten bietet, wenn
sie nicht gar neue Schöpfungen hervorbringt, als für das Denken, das um diese Wirklichkeit seine Fäden spinnt. Mag es
mit dem Inhalt und Umfang des Erlebten und Erkannten
reicher und vielgestaltiger werden, die alten Denkmittel ändern sich nicht erheblich, und mit ihnen erstrecken sich gewisse allgemeinste Anschauungen, den veränderten Bedingungen sich anpassend, mit wunderbarer Beharrlichkeit durch
den Wandel der Zeiten. Das gilt aber wiederum vor allem
von den metaphysischen Weltanschauungen, da an ihnen
eben jener Einschlag, den unser Denken zu dem ihm gegebenen veränderlichen Inhalt hinzubringt, schließlich den
Hauptanteil hat. Selbstverständlich will das nicht sagen,
daß die Metaphysik stehen geblieben sei, während unsere
Welterkenntnis im einzelnen und teilweise die Welt selbst
fortgeschritten ist. Wohl aber lehrt die Geschichte, daß sich
die Grundzüge jener Weltanschauungen, zwischen denen sich
heute noch das metaphysische Denken bewegt, schon in verhältnismäßig sehr früher Zeit entwickelt haben. Darum, so
wenig auch mehr die Alten, wenn wir etwa von der Kunst
der Darstellung absehen, auf irgendeinem einzelnen Gebiet

der Natur oder der Geschichte heute für uns maßgebend sind, in der Philosophie sind sie immer noch unsere Lehrmeister, und sie sind es gerade deshalb, weil da, wo sich die äußeren Bedingungen des Wissens nach Inhalt und Umfang verhältnismäßig einfacher gestalten, die allgemeinen Motive der grundlegenden Weltanschauungen um so klarer zutage treten.

Schon die Philosophie der Griechen hat in der Tat die **drei Stufen** zurückgelegt, die man wohl als allgemein gültig für die Entwicklung des metaphysischen Denkens betrachten darf. Nur hat sich allerdings die dritte dieser Stufen in der griechischen Philosophie noch nicht von der zweiten geschieden. Vielmehr ist eine prinzipielle Ausbildung dieser letzten und, so viel sich vorläufig übersehen läßt, wohl nicht weiter zu überschreitenden Richtung erst in der neueren Philosophie eingetreten. Jene drei Entwicklungsstufen können wir aber füglich als die **poetische, die dialektische** und die **kritische** bezeichnen. Das poetische Stadium herrscht in den Anfängen der Philosophie. Aus der Mythendichtung hervorgegangen, ist es in der Willkürlichkeit und in der sinnlichen Anschaulichkeit seines Denkens noch durchaus dem Mythus verwandt. In der in ihm zur Herrschaft gelangenden Idee der **Welteinheit** und in dem allmählich zu ihr hinzutretenden Gedanken einer **der Welt selbst immanenten Gesetzmäßigkeit** strebt es jedoch über den Mythus hinaus und bereitet allmählich das zweite, dialektische Stadium vor. In diesem wandelt sich jenes Bild einer allgemeinen Gesetzmäßigkeit in die Forderung einer **begrifflichen Notwendigkeit** um. Das Weltgesetz gilt nun nicht mehr als ein äußerlich angeschautes, sondern als ein innerlich begriffenes, das eben darum nicht anders sein könne. Diese dem Denken immanente Notwendigkeit gilt so zugleich für die wahre Wirklichkeit der Dinge selbst. Endlich in dem dritten, dem kritischen Stadium, wird der gesamte Inhalt der Welterkenntnis einer kritischen Analyse unterworfen, welche die einzelnen Elemente derselben auf ihre Herkunft und auf ihren Zusammenhang mit den allgemeinen Erkenntnisfunktionen prüft. Dabei verwandelt sich dann die Forderung der Denknotwendigkeit in die andere einer Nachweisung des logischen Ursprungs der Erkenntnis und der den Erkenntnisinhalt ordnenden Begriffe.

Diese drei Stadien, welche die Metaphysik in ihrer Entwicklung durchlaufen hat, sind nun aber nicht bloß derart einander gefolgt, daß sich mannigfache Übergänge zwischen sie einschoben, sondern nie hat ein späteres Stadium jemals die vorangegangenen ganz zu verdrängen vermocht. In der Blütezeit der dialektischen Metaphysik herrscht daher ebenso noch in mannigfachen Nachwirkungen die poetische, wie sich bereits Symptome der kommenden kritischen Richtung erkennen lassen. Nachdem die kritische Philosophie entstanden, bestehen aber nun erst recht alle drei Richtungen nebeneinander. Sie tun das nicht nur in den metaphysischen Systemen der Philosophen, sondern auch in jenen inmitten der Einzelgebiete erblühenden metaphysischen Weltanschauungen, die für den philosophischen Geist der Zeit besonders bezeichnend sind.

I. Die poetische Metaphysik. Die poetische Metaphysik treffen wir klar ausgeprägt bei den ältesten griechischen Kosmologen. Bald steht sie hier auch ihrem Inhalte nach der kosmologischen Dichtung nahe, wie bei den Pythagoreern und anderen zu den orphischen Kulten in Beziehung tretenden Theologen. Bald ringt sie kräftiger nach begrifflicher Gestaltung, wie bei den ionischen Physikern und vor allem bei Heraklit und in der Schule der Eleaten. Ist es bei Heraklit der Gedanke einer unwandelbaren Gesetzmäßigkeit und Vernünftigkeit des Weltprozesses, so ist es bei den Eleaten die

Idee eines hinter dem Sinnenschein verborgenen unveränderlichen Seins, was diese Denker bereits wie von hoher Warte aus die in der späteren Zeit so folgenreichen Begriffe der Kausalität und der Substanz vorausahnen läßt. Und so ist denn auch bei den jüngeren Ioniern, in der qualitativen Elementenlehre eines Empedokles und Anaxagoras und in dem Demokritischen System der mechanischen Atomistik, der Drang nach logischer Begründung der vorgetragenen Lehren wohl zu spüren. Doch dieser Drang ist noch allzu unbestimmt, um mehr als einen gewissen einheitlichen Charakter der Weltbetrachtung zu erreichen, wie ihn ganz besonders das Demokritische System zeigt. Wenn einmal Atome sein müssen, so mag es ja am einfachsten sein, alles Geschehen auf Stoß und Bewegung derselben zurückzuführen. Aber warum müssen Atome, warum müssen überhaupt Elemente sein? Oder warum muß es einen einzigen Urstoff oder einen ewig sich wiederholenden Fluß der Dinge geben? Diese Fragen bleiben unbeantwortet, denn sie werden nicht erhoben. Jeder dieser poetischen Metaphysiker denkt sich die Welt in seiner Weise, weil es ihm ethisch oder ästhetisch so am besten gefällt. Es ist die Willkür der schöpferischen Phantasie, die in dem Aufbau dieser Systeme waltet, nicht die Gesetzmäßigkeit des strengen logischen Denkens. Und eben diese Willkür, nicht die mehr oder weniger phantastische Natur der Konzeptionen macht das Poetische dieser Metaphysik aus. In diesem Sinne ist eben das mechanische Getriebe der Demokritischen Wirbelbewegungen nicht minder wie das den Raum erfüllende, alles Wechsels und aller Mannigfaltigkeit entbehrende »Sein« der Eleaten oder das in unaufhörlichem, regelmäßigem Wechsel die Dinge zerstörende und wiedererzeugende Weltfeuer Heraklits eine kosmologische Dichtung, von den mythologischen Dichtungen der älteren Kosmologen und Theologen nur durch den freilich bedeutsamen Umstand geschieden, daß es nicht menschenähnliche, die Naturerscheinungen bewegende Götter sind, aus deren Willen und aus deren Schicksalen der Lauf der Welt entspringt, sondern daß die Natur ihr Gesetz in sich selbst trägt. Darum kämpft nun aber auch schon diese älteste Metaphysik lebhaft gegen den Polytheismus der Volksreligion, an deren Stelle sie mehr und mehr eine monotheistische Anschauung zu setzen strebt.

II. **Die dialektische Metaphysik.** Aus der poetischen ist die dialektische Metaphysik nicht direkt, etwa dadurch, daß man willkürliche Phantasieschöpfungen unmittelbar in logische Notwendigkeiten umgewandelt hätte, sondern auf einem eigentümlichen Umwege hervorgegangen, der freilich beim Lichte besehen geschichtlich wie psychologisch begreiflich ist. Wie sollte auch aus einer immer noch halb mythologischen Dichtung ein mit dem Prinzip der logischen Notwendigkeit operierendes Gedankensystem entstehen, außer indem man es versuchte, eben die Willkür jener Dichtung als eine der strengen Begründung widersprechende Gesetzlosigkeit darzutun? So ist es denn zunächst der Kampf der poetischen Kosmologien widereinander gewesen, aus dem sich die neue Denkweise emporgearbeitet hat. Nicht in der Begründung der eigenen Gedankendichtung, die solchen Versuchen unzugänglich ist, sondern in der Widerlegung fremder Weltanschauungen wurzelt daher der Ursprung der Dialektik. Hierin besteht die einzigartige Stellung, die der Eleate Zeno in der Geschichte dieser älteren Spekulation einnimmt. Die Waffen, mit denen er den eleatischen Grundgedanken gegen die gemeine Weltansicht wie gegen die den Wandel der Dinge lehrenden Kosmologen verteidigt, sie sind dem eigenen Arsenal der Gegner entnommen, die er auf ihrem Boden mit der zum erstenmal glänzend geübten Kunst der dialektischen Beweisführung zu besiegen sucht. Wenn die Vielheit der

Dinge, wenn Bewegung und Veränderung sich selbst widersprechende Begriffe sind, dann sind alle jene kosmologischen Dichtungen, die diese Begriffe voraussetzen, unhaltbar. Das unveränderlich Seiende aber bleibt vor der für ein naives Denken unüberwindlichen Macht dieser Dialektik eigentlich doch nur aus Schonung bestehen, und die Tage sind daher nicht fern, wo sich nun dieser dialektische Kampf gegen alle und jede kosmologische Spekulation kehrt. Es ist die Sophistik, in der die negative Richtung der Dialektik diesen Schritt tut. Doch indem sie die alte Naturphilosophie zerstört, stellt sie zugleich die sittliche Weltanschauung in Frage, die bis dahin Religion und Staat beherrscht hatte. Trotz der sonstigen Gegensätze ihrer Meinungen hatten die Kosmologen diese Weltanschauung in so übereinstimmendem Sinne bewahrt, daß die Lebensmaximen, die uns in den Aussprüchen eines Heraklit oder Demokrit erhalten sind, mehr nur nach der individuellen Temperamentsrichtung dieser Denker als nach ihrem wesentlichen Inhalte abweichen.

Diese Seite der neu erstandenen, in dem ersten Bewußtsein ihrer siegreichen Macht alles zerstörenden Dialektik ist es nun aber auch, die den Widerstand herausfordert und so das dialektische Denken selbst in den Dienst der sich regenden neuen reformatorischen Ideen treten läßt. Daß diese Umwandlung der zerstörenden in eine positive, aufbauende Dialektik unter dem Zeichen der sittlichen und religiösen Reformation steht, ist überaus bedeutsam. Denn schwerlich wären auf dem Boden der naturwissenschaftlichen Spekulation, auf dem sich die vorangegangene poetische Metaphysik vornehmlich bewegte, die Antriebe mächtig genug und die Hilfsmittel hinreichend gewesen, um diesen gewaltigsten Umschwung, den wohl die Geschichte der Philosophie erlebt hat, zustande zu bringen. Doch die ethischen und religiösen Interessen erwiesen sich hier, wie beinahe zu jeder Zeit, schließlich als die größeren gegenüber den theoretischen Fragen. Auch hatte das ethische Problem für den Beginn eines ernst gerichteten, nach Wahrheit ringenden Denkens den ungeheuren Vorzug, daß die Tatsachen, um die es sich bei ihm handelte, in den Erscheinungen des alltäglichen Verkehrs und in den Forderungen des bürgerlichen Lebens allen erkennbar waren und daher keiner besonderen Vorbereitung bedurften, um sie einer strengeren wissenschaftlichen Betrachtung zugänglich zu machen. So kam es, daß ein und derselbe Mann als der sittliche Reformator seiner Zeit und als der Begründer einer schöpferischen Dialektik vor uns steht: Sokrates. Wenn daher später Aristoteles den Zeno den Erfinder der Dialektik genannt hat, so ist dies im allgemeinsten Sinne sicherlich zutreffend. Ohne Zeno und die Sophistik wäre Sokrates unmöglich gewesen. Doch den größeren Schritt der Umwandlung der Dialektik in ein fruchtbares, nicht ideenzerstörendes, sondern ideenschaffendes Werkzeug verdankt die Geschichte des Denkens dem Manne, der in der wunderbaren Kunst seiner Gesprächführung dieses Werkzeug an den Problemen übte und vervollkommnete, die in der praktischen Lebenserfahrung überall vorlagen, und zu deren Behandlung es keiner weit hergeholten Argumente bedurfte. Indem er die Probleme des sittlichen Lebens in Probleme des Wissens umwandelte, bereitete er aber jene Ausdehnung der Dialektik auf den gesamten Umfang der damaligen Wissenschaft vor, die in des Sokrates größtem Schüler, in Plato, zum erstenmal zu einer universellen Weltanschauung führte, die sich ganz auf diesem neuen Boden des begrifflichen Denkens erhob.

Hatte Zeno die Dialektik in ihrer ersten, eristischen Form geschaffen, Sokrates diese Form in eine schöpferische, neue Quellen des Wissens erschließende umgewandelt, so wurde Plato der Urheber der neuen Wissenschaft, die aus diesem Sokratischen Denken erwuchs, der dialektischen Metaphysik. Aber freilich, ganz war die Zeit noch nicht gekommen, wo sich der Bau dieser neuen Wissenschaft lückenlos vollenden ließ. Wie sehr immer Plato bemüht sein mochte, in seiner Schule mannigfache Gebiete des Einzelwissens, vor allem die Mathematik und ihre Anwendungen, zu pflegen und bei den älteren kosmologischen Systemen, bei den Eleaten, bei Heraklit und den Pythagoreern, nach brauchbaren Anknüpfungen zu suchen, der poetischen Ergänzungen konnte er gleichwohl nicht entraten, und das Bedürfnis nach ihnen wuchs in dem Maße, als er von den allgemeinsten Problemen zu einzelnen Anwendungen überging. Im Phädrus, im Philebus, im Staat greift er mannigfach, wo die Hilfsmittel des strengen Denkens versagen, zum Mythus, bis schließlich der Timäus, der sich nun selbst den Problemen der älteren Kosmologie zuwendet, ganz in dieses mythische Gewand gekleidet ist. So tritt denn überhaupt das Prinzip der dialektischen Metaphysik bei diesem ihrem Ursprung eigentlich weniger in dem Gesamtaufbau des Systems als in einzelnen, manchmal sogar in nebensächlichen Ausführungen hervor, die der Ausübung der dialektischen Methode günstige Angriffspunkte bieten. Insbesondere unter den Unsterblichkeitsbeweisen des Platonischen Phädon findet sich einer, dem nicht einmal die vornehmste Stelle unter diesen Beweisen zukommt, der aber die Denkweise der dialektischen Metaphysik bereits so ausgeprägt an sich trägt, daß er eigentlich alles, was in der Zukunft der Scharfsinn der Metaphysiker dieser Richtung hervorgebracht hat, in seinem Schoße birgt. »Die Seele — so läßt sich etwa dieser Beweis formulieren — ist das Prinzip des Lebens; was aber nach seinem Begriff das Merkmal des Lebens hat, kann nicht das entgegengesetzte Merkmal an sich tragen: also muß die Seele immer leben.« Wir sehen hier das Vorbild des berühmten ontologischen Gottesbeweises: »Die Idee des absolut Größten schließt das wirkliche Dasein dieses Größten als Merkmal in sich. Denn wäre das nicht, so könnte etwas noch Größeres existieren, was jener Idee widerspricht.«

Aus diesem ontologischen Gottesbeweis, wie er sich schon bei Augustin angedeutet findet und dann von Anselm von Canterbury in seiner für die Folgezeit maßgebenden Fassung entwickelt wurde, ist der leitende Gedanke der neueren ontologischen Metaphysik hervorgegangen, wie ihn Spinoza in die klassischen Worte der ersten Definition seiner »Ethik« gefaßt hat: „Unter Substanz verstehe ich das, dessen Wesen die Existenz einschließt, oder das, dessen Natur nur als existierend vorgestellt werden kann." Neben dem Übergang der theologischen in die allgemeinere philosophische Form des Begriffs ist es die Ersetzung des Beweises durch die Definition, worin hier ein wesentlicher Fortschritt liegt. Ein Begriff, der vermöge der logischen Evidenz der ihm zukommenden Merkmale sich selbst beweist, bedarf keines Beweises; man braucht ihn nur durch jene notwendigen Merkmale zu definieren, um einzusehen, daß er Wirklichkeit besitzen muß. Es ist der gleiche Gedanke, der schließlich auch noch die letzten einflußreich gewordenen Gestaltungen der dialektischen Metaphysik, die Wissenschaftslehre Fichtes und die Logik Hegels beherrscht, und dem von Hegel der abschließende Ausdruck der »Identität von Denken und Sein« gegeben wurde. In der Tat schlummert ja diese Identität schon in jenem Unsterblichkeitsbeweis Platos aus dem Begriff der Seele als dem Grund des Lebens, nur daß er sich hier noch hinter einer partikularen Anwendung verbirgt. Diese Anwendung erweitert der ontologische Beweis zu dem Begriff des absoluten Seins; und aus der ihm hier noch anhaftenden spezifisch religiösen Bedeutung erhebt ihn Spinoza zum völlig abstrakten Begriff des Seienden in seiner Definition, die den Grundgedanken der Eleaten aus der Sphäre der poetischen Inspiration völlig in die der dialektischen Argumentation überträgt. Aber unvermeidlich treibt nun auch in der neuen Gestalt, die er so gewonnen, der Seinsbegriff über sich selber hinaus. Das absolute Sein kann in dem Augenblick, wo es als identisch mit dem Denken erkannt ist, die Mannigfaltigkeit der Dinge nicht mehr ausschließen oder sich ihr verneinend gegenüberstellen. Darum enthält Spinozas unendliche Substanz zugleich die unendliche Fülle der Seinsformen, die sich in der Wirklichkeit der Dinge entfaltet. Diese Entfaltung nicht als eine gegebene, nicht weiter abzuleitende, sondern als eine ebenso notwendige wie das Sein selbst zu begreifen, das ist daher schließlich der Gedanke, der Hegels Dialektik in Bewegung setzt und sie zu dem ungeheuren Unternehmen verführt, die gesamte Erscheinungswelt als eine in sich notwendige Entwicklung der absoluten Idee zu erweisen.

Etwas abseits von diesen Weiterbildungen der Platonischen Ideen und doch im letzten Grunde ihnen gesinnungsverwandt stehen diejenigen Richtungen dialektischer Metaphysik, die eine realistische Richtung innehalten, indem sie die denkende Verknüpfung der Begriffe in engerem Anschlusse an die empirische Wirklichkeit vorzunehmen suchen. Wird dort alles Endliche unter dem Bilde des Unendlichen betrachtet, so möchte man hier umgekehrt von dem Boden der endlichen Dinge in das Reich des Unendlichen emporsteigen. Der mustergültige Repräsentant dieser Denkweise ist Aristoteles. Seine Metaphysik kommt wirklich »nach der Physik« in jener ursprünglichen Bedeutung des Wortes, nach der die Begriffe in unserem Erkennen aus den einzelnen Denkbestimmungen ihren Ursprung nehmen, in die sich die Erfahrungsinhalte zerlegen lassen. Dann aber werden sie als die Prinzipien erfaßt, die an sich einer übersinnlichen Welt angehören, so daß schließlich doch wiederum alle Erschei-

Die Metaphysik in Vergangenheit und Gegenwart. 83

nungen als Verwirklichungen allgemeiner Ideen von universeller und notwendiger Natur erscheinen. So sind es die Begriffe von Stoff und Form oder Dynamis und Energie (potentia und actus, wie sie später die Scholastik genannt hat), die, weil sie sich uns als Begriffsbestimmungen der Dinge ergeben, die Dinge selbst konstituieren. Da diese Begriffe die Formen sind, die das Wesentliche der Erscheinungen enthalten, so bilden sie eine Stufenfolge, die in der Idee einer reinen Form als der höchsten übersinnlichen Stufe dieser Begriffsleiter endet. Eben deshalb ist nun aber diese reine Form wiederum die oberste Ursache, aus der schließlich alle einzelnen Formbestimmungen oder Bewegungen und Differenzierungen entspringen. Demnach entscheiden auch hier die Begriffe über Sein und Nichtsein und sie errichten jenseits der sinnlichen eine übersinnliche, nur in Begriffen zu erreichende Welt. Aber den Anstoß zur Bildung dieser Begriffswelt gibt doch das einzelne sinnliche Ding, die »Substanz« im strengsten Sinne des Wortes, wie sie Aristoteles nennt. So birgt diese eigentümliche Abschwächung dialektischer Metaphysik schon einen Zug nach der kritischen Denkweise in sich. Sie will nicht ganz aus Begriffen a priori die Welt konstruieren, sondern sie sucht die Begriffe zunächst aus der Betrachtung der konkreten Weltinhalte zu gewinnen. Darum bevorzugt sie vor der dialektischen Begriffszerlegung die logische Abstraktion. Doch die Prinzipien, die ihr diese liefert, werden nun wiederum als die Werkzeuge einer Dialektik verwendet, welche die Wirklichkeit aus Begriffen aufbaut.

Klar tritt dieses Verhältnis bei demjenigen neueren Metaphysiker hervor, der, an Universalität des Wissens ein moderner Aristoteles, selbst mit Vorliebe Aristotelische Begriffsunterscheidungen anwendet, so sehr auch sonst seine Weltanschauung eigenartige, in der Gedankenwelt der Renaissance wurzelnde Züge bietet: bei Leibniz. Das Argument, durch das er das System der Monaden und ihrer Harmonie nicht nur als ein ästhetisch und ethisch befriedigendes, sondern als ein begrifflich notwendiges darzutun meint, besteht in dem Satze, daß das Zusammengesetzte das Einfache als seine Voraussetzung fordere. Demnach weise die ungeheure Zusammensetzung der Welterscheinungen auf einfache Wesen als die letzten substantiellen Träger dieser Mannigfaltigkeit hin. Nun ist offenbar die zusammengesetzte Beschaffenheit der Erscheinungswelt ein aus der Erfahrung abstrahierter Begriff. Aus diesem Erfahrungsbegriff wird dann aber durch die dialektische Bewegung des Denkens nach dem Prinzip der Korrelation entgegengesetzter Begriffe die Einfachheit als das wahre Wesen der Dinge abgeleitet. So drängt sich hier von selbst die Frage auf: würde denn das reine Denken jemals zu einem solchen begrifflichen Fortschritt gelangen, wenn nicht auch dieser bereits in der Erfahrung vorgebildet wäre? Einfachheit und Zusammensetzung als relative Bestimmungen sind in der Tat überall schon den Dingen selbst eigen, und die dialektische Metaphysik braucht bloß diese Eigenschaften ins Absolute zu erheben, um nun in dem schlechthin Einfachen den letzten Weltgrund zu erblicken.

III. Die kritische Metaphysik. Gedanken solcher Art sind es gewesen, die zur letzten, kritischen Stufe der Metaphysik geführt haben, zu der sich in der Tat gerade bei Leibniz schon die mannigfachsten Anläufe finden. Aus reinen Begriffen läßt sich keine Wirklichkeit aufbauen — das ist das Grundthema, das in Kants Kritik der überlieferten dialektischen Metaphysik bei allen jenen einzelnen metaphysischen Ideen wiederkehrt, die, wie die Unsterblichkeit der Seele, die unendliche Kausalität der Welt, die Existenz Gottes, Hauptobjekte dialektischer Beweise gewesen waren. Gleichwohl

will auch die aus dieser Widerlegung der spekulativen Systeme
hervorgehende kritische Philosophie nicht die Metaphysik
überhaupt beseitigen, sondern sie will ihr nur eine andere
Aufgabe im System des Wissens und gegenüber den positiven
Einzelwissenschaften zuweisen. Die Metaphysik soll fernerhin
nicht mehr aus reinen Denkbestimmungen heraus ein System
errichten, das sich als ein höheres Wissen über der empirischen,
der notwendigen Einheit ermangelnden Einzelerkenntnis erhebt, sondern sie soll zwischen das nächste Geschäft der Philosophie, die kritische Prüfung der Quellen und Formen der
Erkenntnis, und die in den positiven Wissenschaften gepflegten einzelnen Gebiete als Vermittlerin treten. Ihr Haupt-
geschäft besteht daher in dem Nachweis, daß jene allgemeingültigen Formen, welche die kritische Prüfung des Erkenntnisvermögens entdeckt hat, überall das Einzelwissen beherrschen,
indem sie diejenigen Grundsätze desselben festlegen, die neben
einem mannigfaltigen Erfahrungsgehalt als a priori notwendige anzusehen sind. Auf diese Weise ist schließlich das Verhältnis der kritischen zur dialektischen Metaphysik am einfachsten nach der Stellung zu ermessen, die hier wie dort jenes
grundlegende Gebiet, das wir heute »Erkenntnistheorie« nennen, zur Metaphysik einnimmt. Der dialektischen Metaphysik
ist die Erkenntnistheorie untergeordnet, denn diese gilt selbst
als der metaphysischen Begründung bedürftig. Die kritische
Metaphysik sieht nicht nur in der Erkenntnistheorie sozusagen
ihre Vorgesetzte, sondern sie empfängt sogar erst von den
Erfahrungswissenschaften her die erforderlichen Weisungen
über alles das, worin sie ihnen nützlich werden kann. Man
merkt an dieser Beschränkung den geflissentlichen Gegensatz,
in den auch hier die kritische zur dialektischen Metaphysik
tritt, und man merkt nicht minder das vornehmlich unter
dem Einfluß der Naturwissenschaften und der empirischen
Richtungen der Philosophie mächtiger gewordene Streben,

die Erfahrung als letzte Erkenntnisquelle in ihre Rechte einzusetzen. Mit Rücksicht auf das Maß des Einflusses, den sich hier auf der einen Seite die empirische Denkweise erringt, und den auf der anderen die Nachwirkungen der vorangegangenen aprioristischen Systeme ausüben, ist nun aber auch der Spielraum, in welchem sich eine ihrer allgemeinen Tendenz nach kritische Metaphysik bewegen kann, ein ziemlich großer; und es wäre sicherlich ebenso einseitig, wenn man diese Richtung lediglich an der kritischen Philosophie Kants, als wenn man etwa alle dialektische Metaphysik an der Platonischen Dialektik und Ideenlehre messen wollte. Vielmehr läßt sich gerade von Kant sagen, daß er durch sein Streben, zwischen Empirismus und Rationalismus gewissermaßen den »ehrlichen Makler« zu spielen, nicht ganz unbeträchtliche Nachwirkungen der ältesten Gestaltung dialektischer Metaphysik, der Platonischen, erkennen läßt, wie man ja auch umgekehrt in dem wunderbaren Dialog, in dem Plato vorzugsweise der Erkenntnistheorie nahe tritt, in dem Theätet, schon die Anfänge einer kunstvoll geübten kritischen Methode finden kann. Insbesondere ist es die Vermittlerrolle zwischen Rationalismus und Empirismus, durch welche die für die Stellung der Kantischen Metaphysik maßgebende Grundfrage bestimmt wird: was ist in den einzelnen Wissenschaften als a priori notwendig anzusehen, und was ist empirisch? Diese Fragestellung bringt es mit sich, daß die überragende Macht der dialektischen Metaphysik in Wahrheit zu einem bloßen Schatten ihrer ehemaligen Herrlichkeit wird. Hatte doch die kritische Prüfung des reinen Erkenntnisvermögens Kant zu dem Ergebnis geführt, daß die aller Erfahrung vorausgehenden Erkenntnisnormen auf die für die mathematische Begriffsbildung unerläßlichen Anschauungsformen, Raum und Zeit, und, abgesehen von einigen für solche metaphysische Anwendung unerheblichen Nebenbegriffen, auf die allgemeinen Kategorien der Substanz und der Kausalität beschränkt seien. Metaphysik als Naturphilosophie bedeutet also für Kant faktisch nicht mehr als einen allgemeinsten Umriß abstrakter Mechanik nebst den wesentlichsten Feststellungen über den Begriff der Materie. Ausgeschlossen bleibt ihm aber der gesamte übrige Inhalt der Naturwissenschaft, ausgeschlossen natürlich auch die Psychologie. Alle diese Gebiete betrachtet er als rein empirische, der metaphysischen Grundlegung unzugängliche, bei denen eigentlich nur eine Beschreibung der Sukzession der Erscheinungen, keine kausale Erkenntnis möglich sei. Und noch dürftiger ist es im Grunde mit dem diesem theoretischen parallel gehenden praktischen Teil der Philosophie bestellt, die sich auf die kritische Analyse des reinen Willensvermögens gründet. Doch ist hier die allgemeine Formel des kategorischen Imperativs: »Handle so, daß die Maxime deines Wollens zugleich als Prinzip einer allgemeinen Gesetzgebung gelten könne« zugleich dehnbar genug, um die ganze rationalistische Moralphilosophie ohne Schwierigkeiten in sich aufzunehmen. Deutlich zeigt dies Kants »metaphysische Rechtslehre«, in der so ziemlich der Inhalt des alten Naturrechts wenigstens in seinen Hauptgedanken wieder Unterkunft findet. Eng sind daher die Grenzen, in die Kant die Metaphysik einschränkt. Nicht mehr an der Spitze der Wissenschaften soll sie marschieren, sondern mit einer bescheidenen Vermittlerrolle zwischen Vernunftkritik und empirischem Wissen soll sie zufrieden sein. Doch diese Beschränkung mochte schon nach dem bekannten Gesetz der Kontraste dahin wirken, daß nun die nach ihm kommende metaphysische Flut wieder um so höher stieg. Sicher ist, daß die kritische Ära der Metaphysik ihre dialektische Vorläuferin nicht auf die Dauer verdrängt hat, sondern daß sie ihr eher durch einzelne Ansätze zu neuen Methoden der Begriffsdeduktion frischen Mut einflößte.

IV. Die Erneuerung der dialektischen Metaphysik in der Philosophie des 19. Jahrhunderts. So geschah es, daß die verwegenste Ausgestaltung der Dialektik, welche die Welt bisher gesehen, das Hegelsche System, dieser neuen Ära angehört, und daß in der gleichen Zeit in dem System Herbarts sogar die alte, vermeintlich von Kant für immer begrabene Ontologie wieder auflebte. Überaus bezeichnend für das Verhältnis dieser neueren Dialektiker zu Kant sind die Worte, mit denen Herbart die kritische Philosophie pries: „Hätte Kant", so meinte er, „nichts weiter geschrieben als den einzigen Satz: hundert wirkliche Taler enthalten nicht im mindesten mehr als hundert mögliche, so würde man daraus schon erkennen, daß er der Mann war, die alte Metaphysik zu stürzen; denn er wußte, daß das Mögliche den Begriff, das Wirkliche aber den Gegenstand und dessen Position bedeute." Man könnte diesen Satz auch frei übersetzen: „Die alte ontologische Metaphysik ist tot, — es lebe die neue!" Denn in dem »Gegenstand und seiner Position« deutete Herbart bereits seinen nochmaligen Versuch an, den reinen Seinsbegriff durch eine ihm angeblich immanente Denknotwendigkeit zur Wirklichkeit zu erheben, um dann aus ihm wiederum die Welt der Erscheinungen mit Hilfe reiner Denkbestimmungen zu gewinnen.

So haben sich denn in einer jener merkwürdigen Parallelen, deren die Geschichte der Philosophie so manche kennt, im Laufe des 19. Jahrhunderts nebeneinander jene beiden Richtungen der dialektischen Metaphysik erneuert, die schon im Altertum in der Platonischen Ideenlehre und dem Realismus der Aristotelischen Philosophie einander gegenübergetreten waren. In Hegels System feiert die Kunst der Begriffsdialektik, die Plato zuerst zu einem den gesamten Umfang des Wissens umfassenden System auszubilden gesucht hatte, ihre höchsten Triumphe. Sah sich der Schöpfer der »Ideenlehre«

gezwungen, bald stillschweigend, bald offenkundig die Dichtung zu Hilfe zu nehmen, wo sich ihm die Mittel des reinen Denkens versagten, so fügte Hegel in unverdrossener Gedankenarbeit ein Glied seiner vom voraussetzungslosen Sein ausgehenden und schließlich wieder aus der Fülle der Erscheinungen in diesen Anfang zurückkehrenden Begriffskette an das andere. Sein System umfaßte den gesamten Inhalt menschlichen Wissens in einer seltsamen Spiegelung, die ihn von dem Boden der Erfahrung, auf dem sich die positiven Wissenschaften bewegen, in den Äther des reinen, die Dinge aus ihrer immanenten Notwendigkeit begreifenden Denkens erhob. Es umfaßte den Zusammenhang der abstrakten logischen Begriffe wie den Lauf der Natur und die Geschichte des Geistes. So war es in der Tat eine dialektische Metaphysik höchsten Stiles, wenn auch ihr Urheber, in Erinnerung daran, daß die Dialektik die Mutter der Metaphysik gewesen war, den Namen Metaphysik verschmähte. Und doch war beim Lichte besehen die Tendenz dieser neuen Dialektik so grundverschieden von der alten Ideenlehre, daß im Vergleich damit sicherlich Kant, der kritische Philosoph, der Zerstörer der Ontologie, der echtere Platoniker gewesen war. Denn die Ideenlehre hatte es unternommen, den Glauben an die übersinnliche Welt in ein sicheres Wissen und darum diese übersinnliche Welt selbst in die eigentlich allein wirkliche Welt zu verwandeln, so daß ihr alles Sinnliche von dem Schleier des täuschenden Scheins umhüllt wurde. Diese neue Dialektik aber ging im Gegenteil darauf aus, die sinnlich wirkliche Welt als die einzig wirkliche, die gesetzmäßige Verkettung der Erscheinungen als die notwendige Entfaltung jenes Absoluten selbst darzutun, das die Ideenlehre in falscher Sonderung des Zusammengehörigen und seinem Wesen nach Identischen zu einem für sich existierenden Sein hypostasiert hatte. Die dialektische Form war also die alte geblieben; doch der Inhalt dieser Form war ein völlig neuer geworden. Hier hatte das Hegelsche System nicht nur die alte Metaphysik, sondern auch die kritische Kants weit überholt. Kein Wunder daher, daß eine Schöpfung, die aus solchen Gegensätzen zusammengesetzt war, auch in dem Eindruck, den sie hervorbrachte und zum Teil noch hervorbringt, und in den Wirkungen, die sie ausübte, nach ganz verschiedenen Richtungen auseinanderging. Wo dem Urheber dieses Systems die eigene, tiefere Kenntnis und im Grunde auch das eigene Interesse mangelte, in der Naturphilosophie, da überwog begreiflicherweise der Eindruck des dialektischen Schematismus so sehr, daß das System als weithin abschrekkendes Beispiel unfruchtbarer und völlig unwissenschaftlicher Begriffsspielerei erschien. Als nun noch von der Mitte des 19. Jahrhunderts an unter dem Einfluß der zunehmenden Teilung der wissenschaftlichen Arbeit das Interesse an allgemeineren, über die nächsten Aufgaben des wissenschaftlichen Einzelbetriebs hinausreichenden Fragen ohnehin abnahm, da gab der Zusammenbruch der Hegelschen Philosophie den letzten Anstoß zu jener in weiten Kreisen immer mehr um sich greifenden Überzeugung, daß es mit der Philosophie überhaupt und insonderheit mit der Metaphysik ein für allemal vorbei sei. Dennoch gewann dieses selbe Hegelsche System ein anderes Aussehen, wenn man, unbehelligt von der dialektischen Form, seinen Inhalt ins Auge faßte und hier wieder das in den Vordergrund stellte, was auch dem Interesse und der Kenntnis seines Urhebers am nächsten lag: die Gebiete der Gesellschaft, der Geschichte, der Kunst, der Religion, endlich der Entwicklung der Philosophie selbst. Hier gibt es denn doch zu denken, daß nicht bloß Historiker der Philosophie wie Eduard Zeller und Kuno Fischer, Ästhetiker wie Friedrich Vischer, Theologen wie Emanuel Biedermann und Richard Rothe teils dauernd, teils wenigstens in ihren Ausgangspunkten von Hegel beeinflußt waren, sondern daß dieser auch in radikalen Religionsphilosophen wie Ludwig Feuerbach und David Strauß und nicht zum wenigsten in den Sozialphilosophen der jüngsten Vergangenheit, in Ferdinand Lassalle und Karl Marx, nachgewirkt hat. Und noch heute, wo diese unmittelbaren Einflüsse mehr zurückgetreten sind, werden wir nicht vergessen dürfen, daß das Hegelsche System, so verfehlt es im einzelnen sein mochte, zwei Gedanken vor allem in den Geisteswissenschaften heimisch gemacht hat: den der Entwicklung und den einer Gesetzmäßigkeit, die das geistige Leben wohl in anderen Formen, aber doch schließlich nicht weniger beherrscht wie das Reich der Natur.

Wie in Hegel die idealistische, so wiederholte sich nun um die gleiche Zeit in Herbart die realistische Richtung der dialektischen Metaphysik auf einer höheren Stufe. Damit trat freilich zugleich der innere Gegensatz dieser Richtungen mehr hervor als das, worin doch schließlich auch sie übereinstimmten. In der Tat, Dialektiker sind diese modernen Metaphysiker beide. Aus Fichtes eigentümlicher Erneuerung und Umbildung der Platonischen Dialektik ist Hegels Selbstbewegung des Begriffs ebensogut wie Herbarts Deduktion der absolut einfachen realen Substanz, diese auf ihre abstrakteste Form reduzierte Leibnizsche Monade, hervorgegangen. Aber wie unendlich verschieden ist das Ergebnis hier und dort! Wenn Hegels absolutes Sein die ganze Unendlichkeit der Erscheinungswelt in ihrem ewigen Werden in sich birgt, so bilden die einfachen Substanzen Herbarts ein abgeschlossenes, an sich entwicklungsloses System, eine Art höherer Atomwelt, die zu den geläufigen Hypothesen der Naturwissenschaft über die Materie wie zu den Seelenbegriffen der alten Psychologie nahe Beziehungen bietet. Daher auch Herbart mit großem Aufwand von Scharfsinn eine allgemeine Theorie des Geschehens entwickelte, die gleichzeitig als eine neue Form physischer Mechanik wie als eine eigenartige geistige Mechanik sich darstellte. Dieses starre System bot jedoch für eine wissenschaftliche Weiterbildung keine nennenswerten Anknüpfungspunkte. So hat es denn zwar zu einer Zeit in den Kreisen, die der Hegelschen Begriffsdialektik besonders abgeneigt waren, in denen der Mathematiker, ein gewisses Ansehen genossen; auch hat es durch die Forderung exakter Methode zum Teil auf die neuere Psychologie eingewirkt. In seinem allgemeinen Einfluß vermochte es aber den spekulativen Idealismus, den es bekämpfte, weder zu verdrängen noch zu ersetzen, als er seine öffentliche Geltung eingebüßt hatte. So hatten denn diese Unternehmungen einer Erneuerung der dialektischen Metaphysik längst beide sich ausgelebt, noch bevor das Jahrhundert zu Ende ging. Ergebnislos waren sie darum nicht gewesen. Nur gingen ihre bleibenden Wirkungen zumeist über die Grenzen der Philosophie selbst hinaus. Hier aber sind sie heute noch deutlich zu spüren, obgleich man sich ihres Ursprungs selten mehr bewußt ist.

V. **Die Metaphysik in der Philosophie der Gegenwart.** Wer zu der Zeit, da die Systeme Hegels und Herbarts in Verfall geraten waren, es unternommen hätte, der Metaphysik ihre Zukunft vorauszusagen, dem wäre wohl nichts näher gelegen als zu vermuten, daß, wie es nach den analogen Entwicklungen des 17. und 18. Jahrhunderts geschehen war, so auch nun ein neues Zeitalter kritischer Metaphysik anbrechen werde, da dies einmal die natürliche Ordnung im Laufe der Dinge zu sein scheine. In der Tat ist dieses Gefühl in den letzten Dezennien des vorigen Jahrhunderts vornehmlich bei den offiziellen Vertretern der Philosophie, denen durch das historische Studium ihres Faches solche Analogieschlüsse nahe lagen, ein weit verbreitetes gewesen.

In dem Ruf »Zurück zu Kant!« fand es seinen vernehmlichen Ausdruck. Aber deutlich zeigte es sich wiederum auch in diesem Fall, daß die Philosophie einer Zeit nicht von denen oder doch zum geringsten Teil von denen gemacht wird, die berufen sind, sie zu lehren, sondern daß sie mit allgemeinen geistigen Strömungen zusammenhängt, die sich in Kunst, Literatur und öffentlichem Leben meist deutlicher und früher zu erkennen geben als in den Fortschritten der Wissenschaft. So stand denn auch der Philosoph, in dem die allgemeine Stimmung dieser Zeit ihren sprechendsten Ausdruck fand, Schopenhauer, völlig außerhalb der von ihm gehaßten und verspotteten »Universitätsphilosophie«. Sein Hauptwerk war, wie so viele andere Versuche, eine neue Lösung des Weltproblems zu finden, unbeachtet geblieben. Aber als die Zeit gekommen war, da wurde es wiederentdeckt, um nun, beinahe ein halbes Jahrhundert nach seinem ersten Erscheinen, zu dem populärsten metaphysischen Werke zu werden, das seit lange existiert hat. War es doch an sich schon eine merkwürdige Erscheinung, daß, nachdem eben erst von vielen Seiten das Ende aller Metaphysik proklamiert war, nun auf einmal eine Zeit kam, die förmlich nach Metaphysik dürstete. Freilich waren es nicht die Vertreter der strengen Wissenschaft, auch nicht die der Fachphilosophie, die plötzlich von diesem metaphysischen Taumel ergriffen wurden. Ihnen lagen bestenfalls erkenntnistheoretische oder wegen ihrer praktischen Bedeutung ethische Fragen am Herzen. Aber da drängte sich nun die Schar der Künstler, der Literaten, der allgemein Gebildeten heran zur Philosophie. Ihnen war an der Frage, ob die Kausalität ein apriorisches oder empirisches Prinzip, ob die erste oder zweite Auflage der Kantischen Kritik der authentische Text sei und ähnlichen Fragen mehr, über die sich die Fachphilosophen ereiferten, herzlich wenig gelegen. Sie verlangten nach einer Metaphysik, die ihnen das Rätsel des Lebens deute, die ein Führer sein könne auf den Wegen in Kunst und Beruf, in den Problemen der Religion und der Ordnung des Lebens. Auch darauf kam es ihnen nicht an, daß diese Metaphysik besonders exakt sei. Viel wervoller schien es, wenn sie Ausdruck einer Persönlichkeit war, die sich ganz und unverhüllt in ihrem Werke mitteilte. Auf einem Gebiet, wo es, wie ihnen schien, doch keine Gewißheit gab, verlangten sie nicht nach Beweisen, sondern nach persönlicher Überzeugung und vor allem nach einer Stimmung, die der eigenen verwandt war. Diesem Bedürfnis kam Schopenhauer zu der Zeit, da seine Philosophie Aufnahme fand, vollauf entgegen. Diese Philosophie wirkte mit der überzeugenden Kraft des wirklichen Erlebens; und die Stimmung, die in ihr hervorbrach, lebte in der Zeit selbst, in der die Schriften dieses Philosophen manchem wie eine Offenbarung erschienen. Wohl lebte auch in dieser Metaphysik etwas von jenem Streben nach Rückkehr zu Kant, das in der sonstigen Philosophie der Zeit so lebhaft hervortrat. Aber die Beziehung zur kritischen Philosophie blieb im Grund eine äußerliche. Hatte doch Schopenhauer hier gerade den Punkt vorangestellt, wo der kritische Philosoph selbst einen mystischen Zug nicht verleugnen konnte: die Lehre vom Willen als dem »intelligibeln Charakter« des Menschen. Auf dieser Grundlage errichtete Schopenhauer ein metaphysisches Lehrgebäude, das eigentlich durch und durch philosophische Dichtung war, und das vor allem in seinen wirksamsten Teilen, in der Schilderung des Willens in der Natur, seines Ringens und Strebens, in der Darstellung der Formen der Kunst als symbolischer Äußerungen dieses vergeblichen, aber in der Illusion des Moments beseligenden Strebens, endlich in der Ausmalung der Trostlosigkeit des Daseins eine der wirksamsten Ausgestaltungen poetischer Metaphysik ist, welche die Geschichte kennt.

Doch dieser Rückfall aus den skeptischen und kritischen Stimmungen einer mit ihren Idealen zerfallenen Zeit in das poetische Stadium des metaphysischen Denkens, wie er uns in Schopenhauer entgegentritt, ist keine vereinzelte Erscheinung, sondern ein prägnanter Charakterzug dieser ganzen die neueste Philosophie einleitenden Entwicklungsphase. Unter den Schriftstellern, die unmittelbar nach der Ausbreitung der Philosophie Schopenhauers in die Arena traten, hat in der nächsten Zeit keiner in so weite Kreise gewirkt wie Eduard von Hartmann mit seiner »Philosophie des Unbewußten«. Er gab, was der mit seinem Denken noch in dem Anfang des Jahrhunderts wurzelnde Schopenhauer zum Teil vermissen ließ, die Vermittelung mit den positiven Wissenschaften, namentlich mit den führenden Naturwissenschaften der Zeit, die sich hier in geistvoller, wenn auch nicht ganz vorurteilsloser Weise in den Dienst einer poetisch-mystischen Metaphysik gestellt sahen, die neben Schopenhauer auch noch zu Hegel und namentlich zu Schelling Beziehungen suchte. Ganz anders geartet freilich war Gustav Theodor Fechners von lebensfreudigem und zugleich tief religiösem Optimismus erfülltes philosophisches Glaubensbekenntnis, das um dieselbe Zeit, nachdem es lange kaum Beachtung gefunden, allmählich einen kleineren Kreis stiller Verehrer um sich sammelte. Aber eine Dichtung war diese Schöpfung erst recht, so sehr auch sie in der Naturwissenschaft ihre Stützpunkte zu finden suchte. Als eine letzte Erscheinung wird man dieser poetischen Richtung endlich auch noch die glänzende Erscheinung Friedrich Nietzsches zuzählen dürfen, in dem allerdings der Dichter und Prophet fast ganz den Philosophen ablöste, der nun aber um so mehr in dem Widerhall, den der Ausdruck seiner Stimmungen fand, ein sprechender Zeuge des philosophischen Bedürfnisses war, das diese Zeit erfüllte. Dieses Bedürfnis war auf eine Weltanschauung gerichtet, in der sich das eigene Denken und Fühlen widerspiegelte, unbekümmert darum, was eine strengere philosophische Kritik dazu sagen mochte. In diesem Motiv liegt wohl vor allem der merkwürdige, allen diesen Erscheinungen gemeinsame Zug einer mehr mit der Phantasie und dem Gefühl als mit den Hilfsmitteln der Wissenschaft arbeitenden Philosophie begründet. Dennoch würde das philosophische Bild der Gegenwart ein unvollständiges sein, wenn man nicht neben diesen Strömungen der poetischen Metaphysik auch die andern beachten wollte, die, indem sie den engeren Kontakt mit den positiven Wissenschaften zu wahren suchen, zumeist ganz andere Richtungen einschlagen. Hier ist es aber gerade ein bemerkenswerter Zug unserer Zeit, daß diese metaphysischen Strömungen großenteils außerhalb der offiziellen Philosophie selbst liegen, da sie zumeist innerhalb der einzelnen positiven Wissenschaften ihren Ursprung nehmen.

VI. Die Metaphysik in der Naturwissenschaft der Gegenwart. Daß die Metaphysik unserer Zeit fast mehr als bei Philosophen von Fach in den einzelnen Wissensgebieten zu Hause ist, scheint mir eine der merkwürdigsten Eigentümlichkeiten dieser Zeit zu sein, durch die sie sich zugleich auffallend von der unmittelbar vorangegangenen Periode unterscheidet. Während die eigentlichen Philosophen mit Logik, Erkenntnistheorie, Ethik und ganz besonders eifrig mit der Pflege der Geschichte der Philosophie beschäftigt waren, wuchs zusehends das metaphysische Interesse innerhalb der Einzelgebiete. Unter den Philosophen außerhalb der Philosophie oder, wie man sie meist auch nennen könnte, unter den Metaphysikern wider Willen nehmen aber die Naturforscher unbedingt die erste Stelle ein. Doch je mehr hier aus dem freien Bedürfnis des Spekulierens unwillkürlich eine Metaphysik hervorwächst, um so weniger kümmert sich diese in der Regel um die Gedankenarbeit vergangener Zeiten; und auf das Weltbild, das sie entwirft, hat natürlich der zunächst in einem begrenzten Erfahrungskreis erworbene Standpunkt den entscheidenden Einfluß. Anderseits hat aber die Unbefangenheit und nicht selten eine gewisse naive Ursprünglichkeit solcher Systeme ihren eigenen Wert; und sie sind gerade darum, weil ihre Urheber offiziell alle und jede Metaphysik bekämpfen, interessante Zeugnisse für den unausrottbaren spekulativen Trieb des menschlichen Geistes. Besonders bei diesen im wesentlichen unabhängig von philosophischer Überlieferung entstandenen Gedankengebäuden bewährt es sich übrigens, daß ein neues Stadium der Metaphysik die vorangegangenen nicht beseitigt, sondern in mancherlei Formen neben sich bestehen läßt. Denn gerade diese frei entstandenen Gedankenbildungen der neuesten naturwissenschaftlichen Literatur spiegeln gewissermaßen die ganze Vergangenheit der Metaphysik in einem der Gegenwart angehörenden Augenblicksbilde. Ich nenne hier nur drei Vertreter solcher neuester philosophischer Strömungen, die zugleich charakteristische Repräsentanten der drei Arten von Metaphysik sind, die wir oben als die allgemeinen Entwicklungsformen spekulativer Systeme kennen lernten: Ernst Haeckel, Wilhelm Ostwald und Ernst Mach. Ich wähle sie, weil sie die bekanntesten und genanntesten sind, und weil in ihnen zusammen vielleicht nicht vollständig, aber doch nach ihren Hauptrichtungen die in den naturwissenschaftlich interessierten Kreisen herrschenden Weltanschauungen zum Ausdruck kommen. Und ich nenne sie in dieser Reihenfolge, obgleich chronologisch und wohl auch nach dem Maß der philosophischen Bedeutung die umgekehrte die richtige wäre. Aber sie entsprechen in der hier gewählten Folge jenen drei allgemeinen metaphysischen Stadien. Haeckels »Welträtsel«, die jüngste dieser Erscheinungen, führen uns mitten hinein in eine poetische und halb und halb mythologische Spekulation. In Ostwalds »Vorlesungen über Naturphilosophie« tritt uns eine eigentümliche Spielart dialektischer Metaphysik entgegen, die in manchem ungewollt an den älteren Ontologismus eines Aristoteles und Leibniz anklingt. Endlich Mach in seiner »Analyse der Empfindungen« und einigen sie ergänzenden Arbeiten ist der Vertreter einer kritischen Metaphysik, die am gründlichsten mit der überlieferten Philosophie ins Gericht geht, und in der die alte Peripetie des Skeptizismus und Kritizismus, der Umschlag einer abstrakt empirischen Erkenntnistheorie in eine mystische Metaphysik, in überaus belehrender Weise wiederkehrt.

Ernst Haeckels »Welträtsel«, dieses nach der Zahl und Größe der Auflagen quantitativ erfolgreichste Werk der modernen populär-philosophischen Literatur, ist bekanntlich das Objekt heftiger Angriffe gewesen, die sich besonders gegen die Zuverlässigkeit seiner Angaben an den Stellen, wo sich der Verfasser außerhalb seiner Spezialgebiete bewegt, gerichtet haben. Wir lassen diese Dinge hier ganz außer Betracht. Uns interessiert nur die eigenartige Metaphysik, die das Werk enthält, und die man, um sie richtig zu würdigen, möglicht losgelöst von den besonderen Bedingungen der individuellen Bildung und der eigentümlichen Spezialisierung der wissenschaftlichen Arbeit betrachten muß, unter denen es entstanden, und deren Symptom es teilweise ist. Entschließt man sich, das zu tun, so gewinnt man, wie ich meine, erst den geeigneten Gesichtswinkel, um diese Lösung der Welträtsel richtig zu würdigen. Lassen wir also alle die Ausdrücke, in denen die moderne Wissenschaft in dieses System hereinragt, möglichst beiseite, die Atomistik und Energetik, den Mechanismus und Vitalismus, die Biogenese und Phylogenese und manches andere, so ergibt sich als der bleibende, von solchen wandelbaren Vorstellungen und Namen unabhängige

Kern dieser Weltanschauung ungefähr der folgende. Aus Stoff und Kraft sind alle Dinge zusammengesetzt. Der Stoff besteht aus der schweren Masse und dem leichten Äther. Beide sind aber nicht tot, sondern die ihnen innewohnende Kraft äußert sich in Empfindung und Willen oder, wie man das nämliche ausdrücken kann, in Fühlen und Streben. Diese sind an die Bewegungen der Materie gebunden: die Atome fühlen Lust bei der Verdichtung, Unlust bei der Spannung und Verdünnung der Stoffe. Daher ist jede Äußerung der Wahlverwandtschaft der Elemente von Lust begleitet, ebenso wie die Vereinigung der Geschlechter. Diese selbst entspringt aber daraus, daß sich jenes Fühlen und Streben der Atome in der organischen Natur zunächst zu den die Lebenserscheinungen der Zellen begleitenden Empfindungen steigert, welche Steigerung endlich in spezifischen Zellen, den Seelenzellen, ihren höchsten Grad erreicht, wobei sich nunmehr zugleich die letzteren in Empfindungs- und Willenszellen scheiden. In diesen höchsten Gestaltungen des Stoffs ereignet sich dann jene Spiegelung der Fühlungen und Strebungen, in der das Bewußtsein und die Gedankenbildung bestehen.

Das sind die wesentlichen Grundzüge dieser Metaphysik, wenn man von dem Kolorit der Zeit möglichst absieht. Wollte man in der Geschichte der Philosophie nach den nächsten Verwandten des Systems suchen, so würden sie etwa in der Region der jüngeren ionischen Physiker zu finden sein. Analogien wie die der Verbindung und Trennung der Stoffe mit der der Geschlechter sind ganz im Sinne dieser alten noch halb mythischen Naturphilosophie. Darum hätte Haeckel Fühlen und Streben, Anziehung und Abstoßung ebensogut mit Empedokles Liebe und Haß nennen können. Schon der aufgeklärte Demokrit würde aber wahrscheinlich dieses Weltbild abgelehnt haben, nicht weil es willkürlich ist — darin blieb ja auch die Atomistik in den Grenzen der dichtenden

Metaphysik — sondern weil es die innere Einheit der Gedanken vermissen lasse; und der grimme Heraklit würde über diese Philosophie schwerlich milder als über die seiner anderen Zeitgenossen geurteilt haben. In der Tat gehört diese Spekulation ganz und gar dem poetischen Stadium der Metaphysik an. Sie bewegt sich in einer Reihe willkürlicher Einfälle und unbestimmter Analogien, bei denen man sich trotz moderner Anspielungen in die Zeit zurückversetzt fühlt, wo die Kunst des strengen logischen Denkens noch nicht entdeckt war und die positive Wissenschaft sich noch auf ihrer Kindheitsstufe befand. Gerade in diesen Eigenschaften besitzen aber die »Welträtsel« doch wieder einen typischen Wert. Sie zeigen an einem mustergültigen Beispiel, daß, wenn jemand, ohne sich viel um das zu kümmern, was die Geschichte des Denkens bis dahin geleistet hat, frisch und fröhlich daran geht, sich seine Weltanschauung nach eigenem Bedürfnis zu modeln, er immer wieder da anfängt, wo auch die Philosophie angefangen hat, mit Dichtung und Mythus. Den meisten wird diese Form primitiver Metaphysik durch ihre Religion nahegebracht. Wo das nicht der Fall ist, wo der einzelne frei seinen spekulativen Neigungen nachgeht, da wird aber stets ein solches mehr oder weniger verschwommenes, aus freier Dichtung und halb vergessenen Mythen zusammengesetztes Gebilde entstehen, eine primitive Philosophie in neuem, mit Ornamenten moderner Wissenschaft ausgestattetem Gewande. Die meisten behalten diese phantastischen Ausflüge ins Reich metaphysischer Spekulation vorsichtig für sich. Haeckel hat mit voller Offenheit sein frei erdichtetes System entworfen. Daß so viele, ähnlich aufgeklärte, aber von den Dokumenten der Geistesgeschichte nicht sonderlich beschwerte Gemüter in dieser Schilderung ein Abbild ihrer eigenen Phantasiegebilde gefunden haben, kann nicht wundernehmen. Darin zeigt wiederum der Beifall, dessen sich die »Welträtsel« erfreuten, daß jene primitive poetisch-mythologische Metaphysik kein singuläres Phänomen ist, sondern daß sie oder etwas, das ihr ungefähr ähnlich sieht, in Kreisen, die sich der religiösen Metaphysik ihrer Kinderjahre entwachsen fühlen und nun irgendeinen Ersatz dafür haben möchten, weit verbreitet ist.

Ein Werk ganz anderen Schlages ist Wilhelm Ostwalds »Naturphilosophie«. Darin allerdings steht sie mit Haeckels »Welträtseln« auf gleichem Boden, daß sie nicht bloß Naturphilosophie ist — darin ist der Titel vielleicht irreleitend — sondern daß sie eine umfassende Weltanschauung, also kurz gesagt eine Metaphysik enthält. In der Tat mündet die energetische Naturbetrachtung in Spekulationen über das Bewußtsein, das geistige Leben und das Schöne und Gute aus. Stehen auch diese Teile an Wert beträchtlich hinter den naturphilosophischen Entwicklungen zurück, und treten die psychologischen und ethischen Gedanken in ungleich bescheidenerer Form auf, da der Verfasser auf diesen Gebieten bemüht ist, seine Übereinstimmung mit den großen Philosophen der Vergangenheit, vornehmlich mit Kant und Schopenhauer, zu betonen, so ist doch das Buch von dem Gedanken beseelt, alles, Natur und Geist, das Leben des einzelnen und der Menschheit, dem einen großen Prinzip der Energie mit seinen zunächst in der Naturwissenschaft bewährten Grundsätzen unterzuordnen. In dieser rücksichtslosen Subsumtion alles Wirklichen unter den mit beharrlicher Konsequenz festgehaltenen Begriff bewährt sich aber das Werk als ein echter Nachkömmling dialektischer Metaphysik. Wenn in dieser dereinst das Sein, das Werden, die Substanz nacheinander die alles tragenden Begriffe gewesen sind, warum sollte nicht auch einmal die Energie gewählt werden? Waren doch dazu ohnehin schon in der Spekulation der Vergangenheit Anknüpfungspunkte genug vorhanden, in der alten bei Aristoteles, in der neueren bei Leibniz. Mochten auch dem Verfasser selbst bei der Ausspinnung seiner Gedanken diese Beziehungen nicht gegenwärtig sein, gerade in der unbeabsichtigten und unerkannten Übereinstimmung bewährt es sich wieder, wie sehr das metaphysische Denken bei aller Mannigfaltigkeit doch immer um die gleichen Pole sich dreht. Von den beiden Spielarten dialektischer Spekulation, der platonisierenden, die den herrschenden Begriff als einen dem Denken selbst immanenten völlig a priori zu finden sucht, und der Aristotelischen, die ihn zunächst dem Gegebenen entlehnt, dann aber in rücksichtsloser Konsequenz auf das All der Dinge ausdehnt, schließt sich die energetische Metaphysik begreiflicherweise der zweiten, ihr aber in Wirklichkeit enger an, als man im Hinblick auf die gewaltige Verschiedenheit der zeitlichen Bedingungen denken sollte. Der Formbegriff des Aristoteles, den dieser schon in seiner allgemeinsten Gestaltung die »Energeia« genannt hatte, tritt uns, allerdings in modernisierter, durch die Annahme des Konstanzprinzips und des Prinzips der allmählichen Uniformierung der Energien (der sogenannten »Entropie«) umgestalteter Form entgegen. Ja selbst der ergänzende Begriff der Aristotelischen »Dynamis«, der Möglichkeit oder Anlage, fehlt nicht. In der Form der »potentiellen Energie«, die sich noch unter verschiedenen anderen Ausdrücken verbirgt, kehrt er wieder. Auch kann sich die moderne Energetik von der dem Begriff des »Möglichen« nun einmal anhaftenden Unbestimmtheit nicht ganz befreien, nur empfängt er in Anlehnung an die quantitativen Maßbeziehungen der Energie eine exaktere Fassung. Selbstverständlich soll übrigens dieser Hinweis auf den Ideenzusammenhang mit einer sonst unserem modernen Denken so fremdartigen Physik und Metaphysik der Originalität dieses geistvollen Versuchs nicht den geringsten Eintrag tun. Epi-

Die Metaphysik in Vergangenheit und Gegenwart. 103

gonen sind wir alle. Ein Gedanke mag noch so neu und fruchtbar sein, von je allgemeinerer Tragweite er ist, um so eher wird sich erweisen lassen, daß er im Keim schon in älteren Anschauungen enthalten war, aus denen dann meist auch manche Vermittelungen zu uns herüberführen. So bildet in der Tat Leibniz die Brücke zwischen Aristoteles und der modernen Energetik. Denn er ist es, der das Prinzip der Konstanz in einer der heutigen bereits wesentlich gleichenden Form erfaßt hatte. Auch das tut schließlich, wie ich meine, der Bedeutung dieser naturphilosophischen Leistung keinen Eintrag, daß sie, wie es scheint, nicht einmal auf dem Gebiete der Naturwissenschaft durchführbar ist, wie denn ja heute schon, nach dem bei wissenschaftlichen Hypothesenbildungen so manchmal bewährten Gesetz der Bewegung in Gegensätzen, die durch die Energetik eine Zeitlang zurückgedrängten atomistischen Vorstellungen in der modernen »Elektronentheorie« in einer den alten Atombegriff weit überflügelnden Gestalt wiederum auftauchen. Aber diese naturphilosophischen Fragen liegen hier außerhalb unserer Aufgabe. Das Produkt einer inmitten der positiven Wissenschaft zur Entwicklung gelangten Metaphysik ist Ostwalds Energetik vor allem deshalb, weil sie sich nicht auf eine energetische Naturphilosophie beschränkt, sondern die Schranken zwischen Natur- und Geisteswissenschaften durchbricht und, auf die Ideen des Schönen, Guten, der Menschheit und ihrer Bestimmung übergehend, sich zu einer energetischen Weltbetrachtung umfassendster Art erweitert. Und gerade hier wird dann diese Philosophie ohne Frage zu einer jener Formen dialektischer Metaphysik, wie sie zum erstenmal mit seiner bewundernswerten Gabe logischer Scheidung Aristoteles, alle Erfahrung unter einen einheitlichen Begriffsschematismus zwingend, mit Erfolg durchgeführt hat. Nun geht freilich die energetische Metaphysik in ihrer neuesten Gestaltung mehr als die des alten Philosophen von der Naturwissenschaft, und sie geht selbstverständlich ganz und gar von der modernen Naturwissenschaft aus. Sie muß sich daher bemühen, die Prinzipien, die hier für den allgemeinen Begriff der Energie gewonnen worden sind, auch auf geistigem und ethischem Gebiet als gültig zu erweisen. Unter jenen Prinzipien steht aber das der Konstanz voran. Wenn es eine spezifische geistige Energie gibt, wie das die Einordnung des geistigen Lebens in die energetische Weltanschauung verlangt, so muß demnach auch sie dem Gesetz der Verwandlungen der Energie und ihrer Erhaltung untertan sein. In der Tat lehrt ja schon die alltägliche Beobachtung, und die Physiologie bestätigt es, daß geistige Anstrengung körperliche Ermüdung, also einen Verbrauch der im Gehirn und den Geweben aufgesammelten Energiewerte herbeiführt. Man kann sich also wohl vorstellen, die chemische Energie gehe beim »Denkprozeß« unmittelbar in »geistige Energie« über und werde dadurch aufgebraucht. Wenn man trotz dieser längst bekannten Tatsache in neuerer Zeit in der Regel darauf verzichtet hat, einen solchen Übergang anzunehmen, so liegt allerdings gerade vom energetischen Standpunkte aus hierfür anscheinend ein durchaus zureichender Grund darin, daß die bei den seelischen Vorgängen im Gehirn verschwundene chemische Energie, soviel wir wissen, vollständig wieder in andern Formen physischer Energie, teils als Wärme, teils als mechanische Leistung der Muskeln, vielleicht auch noch in andern Formen der Energie zum Vorschein kommt. Vom rein naturwissenschaftlichen Standpunkte aus würde also zur Einführung »geistiger Energie« als einer neuen Energieform nirgends Anlaß sein. Um so deutlicher scheiden sich hier die Wege des Naturforschers und des Metaphysikers. Jener überläßt das Geistige, als eine Welt, in die sein eigentliches Gebiet nirgends führt, der Psychologie. Der Metaphysiker muß darauf ausgehen, den alles tragenden Begriff, den er zur Grundlage seiner Weltbetrachtung genommen hat, auch hier zu verwenden. In der Tat geht daher, wie Ostwald lehrt, die chemische Energie in geistige Energie über, und diese verwandelt sich dann wieder in die physischen Energiewerte, die man bis dahin als die direkten Produkte des im Organismus stattfindenden Energiewandels betrachtet hatte. Nach Ostwald sind sie das in Wahrheit nicht. Denn das Postulat, alles Seiende dem Energiebegriff unterzuordnen, fordert, daß hier die »geistige Energie« als Zwischenglied eingefügt werde. Messen läßt sich natürlich diese nicht direkt, sondern nur durch ihre Rückverwandlung in physische Energie. Aber nach dem Prinzip des Energiewechsels ist das keine Gegeninstanz. Ebenso wenig könnte es als eine solche angesehen werden, daß eventuell auch noch andere anonyme Energien, vielleicht solche ganz transzendenter Art, wenn sich das spekulative Bedürfnis herausstellen sollte, als Zwischenglieder in die Reihe der Naturvorgänge eingeführt würden. Auch das ist klar, daß diese energetische Grundlegung der Psychologie dem Tatbestand des psychischen Geschehens nicht im geringsten vorgreift, d. h. daß sie darüber, wie man sich den Zusammenhang des letzteren eigentlich zu denken habe, nichts aussagt. In allem dem trägt sie das Gepräge echter Metaphysik an sich. Wie die Spinozistische Substanz, so enthält die Energie alle denkbaren Möglichkeiten, und darum enthält sie notwendig auch das Wirkliche, das vor allem möglich sein muß, um wirklich zu werden. Wie im übrigen dieses Wirkliche beschaffen sei, das ist eigentlich für den Meatphysiker als solchen gleichgültig. An die Substanz Spinozas erinnert die Energie als metaphysisches Weltprinzip schließlich aber auch in ihrer Anwendung auf das Gebiet der Ethik. Denn der gleiche Gedanke der Selbsterhaltung, den Spinoza zum Grundstein seiner sittlichen Weltanschauung nimmt, kehrt in der energetischen Ethik wieder. Hier ist das übereinstimmende Motiv offenkundig genug. Ist es doch das Prinzip des Beharrens, das mit beiden Begriffen verbunden wird. Daneben ist dann freilich auch hier wieder der Begriff hinreichend unbestimmt, daß er sich ohne Schwierigkeit mit den verschiedensten ethischen Nebengedanken, wie sie die Stimmung der Zeit oder die individuelle Neigung mit sich bringt, verbinden läßt.

Ostwald hat sein Werk Ernst Mach gewidmet. Er hat damit ausdrücklich bezeugt, daß er die mannigfaltigsten Anregungen diesem scharfsinnigen Naturforscher und Philosophen verdankt. Aber beim Lichte besehen ist dieser Einfluß doch in dem entscheidenden Punkt, wo die Wege der Metaphysiker sich scheiden, nicht zur Wirkung gelangt: in der Stellung zur Erkenntnistheorie. Ostwald ist Metaphysiker von Anfang an. Die Energie gilt ihm als ein ursprünglich gegebener Begriff, dem sich alles zu fügen hat. Für Mach ist die kritische Prüfung der Erkenntnis das Primäre. Die metaphysischen Gedanken, wo er sich überhaupt zu ihnen herbeiläßt, entstehen erst auf dieser erkenntnistheoretischen Grundlage. Darin dokumentiert er sich von vornherein als kritischer Metaphysiker; und in gewissem Sinne könnte man ihn, wenn man ihn mit der älteren Form des Kritizismus vergleichen wollte, einen umgekehrten Kant nennen. Bei Kant hatte es sich vor allem darum gehandelt, die a priori in der menschlichen Vernunft liegenden Erkenntnisbedingungen aufzufinden: als solche ergaben sich ihm bekanntlich Raum und Zeit als die anschaulichen Formen, und die Stammbegriffe des Verstandes, wie Einheit, Vielheit, Realität, Substanz, Kausalität usw., als die logischen Formen des Erkennens. Zu allen diesen apriorischen Formen muß dann ein Empfindungsinhalt hinzukommen, um die allezeit in die

Grenzen der Erfahrung eingeschlossene Erkenntnis möglich zu machen. Mit dieser »Materie der Empfindung« beschäftigt sich aber Kant nicht weiter. Er nimmt sie als ein Gegebenes hin. Umgekehrt Mach. Auch er geht von dem Satze aus, daß außerhalb der Erfahrung keine Erkenntnis möglich sei. Doch als letzte Elemente der Erfahrung betrachtet er gerade die von Kant vernachlässigten, die »Materie der Empfindung«. Die Anschauungsformen, Raum und Zeit, gehören nach ihm mit zur Empfindung. Denn jede Gesichts- oder Tastempfindung hat schon als solche einen Ort im Raum, eine zeitliche Dauer usw. Die Stammbegriffe des Verstandes glaubt er dagegen entbehren zu können. Er ersetzt sie faktisch durch das allgemeine Vermögen unseres Verstandes, die ihm gegebenen Empfindungsinhalte willkürlich zu verknüpfen. Da die zu diesem Zweck einzuschlagenden Wege vollkommen unserem freien Ermessen anheimgegeben sind, so wählen wir den bequemsten Weg, denjenigen, auf dem die Data der Empfindung in der einfachsten Weise miteinander verknüpft werden. Alle Wissenschaft kann nichts weiter tun, als nach diesem Prinzip der »Ökonomie des Denkens« die letzten Inhalte der Erfahrung, die Empfindungen, zu verbinden; und was auf solche Weise zustande kommt, bleibt immer nur eine irgendwie beschaffene Beschreibung der Erfahrungsinhalte selbst. Ausdrücke wie »Erklärung« und »erklärende Wissenschaft« sind zu verwerfen, weil es einen anderen Erkenntnisinhalt als die Empfindungen nicht gibt und eine Verknüpfung gegebener Empfindungsinhalte eben eine Beschreibung ist, nichts weiter. Es kann möglicherweise verschiedene Arten solcher Beschreibung geben. Unter diesen ist dann jedesmal diejenige zu bevorzugen, welche die einfachste ist und die größte Zahl von Erfahrungen umfaßt. In diesem Sinne ist jede mathematische Formulierung eines sogenannten Naturgesetzes, wie des Fallgesetzes, des Pendelgesetzes, eine Beschreibung, die dem Prinzip der Ökonomie dadurch nachkommt, daß sie sehr viele einzelne Erscheinungen zu einem einzigen Ausdruck zusammenfaßt. Die mathematischen Operationen, die eventuell solche verschiedene Formeln zueinander in Beziehung setzen, sind nichts als technische Hilfsmittel, um die Beschreibungen zu vereinfachen. Die Art und Weise, wie jene Verknüpfungen vorgenommen werden, kann aber wieder einen doppelten Zweck verfolgen. Wir können uns entweder die Aufgabe stellen, die Empfindungen in ihrem wechselseitigen Verhältnis zu beschreiben: dann stehen wir auf dem Standpunkte des Naturforschers. Oder wir können die Beziehungen beschreiben wollen, in denen die Empfindungen zu dem empfindenden Subjekt, dem »Ich«, stehen: dann nehmen wir den Standpunkt des Psychologen ein. Für beide ist demnach der letzte Erfahrungsinhalt der nämliche, und beide Beschreibungen müssen daher auch in ihrem letzten Resultate wieder zusammentreffen.

Mach selbst will diese Gedanken nicht als eine ausgeführte Weltanschauung betrachtet wissen, sondern nur als den Umriß zu einer solchen, der überall noch der näheren Ausführung bedürfe. So soll denn auch hier von einer kritischen Erörterung dieses interessanten Entwurfs abgesehen werden. Eine solche würde ja leicht darauf hinweisen können, daß weder die Beschränkung der ursprünglichen Erfahrungsinhalte auf Empfindungen und die Einbeziehung der Raum- und Zeitvorstellungen unter diese psychologisch haltbar, noch die Reduktion der Aufgaben der Naturforschung auf die Beschreibung von Empfindungskomplexen durchführbar sei usw. Hier haben wir es mit diesem Entwurf nur als einem Beispiel kritischer Metaphysik zu tun, das wiederum inmitten des Anschauungskreises der Naturforschung entstanden ist. Daran darf nicht irre machen, daß sich auch Mach einen »Antimetaphysiker« nennt und in der Reduktion aller wissenschaftlichen

Aufgaben auf die »Beschreibung«, also in dem Verzicht auf alle apriorischen Prinzipien und auf alle Folgerungen, die über die Erfahrung hinausführen, den Beweis dieses seines antimetaphysischen Sinnes sieht. Vielmeht besteht eben hierin schon bei Kant das Kriterium der kritischen Richtung der Metaphysik, daß sie nicht ein überempirisches Wissen vermitteln, sondern nur der Anwendung der durch die kritische Analyse aufgezeigten Prinzipien auf die Erfahrung dienen soll. Entspricht daher Machs Wissenschaftslehre in dieser Beziehung der allgemeinen Tendenz kritischer Metaphysik, so trifft sie nun aber weiterhin auch in der allgemeinen Natur dieser Prinzipien mit ihr zusammen. Gewiß, so energisch Kant die Apriorität jener Prinzipien betont, so entschieden bekennt sich Mach zur »reinen«, alle Apriorität ablehnenden Erfahrung. Aber den Versicherungen der Metaphysiker darf man bekanntlich gerade da, wo sie am zuversichtlichsten sind, manchmal am wenigsten trauen. Kant hat neben den Prinzipien a priori, nach denen er in erster Linie seine Metaphysik orientierte, auch der »Materie der Empfindung« nicht bloß infolge ihrer Unentbehrlichkeit überhaupt, sondern auch in ihren ganz spezifischen Formen im stillen einen sehr erheblichen Anteil an seiner Metaphysik eingeräumt. Bei Mach ist alles, was sich in Empfindungsinhalte und deren Verknüpfung auflöst, »reine Erfahrung«. Aber da selbst für die Erfahrung die reine Empfindung sehr wenig, die Art ihrer Verknüpfung beinahe alles bedeutet, so fällt doch auch hier das entscheidende Gewicht auf jenes Prinzip der »Ökonomie des Denkens«, das sich beim Lichte besehen als ein apriorisches herausstellt. Denn offenbar ist es ganz unmöglich anzunehmen, dieses Prinzip sei etwa erst durch Erfahrung gefunden. Wollte man dies tun, so würde ja darin die Voraussetzung liegen, die einfachste Art der Verknüpfung sei in den Dingen selbst schon vorgebildet, sie sei also nicht ein subjektives Prinzip der Beschreibung, sondern ein objektives Gesetz der Natur, was Mach ausdrücklich ablehnt, da ein solches Gesetz wiederum ein metaphysisches, seine Aufsuchung also eine »Naturerklärung« im alten Sinne sein würde. Ist aber, wie Mach energisch betont, das Prinzip der Ökonomie subjektiv, das heißt anders ausgedrückt a priori, so ist natürlich auch die Annahme ausgeschlossen, daß es je einmal plötzlich entstanden wäre. Es muß zu jeder Zeit das wissenschaftliche Denken beherrscht haben, wenn es sich auch begreiflicherweise erst allmählich in seiner vollen Reinheit durchsetzen konnte. Alle jene metaphysischen Begriffe, deren sich die ältere Naturwissenschaft bedient hat, die Materie, die Kausalität, sie können daher nur als unvollkommenere Anwendungen der gleichen Ökonomie des Denkens gelten, da sie in der Tat in irgendeiner Weise zur Vereinfachung der Beschreibung gedient haben, wie die unter ihrer Herrschaft gewonnenen Formulierungen der Erscheinungen, z. B. das Fallgesetz, das Pendelgesetz u. a. zeigen. Welches ist nun aber der tiefere Unterschied des Ökonomieprinzips von diesen seinen metaphysischen Vorläufern? Es läßt sich nur der eine entdecken, daß es nicht mehr in naiver Weise, wie dereinst der Begriff der Materie und der Kausalität, objektiviert wird, sondern daß es als ein rein subjektives Prinzip unseres eigenen Denkens gilt. Eben das ist es aber ja, was bereits Kant von den allgemeingültigen Begriffen der Naturwissenschaft behauptet hatte. Diese sind nach ihm unserem Verstand immanent, und nur darum sind sie objektiv gesetzgebend für die Erscheinungswelt. Es ist der nämliche kritische Standpunkt, den auch Mach einnimmt. Nur haben die angenommenen Prinzipien ihren Namen gewechselt. Anstatt der Vielheit der Kategorien ist das Ökonomieprinzip allein übrig geblieben. Mag diese Vereinfachung vielleicht als ein Vorzug erscheinen, so muß man doch andererseits zugeben, daß Kant wenigstens den Versuch gemacht hatte, seine Kategorien aus den allgemeinen Denkfunktionen abzuleiten. Das Ökonomieprinzip dagegen kommt wie aus der Pistole geschossen, man weiß nicht woher; ja es hat den unverkennbaren Nachteil, daß es eigentlich eine höchst unbestimmte teleologische Maxime und, wie jede Zweckbetrachtung, vieldeutig ist. Indem aber dieses Prinzip auf die »Materie der Empfindung« angewandt wird, um die brauchbarsten Formulierungen für die Verknüpfung der Erscheinungen zu finden, wird auch hier mutatis mutandis kein anderer Weg eingeschlagen als der, den Kant in seinen »metaphysischen Anfangsgründen der Naturwissenschaft« schon gegangen war: der Weg von einem a priori aufgestellten Prinzip zur Erfahrung. Und das eben ist der Weg der kritischen Metaphysik. Wohl könnte man einen gewissen Unterschied noch darin finden, daß in Kants Begründung neben den begrifflichen Prinzipien auch die Apriorität der Anschauungsformen eine Rolle spielt, während Mach Raum und Zeit zu den empirisch gegebenen Empfindungen rechnet. Auch dieser Unterschied verschwindet jedoch, wenn man später erfährt, wie sich Mach die Entstehung dieser Raum- und Zeitempfindungen denkt. Da hören wir, daß die Bestimmung eines Ortes im Raum schließlich von unserem Willen abhänge, ja daß die Raumempfindung und der Wille, etwas irgendwo zu sehen, eigentlich identisch seien; und ebenso wird die »Zeitempfindung« als eine Funktion der »Aufmerksamkeit« betrachtet. Damit scheint namentlich in die sogenannte »Raumempfindung« ein leiser Nachklang nicht der Kantischen Apriorität der Anschauungsformen, wohl aber der Willensmetaphysik Schopenhauers hineinzuspielen, ein interessanter Rückschlag in die poetische Stufe der Metaphysik, der freilich um so weniger zu verwundern ist, je skeptischer im übrigen dieser kritische Standpunkt alle Metaphysik ablehnt.

112 Die Metaphysik in Vergangenheit und Gegenwart.

Denn die größten Skeptiker sind meist zugleich die größten Mystiker gewesen.

VII. Die Zukunft der Metaphysik. Was bleibt nun als die Frucht dieses Spazierganges in dem Irrgarten der neuesten Metaphysik? Sollen wir schließen, daß, wie Mach es ausdrückt, Metaphysik überhaupt eine bloße Scheinwissenschaft sei? Oder sollen wir sie, was vielleicht allgemeinerer Zustimmung begegnet, jedenfalls von den Gebieten des positiven Wissens fernhalten? Ich würde mich vielleicht der letzteren Meinung anschließen, wenn nicht neben anderem gerade das Beispiel der drei erwähnten ausgezeichneten Naturforscher eindringlich lehrte, daß es sehr leicht ist, sich gegen die Metaphysik zu erklären, daß es aber offenbar sehr schwer ist, nach diesem Vorsatz zu handeln. Diese drei Männer sind ausgesprochene Antimetaphysiker. Dennoch sind sie alle in Wirklichkeit selbst Metaphysiker, und zwar repräsentieren sie die sämtlichen Stadien, die überhaupt die Metaphysik in ihrer Entwicklung durchgemacht hat: das poetisch-mythologische, das dialektisch-ontologische, das kritische. Warum es aber unmöglich ist, die Metaphysik zu verbannen, auch wenn man den besten Willen dazu hat, auf diese Frage geben, wie ich meine, gerade die Beispiele dieser philosophierenden Naturforscher die Antwort: der Metaphysik wird man nicht ledig, weil metaphysische Probleme und Hypothesen gar nicht das spezifische Eigentum einer besonderen Wissenschaft sind, sondern weil sie überall, auf allen Gebieten wiederkehren. Der Physiker schlägt sich mit ihnen herum, wenn er die Frage erwägt, ob Atome oder ein kontinuierlicher Äther seinen theoretischen Entwicklungen bessere Dienste leisten, oder wenn er auf Grund des Satzes von der »Entropie« über die Zukunft der energetischen Verwandlungen oder gar der Welt selbst spekuliert; der Astronom, wenn er

Die Metaphysik in Vergangenheit und Gegenwart.

erwägt, ob und in welchem Sinn der mathematische Unendlichkeitsbegriff auf das Weltsystem anzuwenden sei; der Physiologe, wenn er über den Ursprung des Lebens oder über die Beziehungen der physischen zu den psychischen Lebenserscheinungen reflektiert; der Soziologe, wenn er die Frage nach den letzten Zwecken der gesellschaftlichen Bildungen und nach dem Sinn der Geschichte erhebt usw. usw. Erwägungen über diese und ähnliche Fragen lassen sich nun einmal nicht verbieten. Wirft man sie zur einen Tür hinaus, so kommen sie zu einer anderen wieder herein. Glaubt man z. B. des metaphysischen Begriffs der Materie ledig zu sein, so sieht man sich bereits inmitten einer Metaphysik der Energie. Darum, wenn die Metaphysik als philosophische Wissenschaft verschwände, als Metaphysik der positiven Wissenschaften würde sie fortleben. Ja unverkennbar befinden wir uns gegenwärtig in einem Zustand, der dieser Grenze einigermaßen nahekommt. Die Philosophen sind in ihren metaphysischen Spekulationen sehr enthaltsam und meistens auch ziemlich vorsichtig geworden — aber die Physiker, Physiologen und Soziologen spekulieren unentwegt weiter. So erhebt sich von allen Seiten von neuem die alte Frage Kants: Ist Metaphysik als Wissenschaft überhaupt möglich?

Auf sie ist wohl vor allem zu antworten: wenn sie notwendig ist, so muß sie auch möglich sein. Beweisen aber die metaphysischen Fragen, die immer und immer wieder in den positiven Gebieten auftauchen, ihre Notwendigkeit, so deuten sie vielleicht auch den Weg an, auf dem eine solche Grenzwissenschaft denkbar ist, ohne sich, wie das so manche metaphysische Systeme der Vergangenheit und der Gegenwart tun, mit dem wissenschaftlichen Bewußtsein der Zeit im ganzen oder in einzelnen Richtungen in Widerspruch zu setzen. Der Philosoph sollte sich entschließen, nicht noch einmal das Weltproblem in allen seinen Teilen von Anfang an lösen zu wollen, sondern die Anläufe zu solchen Lösungen, die ihm die positiven Wissenschaften bieten, sollte er aufnehmen, vergleichen, ihre verschiedenen Ansprüche gegeneinander auszugleichen und sie so weit wie möglich zu Ende zu führen suchen. Der philosophische Metaphysiker würde nach diesem Programm nicht mehr ein souveräner Bauherr sein, der seine Pläne ganz nach eigener Phantasie oder mit den Hilfsmitteln der zufälligen Erfahrungen, die er gesammelt, ausführte, sondern ein Architekt, der auf dem Terrain des positiven Wissens, unter der Aufsicht und nach den Bedürfnissen der hier befehlenden Sondereigentümer sein Werk zu vollenden und überall darauf zu sehen hat, daß die Teile zu einem harmonischen Ganzen zusammenstimmen. Hierin oder, um nicht mehr im Bilde zu reden, in der Ausgleichung der von den einzelnen Wissenschaften her sich erhebenden Forderungen, in der Auflösung der zwischen ihnen auftretenden scheinbaren Widersprüche, endlich in der strengen Berücksichtigung der allgemeinen erkenntnistheoretischen Prinzipien würde für ihn selbst immer noch reichliche Arbeit übrig bleiben. In letzterer Beziehung ist es vor allem eines, was eine philosophische Metaphysik zu dem, was sie auf den einzelnen Gebieten an Vorarbeiten vorfindet, hinzubringt: das ist die Voraussetzung, daß schließlich die verschiedenen Teile des menschlichen Wissens nicht in Widerstreit miteinander treten können, und daß, wo ein solcher zu bestehen scheint, dies nicht in der Sache, sondern in unserer einseitigen oder irrigen Auffassung seinen Grund hat. Dieses von den positiven Wissenschaften zunächst auf ihren Einzelgebieten festgehaltene und dann von ihnen mehr und mehr auf ihre Gesamtheit sich übertragende logische Prinzip des auszuschließenden Widerspruchs, nicht das teleologische Sparsamkeitsprinzip der kleinsten Anstrengung ist es, das in Wahrheit das wissenschaftliche Denken von frühe an beherrscht hat, und das sich nun naturgemäß allmählich von den Einzelgebieten auf das Ganze fortsetzen muß. Das Widerspruchslose und das Einfache treffen aber durchaus nicht immer zusammen. Vielmehr müssen wir sehr häufig die verwickelteren Lösungen der Probleme den einfacheren vorziehen, weil jene der Wirklichkeit besser entsprechen.

In welcher Weise auf dieser Basis in einer dem wissenschaftlichen Bewußtsein der Zeit adäquaten Form der Versuch eines metaphysischen Systems möglich sei, dies zu erörtern ist hier nicht der Ort. Ich habe anderwärts den Entwurf eines solchen zu geben versucht. Hier konnte es sich nur darum handeln, die Motive anzudeuten, aus denen metaphysische Fragen entstehen, und die Wege, die möglicherweise bei ihrer Beantwortung eingeschlagen werden können.

Nur auf zwei Mißverständnisse sei noch hingewiesen, die von Philosophen wie Nichtphilosophen solchen metaphysischen Betrachtungen nicht selten entgegengebracht, und die freilich meist durch die Metaphysiker selbst unterstützt werden. Das eine besteht darin, daß man meint, in den metaphysischen Voraussetzungen, die durch einen Rückgang von den Tatsachen der Wirklichkeit zu den für diese vorauszusetzenden letzten Bedingungen gewonnen werden, sei eine Art »höherer Wirklichkeit« enthalten, der gegenüber die gesamte Erfahrungswelt, wie sie uns in Natur und Geschichte gegeben ist, eigentlich nur ein täuschender Schein sei. Es ist die alte Verwechslung von Erscheinung und Schein, die von der Zeit der Eleaten an bis auf Schopenhauers Erneuerung der poetisch-mythologischen Vedantaphilosophie der Inder immer und immer wiedergekehrt ist. Gegen diese Verwechslung hat schon Hegel treffend bemerkt, daß es eine andere Wirklichkeit als die der Erscheinungen für uns überhaupt nicht gibt. Wie aber das Verhältnis der hypothetischen Grenzbegriffe der Metaphysik zu dieser Wirklichkeit zu denken sei, das zeigen uns jene Begriffe gerade da, wo sie in den einzelnen

Wissensgebieten bereits vorgebildet sind. Fechner hat geklagt, die warme, leuchtende und tönende Natur werde von der Physik in ein kaltes, von einem unendlichen Gewirre schwingender Atome erfülltes Chaos verwandelt. Die Klage ist unberechtigt. Denn die schwingenden Atome können die lebendige Wirklichkeit der Erscheinungswelt nicht aufheben: sie können sie nur durch Begriffe ergänzen, die den objektiven Zusammenhang dieser Erscheinungswelt begreiflich machen. Geradeso lassen die letzten Folgerungen der Metaphysik die Wirklichkeit unangetastet. Sie suchen sie nur zu einer die Fülle der Erscheinungen zusammenfassenden Einheit zu ergänzen.

Das zweite Mißverständnis besteht darin, daß man den letzten Grenzbegriffen der Metaphysik die gleiche Aufgabe zuweist, die in den Einzelgebieten die in ihnen auftretenden metaphysischen Hilfshypothesen zum Teil zu erfüllen haben, nämlich die einer Deduktion der Erscheinungen. Wie also etwa der Physiker aus bestimmten Annahmen über die Konstitution der Materie Licht- und elektrische Phänomene interpretiert, so soll eine über allen Einzelgebieten schwebende philosophische Metaphysik die gesamte Erscheinungswelt aus den letzten und höchsten Einheitsideen, zu denen sie gelangt ist, deduzieren. In der Philosophie selbst ist diese irrige Auffassung weit verbreitet. Sie stammt hier aus einer Zeit, wo die Arbeitsteilung, die einen so wesentlichen Charakterzug der neueren Wissenschaft ausmacht, wenig entwickelt war, und wo bei im ganzen beschränkteren Hilfsmitteln der einzelne leichter alle Teile des vielgegliederten Ganzen durchdringen konnte. Heute ist der Versuch, alles das, was die besonderen Wissenschaften schon geleistet haben, noch einmal und womöglich besser leisten zu wollen, zu einem groben Anachronismus geworden. Darum mußten nicht nur die Unternehmungen Schellings und Hegels, sondern auch die etwas bescheidener angelegte Naturphilosophie Herbarts überall da, wo diese Männer nicht selbst bis zu einem gewissen Grade inmitten der Einzelarbeit standen, notwendig Schiffbruch leiden. Für die Metaphysik gibt es zwar einen Regressus, der zu den letzten Einheitsideen hinaufführt, auf welche die metaphysischen Grenzbegriffe der Einzelgebiete als ihre Ergänzung und Vereinigung hinweisen; es kann aber keinen der Metaphysik spezifisch eigentümlichen Progressus geben, der nun aus diesen Ideen alles Einzelne wiederum ableitet, ähnlich wie etwa der theoretische Physiker aus bestimmten Voraussetzungen gewisse Naturerscheinungen. Und wenn überhaupt ein absteigendes Verfahren solcher Art möglich wäre, so müßte es richtig ausgeführt notwendig wieder in die Reihen einmünden, die von den Einzelgebieten her jenen Regressus bilden halfen. Nie und nimmer kann also die Metaphysik dasselbe leisten wollen, was besser und mit dazu geeigneteren Hilfsmitteln die Einzelwissenschaften zu leisten haben. Nie und nimmer können aber auch hinwiederum diese der Aufgabe nachkommen, das Ganze des menschlichen Wissens, wie es auf einer gegebenen Stufe seiner Entwicklung beschaffen ist, zu einer einheitlichen Weltanschauung zu gestalten. Wo sie das doch unternehmen, da führt dies zu unzulänglichen, gewisse Gesichtspunkte, die für eine beschränkte Sphäre ihre Bedeutung besitzen mögen, einseitig verallgemeinernden Betrachtungsweisen. Vielleicht ist es nicht ungerecht, wenn man hierin auch den Hauptmangel der oben als Beispiele der drei metaphysischen Stufen erwähnten neuesten Systeme sieht. Aber auch die sämtlichen Einzelgebiete des Wissens zusammengenommen können für das, was hier zu leisten ist, keinen Ersatz bieten. Bestenfalls verhalten sich diese zerstreuten Glieder gleichgültig gegeneinander. Schlimmstenfalls widersprechen sie einander — ein Widerstreit, der vom Standpunkt der Einzelbetrachtung aus immer nur durch einen Machtspruch gelöst werden kann, welcher die dem Betrachtenden näherliegenden oder wertvolleren Tatsachen als die alleingültigen anerkennt. Solche Einseitigkeit zu vermeiden, die Ergebnisse der Einzelgebiete zu einer widerspruchslosen, dem gegebenen Zustand der Wissenschaft adäquaten Weltanschauung auszugleichen — das wird fortan, wie immer, eine letzte Aufgabe der Wissenschaft bleiben. Und mag die Metaphysik diese Aufgabe noch so oft verfehlt haben und sie noch weiter verfehlen, der Versuch sie zu lösen muß immer und immer wieder gemacht werden. Die Reihe dieser Lösungsversuche wird aber auch fernerhin einen wichtigen Bestandteil der Geschichte des menschlichen Denkens bilden, in dem mehr vielleicht als in anderen Erscheinungen der geistige Charakter der Zeiten sich spiegelt.

IV.
Die Philosophie des primitiven Menschen.[1])

Unter »Anfängen der Philosophie« pflegt man die ersten uns überlieferten Versuche zu verstehen, welche darauf ausgehen, der bis dahin herrschenden mythologischen Weltanschauung eine auf feste Begriffe gegründete Welterklärung gegenüberzustellen. Während die Mythologie Gemeingut eines Volkes ist, beginnt die Philosophie in diesem wissenschaftlichen Sinne überall als das Werk einzelner Persönlichkeiten, deren Namen uns in vielen Fällen noch überliefert sind. So werden insgemein die Weisen von Milet, ein Thales, Anaximander, Anaximenes, die ältesten unter den griechischen Philosophen genannt. Dagegen spricht man den primitiven Völkern den Besitz einer Philosophie überhaupt ab. Sie sind — so ist die Meinung — völlig in der Mythologie befangen geblieben, und es scheint daher unzulässig, die wirklichen Anfänge der Philosophie mit einer solchen fragwürdigen Philosophie der primitiven Völker zusammenzustellen. So gewiß das nun berechtigt ist, wenn man den ersten dieser Begriffe in dem in der Geschichte der Philosophie üblichen Sinne nimmt, so wenig kann doch bezweifelt werden, daß jenen frühesten Versuchen einer wissenschaftlichen Philosophie, mit denen unsere historischen Darstellungen diese beginnen lassen,

---

[1]) Kultur der Gegenwart, Teil I, Abt. V, 1909.

mannigfache Vorstellungen vorausgegangen sind, die im Grunde Antworten auf die gleichen Fragen enthalten, welche sich später die Philosophie stellt, und daß sich selbst bei den primitivsten Völkern ähnliche Vorstellungen finden, so roh und unausgebildet diese auch sein mögen. Wenn so jene vorwissenschaftlichen Anfänge der philosophischen Entwicklung in wesentlichen Zügen mit den Anschauungen primitiver Völker übereinstimmen, so sind wir wohl berechtigt, beide in dem gleichen Sinne eine beginnende Philosophie zu nennen. Nur besteht freilich der Unterschied, daß bei den Naturvölkern die Stufe, von der aus die Kulturvölker zur Wissenschaft vorgedrungen sind, nie überschritten wurde. In der Tat bestätigt sich dies trotz mannigfacher Unterschiede, die natürlich schon im primitiven Denken nicht fehlen, bei jedem Schritt, den die ethnologische und die historische Untersuchung jede auf ihrem Gebiet vorwärts tun. Schienen die Begriffe »Anfänge der Philosophie« und »Philosophie der primitiven Völker«, wenn man Philosophie im üblichen Sinne versteht, zunächst unvereinbar zu sein, so zeigt es sich jetzt, daß sie in dieser erweiterten Bedeutung zusammenfallen.

Hiergegen läßt sich allerdings der Einwand erheben, dabei handle es sich überhaupt nicht um Philosophie, sondern um Mythologie; diese müsse aber schon deshalb von jener geschieden werden, weil sie nicht zum geringsten Teil zugleich Religion sei, also nicht in dem Trieb nach Erkenntnis, sondern in Gemütsbedürfnissen ihren Ursprung habe. Obgleich dies vollkommen zutreffend ist, so liegt jedoch hierin nicht der geringste Grund gegen den oben aufgestellten Begriff einer primitiven Philosophie. Die Mythologie eines primitiven Volkes enthält eben alles das noch zu einem Ganzen vereinigt, was sich später in Religion, Philosophie und in eine Reihe einzelner Wissenschaften scheidet; ja selbst die Dichtung, die ursprünglich nur die allgemeinen mythologischen

Die Philosophie des primitiven Menschen. 121

Motive weitergeführt, sowie die Musik, die mimischen und die bildenden Künste, die sich eng teils mit dem religiösen Kultus, teils mit der Poesie verbinden, greifen hier ein. Gerade aus dieser innigen Verbindung verschiedener Elemente im ursprünglichen Mythus entspringt nun aber auch die Aufgabe, zu scheiden, was jedem dieser Gebiete eigen ist, also festzustellen, was davon zur Religion gehört und was nicht, was allgemeine mythische Volksanschauung ist, und was der von Einzelnen herrührenden dichterischen Weiterbildung der gemeinsamen Mythenstoffe zufällt, endlich was in diesem ganzen Komplex von Überzeugungen, Meinungen und Maximen primitiver Menschen in das Gebiet der künftigen Philosophie hinüberreicht. Stellen wir die Frage so, dann kann namentlich der letzte Teil derselben, der uns hier allein angeht, wenigstens im Prinzip unschwer beantwortet werden. Zur primitiven Philosophie gehören unzweifelhaft alle die Probleme, die noch Probleme der späteren, wissenschaftlichen Philosophie sind, mögen auch die Lösungen hier und dort ganz verschiedene sein, und mag gleich ein besonders charakteristischer Unterschied der ursprünglichen von der späteren Philosophie gerade darin bestehen, daß jene überhaupt keine Probleme sieht, wo dieser alles von ihnen erfüllt scheint. Doch je weniger sie sich ihrer bewußt wird, um so freigebiger ist die primitive Philosophie mit deren Lösungen. Sie selbst stellt keine Fragen. Aber auf jede Frage, die ein späteres wißbegieriges Zeitalter stellen kann, hat sie eine Antwort bereit. Damit ist auch schon gesagt, was im wesentlichen der Inhalt dieser ursprünglichen Philosophie sei. Er ist in allem dem enthalten, was in den primitiven Anschauungen den Hauptproblemen der späteren Philosophie und den Versuchen ihrer Lösung entspricht.

In diesen Bemerkungen ist bereits angedeutet, daß wir uns bei der Beurteilung dieser Anfänge überall, im ganzen aber um so mehr, auf einer je früheren Stufe des Denkens wir ihrer habhaft zu werden suchen, vor einem Irrtum hüten müssen, der uns immer und immer wieder zu begegnen droht, und von dem selbst die vorzüglichsten Darstellungen der Mythologie nicht frei geblieben sind. Wir sind gewohnt, überall, wo wir in den Anschauungen eines Volkes oder eines einzelnen Menschen von unserem eigenen Standpunkte aus die Lösung eines Problems erblicken, zugleich die Stellung dieses Problems zu vermuten. Doch für den Naturmenschen und darum im allgemeinen wohl auch für den Kulturmenschen in der Zeit, wo er seine Mythologie schuf, ist nichts falscher als dieses. Er löst alle Aufgaben spielend mit seiner geschäftigen Phantasie. Doch er stellt sich keine Aufgaben im Sinne der späteren Wissenschaft. Was bei ihm deren Lösung zu sein scheint, das gilt ihm in Wirklichkeit für eine unmittelbar gegebene Tatsache oder für eine selbstverständliche Verbindung von Tatsachen. So kommen denn gewisse Grundfragen der heutigen Philosophie auch schon in der primitiven Philosophie vor. Aber weil sie in ihr nicht als Fragen, sondern als unmittelbare, aus der Anschauung und aus den von ihr erweckten Assoziationen entstandene Antworten vorkommen, so ist deren überzeugende Kraft um so größer. Beginnt für den Kulturmenschen alle Philosophie mit dem Zweifel, das heißt mit der Frage, so hört sie für den Naturmenschen mit dieser auf. Er fragt nicht, weil ihn eben jene überzeugende Kraft seiner Anschauungen jeden Zweifels enthebt. Darum mag die Geringschätzung, mit der der zivilisierte Europäer auf den Aberglauben des Wilden herabsieht, gelegentlich wohl noch durch die Verachtung überboten werden, die diesem die Unwissenheit des ersteren über alle die Dinge einflößt, die er selbst für unzweifelhaft hält.

Nun ist freilich das, was wir nach diesen allgemeinen Merkmalen »primitive Philosophie« nennen, durchaus kein einheitlicher Begriff, sondern sie ist, so gut wie die spätere Wissenschaft, in die sie übergeht, abhängig von der erreichten Stufe der gesamten Kultur, zu der sie gehört. Gewiß würde es eine lohnende Aufgabe sein, diese vor dem Anfang einer selbständigen Geschichte der Philosophie liegende Urgeschichte derselben aus der Gesamtheit der Kulte, der Mythen und Dichtungen, in die sie unauflöslich verwebt ist, auszusondern und in ihrer Entwicklung bis zu dem Zeitpunke zu verfolgen, wo sie sich, zunächst noch unsicher tastend und teilweise selbst noch halb Mythus halb Dichtung, zur Wissenschaft entwickelt hat. Doch diese Aufgabe würde mit unsern heutigen Hilfsmitteln vielleicht überhaupt unlösbar, und sie würde jedenfalls so umfassend sein, daß sie die Grenzen, die sich diese Darstellung setzen muß, weit überschreiten würde. Besonders kommt dabei als ein erschwerender Umstand in Betracht, daß, je weiter jene mythologische Entwicklung fortschreitet, zu der diese Urgeschichte gehört, und je näher sie also an die Grenze der Wissenschaft heranrückt, um so mehr zugleich in ihr selbst Motive wirksam werden, die bereits dem eigensten Bereich philosophischen Nachdenkens angehören. So stellt man gewiß mit Recht die Theogonien der Griechen ihrem wesentlichen Charakter nach zum Naturmythus. Aber sie sind doch so sehr von grübelnder Reflexion durchsetzt, daß sie durchaus nicht mehr jener naiven Philosophie angehören, die dem primitiven Zustande eigen ist. Je mehr eine solche Reflexion herrschend wird, um so mehr verraten nun auch die einzelnen theogonischen Dichtungen die Spuren individueller Umgestaltungen der überlieferten Mythen, und um so weiter entfernen sich daher die einzelnen Mythenbildungen voneinander. Die so bereits innerhalb der Mythengeschichte eines einzelnen Volkes hervortretende Vielgestaltigkeit wächst natürlich fast ins Unabsehbare, wenn man die Mythologien der verschiedenen Kulturvölker auf die in ihnen verborgenen philosophischen Gedanken prüft. Dann bilden äußere Naturbedingungen, abweichende gesellschaftliche Zustände und geschichtliche Erlebnisse, endlich nicht zum wenigsten auch verschiedene Geistesanlagen so gewichtige Momente, daß gegenüber dieser wachsenden Differenzierung der mythischen Weltanschauungen die Übereinstimmungen und vollends die etwa der Menschheit gemeinsamen Vorstellungen allmählich verschwinden oder nur in zweifelhaften Spuren nachweisbar sind. Ganz anders, wenn wir bis zu der Stufe primitiven Denkens zurückgehen, die ihrerseits selbst schon am Anfang der Mythologie liegt. Dann zeigt es sich klar, daß jene großen Unterschiede, die uns in der späteren Entwicklung begegnen, in der Tat zum größten Teil Folgen einer fortschreitenden Differenzierung sind, der ein in überraschender Gleichförmigkeit überall wiederkehrender Urzustand menschlicher Lebens- und Weltanschauung vorauszugehen scheint. Wohl fehlt es auch hier nicht an mannigfachen Nuancen des Ausdrucks. Bald scheinen diese, bald jene Motive stärker betont zu sein. Aber die grundlegenden Vorstellungen entfernen sich wenig voneinander, oder, wo dies der Fall ist, da erweisen sich solche Unterschiede immer wieder als die Wirkungen einer verschiedenen Entwicklungsstufe, wie ja überhaupt das, was wir den Naturzustand des Menschen nennen, kein einheitlicher Begriff ist, sondern bereits mannigfache Abstufungen umfassen kann. Trotz allem dem bleibt die Übereinstimmung groß genug, daß die Begriffe einer primitiven Kultur und einer primitiven Philosophie nahezu sich decken, und daß, wie die primitive Kultur durchweg übereinstimmende Züge aufweist, so auch die primitive Philosophie in der allgemeinen Richtung des Denkens und in den Grundmotiven der Weltanschauung, trotz der Verschiedenheit der Zeiten und Völker, im wesentlichen dieselbe bleibt.

Die Aufgabe diese Übereinstimmung nachzuweisen, ist nun allerdings nicht ganz leicht; sie ist es nicht einmal, wenn wir, absehend von allen den Zwischenstufen, die von den ersten Anfängen des menschlichen Denkens bis zur Schwelle der Wissenschaft führen, ein Bild der primitiven Philosophie zu entwerfen suchen. Die Begriffe dieser Philosophie sind ja nicht, wie die Werke der primitiven Kunst, unmittelbar unserer Untersuchung zugänglich, sondern sie müssen erst aus ihren Verbindungen mit sonstigen mythischen Bestandteilen, mit Religion und Dichtung losgelöst werden, und diese Verbindungen selbst, aus denen wir sie isolieren sollen, sind lange Zeit einer unsicheren mündlichen Tradition und der Einwirkung auf Lebensgewohnheiten und Sitten überlassen gewesen, ehe an ihre Aufzeichnung und Sichtung gedacht wurde. So ist es denn ein meist unter ganz anderen Gesichtspunkten und zu abweichenden Zwecken gesammeltes ethnologisches und historisches Material, aus dem eine solche Betrachtung zu schöpfen hat. Dazu kommt, nicht als die geringste Schwierigkeit, daß uns jener primitive Mensch, dessen Denken wir uns hier vergegenwärtigen sollen, eigentlich nirgends mehr zugänglich ist, weder unter den heute existierenden Völkern noch vollends unter denen, die uns die geschichtliche Überlieferung kennen lehrt. Vielmehr trägt das Bild dieses Menschen fast überall die Spuren irgendwelcher Kultureinflüsse, die entweder in früherer Zeit eingewirkt haben oder noch fortdauernd einwirken. Denn wo ist heute noch ein Volk zu finden, das von den Wirkungen des allgemeinen Verkehrs, der Kolonisation, der Missionare und der Forschungsreisenden unberührt geblieben wäre? Ja man kann wohl sagen, daß, was wir die »Volksseele« nennen, einigermaßen jenen mikroskopischen Objekten ähnlich ist, deren Erforschung dadurch besonders erschwert wird, daß alle Hilfsmittel, die wir zu diesem Zweck anwenden, immer auch den

Erfolg haben, das Objekt selbst zu verändern. Dennoch besitzen die Bestandteile ursprünglicher Welt- und Lebensanschauungen eine Eigenschaft, die diese Schwierigkeiten bis zu einem gewissen Grade wieder ausgleicht: das ist ihre **Beharrlichkeit**, die sie sichtlich nicht zum wenigsten dem Umstande verdanken, daß trotz der wechselnden äußeren Bedingungen die psychologischen Motive ihrer ursprünglichen Entstehung lange noch nachwirken, ja daß manche dieser Motive vielleicht nie ganz verschwinden. So kommt es, daß nicht bloß bei den sogenannten Naturvölkern, sondern noch weit in die Schichten der Halbkultur hinein überall, wo es gelingt, zu dem Kern der Lebensanschauungen, wie er besonders in Kultus und Brauch sich erhalten hat, vorzudringen, Erscheinungen uns entgegentreten, die durchaus den Charakter eines primitiven Denkens an sich tragen, und daß schließlich heute noch der Aberglaube der Kulturvölker neben wenigen Rudimenten späterer Mythenbildung der Hauptsache nach aus Überlebnissen gerade jener ursprünglichsten Anschauungen oder manchmal wohl auch aus Neubildungen besteht, die ihnen gleichen. Doch, wie dem auch sei, aus allem dem erhellt, daß der Inhalt der primitiven Philosophie kein irgendwo vorzufindendes oder aus gewissen Überlieferungen unmittelbar zu konstruierendes System ist, wie etwa die Philosophie der ionischen Physiker oder der Eleaten, sondern daß er aus einem Gemisch sehr verschiedenartiger und vielfach noch durch spätere Einflüsse getrübter Bestandteile durch eine vorsichtig geübte kritische Abstraktion gewonnen werden muß. Um bei diesem Bemühen nicht von vornherein auf Abwege zu geraten, um also insbesondere sogleich alles auszuscheiden, was nicht der primitiven Philosophie selbst, sondern teils der Religion, teils einer mehr oder minder willkürlichen Dichtung, insbesondere der gerade von primitiven Völkern mit Vorliebe gepflegten Märchendichtung angehört, werden wir am besten tun, von jenen Fragen auszugehen, die heute noch die Philosophie stellt und zu beantworten sucht, und die, wie oben bemerkt, im allgemeinen auch die primitive Philosophie zwar nicht stellt, aber beantwortet. Die erste dieser Fragen lautet: welchen Normen folgt das menschliche Denken, und worin besteht das Wesen der Erkenntnis? Die zweite: wie entsteht das geistige Leben, und worin besteht das Wesen der Seele? Die dritte: welche Gesetze beherrschen die Natur? Endlich die vierte: welchen allgemeinen Regeln soll das menschliche Handeln folgen? Die in dem Denken des Naturmenschen uns entgegentretenden Antworten auf diese Fragen dürfen wir wohl als den Inhalt einer **primitiven Logik, Psychologie, Naturphilosophie und Ethik** bezeichnen.

I. Primitive Logik. Die Normen der Logik sind zu jeder Zeit abstrahiert worden aus den Formen des wirklichen Denkens, die ihren Ausdruck finden in den Formen der Sprache. Auch die klassische, die Aristotelische Logik ist auf diesem Weg entstanden. Die bewundernswerte Abstraktionskraft des großen Philosophen hat sich nur darin bewährt, daß er alle für den logischen Gedankenzusammenhang unwesentlichen Bestandteile der Sprache zu eliminieren wußte. Eine Feststellung der Gesetze der primitiven Logik wird darum im wesentlichen nicht anders verfahren können. Wenn wir nun diesen einzig möglichen Weg einschlagen, was ergibt sich dann als der allgemeine Charakter jener Logik, in der die Sprachen primitiver Völker, trotz der gewaltigen Unterschiede ihrer sonstigen grammatischen Struktur, im großen und ganzen übereinstimmen? Wir können diese Eigenschaften in ihrem Unterschiede von den uns geläufigen Denkgesetzen im wesentlichen auf **drei** Merkmale zurückführen:

1. Die primitive Logik kennt keine abstrakten und nur

in höchst beschränktem Umfang allgemeine Begriffe. Vielmehr ist sie durchweg konkret und individuell. Sie besitzt Begriffe für einzelne Arten der Tätigkeit, wie für das Gehen, Stehen, Schlagen, Stoßen, aber nicht für das Tun überhaupt; sie besitzt solche für einzelne Baumsorten, aber nicht für den Allgemeinbegriff Baum usw. Für die Zahlen kennt sie, soweit sie überhaupt zu Zahlbegriffen fortgeschritten ist, nur anschauliche Objekte, die sie dann auf andere Objekte mit gleichen Zahleigenschaften überträgt, wie »Zehen des Straußes« für vier, »Hand« für fünf, ein »ganzer Mensch« für zwanzig u. dgl. Ebenso fehlen ihr alle abstrakten Beziehungsbegriffe, und es fehlt ihr völlig die abstrakte Kopula »sein«, die bekanntlich in unserer Logik eine so große und wegen der Neigung, der die Logiker folgen, sie auch da ergänzend hinzuzufügen, wo sie tatsächlich nicht vorhanden ist, manchmal wohl überflüssige Rolle spielt. Auf der andern Seite macht diese Logik Unterscheidungen, die unserem sich mit Vorliebe in allgemeinen Begriffen bewegenden Denken völlig ferne liegen. Sie kennt z. B. in einzelnen ihrer Gestaltungen nicht den allgemeinen Begriff »schießen«, aber sie besitzt für das Schießen auf lebende Wesen und für das auf leblose Objekte besondere Begriffe. Oder sie unterscheidet ein Hier und ein Dort je nach der verschiedenen Größe der Entfernungen in mehrere Raumbegriffe. Trotz dieser durch und durch konkreten Natur des primitiven Denkens fehlt es aber diesem keineswegs an einer gewissen Ordnung der Begriffe, die offenbar auf die Tendenz zu einer Verallgemeinerung derselben hinweist. Wahrscheinlich fehlen solche Kategorien, wie wir nach der von Aristoteles eingeführten Bezeichnung diese Klassen nennen können, in keiner der Spielarten primitiver Logik, die wir aus den Sprachen der Naturvölker kennen. Aber sie lassen sich mit einiger Sicherheit nur da nachweisen, wo sie einen bestimmten Ausdruck gefunden haben. Tat-

Die Philosophie des primitiven Menschen. 129

sächlich ist das im allgemeinen auch bei den Aristotelischen Kategorien der Fall, wo z. B. die Substanz dem Substantivum, die Qualität dem Adjektivum entspricht usw. Da nun den primitivsten Sprachen Unterscheidungsmerkmale solcher Wortklassen durchgängig fehlen, so bleiben meist auch die Begriffskategorien unausgesprochen. Und wo dies je einmal zutrifft, wie bei den freilich schon nicht mehr der niedersten Stufe der Entwicklung angehörenden Bantusprachen, die gegenwärtig unserm deutschen Interesse durch unsere südafrikanischen Kolonien näher gerückt sind, da sind die logischen Gesichtspunkte, unter denen solche Begriffsklassen stehen, wiederum von den unsern völlig abweichende, und sie entsprechen durchaus der in der primitiven Logik herrschenden konkreten Form des Denkens. Die in den Bantusprachen durch übereinstimmende Präfixe gekennzeichneten Wortklassen unterscheiden Begriffe wie Menschen, Tiere, Pflanzen, Flüssigkeiten, Werkzeuge, daneben in buntem Gemenge Ortsbestimmungen, Kollektiv- und Mehrheitsbegriffe und ähnliche. Diese Kategorien beruhen jedoch auf Unterschieden der sinnlichen Wahrnehmung, die zwar einerseits ein Streben nach logischer Ordnung verraten, andererseits aber auch zeigen, wie sehr dieses Streben noch in den konkreten Eigenschaften der Objekte befangen geblieben ist.

2. Hierdurch bildet diese erste zugleich den Übergang zu einer zweiten charakteristischen Eigenschaft: die primitive Logik ist durchaus objektiv. Die objektiven Verhältnisse der Anschauung sind in ihr so klar ausgeprägt, daß es kaum irgendwelche in der äußeren Wahrnehmung gegebene Erscheinungen gibt, die sie nicht im Denken zu verknüpfen vermöchte. Doch fehlt in ihr ganz die subjektive Beziehung des Denkenden zu den Objekten. Daß etwas in der Vergangenheit, Gegenwart oder Zukunft geschieht, das bleibt meist ganz außer Betracht oder wird in nachträglichen und

schwerfälligen Ergänzungen, die selbst eigentlich wieder eine objektive Bedeutung besitzen, beigefügt. Ebenso verhält es sich mit den Ausdrucksmitteln des Wunsches, der Möglichkeit, der Notwendigkeit usw. Hier überall handelt es sich, wie man leicht erkennt, um subjektive Denkbestimmungen, die den objektiven Inhalt der Vorstellungen gar nicht berühren. So ist es z. B. ein objektiver Inhalt der Anschauung, daß ein Stein zur Erde fällt. Ob jedoch dieses Ereignis im gegenwärtigen Augenblick geschieht, oder ob es früher geschehen ist oder in Zukunft erwartet wird, das sind Momente, die, während sie das objektive Bild vollkommen unberührt lassen, jeweils eine subjektive zeitliche Beziehung zum Urteilenden ausdrücken. Dem entspricht es nun auch ganz, daß die primitive Logik Begriffe für subjektive Wahrnehmungen, für rein psychische Zustände und Erlebnisse überhaupt nicht besitzt, eine Eigenschaft, die übrigens selbst in ein fortgeschritteneres Denken noch lange hinüberreicht, da alle unsere psychologischen Begriffe, wie wir an ihren frühesten Anwendungen meist noch deutlich nachweisen können, dereinst körperliche Eigenschaften oder Vorgänge bedeutet haben. So ist die »Vorstellung« ursprünglich das, was wir vor uns hinstellen, das »Gefühl« das Betasten eines Gegenstandes, die Farben- und Geschmacksempfindungen sind durchgängig nach farbigen und schmeckenden Objekten genannt worden usw. Was wir in unsern heutigen Sprachen nur an verhältnismäßig neuen Begriffen mit Sicherheit nachweisen können, das zeigt uns nun das primitive Denken noch in vollkommen unveränderter Form. Begriffe subjektiver Zustände gibt es hier überhaupt nicht. Das verleiht der Gedankenäußerung des primitiven Menschen zum nicht geringsten Teil ihren eigenartigen, zu der des Kulturmenschen stark kontrastierenden Charakter. Er kann die erschütterndsten Ereignisse erzählen, ohne der Gemütsbewegungen der beteiligten Personen anders zu gedenken, als indem er die Schilderung der Handlungen mit dem mimischen Ausdruck der Affekte begleitet.

3. Die Objektivität des primitiven Denkens führt uns endlich zu einer dritten Eigenschaft, die im ganzen wohl früher verschwindet als die beiden vorigen, die uns jedoch auf den ersten Stufen geistiger Entwicklung vielleicht als die markanteste entgegentritt: wir können sie kurz die gegenständliche Natur des Denkens nennen. Sie ist in der Objektivität des letzteren noch nicht eingeschlossen, aber sie ist sozusagen eine Steigerung derselben. Das objektive Denken an sich unterscheidet nicht bloß Gegenstände und deren Eigenschaften, sondern auch Veränderungen und Handlungen, und es schafft besondere Wortkategorien zu deren Ausdruck. Das einseitig ausgeprägte gegenständliche Denken kennt dagegen eigentlich nur die Kategorien der Gegenstände und ihrer Eigenschaften, und auch diese fließen meist im Ausdruck ineinander, da in der Sprache bald die Eigenschaften nach den Gegenständen, denen sie zukommen, bald die Gegenstände nach den Eigenschaften, die an ihnen bemerkt werden, benannt sind, und unterscheidende Merkmale, wie sie unsere Sprachen in der Regel für Substantiv und Adjektiv besitzen, im allgemeinen nicht existieren. Wo unsere Logik von einem Gegenstand irgend etwas aussagt, indem sie ihm als dem Subjekt entweder unmittelbar ein verbales Prädikat beifügt oder einen andern nominalen Begriff mittels der Kopula, des sogenannten Verbum substantivum »sein«, mit ihm verbindet, da legt die primitive Logik lediglich dem Subjekt ein Attribut bei. Dies spricht sich grammatisch darin aus, daß die Sprachen, innerhalb deren diese Logik herrscht, ein eigentliches Verbum überhaupt nicht besitzen. Nur nachträglich werden auch hier gelegentlich Hilfsbegriffe, die aber selbst wiederum von gegenständlicher Natur sind, oder manchmal auch bestimmte Partikeln, die eine sinnmodifizierende Bedeutung

angenommen haben, den Hauptbegriffen des Satzes zugefügt. Häufig aber verzichtet das primitive Denken auf alle solche nähere Bestimmungen. Es gewinnt dadurch der Gedankenausdruck und, wie wir wohl schließen dürfen, bis zu einem gewissen Grade auch das Denken selbst einen fragmentarischen Charakter. Die Vorstellungen werden assoziativ aneinander gereiht, nicht logisch gegliedert. Ein Beispiel solch primitiver Logik, das manchmal in frappanter Weise an den Gedankenausdruck des Naturmenschen erinnert, besitzen auch wir in der Sprache des Kindes während der Zeit der frühesten Sprachübung, falls man diese möglichst wenig beeinflußt von äußeren Einwirkungen und von dem automatischen Nachsprechen des Vorgesagten beobachtet. Auch das Kind redet unter solchen Umständen hauptsächlich in Substantiven. Gelegentlich werden wohl die Eigenschaften dieser benannt; Verba aber kommen selten und auch wenn sie erscheinen zunächst vorzugsweise in infinitiver Form vor, so daß sie gerade der Elemente entkleidet sind, die ihre logische Bedeutung ausmachen. Schließlich ist es nicht minder das Fragmentarische des Ausdrucks, das, abgesehen von den nie ganz zu vermeidenden Einflüssen der erwachsenen Umgebung und von den abweichenden Gedankeninhalten, in denen sich das Kind gegenüber dem Naturmenschen bewegt, beide Erscheinungen einander nahe bringt.

Mit den erörterten drei Fundamentaleigenschaften der primitiven Logik steht nun schließlich auch das Erkenntnisprinzip, dem dieses ursprüngliche Denken folgt, im engsten Zusammenhang. Wir können es kurz in dem Satze formulieren: Alles was in der objektiven Wahrnehmung gegeben ist, das ist unmittelbar so, wie es gegeben ist, gewiß. Die Beziehung dieses Satzes zur konkreten Form des Denkens liegt auf der Hand: in der Wahrnehmung sind ja unmittelbar nur konkrete Erscheinungen gegeben. Ebenso spiegelt sich in ihm ohne weiteres die Objektivität des primitiven Denkens; denn die Überzeugung von der unmittelbaren Realität der Erscheinungen bezieht sich zunächst auf den Inhalt der objektiven Wahrnehmung. Mit diesem verbindet sich freilich noch alles, was die Phantasie des Naturmenschen aus mannigfachen früheren Erlebnissen den von außen erweckten Empfindungen beifügt, so daß daraus ein Ganzes entsteht, dem in allen seinen Teilen für ihn die gleiche objektive Wirklichkeit zukommt. Nicht das Objekt, wie es einer besonnenen Prüfung nach Ausscheidung solcher Zugaben bleibt, sondern das je nach den obwaltenden Motiven mehr oder weniger phantastisch umgewandelte Objekt ist so der erste Inhalt der unmittelbaren Wirklichkeit. Endlich prägt sich aber auch die dritte Eigenschaft, der gegenständliche Charakter des Denkens, in jenem Erkenntnisprinzip aus: was die objektive Wahrnehmung zuerst festhält, sind Gegenstände mit bestimmten Eigenschaften. Bewegungen und Veränderungen dieser Gegenstände stehen erst in zweiter Linie: sie sind etwas, das sich an den Gegenständen ereignet, also von diesen abhängt. Bei diesem Punkte beginnt nun freilich schon im primitiven Denken jenes Erkenntnisprinzip seine unbeschränkte Geltung zu verlieren. Vor andern Eindrücken drängt sich das Unerwartete, das Überraschende in den Vordergrund, und es nimmt besonders dann das Interesse gefangen, wenn das Wohl und Wehe des Menschen selbst davon berührt wird. Hier regt sich daher auch von frühe an, im Gegensatz zu der Selbstverständlichkeit, mit der alles übrige hingenommen wird, die Frage nach dem Warum.

II. Primitive Psychologie. Das seelische Leben ist nach der Anschauung des Naturmenschen nichts von dem körperlichen Leben Geschiedenes, sondern beide gehören zusammen; und vermöge des Prinzips der unmittelbaren Wirklichkeit der sinnlichen Wahrnehmung würden die Lebenserscheinungen selbst den Gedanken einer solchen Scheidung schwerlich jemals entstehen lassen, wenn diese nicht durch zwei Tatsachen veranlaßt würde, die schon der frühesten Beobachtung die Trennung des Lebens von seinem körperlichen Substrat fortwährend vor Augen führen. Die erste dieser Tatsachen ist der Tod, die zweite der Traum. In Tod und Traum ist aber die Lösung des Lebens vom Körper jedesmal wieder von anderen Erscheinungen begleitet. Im Moment des Todes sind Aufhören der Atmung und Aufhebung aller andern Lebenserscheinungen aneinander gebunden. Im Traum verkehrt der Schlafende mit Abwesenden, vornehmlich auch mit jüngst Verstorbenen: entweder erscheinen ihm ihre schattenhaften Bilder, oder er selbst findet sich, während sein Körper unbeweglich bis zum Erwachen liegt, in ferne Umgebungen versetzt. Mit dem ersten dieser Eindrücke verbindet sich die Vorstellung, daß das Leben, das den Körper verläßt, in den Hauch des letzten Atemzuges übergeht; mit dem zweiten die andere, daß ein Schattenbild des Körpers existiert, das sich von ihm trennen kann, sei es im Schlaf, sei es auch im Tode, um entweder zeitweilig oder dauernd ein selbständiges Leben zu führen. Diese beiden Dinge, den Hauch des Atems und das Schattenbild des Traumes, nennt daher die primitive Psychologie die »Seele«. Schon die Benennungen der Sprache bezeugen diesen doppelten Ursprung: Psyche, anima, spiritus, auch das deutsche Geist weisen auf den Hauch des Atems; Eidolon, Umbra und ähnliche ebenso auf das Schattenbild des Traumes hin. Der Begriff der Seele ist also nicht, wie man zuweilen wohl annimmt, aus dem Bedürfnis entstanden, die seelischen Vorgänge, Empfindungen, Gefühle, Vorstellungen usw., auf eine Substanz zurückzuführen, als deren Tätigkeiten sie gedeutet werden; sondern dieser Begriff nimmt vielmehr gerade aus solchen Erscheinungen seinen Ursprung, bei deren Eintritt die seelischen Vorgänge ganz oder mindestens, wie im Schlaf, zeitweise unterbrochen sind. Er ist, könnte man sagen, nicht an das seelische Leben selbst, sondern an das Aufhören des Lebens gebunden. Wären nicht der Tod und der Traum, so würde gar nicht abzusehen sein, wie der primitive Mensch jemals zum Begriff einer von dem Körper verschiedenen und von ihm trennbaren Seele kommen sollte. Da es nicht im entferntesten ein Bedürfnis nach irgendeiner Interpretation der seelischen Vorgänge ist, was die primitive Psychologie zu diesem Begriff der Seele führt, so läßt sich jene nun aber auch nicht im geringsten durch die Doppelheit ihres Seelenbegriffs stören, die aus diesen zwei gänzlich verschiedenen Entstehungsweisen hervorgeht, sondern die Seele hat für sie bald die eine, bald die andere Form, je nachdem die unmittelbare Wahrnehmung es fordert. Sowenig jedoch die beiden Seelen, die wir nach diesem ihrem Ursprung als die »Hauchseele« und die »Schattenseele« bezeichnen können, das seelische Leben selbst erklären sollen, ebensowenig sind sie dazu da, etwa als Hilfsbegriffe zu dienen, um den Tod und den Traum zu erklären. Die primitive Psychologie erklärt nicht, sondern sie konstatiert Tatsachen. Sie sucht nicht durch irgendwelche Hypothesen und Theorien Erscheinungen und ihren Zusammenhang zu deuten, sondern sie gibt lediglich den unmittelbaren Wahrnehmungen und ihren Verbindungen einen nicht mißzuverstehenden Ausdruck. Darum stehen ihr aber auch ihre Begriffe über jedem Zweifel, und einen Widerspruch zwischen ihnen kann es für sie nicht geben. Daß das Leben mit dem letzten Hauch des Atems aufhört, ist eine unmittelbare Tatsache der Beobachtung. Ebenso, daß im Traum Schattenbilder Verstorbener oder Lebender erscheinen. Die Seele in beiderlei Gestalt ist also nicht Hypothese, sondern Wirklichkeit, geradeso gut Wirklichkeit wie der Körper, aus dem jene im Schlaf oder beim Tode entweicht. Dasselbe gilt dann aber von den Modifikationen und Metamorphosen, die diese beiden Seelen erfahren, und bei denen sie teils miteinander teils mit der ursprünglichen Vorstellung der Gebundenheit des seelischen Lebens an den Körper und seine Organe in Beziehungen treten können. Infolge dieser wechselnden Verhältnisse ist die primitive Psychologie naturgemäß kein einheitliches und völlig gleichförmiges System, sondern sie zerfällt in eine Anzahl von Systemen, in denen sich jedesmal die sonstige Weltanschauung der Völker spiegelt. Immerhin bleiben die letzten Voraussetzungen gemeinsame und in diesem Sinne also allgemeingültige. Auch können die einzelnen Systeme bei aller Mannigfaltigkeit, die sie darbieten, je nach der Vorherrschaft irgend eines der grundlegenden Seelenbegriffe in eine gewisse Entwicklungsreihe geordnet werden. Innerhalb dieser lassen sich dann aber wesentlich drei Stufen unterscheiden, die freilich in den meisten der unserer Beobachtung zugänglichen Systeme bereits vereinigt sind, so daß sie im allgemeinen nur durch das quantitative Übergewicht in der Richtung der einen oder andern Grundanschauung voneinander abweichen.

1. Ausgangspunkt aller primitiven Psychologie ist der Begriff der Einheit des seelischen und körperlichen Lebens. Wo dieser Begriff noch stark genug ist, um durch die an Tod und Traum gebundenen Erscheinungen nicht allzusehr beeinträchtigt zu werden, da bildet sich die Vorstellung aus, daß die Seele nach dem Tode kürzere oder längere Zeit im Körper verweile, oder daß sie auch, wenn sie ihn in einer der oben erwähnten Seelenformen verlassen hat, zeitweise wieder in ihn zurückkehre. Wir können diesen Begriff als den der Körperseele bezeichnen. Er hat zu zwei sekundären Begriffen geführt, die übrigens sehr verschiedenen Stufen der Entwicklung der primitiven Psychologie ange-

hören. Der ursprünglichere ist offenbar von jenem natürlichen Gefühl getragen, das vornehmlich kurz nach dem Tode v‹ dem Anblick der Leiche die Erinnerung an den Lebenden nicht zu trennen vermag, und das noch auf einer viel höheren Stufe der Kultur in mannigfachen Leichenbräuchen und Totenkulten nachwirkt. Besonders gehört die Sitte der Konservierung der Leichen hierher, wie sie uns in spärlichen Anfängen bei manchen Naturvölkern und zu einem System ausgebildet, bereits mit wissenschaftlichen Hilfsmitteln ausgerüstet bei den Ägyptern entgegentritt. In primitiven Verhältnissen hat sich jedoch unter dem Einfluß der Aufbewahrung des noch beseelt gedachten Körpers eine Vorstellung ausgebildet, welche die Entfernung der Seele aus dem Leibe an eine bestimmte die Verwesung begleitende Erscheinung knüpft: der erste Wurm, der aus dem verwesenden Leichnam hervorkriecht, trägt die Seele hinweg, die nun möglicherweise weitere Metamorphosen erfahren kann. Der so entstandene Begriff des Seelenwurms ist bei zahlreichen Naturvölkern Ozeaniens, Afrikas und Nordwestamerikas verbreitet oder verbreitet gewesen, und möglicherweise ist der bis noch in die Psychologie der Kulturvölker reichende Glaube an die Verkörperung der Seele in einer Schlange ein spätes Überlebnis der gleichen Anschauung.

Der zweite Seelenbegriff, der an die ursprüngliche Einheit von Körper und Seele anknüpft, gehört, namentlich in seinen ausgebildeteren Formen, einer späteren Stufe an. Es ist der Begriff der Organseelen, des Sitzes einer Seele in mehreren Körperorganen, mit dem sich dann meist zugleich die Vorstellung von einer verschiedenen Leistung dieser Organseelen, also der erste Anfang einer Unterscheidung der später sogenannten »Seelenvermögen« verbindet. In dem Hervortreten dieser Begriffe von Organseelen bemerkt man nun wieder insofern bestimmte Unterschiede, als gewisse Organe früher, andere später als Träger der Seele auftreten, wobei die späteren die früheren allmählich zu verdrängen pflegen. Die ältesten Sitze der Seele scheinen die Nieren und das Blut zu sein. Jene begegnen uns teils allein teils zusammen mit benachbarten Eingeweiden noch heute in dieser Rolle bei zahlreichen Naturvölkern, ebenso an vielen Stellen des Alten Testaments als ein Bestandteil altsemitischen Volksglaubens, und vereinzelt, aber doch deutlich erkennbar in der älteren Überlieferung auch der indogermanischen Völker. Noch verbreiteter und bis in eine jüngere Zeit herabreichend ist das Blut Träger der Seele. Zu ihm gesellen sich in vielen Fällen gewisse Sekrete des Körpers: so namentlich der Speichel, der wahrscheinlich zugleich in nahe Beziehung zu der im Atem entweichenden Hauchseele gebracht wird. So begreiflich hier die Wertschätzung des Blutes ist, so befremdend erscheint auf den ersten Blick die zentrale Stellung der Nieren in der ältesten Psychologie. Aber wenn man bedenkt, daß die Nieren, wie die Bedeutungsgeschichte der sie bezeichnenden Wörter lehrt, ursprünglich eng mit den Geschlechtsorganen verbunden werden, und dazu erwägt, welch ungeheure Rolle in einer primitiven Kultur überall das Geschlechtsleben spielt, so wird die Stellung, die die Nieren hier als Träger seelischer Kraft überhaupt einnehmen, wohl verständlich. Erst auf einer etwas späteren Stufe treten dann dazu das Zwerchfell, das Herz, und gleichzeitig beginnt eine gewisse Sonderung der Seelenkräfte, die in diesen verschiedenen Organen ihren Sitz haben sollen. Dabei ist es sichtlich die mehr und mehr sich aufdrängende Beziehung der Affekte zu Atmung und Herzschlag, die einer solchen Lokalisation, wie sie uns z. B. in der Homerischen Psychologie begegnet, zugrunde liegt. Doch je mehr in dieser Weise die einzelnen Organe nur für spezielle seelische Funktionen in Anspruch genommen werden, um so leichter kann sich nun auch mit diesen letzten Gestaltungen des Begriffes der Körperseele der andere der selbständigen, im Hauch des Atems ausströmenden oder als Schattenbild wandernden Seele verbinden. So ist es diese Differenzierung der Organseelen, die das ihrige dazu beiträgt, jene Seelenbegriffe andern Ursprungs zu fördern, indem Gebundenheit und Selbständigkeit auf verschiedene Seelenbegriffe verteilt werden. Die Organseelen sterben beim Tode des Leibes, während die Psyche ihn verläßt, um in neuen Formen weiterzuleben.

2. Die nächste Form dieses Übergangs ist der in die Hauchseele. Doch der Hauch des Atems, so unmittelbar er sich auch als das Substrat der entweichenden Seele darstellt, ist zu flüchtig, er hält der Wahrnehmung zu wenig stand, als daß diese dauernd an ihn gebunden werden könnte. Da bietet sich denn als eine leichtverständliche, in vielen Systemen primitiver Psychologie dominierende Vorstellung die der Verkörperung der Seele in Tieren, teils in kriechenden, an oder unter der Erde lebenden, wie der Schlange, dem Wurm, teils in leichtbeweglichen, fliegenden: in Vögeln, Schmetterlingen. Entweder geht die Seele als Hauch unmittelbar in das Tier über, ähnlich wie sich auch bei manchen Völkern, nach altgeheiligter Sitte sogar noch bei den Römern, ein naher Angehöriger des Sterbenden über diesen beugte, um seine Seele aufzunehmen. Oder — und das ist wohl der häufigere Fall — der Übergang wird als eine echte Metamorphose gedacht: die als Hauch ausströmende Seele verdichtet sich nachträglich zu einem hinwegflatternden Vogel oder zu einem andern rasch beweglichen Tier. Eine solche Vorstellung ist dann freilich nicht mehr Produkt unmittelbarer Wahrnehmung. Aber sie ist doch auch keineswegs eine freie willkürliche Erfindung, sondern der Geist des Naturmenschen folgt dabei immer und überall zwei sich ihm aufdrängenden Assoziationen. Die eine, die allgemeinere, besteht in der engen Verbindung,

in die für ihn das Tun und Treiben der Tiere mit dem des Menschen tritt. Die Tiere sind Wesen, die ihm gleichen. Sie sind nicht bloß, wie eine schon weit gereiftere Stufe es bildlich ausdrückt, seine »jüngeren Brüder«, sondern sie sind seine Ahnen. So ähnlich das Tier dem Menschen ist, so verschieden und so überlegen erscheint es in der instinktiven Sicherheit seines Handelns. Erblickt der Wilde in dem Stammesgenossen sozusagen sein selbstverständliches Ebenbild, so erregt die Tierwelt in ihrer bunten Mannigfaltigkeit immer von neuem sein Staunen oder auch seine Furcht. So hat sich denn auf einer frühen Stufe, aus der in mancherlei Opferriten und Kultusvorschriften da und dort noch dunkle Erinnerungen in die Anfänge der Kulturvölker herüberreichen, die Vorstellung gebildet, die Tiere oder mindestens gewisse unter ihnen seien dem Menschen geistig überlegen, woran sich dann die Zurückführung des einzelnen Stammes auf einen tierischen Stammvater anlehnt, auf ein »Totemtier«, dessen Bild als Wahrzeichen und zugleich als Schutzzauber gegen Gefahr der einzelne an seinem Leibe trägt. Zu diesen allgemeinen Bedingungen treten nun die besonderen, die den Tod eines Menschen begleiten. Noch der heutige Volksaberglaube sieht gelegentlich in einem Vogel, einer Maus oder einem andern rasch beweglichen Tier die Seele eines Verstorbenen entweichen. Die gespannte Erwartung, die dem ausströmenden letzten Atemzug folgt, kettet von selbst an die nächste beste Wahrnehmung das weitere Schicksal der Seele, und wenn vollends diese Wahrnehmung ein Tier ist, das sich gleich dem Atem, nur sichtbarer durch die Luft bewegt, so bildet sich eine assimilierende Assoziation, die der Auffassung der entweichenden Seele als Hauch an Sicherheit nicht nachsteht. Auch hier sind es also nicht Hypothesen und Theorien, die sich der primitive Psychologe macht, sondern er konstatiert Tatsachen und Verbindungen von Tatsachen. In der Art, wie er das tut, ist er freilich in den Vorstellungskreis gebannt, der ihm durch Tradition und eigene Erlebnisse geboten wird. An den Übergang in fliegende Wesen knüpft sich daher leicht auch der weitere in andere Tiere. Dabei gewinnen dann die oben berührten, zum Teil schon über dies Gebiet hinausführenden Erscheinungen des »Totemismus« ihren Einfluß. Auch ist unschwer zu sehen, daß hier die Quelle ist, aus der die Idee der Seelenwanderung entspringt. Doch gehört diese Idee selbst einer religionsphilosophischen Spekulation an, die, wie so manche andere Erzeugnisse der späteren religiösen und philosophischen Seelenvorstellungen, zwar in ihrem Keim in die primitive Psychologie zurückreicht, selbst aber dieser noch ferne liegt. Denn die Idee der Seelenwanderung ist innig verwachsen mit Vergeltungsvorstellungen, die hier noch völlig mangeln. Um so wichtiger ist eine andere, von der Verkörperung in Tieren weit abliegende Metamorphose: die der Hauch- in die Schattenseele. Sie durchkreuzt schon auf einer sehr frühen Stufe jene andern Umwandlungen, um sich dann mehr und mehr zur herrschenden zu erheben.

3. Diese zweite wichtige Form des Begriffs der selbständigen »Psyche«, die Schattenseele, zeichnet sich trotz ihrer Flüchtigkeit von Anfang an durch zwei Eigenschaften aus, die ihr eine gewisse Stabilität sichern, und die sie schließlich in dem Widerstreit der verschiedenen Seelenbegriffe im ganzen den Sieg gewinnen lassen. Sie besitzt erstens in den Erscheinungen des Traumes eine unaufhörliche Quelle ihrer Erneuerung, die sich in dem Maße in ihrem Übergewicht geltend macht, als Schlaf und Traum ungleich häufigere Erscheinungen sind als der Tod. Zweitens bietet sie zugleich weit vielseitigere Beziehungen zu den mannigfaltigsten sonstigen Erscheinungen des menschlichen Lebens als irgendeine der anderen Seelenformen. So bietet vor allem die Krank-

heit in doppelter Beziehung Anknüpfungen an die Schattenseele. In seinen Fieberphantasien sieht der Kranke bald seine Seele wunderbare Wanderungen und Wandlungen erleiden, bald fühlt er sich oder sehen ihn andere von einer fremden Seele in Besitz genommen. Alpträume und Tierverwandlungen im Traum, Vision und Ekstase, sie bilden hier die Ausgangspunkte mannigfacher Vorstellungen, die ebenso die Auffassung der Seele selbst wie die der Außenwelt beeinflussen. Alle diese Vorstellungen verbinden sich zunächst in ziemlich wechselnder und irregulärer Weise mit den andern Seelenbegriffen. Doch indem allmählich die Reduktion der allgemeinen Körperseele auf die Organseelen mit ihren spezifischen Lebenskräften die Befreiung der Psyche vollendet, fügt es sich von selbst, daß auch die beiden Hauptgestaltungen der letzteren eine regelmäßige Verbindung eingehen. Beim Tode entweicht — so fixieren sich nun die Vorstellungen — die Psyche als Hauch, dann aber wandelt sie sich in den Schatten, das blasse, für das Auge sichtbare, vor der tastenden Hand in Luft zergehende Ebenbild des Menschen um, das je nach der besonderen Richtung der Vorstellungen bald um das Grab des Toten schwebt, bald an einsamen Stätten haust, bald in einen besonderen Versammlungsort der Verstorbenen eingeht. Das ist die Stufe, die wir beispielsweise auch in der Homerischen Psychologie erreicht sehen: die Seele des Erschlagenen entweicht mit schwirrendem Geräusch zum Hades, wo sie mit den Schatten der vordem Verstorbenen ihr trauriges Dasein führt. Einem Rest der Vorstellung von der im Körper verbleibenden Seele begegnen wir allerdings auch hier noch. Die Leiche muß verbrannt oder begraben werden, damit die Seele zur Ruhe komme und nicht mehr die Unbill empfinde, die dem Körper, solange er unbestattet liegt, widerfahren kann.

Indem die Schattenseele bei diesen Metamorphosen der

Psyche zum herrschenden Begriff geworden ist, vollzieht sich nun aber noch ein weiterer wichtiger Wandel, der die primitive Psychologie über ihr eigenes Gebiet hinausführt. Der Schatten, der in ein selbständiges Wesen übergegangen ist, braucht nicht mehr auf die Seele eines bestimmten Menschen, ja er braucht schließlich überhaupt nicht mehr auf ein vorangegangenes seelisches Dasein bezogen zu werden. Er wird zum Gespenst, das den Lebenden schreckt, oder zum Dämon, der ihn unheilbringend oder als Schutzgeist umschwebt; und ähnliche Wandlungen können nun auch die in Tieren wohnenden Seelen erfahren. Auf diese Weise ist mit diesem Übergang zum Dämon die Seele zugleich zu einer Naturmacht geworden. So berührt sich hier die primitive Psychologie mit der primitiven Naturphilosophie.

III. Primitive Naturphilosophie. Nach einer allgemeinen, auch unter Mythologen und Philosophen verbreiteten Meinung soll der Mensch von Anfang an einem ihm innewohnenden Kausalbedürfnis gefolgt sein, sobald er sich Vorstellungen über die Bedeutung und über den Zusammenhang der Naturerscheinungen zu bilden begann. Vollends seitdem die Philosophen in der Kausalität eine a priori in uns liegende Kategorie sahen, von der, wie Schopenhauer meinte, schon das Kind Gebrauch mache, wenn es bei seinen ersten Sinneswahrnehmungen die äußeren Objekte als die Ursachen seiner Empfindungen deute, ist die Überzeugung, daß alle Naturmythologie und demzufolge auch die in dieser enthaltene primitive Naturphilosophie eine kausale Interpretation der Natur sei, so fest gewurzelt, daß man fast fürchten muß, paradox zu erscheinen, wenn man es wagt, ihr zu widersprechen. Nun gedenke ich selbstverständlich nicht, hier in eine Diskussion über die Frage einzutreten, wie es sich mit dem philosophischen Wesen der Kausalität überhaupt verhalte. Für uns handelt es sich nur darum, rein tatsächlich zu untersuchen, wie die Naturanschauung des primitiven Menschen wirklich beschaffen ist, und wo in ihr dasjenige Moment einzusetzen beginnt, das wir mit einigem Recht eine kausale Betrachtung nennen dürfen. Denn daran wird hierbei allerdings von vornherein festzuhalten sein, daß es sich um eine Kausalbetrachtung im Sinne einer wenn auch noch so primitiven Naturphilosophie nur da handeln kann, wo nicht wir den Kausalbegriff erst nachträglich in das Denken des Naturmenschen hineintragen, sondern wo der Mensch selbst die Erscheinungen in das Verhältnis von Ursache und Wirkung bringt. In diesem Sinne hält er aber z. B. irgendeinen Gegenstand, den er sieht, nicht für die Ursache seiner Empfindungen — im Grunde tut das erst der Physiologe oder Psychologe, der über diese Dinge reflektiert —, sondern das Objekt ist ihm ein unmittelbar gegebener Gegenstand, und daran, daß es erst eine Wirkung auf seine Sinne ausüben muß, um wahrgenommen zu werden, denkt er überhaupt nicht. Schreibt dagegen der Wilde eine Krankheit, die ihn befallen hat, einem ihm feindseligen Zauberer zu, so ist das eine wirkliche und echte Kausalerklärung: Ursache und Wirkung stehen sich hier im Geiste des Wilden ebenso klar geschieden gegenüber, wie in dem unsern die anziehende Kraft der Erde und der Fall des Steins, den wir als die Wirkung dieser Kraft bezeichnen.

Gehen wir nun mit diesem Kriterium ausgerüstet an die Betrachtung des Inhalts der primitiven Naturphilosophie, so kann es keinem Zweifel unterliegen, daß in dieser die Kausalität weder das Ganze der Natur umfaßt noch überhaupt die gleiche Stellung einnimmt, welche ihr die Wissenschaft einräumt, die in Wahrheit eben erst diese Stellung für sie erobert hat. Man macht also bei jener Insinuation eines allgemeinen Kausalbedürfnisses den so oft begangenen Fehler, daß man, statt sich selbst in den Geist des Naturmenschen zu versetzen, vielmehr diesen in den eigenen Geist überträgt, und ihn nach den gleichen Motiven denken und handeln läßt, aus denen heraus man selbst zu ähnlichen Gedanken und Handlungen gelangen würde — falls das überhaupt möglich wäre, was natürlich in den meisten Fällen nicht zutrifft. Ist aber einmal dieser falsche Standpunkt gewählt, so ist es nun ganz konsequent, daß man auch die primitive Naturphilosophie nur für eine unvollkommenere Entwicklungsstufe unserer eigenen Naturphilosophie ansieht. Das Unzutreffende dieser Voraussetzung erhellt jedoch schon aus dem oben (S. 132) formulierten allgemeinen Erkenntnisprinzip der primitiven Philosophie, das, weil es sich auf die Kriterien der objektiven Wahrheit bezieht, doch vor allen Dingen in der Naturphilosophie gelten muß. Wenn nach diesem Prinzip dem Inhalt der Wahrnehmung als solchem unmittelbare Wirklichkeit zukommt, so kann der primitive Mensch unmöglich allen Erscheinungen mit der Frage entgegentreten, woher sie kommen und wie sie zusammenhängen. Zunächst fragt er ja überhaupt nicht, und er tut das um so weniger, je alltäglicher, je regelmäßiger die Erscheinungen sind. Es ist wahr, man findet schon in der sogenannten Mythologie mancher primitiver Völker allerlei Züge, die man, wenn sie als die Grundbestandteile ihrer Weltanschauung anzusehen wären, allenfalls als eine Art von erklärendem Naturmythus deuten könnte: so etwa die Vorstellung, daß die Sonne ein strahlender Held sei, der am Tage seine Bahn am Himmel zurücklege, um am Abend von einem finstern Ungeheuer verschlungen zu werden; oder die andere, daß die Sonnenstrahlen Seile seien, auf denen die Seelen der verstorbenen Menschen zum Himmel emporkriechen, und ähnliche mehr. Zunächst aber darf wohl bezweifelt werden, ob solche Erzählungen der eigentlichen Mythologie angehören und demzufolge mit der in dieser Mythologie eingeschlossenen Naturphilosophie irgend etwas zu tun haben. Denn meist tragen sie, soweit sie bei primitiven Völkern vorkommen, alle Merkmale der Märchen- und Fabeldichtung an sich. Als solche können sie natürlich, gleich unsern Märchen und Fabeln, an die manche von ihnen sogar auffallend anklingen, auf einen mythischen Kern zurückgehen. Ob jedoch dieser selbst den Orten angehört, an denen man diese Märchen vorfindet, oder ob er von außen zugewandert ist, bleibt angesichts der ungeheuren Verbreitungsfähigkeit, die bekanntlich solchen Märchen- und Fabelmotiven zukommt, in hohem Grad zweifelhaft. Auch wird dieser Zweifel nicht gemindert, wenn wir beobachten, daß diese ganze Märchenmythologie in dem, was der eigentliche und alleinige Prüfstein der wirklich lebendig gebliebenen Glaubensvorstellungen eines Volkes ist, in dem Kultus, eine außerordentlich geringe Rolle spielt. Doch lassen wir diese hier nicht zu entscheidende Frage beiseite. Nehmen wir an, dieses ganze Gemenge von Märchen, Fabeln, zugetragenen und selbsterfundenen, samt dem spärlichen Kern eines ursprünglichen Mythus, der dahinter verborgen sein mag, sei wirkliche und echte Mythologie, so hieße es immer noch die Dinge in eine falsche Beleuchtung rücken, wenn man solche Naturmythen wie die oben angedeuteten als eine Art kausaler Interpretation der Naturerscheinungen betrachten wollte. Der Naturmensch, der in der Sonne einen strahlenden Helden sieht, will dadurch nicht im mindesten den Auf- und Niedergang der Sonne erklären. Dieses Phänomen ist ihm eine unmittelbar gegebene Wirklichkeit, die als solche einer Zurückführung auf irgendwelche Ursachen um so weniger bedarf, als es sich alltäglich wiederholt. Auch daß die Sonne ein menschenähnliches Wesen ist, soll keine Erklärung des Phänomens sein. Denn daß ein beweglicher Körper belebt ist, das ist für den Naturmenschen ebenso selbstverständlich wie die Existenz dieses Körpers. Wiederum handelt es sich hier nur um die Konstatierung von Anschauungen. Was dabei zu den Tatsachen selber hinzukommt, das sind aber nicht interpretatorische Hilfshypothesen, sondern Phantasiegebilde, die sich so fest mit dem Eindruck verbinden, daß sie den Charakter der gleichen unmittelbaren Wirklichkeit annehmen wie dieser.

Doch wenden wir jenes oben angedeutete Kriterium an, daß nicht die Märchendichtung eines Volkes, sondern der Kultus und neben ihm etwa noch der als ein Überlebnis früherer Kultformen zurückgebliebene Brauch über die in ihm wirklich lebende Weltanschauung Aufschluß geben, so tritt allem Anscheine nach der auf die großen und regelmäßigen Himmelserscheinungen gehende Naturmythus zunächst weit zurück hinter den Motiven, die aus der unmittelbaren Umgebung und den an sie gebundenen praktischen Interessen hervorgehen. Auch hier gilt eben der Satz: je regelmäßiger die Erlebnisse sind, um so selbstverständlicher erscheinen sie zugleich. Wenn wir daher in den Aufzeichnungen über die Naturanschauung primitiver Stämme solchen Äußerungen begegnen wie der, die Sonne sei ein Stück Speck, oder die Sterne seien von andern Menschen gemacht, so liegt darin aller Wahrscheinlichkeit nach mehr von der wirklichen Herzensmeinung des Naturmenschen als in der manchmal üppig aufschießenden Märchendichtung, die man bei den gleichen afrikanischen und ozeanischen Völkern verbereitet findet. Bedarf aber das Alltägliche und Regelmäßige für den Naturmenschen gar keiner Erklärung, so daß es auch nicht Gegenstand einer primitiven Naturphilosophie sein kann, so verhält es sich genau entgegengesetzt mit dem Ungewohnten, vor allem wenn es Furcht und Schrecken erregend in sein eigenes Leben eintritt. Hier sind es vor allem zwei Erscheinungen, denen diese Eigenschaft im höchsten Maße zukommt: die Krankheit und der Tod. Ihnen folgen in etwas weiterer Distanz die meteorologischen Erscheinungen, das Gewitter, der bei ausdörrender Hitze mit Sehnsucht erwartete, für das Gedeihen der Nährpflanzen unerläßliche Regen. Die Krankheit, die plötzlich und unerwartet überfällt, und der Tod, besonders wenn er infolge einer Krankheit erfolgt, sie gehören nicht zu den regelmäßigen Ereignissen, die als solche selbstverständlich erscheinen. Je überraschender sie eintreten, um so mehr fordern sie die Frage nach ihrem Ursprung heraus. Diesen Ursprung aber, wie könnte ihn der Naturmensch anders denken als in der Form seines eigenen Wollens und Handelns? Wenn er selbst so manchmal dem ihn bedrängenden Feind Tod und Verderben wünscht, warum sollte er einen solchen Wunsch nicht auch bei diesem voraussetzen, und daneben wohl die Macht, diesen Wunsch zu verwirklichen? Das um so mehr, als hier von selbst Assoziationen mit den Vorstellungen der primitiven Psychologie, die uns oben begegnet sind, zu Hilfe kommen. Der Dämon, der im Traum oder in der Fieberphantasie erscheint, ist zugleich der Bringer von Krankheit und Tod. Aber auch wo er nicht erscheint, da zeigt das Kommen und Schwinden dieser Schattenbilder deutlich genug, daß es für sie kaum eine Schranke von Raum und Zeit gibt. So bildet sich die Vorstellung, der Wille könne auch da wirken, wo der Wollende selbst nicht ist, und durch magische Mittel, die in letzter Instanz immer auf eine Wirkung von Seele auf Seele zurückgehen, vollbringe er solche Fernewirkung. Der böse Blick, symbolische Zauberhandlungen und Zaubersprüche sind die verbreitetsten dieser Mittel. Die natürliche Assoziation der Gefühle und Vorstellungen bringt es aber mit sich, daß sie geheimnisvoll, unverständlich sein müssen, um zauberkräftig zu sein.

Obwohl nun alle diese Eigenschaften dem, was wir heute zu einer kausalen Interpretation der Erscheinungen fordern, diametral gegenüberstehen, so sind doch gerade sie es, die zum erstenmal den Gedanken der Kausalität in dem naiven Bewußtsein des Naturmenschen aufsteigen lassen. Nicht das Gewohnte und Regelmäßige, sondern das Ungewohnte und Unerwartete regt ihn an. Und dieser Entstehungsweise entspricht die Form dieser Kausalität. Sie verknüpft nicht nach irgendeinem bestimmten Gesetz die Erscheinungen, sondern sie kann jede beliebige Ursache mit jeder beliebigen Wirkung verbinden. In allem dem ist der Zauber der volle Gegensatz zum Kausalbegriff der späteren Wissenschaft, der vielmehr von dem Irregulären, Inkommensurabeln tunlichst abstrahiert, um in der Konstanz der Verknüpfungen das Kriterium seiner Anwendung zu finden. Gleichwohl bezeichnet die Zaubervorstellung das erste Auftauchen des Kausalbegriffs in der primitiven Naturphilosophie. Denn hier zum erstenmal treten im Geiste des Naturmenschen selbst Ursache und Wirkung klar geschieden einander gegenüber. Hier zum erstenmal wird die Frage nach dem Warum gewisser Erscheinungen gestellt und beantwortet.

Wollte man die allmähliche Umwandlung dieser Zaubertheorie zur wissenschaftlichen Naturerklärung näher verfolgen, so würde das eine Entwicklungsgeschichte des Kausalbegriffs selbst sein. Für den gegenwärtigen Zweck muß es genügen, auf die zwei Hauptstadien hinzuweisen, die diese Entwicklung nach den in den mythologischen Anschauungen enthaltenen Zeugnissen durchläuft.

1. Die ersten Anfänge solcher Vorstellungen, die wir, weil sie mit jenem ursprünglichen Kausalbegriff operieren, eine primitive Naturphilosophie nennen können, sind allem Anscheine nach gleichzeitig mit dem Beginn der primitiven Psychologie. Daraus erklären sich genugsam die engen Be-

ziehungen, in die beide Gebiete von frühe an zu einander treten. Diese Beziehungen finden darin ihren Ausdruck, daß als die ursächlichen Prinzipien bei der Kausalität der Zauberwirkungen seelenartige Wesen angenommen werden. Unter den Bezeichnungen, die zu verschiedenen Zeiten für diese Wesen gebraucht worden sind, hat die der Dämonen unter dem Einfluß der späteren griechischen Philosophie die weiteste Verbreitung gewonnen, und sie ist darum für uns die verständlichste. »Dämonen« sind allgemein glück- oder unglückbringende seelenartige Wesen. Sie können in manchen Fällen aus vormaligen Seelen entstehen: die Seelen Verstorbener können zu Dämonen werden, oder die Seelen Lebender, der Zauberer, können dämonische Kräfte ausüben. Aber nichts spricht dafür, daß alle Dämonen aus Seelen entstanden seien. Vielmehr ist es im höchsten Grade wahrscheinlich, daß, nachdem erst der Begriff der »Psyche«, der selbständigen Seele, gebildet war, nun eine Existenz solcher Dämonen vielfach auch da vorausgesetzt wurde, wo der Gedanke an ihre Entstehung aus individuellen Seelen durchaus ferne lag. Sowenig daher diese Vorstellung ohne den eigentlichen Seelenbegriff möglich ist, so wenig läßt sich doch nachweisen, daß in dem Augenblick, wo die Vorstellung der Psyche existierte, nicht auch alsbald die des Dämons als eines der Psyche ähnlich gedachten Naturprinzips hervortrat.

Immerhin läßt sich innerhalb dieses ersten Stadiums der primitiven Naturphilosophie ein Übergewicht solcher dämonischer Zauberwirkungen, die von wirklichen Seelen ausgehen, nicht verkennen. Als Urheber jener Haupterlebnisse, auf die sich ursprünglich die Theorie der Zauberwirkungen gründet, gilt bald die feindlich gesinnte Seele eines Lebenden, der durch den bösen Blick oder durch andere in die Ferne wirkende magische Mittel den Zauber verübt, oder die Seele eines Verstorbenen, die aus irgendwelchen Gründen mißgünstig gesinnt ist. Doch mögen jene Erscheinungen anfänglich noch so sehr in den Vorstellungen des Naturmenschen vorherrschen, sie sind nicht die einzigen, die ihn bewegen. Glück in Jagd und Krieg und in sonstigen Unternehmungen, das Wachstum der Feldfrucht, das Gedeihen der Haustiere, das sind Interessen, auf die sich nicht minder die einmal rege gewordene Kausalität der Zauberwirkungen bezieht, und die mit zunehmender Kultur immer mehr in den Vordergrund treten. Nun füllen sich Feld und Wald, Flüsse und Täler, Schluchten und Berge mit Dämonen von mancherlei Art. Viele begleiten den Menschen als persönliche Schutz- oder Rachegeister, andere sind an den furchterregenden Eindruck einsamer Stätten gebunden. Die meisten aber beeinflussen mit ihren Zauberwirkungen die in das Leben des Menschen eingreifenden Naturerscheinungen, Regen und Sonnenschein, Saat und Ernte, oder sie stehen ihm bei in Kunst und Handwerk oder in dem, was sonst das Leben bringt, und wobei er sich Erfolg wünscht oder Unheil fürchtet. So sind es vornehmlich zwei Merkmale, die dieses erste Stadium der primitiven Naturphilosophie kennzeichnen. Das eine besteht darin, daß die äußeren Naturwirkungen mit dem menschlichen Leben selbst noch überall zusammenfließen. Regenzauber und Krankheitszauber, Vegetationsdämonen und Kobolde oder Hexen, die Vieh und Handwerksgeräte verzaubern, alles das bildet ein buntes Gemenge von Vorstellungen, das durch den einen Gedanken der Zauberkausalität zu einem Ganzen verbunden wird. Das zweite Merkmal liegt darin, daß sich diese Interpretation der Natur — denn hier läßt sich ja wirklich zum erstenmal im eigentlichen Sinne von einer solchen reden — nur auf die nächste Umgebung des Menschen und auf das, was in ihr sein Interesse beschäftigt, bezieht. Es soll damit nicht gesagt sein, daß nicht sporadisch auch hier schon Vorstellungen sich einstellen, die in weitere Ferne reichen. Doch im ganzen gelten auf dieser Stufe die großen Naturerscheinungen, Auf- und Untergang der Sonne, der Wechsel der Jahreszeiten, die Existenz der Menschen, Tiere und Pflanzen, noch als etwas Selbstverständliches, das, weil es immer so gewesen ist, keiner Erklärung bedarf.

2. Hier setzt nun aber das zweite Stadium dieser Entwicklung ein. Indem sich der Gesichtskreis des Menschen und seines Interesses erweitert, treten mehr und mehr den Gegenständen und Erlebnissen der nächsten Umgebung die ferneren Objekte zur Seite. Die natürliche Brücke bilden hierbei jene Erscheinungen, die der Nähe und Ferne zugleich angehören, wie der Regen, der mit der Vegetation in engster Beziehung steht, während er doch durch seine Herkunft aus der regnenden Wolke und durch seinen Zusammenhang mit dem Gewitter in die Himmelserscheinungen hinüberreicht. Eine nicht minder wirksame Ursache dieser Erweiterung des Gesichtskreises bilden die aus der primitiven Psychologie unter dem Einflusse religiöser Motive hervorgehenden Vorstellungen über die Aufenthaltsorte der Seelen nach dem Tode, die in fortschreitendem Maße, je mehr sich der Glaube an ein Jenseits befestigt, in weitere Fernen verlegt werden. Anfangs in einsamen Schluchten oder auf hohen Bergen gedacht, rücken sie ferner und ferner, nach seligen Inseln, nach dem Himmel und den Gestirnen oder in die Tiefe der Erde. Das sind religiöse Vorstellungen, die an sich nicht dem Gebiet der Naturphilosophie angehören, die aber mächtig auf sie einwirken, indem sie die Grenzen, in denen sich diese Spekulationen bewegen, weiter und weiter ziehen, bis sie schließlich über die sichtbare Welt hinausreichen. Nun rücken daher vor allem auch die Himmelserscheinungen in die Sphäre jener Interessen, die in den eigenen Lebensschicksalen des Menschen ihren Mittelpunkt

finden. Wie dies im einzelnen geschieht, ob der Mond oder die Sonne oder der Himmel, oder ob endlich Blitz und Donner und Wolken auf dem so sich eröffnenden größeren Schauplatz der Naturmächte die Hauptrolle spielen, das ist eine für die spezifische Gestaltung der mythologischen und zum Teil auch der religiösen Vorstellungen sehr wichtige Frage, der Grundgedanke der primitiven Naturphilosophie wird aber davon kaum berührt. Denn dieser bleibt bei allen diesen Gestaltungen des Naturmythus schließlich der nämliche, der er auf der vorigen Stufe gewesen war. Von der Idee des Zaubers ist auch hier die Betrachtung der Erscheinungen beherrscht. Hiermit hängt zugleich die dem Mythus eigne Personifikation der Naturerscheinungen zusammen. Denn jede Zauberwirkung weist auf einen zauberischen Willen zurück, der als solcher an ein beseeltes Wesen, sei dies nun ein Dämon oder ein Gott, gebunden ist. Auch die Götter, die zunächst in den Naturerscheinungen verkörpert, dann als in der Regel unsichtbare Mächte hinter ihnen verborgen gedacht werden, bewahren aber in der Art ihres Wirkens durchaus den Charakter der Dämonen, wie denn diese letzteren zumeist als niedriger stehende Zauberwesen neben den Göttern fortdauern. Was beide, Dämon und Gott, scheidet, ist die größere Macht und der weitere Wirkungskreis sowie der persönliche Charakter der Götter, woran sich zugleich ein verwickelteres System von Regeln anschließt, die diese Zauberkräfte trotz ihrer unberechenbaren Willkür in den Dienst des Menschen zu bringen suchen. Dieses besonders im Opferkultus ausgebildete System bleibt gleichwohl im Prinzip nur eine Wechselwirkung von Zauber und Gegenzauber, wie sie schon in dem ursprünglichsten Dämonenglauben als eine natürliche Reaktion gegen die dem Menschen drohenden dämonischen Mächte zu finden ist. Dennoch vollzieht sich unvermeidlich mit der Zunahme des

Machtbereichs der Götter auch ein Wandel, zwar nicht in dem Wesen, aber in der Wertqualität dieser primitiven Kausalvorstellungen. Der ursprüngliche Zauber hat seine Heimat ausschließlich in den nächsten individuellen Lebensinteressen; seine Mittel sind niedrig, ebenso wie seine Macht beschränkt ist. Jene höhere Form des göttlichen Zaubers erstreckt sich dagegen über Stämme und Völker, und, wie sie in gewaltigen Naturerscheinungen zutage treten kann, so verschmäht sie auch mehr und mehr niedrige Hilfsmittel. Indem der Gott schließlich unmittelbar, nur durch seinen Willen, die Dinge fügt, verwandelt sich so der Zauber in das Wunder. Auch das Wunder bleibt seinem Wesen nach Zauber. Nur die unmittelbare Betätigung der zauberhaften Macht und zumeist die Erhabenheit der Wirkung oder wenigstens des Zwecks zeichnen es zunächst aus. Erst indem es unter dem Einfluß religiöser Motive noch in eine Zeit hinüberreicht, wo die Zauberkausalität der primitiven Naturphilosophie abgelöst worden ist von dem Kausalbegriff der Wissenschaft, nimmt es nun auch noch die weitere Bedeutung einer Ausnahme von der Gesetzmäßigkeit dieser Kausalität an. So ergibt sich denn als das merkwürdige Endresultat dieser Entwicklung, daß alles das, was ursprünglich allein den Inhalt des Kausalbegriffs gebildet hatte, schließlich zum Gegensatz dieses Begriffs geworden ist.

Dieser Wandel der Dinge wird nun noch von einer andern Seite her vorbereitet, bei welcher in dem Naturmythus bereits nahe Beziehungen zur künftigen Naturphilosophie hervortreten. In der mythischen Ausgestaltung der Naturerscheinungen beginnt nämlich der Zusammenhang dieser untereinander, zunächst noch eng assoziiert mit dem Wohl und Wehe des Menschen, dann allmählich selbständig dem letzteren gegenübertretend, die Aufmerksamkeit auf sich zu lenken. So erwächst mitten heraus aus dem ursprünglich allein herrschenden praktischen Interesse an den Erscheinungen das theoretische, das sich Rechenschaft zu geben sucht über das Wie und Warum der Dinge. Es entstehen die theogonischen und kosmogonischen Mythen. Auch sie bewegen sich noch ganz im Gedankenkreis der Zauberkausalität. Die Naturgötter werden in ihnen durchaus als dämonisch wirkende beseelte Wesen gedacht. Aber das menschliche Schicksal ist bloß äußerlich mit diesem Wirken verflochten. Je mehr Theogonie und Kosmogonie zusammenfließen, um so mehr werden daher die Dichtungen dieser Art, bei denen nun auch die poetische Gestaltungskraft einzelner Denker einen starken Einfluß ausübt, zu Welterklärungen in mythischer Form. So bereitet sich hier die philosophische Kosmologie vor, die freilich erst in dem Augenblick in die Erscheinung tritt, wo die alte Form der Kausalität abgestreift wird und die neue einer regelmäßigen Ordnung der Erscheinungen ihre Stelle einnimmt.

IV. Primitive Ethik. Die sittlichen Anschauungen der Naturvölker beurteilt man in der Regel ausschließlich nach ihren Sitten und Handlungen, nach den äußeren Wirkungen also, die jene Anschauungen auf ihr Leben ausüben. So berechtigt das nun im allgemeinen sein mag, so würde man doch offenbar mit einem verschiedenen Maße messen, wenn man diese Zustände ihrer Sitte mit den ethischen Systemen vergleichen wollte, die bei den Kulturvölkern durch die gemeinsame Arbeit von Religion und Philosophie entstanden sind. Diese Systeme suchen meist ein Ideal des sittlichen Lebens zu entwerfen, mit dem dieses Leben selbst bekanntlich keineswegs gleichen Schritt hält. Dazu kommt, daß man die Sitten und Handlungen des Naturmenschen nicht selten auch insofern an einem falschen Maße mißt, als man sich hier wiederum nicht in die Motive hineindenkt, von denen sie selbst bestimmt werden, sondern die Motive unseres eigenen Handelns ihnen unterschiebt. Was kann es z. B. unter diesem Gesichtspunkt betrachtet Scheußlicheres geben, als vom Blut des erschlagenen Feindes zu trinken oder von seinem Herzen zu essen? was Empörenderes, als das Fleisch der Angehörigen des eigenen Stammes zu verzehren? Dennoch rücken selbst diese, immerhin seltenen kannibalischen Sitten in eine mildere Beleuchtung, wenn man bedenkt, daß Tier und Mensch im allgemeinen in den Augen des Primitiven einander gleichstehen, und daß man mit dem Blut und Fleisch eines andern dessen seelische Eigenschaften, seinen Mut und seine Stärke sich anzueignen glaubt. Dazu kommt, daß neben den vielen Schattenseiten im Charakter des Naturmenschen auch einige Lichtseiten nicht fehlen, so falsch immerhin jenes Bild eines idealen Naturzustandes ist, das dereinst Rousseau, nicht ohne den Einfluß enthusiastischer Forschungsreisender des 18. Jahrhunderts, entworfen hat. Das Wort, mit dem, wie erzählt wird, ein Indianer seinem fallenden Genossen in das Kampfgewühl folgte: »Wo der Skalp meines Freundes ist, da soll auch der meine sein!« — dieses Wort bezeichnet treffend die Treue gegen den Nächsten und das mutige Einsetzen der eigenen Person für die Stammesgemeinschaft, die den Naturmenschen nicht selten da auszeichnen, wo er nicht unter der Ungunst der Lebensbedingungen verkümmert ist. Dafür spricht überdies das treue Festhalten an der ererbten Sitte und die feste Geschlossenheit der Geschlechts- und Stammesverbände, der man in der Regel begegnet, falls nicht wiederum ungünstige Verhältnisse zerstörend eingewirkt haben.

Immerhin, wenn wir von einer »primitiven Ethik« reden, so sollten wir auch hier, nach Analogie mit den andern Teilen der primitiven Philosophie, darunter nur das verstehen, was als der Niederschlag sittlicher Überzeugungen in anerkann-

Die Philosophie des primitiven Menschen. 157

ten Maximen und in Aussprüchen über das, was lobens- und was tadelnswert sei, bei den Naturvölkern vorzufinden ist. Aus solchen einzelnen Maximen besteht ja auch die Ethik der Kulturvölker in ihren Anfängen, ehe die spätere Philosophie die in ihnen niedergelegten Gedanken zu Systemen zusammenfaßte. Bei den Australiern endet die Männerweihe der Jünglinge, die wichtigste unter den Kultzeremonien dieser primitiven Stämme, mit der Einprägung der fünf allgemeinen Lebensregeln: den alten Männern zu gehorchen, den Freunden beizustehen, sein Eigentum mit den Freunden zu teilen, nicht mit Mädchen oder verheirateten Frauen zu verkehren, endlich die gemeinsamen Speisegebote zu befolgen. Das sind Normen einer sozialen Ethik neben Kultvorschriften, wie sie uns kaum anders auch in den frühesten Sittengesetzen der Kulturvölker begegnen. Auf der etwas vorgerückteren Stufe der afrikanischen Negerstämme und der nordamerikanischen Indianer findet sich vollends in Reden und Sprichwörtern manches, was sich wohl solchen Aussprüchen, wie sie in Griechenland den »sieben Weisen« in den Mund gelegt wurden, an die Seite stellen läßt. Insbesondere die Negervölker sind reich an derartigen in Sprichwörtern enthaltenen Maximen praktischer Lebensweisheit; und mögen auch manche unter diesen vielleicht nicht ganz ohne den Einfluß der christlichen Missionare entstanden sein, die sie gesammelt haben, so trägt doch vieles ein hinreichend originelles Gepräge, um es als Ertrag der eigenen ethischen Reflexion dieser Menschen ansehen zu dürfen. Ich beschränke mich auf die folgenden Beispiele, die den allgemeinen, auch in der Einkleidung eigenartigen Charakter der Spruchweisheit der Neger kennzeichnen: »Ein langer Pfeil verbirgt sich nicht im Köcher.« (Über das Durchschnittsmaß hinausgehen hat seine Nachteile.) »Schaftreiber laß den Zorn.« (Zorn ist schädlich bei einem Geschäft, das Besonnenheit fordert.) »Die Stadt der Streitsüchtigen wird verbrannt.« (Parteien gefährden ein Gemeinwesen.) »Verächter des Deinigen, du wirst stehlen.« (Wer eigenes Gut nicht achtet, achtet auch fremdes nicht.) »Wenn du zwei Eisenstangen ins Feuer tust, verbrennt die eine.« (Ne quid nimis.) »Ein Boot wird an beiden Seiten gerudert.« (Tue nichts halb.) Den Einfluß christlicher Ideen verraten die beiden folgenden, übrigens im Ausdruck unnachahmlichen Sprüche: »Wenn du Gott etwas zu sagen begehrst, so sag es dem Winde.« (Gott umgibt dich überall.) »Wenn die Henne Wasser trinkt, so zeigt sie es Gott.« (Für alles, was du genießest, danke Gott, — spielt auf die Stellung der Henne beim Trinken an.)

Das sind Maximen, die sich immerhin mit manchem, was uns von den Aussprüchen griechischer oder indischer Philosophen überliefert ist, messen können. Doch, wenn wir von den sichtlich von außen zugeführten, nicht sowohl ethischen als religiösen Gedanken absehen, so bleibt nicht zu verkennen, daß diese ganze Spruchweisheit auf das Gebiet äußerer Lebensklugheit beschränkt bleibt. Nach einem Satze, wie er uns von Heraklit überliefert ist: »Bestünde das Glück in körperlicher Lust, so müßte man die Ochsen glücklich preisen, wenn sie Erbsen fressen«, oder wie er schon dem Demokrit zugeschrieben wird: »Wer unrecht tut, ist unglücklicher als wer unrecht leidet«, nach solchen Sätzen wird man sich vergeblich umsehen. Nicht als ob es ganz an der immerhin selbst zu jenen Klugheitsregeln unerläßlichen sittlichen Gesinnung mangelte. Aber noch verbirgt sich diese hinter der Hülle des äußeren Tuns. Noch fehlt es ganz an der sittlichen Selbstbesinnung, die uns aus den Aussprüchen der griechischen Philosophen entgegenleuchtet, und mit der erst eine wirkliche Ethik in das Licht der Geschichte tritt.

V. Rückblick und Ausblick in die kommende Philosophie. Für den Naturmenschen gibt es keine rein theoretischen Probleme, keine Fragen an die Natur, die bloß um der Erkenntnis selbst willen von ihm gestellt werden. Ihn beherrscht nur ein praktisches Interesse: sein eigenes Wohl und Wehe, und sein Wehe mehr als sein Wohl. So ist ihm alles, was er wahrnimmt und zugleich phantastisch ergänzt und verknüpft, unmittelbare Wirklichkeit. Dieser naive Glaube beherrscht seine Psychologie und Naturphilosophie, und er reflektiert sich schließlich auch in seinen überall an der Außenseite des Tuns haftenden ethischen Maximen. Wo wird nun zuerst jener große Schritt getan, der von der naiven Überzeugung zum Zweifel, von dem eng begrenzten praktischen Interesse am eigenen Leben zum rein intellektuellen Problem, zu dem ersten noch tastenden Streben nach einem Wissen um des Wissens selbst willen führt? Die Antwort auf diese Frage kann nicht zweifelhaft sein. In der Geschichte der kommenden Philosophie wird sie unzweideutig gegeben. Diese Philosophie, die von dem Zweifel, von der Frage ausgeht, hat als Naturphilosophie begonnen. Der große Umschwung, durch den sich die mythische in die philosophische Kosmologie umwandelt, besteht aber zunächst nicht sowohl darin, daß an die Stelle sinnlicher Bilder allgemeine Begriffe treten — von diesen ist bei den ältesten Philosophen noch wenig zu spüren —, sondern darin, daß Zauber und Wunder aus der Welt verschwinden, weil nicht das Irreguläre und Unerwartete, sondern das Regelmäßige, das Beharrende und das Gesetz im Wandel der Erscheinungen zur großen Frage der Philosophie wird. Die Erhabenheit der Naturanschauung, die sich damit eröffnet, vertieft zugleich die aus der praktischen Lebenserfahrung geschöpfte Klugheitsregel zur sittlichen Selbstbesinnung. Diese führt zur Ethik und in weiterer Folge zu einer dem

Zusammenhang der seelischen Vorgänge nachgehenden Psychologie.

Doch mitten hinein in diese Entwicklung der kommenden Philosophie reichen mannigfache Reste und Überlebnisse jener primitiven, die heute noch das Denken der Naturvölker beherrscht, und die dereinst das Denken aller Kulturvölker beherrscht hat. Es ist wohl der Mühe wert, sich nach diesen Resten umzusehen und den Bedingungen nachzuspüren, die ihre Erhaltung begünstigt oder, wo sie abgestorben sind, ihr Verschwinden bewirkt haben. Zweifellos am vollständigsten ist der Sieg des Neuen über das Alte und Primitive in der Naturphilosophie. Die Kausalität des Zaubers ist hier frühe schon völlig verschwunden. Auch das religiöse Bedürfnis, das diesem Gebiet lange noch eine Ausnahmestellung gewährte, hat mehr und mehr auf sie verzichten gelernt. So ist dieser Sieg gleichzeitig ein Ergebnis der philosophischen und der religiösen Entwicklung. War es der religiöse Trieb, der, nach den Wohnstätten der Götter und der Seligen suchend, das Seinige zur Erweiterung der Naturanschauung beitrug, so endete dieses Streben schließlich, eben weil es über jede erreichte Grenze immer wieder hinausführte, notwendig mit dem Verzicht, das Gesuchte überhaupt in der sinnlichen Welt zu finden. So erhob die Religion ihre Objekte ins Unendliche, Unsichtbare, während die sichtbare Welt der Naturphilosophie und den von ihr aufgestellten natürlichen Prinzipien der Dinge überlassen blieb. Auch die Ethik hat sich mit dem Übergang der primitiven in die definitive Philosophie aus der Verbindung, in welcher der Mythus Religion und Philosophie umspannte, nur allmählich gelöst. Aber diese Lösung ist, ebenso wie die Wechselwirkung, die ihr vorausging, in diesem Fall eine völlig andere gewesen. Nicht in der Trennung, sondern in der innigen Durchdringung der Gebiete, in der Rückwirkung, eines von der ursprünglichen Zauberwelt dämonischer Mächte befreiten und zum Unendlichen erhobenen religiösen Gefühls hat die sittliche Selbstbesinnung jene Vertiefung erfahren, die ihr schließlich auch der Religion gegenüber ihre Selbständigkeit sicherte. Der Hauptzeuge dieser Wechselbeziehung ist der größte Religionsphilosoph der Griechen, der zugleich trotz Sokrates ihr größter Ethiker ist: Plato. Sind hier die Nachwirkungen der primitiven Philosophie überall vorübergegangen oder im Schwinden begriffen, so reichen sie aber in einem Gebiet noch weit in die Zukunft: in der Psychologie. Derselbe Plato, der den Homer aus dem Jugendunterricht verbannen wollte, weil er falsche Naturanschauungen und unwürdige sittliche Ideen von den Göttern verbreite, er folgt in seinem Begriff der Psyche und in der Stellung, die er ihr zu den Organseelen anweist, in allem Wesentlichen noch Homerischen Vorstellungen. Was er hinzufügt, das gehört nicht der Psychologie, sondern der Religion an, wie denn auch das ideale Bild, das er von der Psyche und ihrer Zukunft entwirft, aller Wahrscheinlichkeit nach in den Mysterienkulten seine Wurzeln hat, in denen selbst wieder ein uralter Seelenkult fortlebte. Aristoteles aber gibt nur eine sorgfältigere Systematisierung der gleichen Seelenbegriffe; und als endlich im Eingang der neueren Philosophie Descartes auch in der Psychologie das aristotelisch-scholastische Lehrgebäude beseitigt, da reduziert sich seine Reform der Grundbegriffe im allgemeinen darauf, daß er die Organseelen mit Hilfe der mittlerweile zur Herrschaft gelangten mechanischen Naturphilosophie entbehrlich zu machen sucht, um den Begriff der selbständigen Psyche nun um so reiner zurückzubehalten. So ist auch diese letzte Entwicklung noch in direkter Deszendenz aus jener Hauch- und Schattenseele hervorgegangen, in denen der primitive Mensch aller Zeiten und Zonen das Rätsel des Lebens gelöst sieht.

Unzweifelhaft ist es wiederum der religiöse Trieb, der hier entscheidend auf die Entwicklung der Vorstellungen gewirkt hat. Doch während er in der Naturphilosophie im Laufe der Zeit mehr und mehr einer völligen Sonderung der Gebiete vorarbeitete, und in der Ethik zuerst eine fördernde Wechselwirkung ausübte, um dann gleichfalls die Selbständigkeit der ethischen Betrachtung sicherzustellen, hat er in der Psychologie bis zum heutigen Tage eine konservative Kraft bewährt, zu der uns parallele Erscheinungen fast nur noch in der Erhaltung mancher Bräuche begegnen, in denen Gedanken und Handlungen der Urzeit in veränderter oder abgeblaßter Bedeutung unter uns fortwirken.

V.
Die Psychologie im Beginn des zwanzigsten Jahrhunderts.[1])

I.

Mehr vielleicht als irgendein anderes Gebiet der Philosophie sieht sich die Psychologie im Wendepunkt des 19. und des 20. Jahrhunderts in einer umstrittenen Lage. Was ihre Aufgabe sei, welche Wege zu deren Lösung sie einzuschlagen habe, und wie sich demzufolge ihre Zukunft gestalten werde, darüber schwanken die Meinungen nicht am wenigsten unter denen, die sich selbst an der psychologischen Forschung beteiligen. Da gibt es manche, die sie ganz aus der Philosophie ausscheiden möchten, um sie der Naturwissenschaft als deren jüngsten Sproß anzugliedern; andere, die umgekehrt in ihr die spezifische »Geisteswissenschaft« sehen, in der sie die Philosophie selbst aufgehen lassen wollen. Daneben fehlt es nicht an einer vermittelnden Richtung, die den fördernden Einfluß naturwissenschaftlicher Methoden und die Notwendigkeit einer Allianz mit der Biologie und Physiologie zur Lösung der Probleme des Lebens anerkennt, dabei aber doch die Eigenart der psychologischen Arbeit gegenüber diesen naturwissenschaftlichen Nachbar- und Hilfsgebieten zu wahren sucht. Und hier zerfällt nun freilich auch

---

[1]) Aus der Festschrift zu Kuno Fischers achtzigstem Geburtstag, 1904. 2. Aufl. 1907.

diese Mittelpartei wieder in zwei Fraktionen. Der einen gilt die Psychologie als eine positive Einzelwissenschaft, die gerade so gut wie die Physik, Physiologie oder Geschichte ihren Platz außerhalb der Philosophie habe. Die andere möchte die alte Zugehörigkeit zu dieser nicht missen, da die Tatsachen des unmittelbaren seelischen Erlebens mit den Problemen, die wir der Erkenntnistheorie, Ethik, Religionsphilosophie und anderen anerkannt philosophischen Gebieten zuweisen, auf das engste zusammenhängen. Wollte man daher auch prinzipiell der psychologischen Forschung eine Sonderstellung einräumen, so sei dies doch ohne praktische Bedeutung. Denn wie immer man theoretisch die Grenzen ziehen möge, praktisch werde es wohl dabei bleiben, daß der Psychologe zugleich Philosoph sein müsse, und daß der Philosoph hinwiederum der Psychologie nicht entraten könne.

Hier ist nicht der Ort zu entscheiden, welche dieser verschiedenen Anschauungen die richtige ist. In einem Bild des gegenwärtigen Zustandes der Wissenschaft dürfen auch die Kontraste nicht fehlen, die diesem Bilde eigen sind. Im Lichte jener historischen Betrachtung, wie sie sich im Laufe des 19. Jahrhunderts vor allem in der Philosophie durchgesetzt hat, werden wir aber auch hier es versuchen müssen, den heutigen Zustand zunächst aus der Vergangenheit zu begreifen. Da gibt es nun kaum eine Epoche in der vorangegangenen Entwicklung unserer Wissenschaft, in der die herrschenden psychologischen Strömungen bei aller Verschiedenheit mit denen unserer eigenen Zeit übereinstimmendere Züge bieten wie die Mitte des 18. Jahrhunderts und die ihr folgenden Dezennien. Schon in der allgemeinen Wertschätzung der Psychologie begegnen sich beide Zeitalter, ohne daß freilich das unsere in dieser Beziehung ganz mit jenem früheren sich messen könnte. In der Schulphilosophie hatte das Interesse an psychologischen und an den sie berührenden ethischen und ästhetischen Fragen die metaphysischen Probleme, um die sich das vorangegangene Jahrhundert so eifrig bemüht, in den Hintergrund gedrängt. Man lebte der Überzeugung, eine den Menschen über sein eigenes Wesen aufklärende Seelenforschung sei die nützlichste, für das Studium der geistigen Anlagen und ihrer Betätigung nicht minder wie für die allgemeine Menschenkenntnis unentbehrliche Wissenschaft. Daraus entsprang von selbst der Wunsch, diese Seelenforschung zu popularisieren, ein Streben, das sofort auch die nächstverwandten Gebiete der Moral und Ästhetik und von diesen aus die gesamte Philosophie ergriff. Hier setzte zugleich das Interesse an den Störungen des psychischen Lebens, an Schlaf, Traum und verwandten Zuständen ein, und von da aus spannen sich Beziehungen zu den in der Physiologie und Medizin herrschenden Lehren. Indem die Teleologie dieses Zeitalters den Menschen als den Mittelpunkt ansah, um den sich das ganze Getriebe dieser Welt bewege, und indem sie hinwiederum in der individuellen Persönlichkeit die Verkörperung der Menschheit als solcher erblickte, blieben die Fragen der Moral und Pädagogik die letzten und wichtigsten, neben denen nur noch in wechselnder Stärke die religiösen Bedürfnisse ihre Rechte geltend machten. Alle diese praktischen Interessen drängten aber auf die Psychologie hin. Aus ihr, aus der Vertiefung in das eigene Selbst glaubte man eine weit sicherere Orientierung auf den verschlungenen Pfaden des Lebens gewinnen zu können als aus den großen Systemen der vorangegangenen Philosophie. Daß die Gedanken dieser Philosophie und ihrer verschiedenen Richtungen in der Psychologie selbst nachwirkten, blieb dabei nicht selten unbeachtet. Dennoch war das religiöse Interesse und die Stellung zur positiven Religion schließlich für den einzuschlagenden Weg, damit aber auch für den Einfluß philosophischer Richtungen entscheidend. Je einseitiger man auf eine praktische Moral ausging, die lediglich dem wirklichen Leben dienen wollte, um so mehr stützte sich in der Tat die Psychologie auf solche Bestandteile der älteren Systeme, die selbst schon einer reinen Aufklärungstendenz gehuldigt hatten, und um so mehr entwickelte sie sich zu einer Verstandes- und Reflexionspsychologie, die den gesamten Inhalt des seelischen Lebens zu intellektualisieren bemüht war. Sobald dagegen das religiöse Interesse dominierte, so begann auch der Inhalt der großen Weltanschauungen der vorangegangenen Zeit, vor allem eines Spinoza und Leibniz, in eine andere Beleuchtung zu rücken, und die Psychologie wurde, indem sie sich diesen Einflüssen hingab, mehr und mehr von der Gefühlseite und von den dunkeln Regungen des Seelenlebens gefesselt. Lebendiger als in der fast verschollenen oder uns, wo wir sie aus historischem Interesse wieder heranziehen, in den meisten ihrer Erzeugnisse ungenießbar gewordenen wissenschaftlichen Psychologie treten uns diese Strömungen in der schönen Literatur entgegen: in der Neigung zur Selbstbeobachtung seelischer Regungen und Stimmungen, in den Bekenntnissen, Tagebüchern und Briefen, zu denen die Enge des kleinbürgerlichen Lebens jener Tage reichliche Muße ließ, endlich in den Charakter- und Stimmungsschilderungen der psychologischen Romane von der reflektierenden wie von der empfindsam schwärmerischen Gattung, und nach der praktischen Seite hin in der Begeisterung für neue Erziehungsideale und in den moralisierenden und erbaulichen Abhandlungen der neu entstandenen populären Zeitschriften. Alle diese Stimmungen und Strebungen des 18. Jahrhunderts spiegeln sich uns noch in dem Lebenswerk Goethes. Nur freilich spricht hier überall aus den alten Formen die Stimme einer neuen Zeit. In Goethes Tagebüchern, Briefen und sonstigen Bekenntnissen herrscht durchaus nur der unmittelbare, unreflektierte Ausdruck der äußeren und inneren Erlebnisse des Dichters, im vollen Gegensatze zu jener Bekenntnisliteratur, die, zwischen eitler Selbstbespiegelung und selbstquälerischer Reflexion hin und her schwankend, die echten Züge der Persönlichkeit unkenntlich macht. Nicht anders weicht in »Werthers Leiden« die gekünstelte Stimmungspoesie des psychologischen Romans den Äußerungen echter gewaltiger Leidenschaft. Den pädagogischen Idealen aber, in denen die Unterschiede persönlicher Anlage einer schemenhaften Gleichheit der Individuen geopfert waren und, wie das bei aller Begeisterung für das Natürliche noch Rousseaus »Émile« zeigt, der Zögling nur das willenlose Werkzeug für die Ausführung der Pläne eines weisen Erziehers ist, diesen falschen Idealen stellt der »Wilhelm Meister« das Bild einer ganz aus der Eigenart der Persönlichkeit entspringenden Selbsterziehung gegenüber. Hier überall erscheint uns Goethe als der unsere, als derjenige unter den Zeugen unserer großen Literaturperiode, dem sich die Gegenwart am nächsten verwandt fühlt. Aber im Hintergrund dieser Goetheschen Weltanschauung stehen doch, so sehr sie selbst eine andere geworden ist, die nämlichen Stimmungen und Strebungen, aus denen dereinst die Tagebuchliteratur und der psychologische Roman des 18. Jahrhunderts entsprungen waren. So ist es denn auch wohl kein Widerspruch, daß uns heute jene Periode der deutschen Philosophie, die von Christian Wolff bis zu Kant reicht, in ihrem Gedankengehalt wie in ihrer äußeren Form fremder geworden ist als die vorangegangene und die nachfolgende, daß sie aber trotzdem in der allgemeinen Geltung der psychologischen Interessen wie in den Hauptrichtungen, nach denen diese sich scheiden, fast wie eine Vorläuferin der wissenschaftlichen Bewegungen unserer Tage sich ausnimmt.

Schon die philosophischen Einflüsse, unter denen die heutige Psychologie sich entwickelt hat, sind in der Tat denen des 18. Jahrhunderts nahe verwandt. Christian Wolff, dieser trotz seiner zu psychologischer Vertiefung wenig angelegten Natur einflußreichste Schriftsteller, hatte durch die bevorzugte Stellung, die er der Psychologie in seinem Systeme anwies, wesentlich dazu beigetragen, das Interesse an ihr zu wecken und zu verbreiten. Wolff aber stand gerade hier, mehr als in irgend einem anderen Teil seiner weitverzweigten philosophischen Arbeit, auf Leibniz' Schultern. In der Metaphysik und Naturphilosophie hatte er den idealistischen Grundgedanken der Monadenlehre beseitigt, in der praktischen Philosophie war die Idee der zweckvollen Harmonie bei ihm einem äußerlichen Utilitarismus gewichen. Nur in der Psychologie hatte er den Leibnizschen Begriff der Seele als der vorstellenden und strebenden Zentralmonade festgehalten. Auf diesen Begriff hatte er, soweit nicht auch hier durch den von ihm wieder erneuerten Cartesianischen Dualismus seine Auffassung veräußerlicht wurde, gleichermaßen seine rationale wie seine empirische Psychologie aufgebaut. Aus Leibniz stammte daher der auf die ganze folgende Zeit übergehende Intellektualismus dieser Seelenlehre, aus Leibniz aber auch die Lehre von den Klarheitsgraden der Vorstellungen, an die späterhin das Interesse für die dunkeln Seiten des Seelenlebens, für die Gefühle, Stimmungen und abnormen seelischen Zustände wieder anknüpfen konnte. Bei Wolff selbst und seinen unmittelbaren Nachfolgern überwog indes völlig die rationalistische Tendenz. Daher das Bemühen dieser Psychologie, die Unterschiede zu nivellieren, um alles möglichst auf die gleiche Höhe verstandesmäßiger Betrachtung zu erheben. Wo Leibniz den dunkeln seelischen Regungen die Bedeutung einer qualitativen Eigenart zugeschrieben hatte, die sie unserem Begriff des Gefühls nahe brachte, da erblickte die Wolffsche Psychologie nur eine größere oder geringere Deutlichkeit der Vorstellungen, —

Unterschiede, die man bezeichnenderweise mit der verschiedenen Schärfe der äußeren Sinneswahrnehmung in Parallele brachte, wie sie z. B. bei den Gesichtsobjekten die verschiedene Entfernung vom Auge bedingt. Mit diesem Streben nach möglichster Ausgleichung der qualitativen Eigenart seelischer Erlebnisse stand die weitere Eigenschaft dieser Psychologie im Zusammenhang, daß sie jene sämtlich den gleichen Normen des logischen Denkens unterordnete, die aus den verwickelteren intellektuellen Tätigkeiten zu abstrahieren sind. Eine Interpretation, welche die der unmittelbaren Auffassung geläufigsten Akte des reflektierenden Denkens auf die Gesamtheit der seelischen Vorgänge hinüberträgt, wie sie der Psychologie des gewöhnlichen Lebens noch heute eigen ist, beherrscht daher diese ganze Psychologie, die solcher Anpassung an die Vulgärpsychologie sicherlich einen Teil ihrer Popularität verdankte. Denn zur Popularität gehört vor allem leichte Verständlichkeit, und am verständlichsten sind ja im allgemeinen solche Lehren, die jedem das nämliche sagen, was er selbst schon gedacht hat. Die merkwürdige Ausdehnung, in der in Wolffs deutscher Psychologie sowie in den Schriften seiner Nachfolger die Ausdrücke »denken« und »Gedanke« für alle möglichen psychischen Inhalte vorkommen, ist, ebenso wie der allumfassende Gebrauch des Wortes »Idee« in der englischen und französischen Psychologie dieser und der vorangegangenen Zeit, ein sprechendes äußeres Zeugnis für diese die tatsächlichen Eigenschaften und Unterschiede der psychischen Erlebnisse gleichmäßig in demselben Medium logischer Reflexion auflösende Tendenz.

Dennoch widersetzen sich schon bei einer oberflächlichen Analyse die seelischen Tatsachen der rücksichtslosen Durchführung einer solchen Intellektualisierung und Rationalisierung. So wird denn jene logische Interpretation durch eine zweite Betrachtungsweise ergänzt und teilweise berichtigt, die ebenfalls einem schon in der Psychologie des täglichen Lebens empfundenen Bedürfnisse entgegenkommt und hier in den durch die Bezeichnungen der Sprache festgelegten Begriffen ihren Ausdruck gefunden hat. Die von der Sprache geprägten Ausdrücke wie Denken, Wollen, Begehren, Fühlen u. a., sie besitzen ja an sich lediglich die Bedeutung oberflächlich und nach unsicheren Merkmalen abstrahierter Allgemeinbegriffe, über deren Eigenschaften und Unterschiede sich das natürliche Sprachgefühl keine Rechenschaft gibt. Auf die diesen Begriffen entsprechenden einzelnen Tatsachen, die jeder in sich erlebt hat, kann man hinweisen, die Begriffe selbst aber kann man ebenso wenig unterscheidend definieren, wie sich etwa der Unterschied der Empfindungen weiß und schwarz definieren läßt. Mag sich nun aber auch jenes in der Sprache lebende Denken, das den Worten zuerst ihre Bedeutung gegeben hat, hierbei beruhigen, so verhält sich das anders auf dem Standpunkt wissenschaftlicher Betrachtung. Sie will mindestens über die Beziehungen Rechenschaft geben, in denen die durch solche Bezeichnungen unterschiedenen Tatsachen zu einander stehen. Und hier sind dann von vornherein zwei Wege möglich. Man kann entweder jeden Komplex von Tatsachen, der mit einem bestimmten Namen bezeichnet wird, gewissermaßen als ein Reich für sich betrachten, das jene Tatsachen gerade so in sich einschließt, wie die Seele selbst als der allgemeinste dieser Gattungsbegriffe die Gesamtheit der seelischen Erlebnisse umfaßt. Damit werden die besonderen Gebiete seelischer Tätigkeit zu einer Art von Unterseelen oder, wie man es gewöhnlich ausdrückt, zu spezifisch geschiedenen seelischen »Vermögen«. Dies ist der Standpunkt der sogenannten Vermögenstheorie, die freilich eigentlich keine Theorie, sondern nur eine Einteilung der seelischen

Vorgänge in verschiedene Gattungen ist. Der zweite Weg besteht darin, daß man die mannigfaltigen seelischen Äußerungen auf eine einheitliche Quelle zurückführt, sei es indem man aus einer einzigen jener seelischen Kräfte die übrigen abzuleiten sucht, sei es daß man irgend einen metaphysischen Prozeß voraussetzt, der durch sein verschiedenes Verhalten die einzelnen Erscheinungen hervorbringe, analog etwa wie man in der Naturphilosophie aus den Veränderungen eines an sich nicht in die Erscheinung tretenden metaphysischen Substrates, der Materie, die Naturerscheinungen ableitet.

In der Psychologie Wolffs und seiner Schule ist das erste dieser Hilfsmittel, die Umwandlung der durch Abstraktion und Klassifikation gewonnenen Gattungsbegriffe in seelische Vermögen, das vorwaltende gewesen. Darum hat ihr die Geschichte den Namen der »Vermögenspsychologie« gegeben, obgleich sie weder die erste noch die letzte psychologische Richtung war, die von dieser Umwandlung Gebrauch machte. Wenn in ihr allerdings das oberflächliche Schematisieren und Subsumieren, das einem solchen Verfahren unvermeidlich anhaftet, besonders augenfällig hervortritt, so trägt daran hauptsächlich die äußerliche Anwendung, die Wolff und seine Schüler von den Vermögensbegriffen machten, die Schuld, und diese ihre psychologische Methode, die später Herbart mit Recht verspottete, entsprach hinwiederum ganz dem oberflächlichen Charakter dieser Verstandesphilosophie überhaupt. Dennoch darf man sich durch Herbarts treffende Kritik, die diese Seite der Vermögenspsychologie, weil sie die schwächste war, allein herauskehrte, nicht verführen lassen zu glauben, von Wolff und seinen Nachfolgern sei die Forderung, zwischen den verschiedenen Seelenvermögen Beziehungen herzustellen und schließlich eine sie alle verbindende Einheit der seelischen

Vorgänge anzunehmen, völlig vernachlässigt worden. Ganz einem solchen »Krieg aller mit allen«, wie es Herbart schilderte, glich in der Tat das Verhältnis der Seelenvermögen doch nicht. Eher könnte man es dem Bilde einer beratschlagenden Ratsversammlung vergleichen, in der zwar jeder seine besondere Meinung hat und manchmal auch die Gegensätze nicht fehlen, in der sich aber doch alle in einer und derselben gemeinverständlichen Sprache unterhalten. Diese Sprache war eben hier die des logischen Räsonnements. In ihr kam das Gefühl bald dem Verstand zu Hilfe, bald rebellierte es gegen ihn; in ihr verwies der Verstand das Begehren zur Ruhe, oder zügelte er das schrankenlose Schwärmen der Einbildungskraft. So übte der Verstand, die logische Reflexion, die Herrschaft auf allen Gebieten des geistigen Lebens, und er stellte innerhalb der Vielheit seelischer Vermögen die erwünschte Einheit her. Auch hier half aber wieder der Leibnizsche Begriff der klaren und dunkeln Vorstellungen in jener äußerlichen Rationalisierung, die man mit ihm vorgenommen hatte. Jedes Seelenvermögen wurde zu einer Art von Neben- oder Unterverstand, der auf seinem Sondergebiet in derselben Weise, nur mit beschränkteren Mitteln haushalte wie der eigentliche Verstand und eben darum diesem in allen wichtigen Dingen wie ein Vasall seinem Lehnsherrn untertan sei. Von der Psychologie ging diese Betrachtungsweise auf die von ihr abhängigen philosophischen Gebiete über, nicht nur auf die Ethik, wo ihr die Verstandesmoral des 17. Jahrhunderts bereits den Boden bereitet hatte, sondern auch auf die Ästhetik, wo selbst ein verhältnismäßig so selbständiger Denker wie Alexander Baumgarten für das ästhetische Wohlgefallen nur die Formel zu finden wußte, es sei ein »niederes Erkennen«, das durch die sinnliche Anschauung statt, wie das höhere, durch den Verstand vermittelt werde. Die Nachwirkungen dieser Vor-

Die Psychologie im Beginn des zwanzigsten Jahrhunderts. 173

herrschaft der logischen Reflexion über alle Gebiete des geistigen Lebens sind deutlich genug noch bei Kant wahrzunehmen, der seine drei großen Kritiken der theoretischen, der praktischen Vernunft und der Urteilskraft zunächst den drei Grundvermögen des Erkennens, Wollens und Fühlens zuweist, dabei aber diese zugleich den drei logischen Grundfunktionen des Begriffs, des Schlusses und des Urteils unterordnet. Denn die theoretische Vernunft denke das einzelne unter allgemeingültigen Begriffen, die praktische Vernunft suche nach dem Vorbild des Schlusses zu dem Gegebenen die letzten unbedingten Prämissen auf; und zwischen beiden vermittle schließlich das reflektierende Urteil als die logische Funktion, die dem subjektiven Gefühl des Schönen und Erhabenen sowie der objektiven Vorstellung einer Zweckmäßigkeit in der Natur entspreche.

Dennoch waren schon zu Kants Zeit die Grundlagen längst wankend geworden, auf denen sich das Gebäude dieser schematisierenden und reflektierenden Vermögenspsychologie erhob. Die Beobachtung der einfacheren seelischen Tätigkeiten, wie sie bei den Sinneswahrnehmungen, den Erinnerungsvorgängen, den Trieb- und Instinkthandlungen zur Wirkung gelangen, mußte den Psychologen, denen die rationalistische Philosophie nicht das Auge für die wirklichen Tatsachen geblendet hatte, notwendig den Gedanken an einen psychischen Mechanismus nahe legen, der, ohne sich im geringsten um jene von der Reflexionspsychologie interpolierten Begriffe, Urteile und Schlüsse zu kümmern, die Erscheinungen mit einer ähnlichen blind wirkenden Gesetzmäßigkeit hervorbringe, wie sie bei dem Walten der Naturgesetze zu beobachten sei. Es ist das Verdienst der englischen Psychologie des 18. Jahrhunderts, diesen Gedanken in den Vordergrund gerückt zu haben. Bei Locke und Berkeley bereits vorbereitet, hat er um die Mitte des Jahrhunderts in dem gleichzeitig von Hartley und Hume entwickelten Begriff der Assoziation seinen klassischen Ausdruck gefunden, und von der Psychologie aus ist dieser Begriff nicht bloß auf die in diesem ganzen Zeitalter niemals klar von ihr geschiedene Erkenntnistheorie, sondern auch auf dasjenige Gebiet übergegangen, das um seines praktischen Nutzens willen von der Verstandesaufklärung besonders geschätzt war, auf die Moralphilosophie. Früh schon traten auch auf deutschem Boden die Wirkungen der Assoziationslehre in der Psychologie der Wolffschen Schule, die unter ihrem Einfluß mehr und mehr eine eklektisch empirische Richtung einschlug, sowie in neuen Versuchen einer selbständigen oder an die Nerven- und Sinnesphysiologie sich anlehnenden Bearbeitung der psychologischen Probleme hervor. Nun erst, unter der befruchtenden Wirkung dieser von außen zuströmenden neuen Ideen und des großenteils erst durch sie angeregten Kontaktes mit der Naturwissenschaft begann das Interesse an pathologischen Fragen mehr und mehr über den engen Bezirk der Schule sich auszubreiten. Die schematisierende Methode der Vermögenspsychologie blieb zwar bestehen; doch neben ihr gewann das Streben die Oberhand, möglichst viele Tatsachen, einzelne Beobachtungen, besonders aber merkwürdige und wunderbare Erlebnisse und Berichte über abnorme Zustände zu sammeln. Wie unwissenschaftlich infolge dieser oft plan- und kritiklosen Arbeitsweise die Psychologie wird, um so interessanter und populärer wird sie; um so vergänglicher ist freilich zugleich diese ganze Literatur der Selbstbeobachtungen und der Berichte über seltsame Erlebnisse und krankhafte Seelenzustände. Ein Werk wie das von 1783—1793 in zehn Bänden erschienene »Magazin für Erfahrungsseelenkunde« von Karl Philipp Moritz, das sich selbst als ein »Lesebuch für Gelehrte und Ungelehrte« ankündigte, hat für uns kaum mehr ein anderes als ein kulturhistorisches Interesse. Will man in kritisch geläuterter Form, sich spiegelnd in dem Geiste einer großen Persönlichkeit, die sich auch im kleinen nicht verleugnet, diese praktische Richtung der Psychologie jener Tage kennen lernen, so muß man Kants »Anthropologie« lesen. In ihr ist ein Schatz reicher Erfahrung und feiner Beobachtung niedergelegt, der die zahlreichen Bände jenes Magazins und anderer ähnlicher Werke der gleichen Zeit weit aufwiegt.

Fruchtbarer als in der meist planlosen Sammeltätigkeit zur Erweiterung der praktischen Menschenkunde hat die Assoziationspsychologie auf einzelne unabhängige Denker gewirkt, die ungefähr um dieselbe Zeit, da Kant seinen Ansturm auf das dogmatische Gebäude der Wolffschen Philosophie unternahm, eine neue, rein auf Erfahrung gegründete Seelenlehre aufzurichten und von da aus Anknüpfungspunkte teils bei der Erkenntnistheorie, teils bei der Naturwissenschaft zu gewinnen suchten. Bekanntlich ist es das Schicksal verdienstlicher Leistungen, daß sie in einer Epoche, die größere, sie überragende aufzuweisen hat, in deren Schatten verschwinden. Wäre das nicht, überstrahlte nicht vornehmlich im Gedächtnis der Nachwelt die aufgehende Sonne der kritischen Philosophie diese schwächeren Gestirne, so würden wohl noch heute die nun fast vergessenen Schriften eines Hermann Samuel Reimarus, Joh. Nikolaus Tetens und Dietrich Tiedemann als bedeutsame Anläufe zur Gewinnung einer exakten, von naturwissenschaftlichem Geiste erfüllten psychologischen Forschung gelten. Dennoch ist es nicht bloß die größere Revolution auf dem Felde der Philosophie, die diese gleichzeitigen Versuche einer Reform der Psychologie in den Hintergrund gedrängt hat, sondern mehr noch fällt für uns ins Gewicht, daß sich alle diese Psychologen, so anerkennenswert ihre Leistungen sind, von den zwei

Schwächen, an denen die Psychologie der Aufklärungszeit krankte, nicht zu befreien vermochten: von der Schablone der Vermögensbegriffe und von der aus der Vermengung der eigenen Reflexion mit den Tatsachen entstehenden Rationalisierung des gesamten seelischen Lebens. Gegen diesen letzten Fehler vermochte auch die Assoziationspsychologie nicht zu schützen. Denn der gleiche einseitige Intellektualismus, der der Vermögenslehre Wolffs eigen war, herrschte auch in ihr, nur daß sie sich das Intellektuelle selbst mehr als eine mechanische Verknüpfung denn als eine logische Verarbeitung der Vorstellungen dachte. Im Sinne dieser intellektualistischen Auffassung redete daher die Assoziationspsychologie nicht von Assoziation schlechthin, sondern von Ideenassoziation, wobei eben unter »Ideen« nach dem von den englischen Psychologen eingeführten Sprachgebrauch sowohl Vorstellungen wie Begriffe und Verbindungen solcher, unter allen Umständen also Erkenntnisakte oder deren Bestandteile verstanden wurden. Bei den deutschen Intellektualisten drohte aber dieser Mechanismus der Ideenassoziation immer wieder in ein logisches Räsonnement umzuschlagen, das es zu einer treuen, unverfälschten Anschauung des wirklichen Geschehens nicht kommen ließ. Das ist es, was uns heute selbst die Schriften eines Tetens und Tiedemann bei allem Verdienst, das insbesondere Tetens für die logisch-psychologische Analyse der Grundbegriffe der Erkenntnislehre in Anspruch nehmen darf, in ihrem psychologischen Inhalt ungenießbar macht. Dies gilt um so mehr, als wir überall da, wo sich diese und andere Schriftsteller auf naturwissenschaftliche Voraussetzungen stützen, den Mangel an physiologischer Einsicht, wie ihn die Bedingungen der Zeit mit sich führten, lebhaft empfinden. Denn bei allen den Punkten, wo die Physiologie als Hilfsdisziplin eingreifen mußte, wie in der Lehre von den Sinneswahrnehmungen und von den Beziehungen des seelischen Lebens zur Gehirntätigkeit, bewegte sich diese Psychologie teils in höchst unbestimmten, teils in hypothetischen und fragwürdigen Vorstellungen. Auf die seit Descartes' Spekulationen über die Funktionen des Gehirns und der »Nervengeister« bei Philosophen wie Physiologen verbreitete Tendenz, die seelischen Vorgänge zu den Eigenschaften des Nervensystems in Beziehung zu bringen, gewann nun aber die Assoziationspsychologie einen hervorragenden Einfluß. In dieser Hinsicht ist es charakteristisch, daß nicht David Hume, der uns heute als der hervorragendste Repräsentant dieser Richtung gilt, sondern David Hartley ihr Führer wurde. Hume trat erst in den Vordergrund, als die erkenntnistheoretischen Anwendungen der Assoziation mehr als die psychologischen die Aufmerksamkeit zu fesseln begannen. Hartley dagegen hatte den Assoziationsbegriff von vornherein wesentlich nur psychologisch verwertet. Hier aber hatte er nicht die Assoziationsphänomene als unmittelbare und nicht weiter abzuleitende Tatsachen der inneren Erfahrung behandelt wie Hume, sondern er hatte sie sofort mit den zu seiner Zeit verbreiteten nervenphysiologischen Hypothesen in Verbindung gebracht. Durch die Sinnesreize entstehen Schwingungen der Nervenflüssigkeit, die sich in der gleichen Weise wiederholen, wenn die nämlichen Reize wiederkehren, und die durch ihre häufige Wiederholung in bestimmten Verbindungen immer leichter von statten gehen, so daß sich gewisse Vibrationen schließlich regelmäßig begleiten, sobald nur eine von ihnen durch einen äußeren Reiz angeregt worden ist. Die Assoziation im psychologischen Sinne ist nach dieser von Hartley eingeführten Vorstellung lediglich eine Folgewirkung der Nervenmechanik. Von da aus liegt aber der Gedanke nahe genug, das Seelische überhaupt als Gehirnfunktion zu deuten.

Sehr bald verband sich daher der Assoziationsbegriff in diesem Hartleyschen Sinne mit jenem im 18. Jahrhundert in den Schriften von Lamettrie, Maupertuis und anderen Repräsentanten der französischen Aufklärung vertretenen »psychophysischen Materialismus«, der die Empfindung entweder als eine Eigenschaft der Materie oder mindestens als eine solche der Nervensubstanz ansah, alle Zusammensetzungen und Aufeinanderfolgen von Empfindungen aber, also alle wirklichen seelischen Erlebnisse mechanisch durch die Wirkungen und Wechselwirkungen dieser hypothetischen Schwingungen der Hirnmoleküle vermittelt dachte. So erwuchs hier aus dem Zusammenfluß der englischen Assoziationspsychologie und der in dem französischen Materialismus fortlebenden Traditionen der mechanischen Naturphilosophie Descartes' eine »physiologische Psychologie«, die von vornherein die Selbständigkeit der Psychologie preisgab und sie zu einem bloßen Anhangs- oder Anwendungsgebiet der Physiologie zu machen suchte. Auch auf deutschem Boden hat diese Richtung zu einer Zeit, da schon die Ära der kritischen Philosophie anzubrechen begann, namentlich in ärztlichen Kreisen starke Verbreitung gefunden. Sie verband sich hier mit allerlei Versuchen, die verschiedenen Arten seelischer Vorgänge zu bestimmten Provinzen des Gehirns in Beziehung zu setzen. Hatte die Physiologie der vorangegangenen Zeit nach einem »Sitz der Seele« gesucht, bei dessen Bestimmung man sich in der Regel mit der von Descartes getroffenen Wahl der Zirbeldrüse nicht zufriedengestellt fand, so wurden nun die Seelenvermögen Wolffs im Sinne der neu erstehenden Lokalisationshypothesen verwertet. So hat schließlich im Wendepunkt des 18. Jahrhunderts diese ganze Bewegung in der »Phrenologie« Franz Joseph Galls ihren Abschluß gefunden. In den Schriften dieses medizinischen Psychologen sind alle die Hauptströmungen wieder zu erkennen, aus denen sich die vorangegangene Entwicklung zusammensetzte. Der Vermögenspsychologie entnahm er die psychologischen Grundbegriffe für die von ihm unterschiedenen »Seelenorgane«, wobei er nur die Zahl der Vermögen teils, wie er meinte, nach den Ergebnissen der Beobachtung, teils zum Zweck der Gewinnung möglichst zahlreicher Merkmale für die Bestimmung des menschlichen Charakters vermehrte. Der Reflexionspsychologie schloß er sich an, indem er jedes Seelenvermögen und Seelenorgan als eine »niedere Intelligenz« betrachtete und demgemäß deren Funktion nach ihrer psychologischen Seite auf ein logisches Urteilen und Schließen zurückführte. Endlich die Assoziationspsychologie warf ihre Schatten in der auch hier wiederkehrenden Vorstellung von »Nervenschwingungen«, auf deren Erzeugung die erste Entstehung, und auf deren kombinierte Wirkungen die Verbindungen der seelischen Vorgänge zurückgeführt wurden.

II.

Alle diese Strömungen der Psychologie des 18. Jahrhunderts, die noch in dieser letzten in die wissenschaftliche und populäre Medizin jener Tage hereinreichenden Bewegung nachwirken, sind längst vorübergerauscht. Die gewaltige Bewegung des philosophischen Denkens, die mit Kant begann, von Fichte und Schelling weitergeführt wurde und endlich in Hegel ihren Abschluß fand, sie hat die Erzeugnisse jener psychologischen Ära unter sich begraben und fast die Erinnerung an sie ausgelöscht. Das kommende Geschlecht fand keinen Geschmack mehr an dieser emsigen Seelenforschung, die trotz redlichen Bemühens nicht aus dem Zauberkreis der alten Vermögensbegriffe und der allmählich ebenso schablonenhaft behandelten Ideenassoziationen herauskam. Andere Bedürfnisse, andere Interessen hatten sich der Geister bemächtigt. Das Erkenntnisproblem drängte nach neuen Lösungen. Die Natur erschien nach den um die Wende des Jahrhunderts hervortretenden Entdeckungen in einem neuen, überall durch den Entwicklungsgedanken verklärten Lichte. Nicht minder rang sich in Sittlichkeit und Recht, in Kunst und Religion die Idee des geschichtlichen Werdens zur Herrschaft; und immer dringender erhob sich, getragen von den gewaltigen Völkerkämpfen, die diese Zeit erfüllten, die Frage nach Sinn und Bedeutung der Menschheitsgeschichte. Was wußte die Psychologie der Aufklärungszeit auf diese, was wußte sie auf alle jene anderen Fragen zu antworten? Was bedeuteten diesen großen Problemen gegenüber ihre Bemühungen um die Bereicherung der Menschenkenntnis? Und hatten auch nur diese Bemühungen einen greifbaren sicheren Erfolg erreicht? Kein Wunder, daß diese ganze Psychologie bald so gut wie vergessen war. Der dogmatische Rationalismus selbst wurde wenigstens durch Kants unsterbliche Kritik und durch Hegels meisterhafte historische Würdigung dem Gedächtnis der Nachwelt bewahrt. Die Psychologie, die dieser Philosophie entsprossen war, existierte mit ihrer umfangreichen Literatur nur noch im Staub der Bibliotheken.

Aber wie unfähig immer sich die Psychologie des 18. Jahrhunderts gegenüber den großen Fragen erweisen mochte, die eine neue Zeit stellte, es konnte nicht dabei bleiben, daß die Philosophie fortan unbekümmert um die psychologische Erforschung des geistigen Lebens ihre Probleme in Angriff nahm, die doch zu ihrem wesentlichsten Teile Probleme des geistigen Lebens sind. Erwies sich die alte Psychologie untauglich für die neuen Bedürfnisse, so mußte eine neue entstehen. Und in der Tat, so verschieden man sonst über Aufgaben und Methoden der Psychologie unserer Tage denken mag, darin sind wohl alle einig, die ihr überhaupt ein Existenzrecht zuerkennen, daß ihr Ziel kein anderes sein kann als dies, der heutigen Wissenschaft und insonderheit der heutigen Philosophie dasselbe zu sein, was die Psychologie des 18. Jahrhunderts der Philosophie ihrer Zeit sein wollte. Ja vielleicht kann man in diesem Fall im Hinblick auf die Richtung, welche die Philosophie des verflossenen Jahrhunderts gewonnen hat, in der Aufstellung des Ziels der neuen Psychologie noch um einen Schritt weitergehen. Die metaphysischen Systeme des 17. Jahrhunderts, denen die meisten der psychologischen Theorien des 18. ihre nächste Anregung verdankten, standen an sich durch die in ihnen herrschende ontologische Denkweise der psychologischen Betrachtungsweise fremd gegenüber. Über Gott, die Welt und selbst über die Seele des Menschen konnte man mittels der von ihnen geübten Methode apodiktische Sätze aufstellen, ohne sich im geringsten um die tatsächlich gegebenen seelischen Erlebnisse zu kümmern. Mit den großen spekulativen Systemen des 19. Jahrhunderts verhält es sich nicht ganz so. Wohl waren auch hier die Methoden des Denkens von den Formen psychologischer Analyse grundsätzlich verschieden, und die Ära der neuen Psychologie konnte erst beginnen, als diese Systeme in der allgemeinen wissenschaftlichen Bewegung zurückgetreten und durch die von den Einzelgebieten ausgehende Strömung eines überhand nehmenden positivistischen Kleinbetriebs verdrängt waren. Aber der Inhalt der Systeme trug doch schon überall durch die ihn beherrschende Entwicklungsidee die Keime psychologischer Gedanken in sich. Wenn diese Beziehung den Zeitgenossen zunächst verborgen blieb und zum Teil vielleicht noch heute verborgen geblieben ist, so liegt hier der Grund wohl hauptsächlich darin, daß man dem dialektischen Rüstzeug dieser Philosophie ein allzu großes Gewicht beilegte und über dieser der psychologischen Betrachtungsweise freilich höchst inadäquaten Form den Inhalt ganz übersah. Dieser letztere aber war überall von der auch für die Psychologie grundlegenden Idee einer gesetzmäßigen geistigen Entwicklung erfüllt. Das ist der Punkt, wo auch die heutige Naturwissenschaft mit der Naturphilosophie Schellings wieder gewisse Berührungen gefunden hat. Die inneren Beziehungen, die hier die neuere Psychologie, ihr selbst zum Teil unbewußt, mit der vorausgegangenen Philosophie verbinden, sind zumeist verborgenere, aber sie sind vielleicht um so tiefere. Das gilt in einem gewissen Grade schon von dem immerhin nur eine beschränkte Seite der heutigen Bestrebungen kennzeichnenden Interesse für Schlaf, Traum, Hypnose und andere abnorme Erscheinungen, das lebhaft an die mystischen Verirrungen erinnert, denen die Psychologie der Schellingschen Schule anheimgefallen war. Ein bedeutsamerer Zug der Verwandtschaft ist es jedoch, der die allgemeine Auffassung der Gesetze des geistigen Lebens und seiner Entwicklung mit der Geistesphilosophie Hegels verbindet.

Zunächst ist nun freilich gerade von dieser Verwandtschaft in der Entwicklung der neueren Psychologie wenig zu spüren gewesen. Trotz der gewaltigen Wirkungen, welche die Philosophie Hegels auf alle Gebiete der Geisteswissenschaften und, wie die drei Hegelianer David Strauß, Lassalle und Marx bezeugen, auf das religiöse und soziale Leben selbst ausübte, ist auch heute noch die Meinung verbreitet, jene ganze Entwicklung der deutschen Philosophie von Fichte bis Hegel sei eine einzige Kette von Verirrungen, von der nichts als die ernüchterte Rückkehr zum Empirismus Humes oder bestenfalls zum Kritizismus Kants übrig geblieben sei. Zu der Verkehrtheit, eine historische Erscheinung nicht aus ihrer eigenen und ihren Wirkungen auf die folgende

Zeit zu würdigen, fügt man hier die noch größere, zu meinen, das wissenschaftliche Denken sei jemals imstande, so als wenn inzwischen nichts geschehen wäre, unmittelbar da wieder anzuknüpfen, wo es vor mehr als einem Jahrhundert aufgehört hat. Bei dieser zu Beginn der zweiten Hälfte des 19. Jahrhunderts vorherrschenden Stimmung ist es aber begreiflich genug, daß auch die neuere deutsche Psychologie zunächst nicht auf die vorangegangene idealistische Philosophie, sondern daß sie vornehmlich auf denjenigen Denker zurückging, der jene zeitlebens bekämpft und ihr eine realistische Metaphysik gegenübergestellt hatte, die der Erfahrung und der Denkweise der exakten Wissenschaften besser gerecht werden sollte: an Herbart. Schon in diesem Verhältnis zur vorangegangenen Spekulation bleibt so die neue Psychologie trotz aller Verschiedenheit den Traditionen des 18. Jahrhunderts treu. Denn mochte sich auch Herbart selbst als einen Schüler Kants bezeichnen, im Licht der Geschichte wird er doch unter den neueren Denkern als der gelten müssen, der in einer dem wissenschaftlichen Bewußtsein der Zeit entsprechenderen Form die ontologische Metaphysik des dogmatischen Zeitalters erneuert hat, und der sich mehr als irgend ein vorangegangener mit Leibniz berührt. Treffender als einen Kantianer vom Jahr 1828 (dem Jahr des Erscheinens seiner Metaphysik) hätte er sich darum wohl einen Leibnizianer des 19. Jahrhunderts nennen können. Aber Herbart war sozusagen Leibniz und Wolff in einer Person. Er stellte nicht nur einen Substanz- und Seelenbegriff auf, der, als eine den Atomen der Naturwissenschaft einigermaßen konform gewordene Fassung der Leibnizschen Monade, eine exaktere Interpretation der inneren Erfahrung möglich machen sollte, sondern er führte auch selbst das Gebäude der so sich ergebenden Psychologie mit systematischer Vollständigkeit aus. In seinem nahm wie in

Wolffs System die Psychologie den ersten Platz ein. Auch ihm lag sie offenbar mehr noch am Herzen als die Metaphysik selbst. War sie doch das Gebiet, auf dem sich in der sinnreichen Ausführung des Gedankens der Vorstellungsmechanik ganz besonders sein mathematischer Scharfsinn betätigen konnte. Aber bei aller äußeren Ähnlichkeit der Wertschätzung und des Einflusses hier wie dort, welch tiefe Kluft trennt Wolff und Herbart! Wolff, den Vermögenspsychologen, und Herbart, der die kritische Vernichtung der Vermögenslehre zu seinen besten Ruhmestaten zählt; Wolff, den oberflächlich schematisierenden und reflektierenden Logiker, der vor lauter Reflexion nie zu einer tieferen Selbstbeobachtung vordringt, und Herbart, der alle seelischen Erlebnisse auf einheitlich zusammenhängende, streng gesetzmäßige Prozesse zurückzuführen sucht und bei aller Gewagtheit seiner Hypothesen ohne Frage mit einem scharfen Blick für die Wechselbeziehungen der seelischen Vorgänge ausgerüstet ist! Und doch gibt es einen für die Gesamtauffassung des Seelenlebens entscheidenden Punkt, bei dem sich Wolff und Herbart so nahe berühren, daß ihre psychologischen Systeme schließlich fast als verschieden gerichtete Ausgestaltungen einer und derselben Grundanschauung erscheinen. Diese Übereinstimmung besteht in der rücksichtslosen Intellektualisierung des Seelenlebens, in der Herbart sogar unter dem Antrieb seiner exakten Denkweise weit über Wolff hinausgeht. Dieser hatte immerhin im Anschluß an die Leibnizschen Grundbegriffe neben dem Erkennen noch das Begehren als ein spezifisches Seelenvermögen stehen lassen, wenn er auch dessen Wirksamkeit so viel als möglich zu intellektualisieren suchte. Herbart kennt überhaupt nur vorstellende Kräfte. Alles was nicht Vorstellung, also im letzten Grunde intellektuelles Elementarphänomen ist, will er aus einer mechanischen

Wechselwirkung der Vorstellungen erklären. Hier berührt er sich aber zugleich mit der Assoziationspsychologie des 18. Jahrhunderts. Wie diese, so betont auch er die blind wirkende Gesetzmäßigkeit des psychischen Geschehens. Indem seine Vorstellungsmechanik den Verlauf der seelischen Vorgänge exakter und mehr noch nach dem Vorbild der physischen Mechanik zu interpretieren sucht, vermeidet sie allerdings den Begriff der Assoziation selbst. Doch in dem allgemeinen Gedanken des psychischen Mechanismus ist sie durchaus mit der Assoziationspsychologie einig. Sie ist einseitig intellektualistisch wie diese, und sie betrachtet gleich ihr die Vorstellungen als relativ unveränderliche Objekte, die sich bald in loser Aufeinanderfolge durch das Bewußtsein bewegen, bald mehr oder weniger feste Verbindungen miteinander eingehen. Der Unterschied der Theorien besteht hauptsächlich darin, daß die Assoziationslehre positive anziehende Kräfte zwischen den irgendwie verwandten oder durch Übung fester verbundenen Vorstellungen annimmt, während Herbart mehr auf die Verdrängung des qualitativ Verschiedenen, also gewissermaßen auf die abstoßenden Kräfte Gewicht legt. Manche Ähnlichkeit hat in dieser Beziehung mit der Theorie Herbarts auch die eines anderen, der herrschenden spekulativen Philosophie feindselig gegenüberstehenden deutschen Psychologen der gleichen Zeit, Eduard Benekes. Er machte den eigentümlichen Versuch, die Vermögenspsychologie durch eine unendliche Spezialisierung der Vermögensbegriffe zu zerstören, indem er jeden neu eintretenden seelischen Vorgang als die Ausbildung eines spezifischen Vermögens auffaßte, das sich mit anderen ähnlichen verbinden oder Spuren zurücklassen könne, welche die Wiedererneuerung der gleichen Prozesse ermöglichen. Die psychologischen Systeme Herbarts wie Benekes sind, unterstützt durch die verdienstvollen pädagogischen Bestrebungen beider Männer, zum Teil noch heute in pädagogischen Kreisen verbreitet. Auf die Psychologie hat nur Herbart einen dauernderen Einfluß gehabt. Seine Psychologie erfreute sich mehrere Jahrzehnte lang namentlich auch bei Mathematikern und Sprachforschern eines nicht geringen Ansehens, und sie hat hier nach manchen Richtungen anregende Wirkungen ausgeübt. So ist namentlich der Plan einer Anwendung der Psychologie auf das ethnologische Gebiet, einer »Völkerpsychologie«, zuerst von Männern entworfen worden, die sich als Schüler Herbarts bekannten.

Fruchtbarer und dauernder war aber der Einfluß, den der exakte Geist der Herbartschen Psychologie außerhalb der Schule dieses Philosophen gewann. Sie bereitete hier durch ihren mathematischen, den theoretischen Betrachtungsweisen der Physik und Mechanik verwandten Charakter den von der Mitte des Jahrhunderts an allmählich um sich greifenden Wirkungen der Naturforschung den Boden. Gerade wenn man den Maßstab naturwissenschaftlicher Kritik an die Herbartschen Theorien anlegte, konnte freilich die durch und durch spekulative und hypothetische Natur derselben, die dabei zugleich von vornherein eine Konfrontation mit der Erfahrung ausschloß, nicht verborgen bleiben. In dem Augenblick, wo mit der nicht zum wenigsten aus dem Kreise der Anhänger Herbarts erhobenen Forderung, die Psychologie im Sinne einer Naturwissenschaft zu behandeln, Ernst gemacht wurde, mußte es daher zutage treten, daß diese ganze angebliche Vorstellungsmechanik mit der empirischen Wirklichkeit kaum etwas gemein hatte. Das war der Punkt, wo nun wiederum, wie schon ein Jahrhundert zuvor, die empirische Psychologie Englands einen wachsenden Einfluß gewann. Wie in Herbart Leibnizsche Gedanken sich wiedererneuert und zugleich, besonders in ihren psychologischen Anwendungen, wesentlich umgewandelt hatten, so war jedoch die englische Assoziationspsychologie dieser Zeit keineswegs mehr dieselbe, die sie vor einem Jahrhundert gewesen. Zwar herrschte hier zum Teil noch immer der Schematismus der alten Assoziationsformen von Ähnlichkeit und Gegensatz, Gleichzeitigkeit und Aufeinanderfolge; und noch immer waren es hauptsächlich die Erinnerungsvorgänge, auf die sich diese Abstraktionen stützten. An dem alten Begriff der »Ideenassoziation«, nach dem im Sinne Humes die Seele »ein Bündel von Vorstellungen« sei, hielt man fest, und zugleich überwog die Tendenz, die Assoziationen nach dem Vorbilde Hartleys als subjektive Spiegelbilder hypothetischer Nervenprozesse zu deuten.

Dennoch haben die beiden hervorragendsten dieser neueren Assoziationspsychologen, James Mill und Alexander Bain, bereits einen wichtigen Schritt über die Grenzen jener überkommenen Vorstellungen hinaus getan, indem sie einerseits darauf drangen, das Assoziationsprinzip auf die Gesamtheit der seelischen Prozesse, insbesondere auch auf die Sinneswahrnehmungen und die Gemütsbewegungen auszudehnen, und indem sie anderseits eine Vereinfachung der Betrachtung erstrebten und darum die verschiedenen sogenannten Assoziationsgesetze womöglich auf ein einziges zurückzuführen suchten. So eröffnete sich die Aussicht, das Seelenleben als einen einheitlichen psychischen Mechanismus mit eigenartigen, an zwingender Kraft denen der physischen Mechanik nicht nachstehenden Gesetzen zu begreifen. Im Gefühl dieser Siegesgewißheit der neuen Assoziationslehre nannte John Stuart Mill in seiner Logik das Gravitationsgesetz dort und die Assoziationsgesetze hier die beiden größten Gleichförmigkeiten des Geschehens, die bis dahin die Erfahrung als Anwendungen des allgemeinen Kausalgesetzes kennen gelehrt habe. Nur ein Schritt schien noch zu tun, wenn dem Trieb nach Vereinfachung vollauf genügt sein sollte. Die Assoziationsgesetze, so eng sie durch den auf sie alle anzuwendenden Begriff eines durch Gewohnheit oder Übung befestigten psychischen Mechanismus zusammenhingen, ließen schon in ihren allgemeinsten Formulierungen und vollends, wenn, wie es zuweilen geschah, eine weitere Spezialisierung versucht wurde, die innere Einheit vermissen. Auch konnte man sich kaum der Einsicht verschließen, daß, je mehr solche Gliederungen durchgeführt wurden, um so mehr schließlich doch wieder nur ein logischer Schematismus entstand, von dem es sehr zweifelhaft blieb, ob er wirklich den Erscheinungen selbst entspreche. Die Fehler der Vermögens- und der Reflexionspsychologie, die äußerlichen Einteilungen der ersteren und die logischen Umdeutungen der letzteren, schienen sich hier zu wiederholen und zu vereinigen. So traten denn von frühe an in dieser neuen Entwicklung mannigfache Versuche der Zurückführung aller Assoziationsformen auf ein einziges, sie als spezielle Fälle unter sich begreifendes Prinzip hervor. Schon Herbarts psychische Mechanik läßt sich in einem gewissen Sinne dahin rechnen. Doch sie liegt abseits, da sie direkt von dem Assoziationsbegriff keinen Gebrauch macht, und sie hat kaum einen über den Umkreis der Herbartschen Schule hinausreichenden Einfluß gewonnen. Dagegen hob unter den Erneuerern der Assoziationslehre selbst namentlich James Mill die Notwendigkeit einer solchen Vereinfachung hervor, und im gleichen Sinne sind im ganzen die Analysen gehalten, die Alexander Bain auf Grund einer sorgfältigen Selbstbeobachtung von den verschiedenen intellektuellen Prozessen sowie von den Gemütsbewegungen zu geben suchte. In dem Hinweis beider Psychologen auf den Zusammenhang der Assoziationen mit den Vorgängen der Übung und Mitübung lag übrigens schon deutlich ausgesprochen, welche unter den alten Assoziationsformen bei diesen Unifikationsbestrebungen den Sieg davon tragen werde. Lassen sich unter den vier sogenannten Gesetzen der Assoziationslehre Ähnlichkeit und Gegensatz als innere, auf den eigenen Merkmalen der psychischen Inhalte beruhende Verbindungen auf die eine Seite, räumliche Begleitung und zeitliche Folge als äußere, aus der häufigen Berührung im Bewußtsein entspringende auf die andere stellen, so mußte schon nach der Analogie mit den physischen Übungsvorgängen die Tendenz dahin gehen, die inneren auf die äußeren Assoziationen zurückzuführen. Faßte man also räumliche Begleitung und zeitliche Folge unter dem allgemeinen Begriff der Berührung zusammen, so ließen sich zunächst jene beiden Arten der Verbindung als die der Ähnlichkeits- und der Berührungsassoziationen bezeichnen; und man ging nun darauf aus nachzuweisen, daß es in Wahrheit nur Berührungsassoziationen gebe, Ähnlichkeit und Kontrast aber aus diesen abzuleiten seien. Mit dieser ersten Einheitstendenz verband sich dann von selbst noch eine zweite. Gerade bei der Berührungsassoziation lag die Analogie mit den physiologischen Übungsvorgängen so nahe, daß man von vornherein geneigt sein mußte, sie aus diesen zu erklären. Dies um so mehr, als ja ohnehin irgend welche Nervenprozesse die in Assoziation tretenden psychischen Inhalte jedenfalls begleiten. Damit war jene Rückkehr zu Hartleys physiologischem Standpunkt von selbst gegeben, wie sie am folgerichtigsten von Herbert Spencer durchgeführt worden ist.

Mochte nun aber auch durch diese Reduktion der Mannigfaltigkeit der Assoziationsgesetze auf ein einziges Prinzip das theoretische Einheitsbedürfnis befriedigt scheinen, so ließ sich doch nicht verkennen, daß die hier sich ergebende psychophysische Assoziationstheorie mit Mängeln behaftet blieb, vermöge deren sie unmöglich ein letztes Wort in dieser Sache sein konnte. Daß die nervösen Prozesse, die man als das Substrat der Assoziation betrachtete, jetzt noch genau so hypothetisch waren wie zu Hartleys Zeiten, mochte als der geringste dieser Mängel erscheinen. Jene Prozesse konnten ja hier wie dort immerhin als eine provisorische Annahme gelten, für die dereinst einmal die wirklichen physiologischen Substrate einzusetzen seien. Bedenklicher war es, daß die Reduktion auf die »Berührung« wiederum der Fülle der Erscheinungen einen allgemeinen Begriff substituierte, so daß man sich schließlich doch im psychologischen Interesse genötigt sah, eine Menge einzelner Fälle zu unterscheiden, in denen dann die alten Assoziationsformen mit ihren Unterabteilungen wieder erschienen. Dazu kam, daß die »Berührung« selbst offenbar kein Begriff von erklärendem Wert ist, um so mehr, da er in der ausschließlichen Herrschaft, die er hier beanspruchte, auf das engste mit einer Betrachtungsweise zusammenhängt, in der die ältere Lehre von der Ideenassoziation immer noch nachwirkte. Denn wieder dachte man sich die »Ideen« oder Vorstellungen wie selbständige, relativ unveränderliche Objekte, die gelegentlich wohl einander verdrängen, die aber, sobald sie einmal zusammen im Bewußtsein vorkommen, nur in einen äußeren Kontakt miteinander treten könnten. Nun entspricht diese Anschauung nicht im mindesten der Wirklichkeit. Die Vorstellungen sind keine selbständigen Objekte, sondern jede ist ein neuer Akt des Bewußtseins, der einem vorangegangenen mehr oder weniger gleichen kann, niemals aber völlig mit ihm identisch sein wird. Demzufolge bildet denn auch die Erscheinung, daß zwei Vorstellungen bloß äußerlich, in räumlichem Nebeneinander oder zeitlicher Folge sich berühren, nur einen einzelnen unter sehr vielen Fällen von Wechselwirkung, in denen in der mannigfaltigsten Weise Bestandteile zu einem Ganzen ver-

Die Psychologie im Beginn des zwanzigsten Jahrhunderts. 191

schmelzen. In der Tat mußte man denn auch bei dieser Interpretation, die höchstens auf die schematischen Fälle des mechanischen Auswendiglernens einigermaßen anwendbar war, immer wieder zur Einschaltung irgend welcher hypothetischer Assoziationsglieder seine Zuflucht nehmen. Hielt man aber erst dieses Verfahren für erlaubt, so ließ sich möglicherweise auch irgend eine andere Assoziationsform, der in gewissen Grenzfällen die Erscheinungen zu subsumieren sind, als die alleingültige hinstellen, wenn man nur jedesmal hinreichend viele hypothetische Hilfsglieder einschaltete.

Dieser vieldeutige Charakter der überlieferten Assoziationslehre ist in auffallender Weise in einem Streit zutage getreten, den in dem vorletzten Jahrzehnt des verflossenen Jahrhunderts zwei ausgezeichnete dänische Psychologen, Alfr. Lehmann und Harald Höffding, miteinander führten. Beide waren darin einig, die Vielheit der sogenannten Assoziationsgesetze müsse schließlich auf ein einziges Prinzip zurückgeführt werden. Aber welchem Prinzip diese Vorherrschaft zukomme, darüber entbrannte der Kampf. Lehmann verteidigte die »Berührung«. Höffding suchte nachzuweisen, daß man ebenso gut alle Fälle aus »Ähnlichkeit« ableiten könne. Dabei ergab sich denn begreiflicherweise, daß die Berührungstheorie überall dort hypothetischer Zwischenglieder bedurfte, wo die Ähnlichkeitstheorie ohne solche auskam, und ebenso umgekehrt. Man kann z. B. die Verknüpfung der Vorstellungen »Alexander« und »Friedrich der Große« als eine Assoziation nach Ähnlichkeit auffassen, weil beide das Merkmal »großer Feldherr« unmittelbar gemein haben; man kann sie aber auch aus der »Berührung« erklären, weil der Beiname »der Große«, der dem einen zukommt, den anderen, der ebenfalls mit diesem Beinamen in Kontakt steht, ins Bewußtsein ruft. Man könnte diese

Streitfrage zu den »Doktorfragen« zählen, die sich überhaupt nicht entscheiden lassen, weil das eine ebensogut wie das andere, und weil vielleicht auch beides zugleich möglich ist. Es wird ja auf den Gedankenzusammenhang ankommen, auf welcher Seite die größere Wahrscheinlichkeit liegt. Der Hauptmangel dieser Interpretationen und Interpolationen besteht aber darin, daß auch sie noch in dem Vorurteil der alten Assoziationslehre befangen sind, welche die Vorstellungen wie Dominosteine ansieht, die äußerlich aneinander gefügt werden, sei es daß man dabei jedesmal die übereinstimmenden, sei es daß man die durch den Zufall verbundenen bevorzugt. Das erste tut die Ähnlichkeits-, das zweite die Berührungstheorie.

Hier war übrigens zugleich der Punkt, wo lange zuvor schon von einem anderen Arbeitsgebiet her eine völlige Reform dieser Auffassung vorbereitet war. Und auch hier erneuerten sich wieder ähnliche Strömungen, wie sie die Wissenschaft des 18. Jahrhunderts erlebt hatte. Waren die neueren Richtungen der Assoziationspsychologie abermals zu Versuchen einer physiologischen Deutung geführt worden, die man dem psychologischen Begriff der Assoziation substituierte, so mußten naturgemäß nun auch die neu gewonnenen Aufschlüsse über Bau und Funktionen des zentralen Nervensystems bestimmend einwirken. Viele für eine solche psychologische Verwertung entscheidende Fragen, über die sich die Pioniere einer physiologischen Psychologie von Descartes und Hobbes an bis auf Gall und seine Phrenologie auf dem Boden völlig ungewisser Hypothesen bewegten, schienen hier beantwortet oder wenigstens der Beantwortung nahe gerückt zu sein. Noch bevor die neuere Nervenphysiologie diesen Einfluß gewann, trat aber ein anderer Zweig der physiologischen Forschung, die Sinnesphysiologie, mit epochemachenden, über die elementaren psychischen Funktionen neues Licht verbreitenden Leistungen hervor. Auch diese Bewegung knüpft an verwandte Bestrebungen jener älteren Zeit an. Doch während hier die Probleme der Sinneswahrnehmung hauptsächlich von Philosophen, einem Locke, Berkeley, Condillac, behandelt wurden, war es jetzt die Physiologie, die sich lebhaft um sie bemühte. Und noch auf andere Gebiete griff diese die Naturwissenschaft der Psychologie entgegenführende Bewegung über. So wurde dem Physiker durch die in die Beobachtung und Messung der objektiven Erscheinungen überall eingreifenden Sinnestäuschungen das Wahrnehmungsproblem nahe gelegt. Nicht minder sah sich der Astronom genötigt, den subjektiven Fehlerquellen Rechnung zu tragen, die bei den astronomischen Raum- und Zeitbestimmungen unvermeidlich sind, und die Frage nach den psychologischen Bedingungen dieser Fehler selbst und ihrer Veränderungen lag auch hier nahe genug.

III.

Wenn unter diesen naturwissenschaftlichen Einwirkungen auf die Entwicklung der neueren Psychologie die der Nerven- und Gehirnphysiologie im ganzen später hervorgetreten sind als die der anderen Gebiete, so liegen gleichwohl diese Einflüsse vielleicht am ehesten heute schon, wenigstens in den für die Gegenwart und nächste Zukunft entscheidenden Momenten, hinter uns. Im Vordergrund stehen hier die Aufschlüsse, die die mikroskopische und funktionelle Erforschung der Leitungsbahnen des Gehirns gebracht hat. Der Wert des von ihr gewonnenen komplizierten Strukturbildes ist auch für die Psychologie nicht gering anzuschlagen. Er würde schon dann groß genug sein, wenn er sich auf die Beseitigung aller der unhaltbaren Vorstellungen beschränkte, die in der älteren Physiologie und Philosophie über den »Sitz der Seele« und ihrer Vermögen umliefen. Wichtiger aber sind doch die positiven Ergebnisse dieser Forschungen. In erster Linie steht hier der zuerst von Theodor Meynert aufgestellte Satz von der mehrfachen Vertretung der Körperorgane im Zentralorgan. Dieser Satz schließt zunächst den andern ein, daß das Zentralorgan überhaupt in gewissem Sinne ein Bild der gesamten Körperperipherie ist, daß sich also in jenem, in konzentrierter Form, die hier bestehende Teilung der Funktionen wiederholt. Aber zugleich ist das Zentralorgan oder die, die letzten Endigungen der Leitungsbahnen in sich bergende Rinde des Gehirns mit ihren zahllosen Nervenzellen kein einfaches, sondern ein mehrfaches Bild: wir müssen uns vorstellen, die verschiedenen Seiten einer Funktion, die in der Peripherie in einem einheitlichen Organ zusammengefaßt sind, seien im Gehirn in eine Mehrheit von Zentren auseinandergelegt, um dann vielleicht erst in einem übergeordneten Zentrum wieder verbunden zu werden, während jene mehrfachen Vertretungen außerdem durch interzentrale Leitungsbahnen alle die funktionellen Beziehungen vermitteln, in denen räumlich entfernte Körperorgane zueinander stehen.

In dieser Vorstellung einer zentralen Abbildung der Körperorgane und der auf sie einwirkenden und in ihnen selbst wirksamen Lebensreize lag nun aber freilich auch eine Gefahr, wie sie so leicht an derartige bildliche Redeweisen geknüpft ist. Da jene zentrale Abbildung am anschaulichsten bei denjenigen Organen gedacht werden kann, die selbst wieder, wie man sich ausdrückt, ein Bild der Außenwelt in uns erzeugen, so war man geneigt, die zentrale Vertretung ausschließlich als eine solche der Sinnesorgane zu denken: man stellte sich also die Hirnrinde als ein verkleinertes Abbild aller Sinnesorgane der Körperperipherie vor.

Selbst die Bewegungswerkzeuge, die Muskeln, sollten, da ihre Reaktionen in der Regel durch Sinneseindrücke ausgelöst werden, in dem Zentralorgan des allgemeinen Tastsinns, der auch den Muskelsinn in sich schließe, vertreten sein. So bildete sich die Anschauung, daß, abgesehen von den in den niederen Hirnteilen ausgelösten Reflexübertragungen, die wesentliche Bedeutung des Gehirns als Zentrum der psychischen Funktionen in den über die gesamte Rinde des Großhirns ausgebreiteten zentralen Sinnesflächen bestehe, in denen die Bilder der Außenwelt, welche durch die auf die äußeren Sinne einwirkenden Reize entstehen, zum Bewußtsein erhoben würden. Von da aus war nicht mehr weit zu der von manchen Physiologen mit Eifer verteidigten Hypothese, die Zellen der Hirnrinde seien die Träger von »Vorstellungen«, und sie seien mit der glücklichen Eigenschaft begabt, nicht bloß neue, ihnen von den zugehörigen Sinnesorganen zugeführte Eindrücke aufzunehmen, sondern auch die früher entstandenen zu künftigem Gebrauch zu bewahren. Damit war dann eine merkwürdige Verbindung der alten Assoziationspsychologie mit einer neuen Form von Phrenologie zustande gekommen. Mit der Assoziationspsychologie reduzierte man die psychischen Vorgänge auf Vorstellungen und ihre Verbindungen, und mit der Phrenologie wies man allen psychischen Funktionen feste Sitze im Gehirn an: nur waren diese Funktionen nicht mehr Seelenvermögen verschiedenen Umfangs, sondern die vermeintlich einfachsten Bestandteile des Seelenlebens, die Vorstellungen.

Von zwei Seiten her wurde dieser merkwürdigen Verschmelzung phrenologischer Ideen mit Reminiszenzen der Assoziationspsychologie ein Ende bereitet. Auf der physiologischen Seite waren es die Ergebnisse der Tierversuche, die sich mehr und mehr als unvereinbar mit einer strengen Lokalisation der Funktionen herausstellten, vielmehr vor allem für die Hirnrinde einer ausgedehnten Geltung des Prinzips der Stellvertretung, wie es sich übrigens gleichzeitig auch durch zahlreiche pathologische Beobachtungen bestätigte, zum Siege verhalfen. In der interessanten Debatte, die Fr. Goltz, der Verfechter dieses Prinzips, mit Hermann Munk, dem Hauptverteidiger der strengen Lokalisationstheorie und der Hypothese der Vorstellungszellen, führte, stellte sich ein durch pathologische Erfahrungen ohnehin längst nahe gelegtes Übereinandergreifen der Funktionen allmählich als eine unabweisliche Forderung heraus. Der so in der Physiologie sich durchsetzenden Auffassung kamen dann die Ergebnisse der anatomischen Zergliederung zu Hilfe. Daß weite Gebiete der Großhirnoberfläche, namentlich beim Menschen, nicht als Sinneszentren und überhaupt nicht als einfache Vertretungen irgend welcher peripherer Organe in Anspruch genommen werden könnten, zeigte sich immer klarer. Flechsig wies nach, daß sich in den Leitungsbahnen zu diesen »Assoziationszentren« oder »psychischen Zentren«, wie er sie nannte, die Nervenfasern später als in den zu den Sinneszentren gehenden mit Nervenmark füllen, wie denn auch in der Tierreihe mit aufsteigender Entwicklung die Masse dieser nicht direkt mit den äußeren Organen in Verbindung stehenden Hirnteile bis zum Menschen herauf beträchtlich zunimmt, und schließlich das zu diesen psychischen Zentren gehörige Stirnhirn, zuerst bei den höheren Affen und endlich hauptsächlich beim Menschen, zu einem Hirnteil von beträchtlicher Ausdehnung wird. Speziell dieses Gebiet glaubte daher Flechsig auch auf Grund pathologischer Beobachtungen und in Übereinstimmung mit zuvor schon von psychologischer Seite geäußerten Vermutungen als »Apperzeptionszentrum« bezeichnen zu dürfen.

Indem auf diese Weise das Prinzip der zentralen Vertretung der Körperorgane durch das andere einer mit aufsteigender Entwicklung zunehmenden Ausbildung interzentraler Hirngebiete beschränkt und zugleich erweitert wurde, war aber jene Allianz, in die in den Anfängen der neueren Gehirnphysiologie Vermögenspsychologie und Phrenologie getreten waren, unhaltbar geworden; und mehr und mehr konnte nun auch eine richtigere, für beide Teile förderlichere Auffassung des Verhältnisses von Gehirnphysiologie und Psychologie Platz greifen. Dem großartigen, wenn auch in seiner Verwicklung noch mannigfacher Aufklärungen bedürftigen Aufbau der zentralen Leitungsbahnen und ihrer Zusammenhänge aus im letzten Grunde gleichartigen Elementen mußte die Psychologie den Antrieb entnehmen, ihrerseits sich nicht bei unbestimmten Allgemeinbegriffen zu beruhigen, sondern zu den letzten Elementen des Seelenlebens zurückzugehen und sie in den komplexen Verbindungen zu verfolgen, in denen sie uns im menschlichen Bewußtsein begegnen. Die Gehirnphysiologie hinwiederum kann sich der Einsicht nicht länger verschließen, daß sie viel mehr Fragen an die Psychologie zu stellen hat, von deren Beantwortung die Deutung ihrer eigenen Befunde abhängt, als daß sie imstande wäre, die psychologische Analyse selbst zu ersetzen. Dieses auf mancherlei Umwegen gewonnene Ergebnis ist freilich kein unerwartetes, sondern eher ein selbstverständliches zu nennen. Man kann die Konstruktion einer Maschine nicht verstehen, ohne genau zu wissen, was die Maschine zu leisten hat. Im gleichen Sinne setzt die Erkenntnis der Funktionen eines Organs die Analyse dieser Funktionen voraus, und das natürlich um so mehr, je komplizierter sie sind. Dazu kommt in diesem besonderen Fall, daß die Nervenprozesse, die wir doch als die nächsten Funktionen der einzelnen Gehirnteile betrachten müssen, noch nicht die seelischen Vorgänge selbst sind, sondern immer erst eine Untersuchung ihres Verhältnisses zu diesen erfordern. So erleuchtend das allgemeine Strukturbild des Gehirns auf das Problem des Verhältnisses zwischen Hirn und Seele auch auf unsere allgemeinen Vorstellungen von der Verwicklung der psychischen Vorgänge gewirkt haben mag, die Psychologie als solche ist dabei im wesentlichen leer ausgegangen. So hat z. B. die Auffindung des Sehzentrums unsere Einsicht in die Entstehung der Gesichtsvorstellungen nicht weitergeführt, abgesehen davon, daß anatomische Defekte zumeist auch funktionelle Störungen hervorbringen, die für die Analyse der Funktionen als solche förderlich sein können. Nicht anders verhält es sich mit der bis jetzt am vollkommensten durchgeführten Lokalisation der Sprachfunktionen, wo schließlich alle Versuche, die funktionellen Zusammenhänge und ihre Störungen in einem anatomischen Schema festzuhalten, vorläufig gescheitert sind. Demgegenüber ist die Psychologie heute schon imstande, auf Grund der bekannten Assoziations- und Apperzeptionsphänomene über die wichtigeren unter diesen Beziehungen Rechenschaft zu geben. Deutlicher noch als in jenen Mißerfolgen ist jedoch die Undurchführbarkeit des Planes, die Psychologie in eine Dependenz der Gehirnphysiologie umzuwandeln, schließlich in den in dieser Absicht unternommenen positiven Versuchen zutage getreten. Hier ergab sich das merkwürdige Resultat, daß diese Unternehmungen durchaus nur von den Anleihen lebten, die sie bei den verschiedenen Systemen der alten Psychologie gemacht hatten.

IV.

Tiefer, weit unmittelbarer, hat die zweite von der modernen Physiologie ausgegangene Bewegung auf die Psychologie des 19. Jahrhunderts eingewirkt: die Sinnesphysio-

Die Psychologie im Beginn des zwanzigsten Jahrhunderts. 199

logie. Hier drängte alles auf eine Lösung der dem Physiologen fortwährend sich aufdrängenden Wahrnehmungsprobleme; und doch war zugleich gerade auf diesem Gebiet bei der überlieferten Psychologie wenig Hilfe zu finden. So wurden hier die Physiologen gewissermaßen zu Psychologen wider Willen. Solange es ging, suchten sie die Schwierigkeiten mit den ihnen geläufigen Mitteln zu bewältigen. Aber es konnte nicht ausbleiben, daß sie früher oder später an einer Grenze anlangten, wo diese Mittel nicht zureichten und wo sie sich nun bald auf eigene Faust, bald auf irgend eine philosophische Autorität gestützt ihre psychologischen Theorien zurechtlegten. Ohne jede solche, wenn auch nur ad hoc verfertigte Psychologie konnte schließlich niemand bestehen; und die Gegensätze, die man später die des »Empirismus« und des »Nativismus« nannte, bezeichneten eigentlich nur Unterschiede in dem Tempo, in dem dieser Schritt in die Psychologie gemacht wurde. Die Empiristen meinten ihrer von Anfang an nicht entraten zu können; die Nativisten schoben sie so weit als möglich hinaus, um dann meist um so sicherer einer aus Psychologie und Metaphysik gemischten Spekulation zu verfallen. Für die Wahl des Standpunktes war dabei meist irgend eine gerade herrschende Philosophie entscheidend, bei deren Aneignung man freilich ziemlich willkürlich verfuhr. So hatte schon auf Johannes Müller, der den Reigen der neueren Sinnesphysiologie eröffnet, Kants Lehre von Raum und Zeit als den reinen Anschauungsformen eingewirkt. Seine Auffassung setzte sich dann auf Ernst Heinrich Weber und die ganze nächste Generation fort. Aber begreiflicherweise waren nun die Physiologen zugleich bemüht, zu jenen transzendentalen Formen ein physiologisches Substrat zu suchen, und sie konnten das nach der ganzen Richtung ihrer Forschung nur in der unmittelbaren Empfindung erblicken. So kam in die Lehre Kants ein ihr völlig disparates Element. In diesem Sinne nahm Johannes Müller an, die Netzhaut empfinde sich selbst räumlich ausgedehnt. In der Größe, in der uns die unmittelbar auf ihr liegenden Objekte, z. B. die Aderhautgefäße, erscheinen, sah er darum die absolute Raumgröße, sozusagen den Raum an sich. E. H. Weber behauptete, die Enden der Tastnerven seien im Sensorium mosaikartig geordnet, und deshalb sei auch der Eindruck, solange nur ein einzelnes Ende erregt werde, ein räumlich ungeteilter, wogegen bei der Erregung mehrerer Fasern die Vorstellung einer Ausdehnung entstehen müsse.

Es ist von hohem Interesse die Wandlungen zu verfolgen, die diese noch ziemlich naiven Anschauungen der älteren Physiologen des 19. Jahrhunderts infolge der fortschreitenden Vertiefung der sinnesphysiologischen Studien erfuhren, und dabei zugleich die Anlehnungen an die indessen hervorgetretenen philosophischen Systeme zu beobachten. Die eingehendste, unter sorgfältiger Beachtung der seitdem angesammelten Ergebnisse ausgestaltete Theorie der Gesichtswahrnehmungen im Sinne Johannes Müllers verdanken wir schließlich einem ausgezeichneten Physiologen unserer Tage, Ewald Hering. Der Versuch, auf der Grundlage nativistischer Anschauungen die Erscheinungen des Sehens von den einfachen Entfernungsvorstellungen an bis zu den verwickeltsten binokularen Raumwahrnehmungen in einheitlicher Weise aus der spezifischen Energie der Netzhautelemente abzuleiten, ist von ihm mit bewundernswertem Scharfsinn durchgeführt. Aber der gelegentlichen Beihilfe empirischer, also psychischer Momente konnte er doch nicht entraten; und schließlich blieb ihm als ein weder auf Netzhautenergien noch auf objektive Erfahrungseinflüsse reduzierbarer Rest dasjenige Phänomen, das eigentlich die Grundlage aller anderen ist, nämlich die einfache Lokalisation eines für sich allein existierenden Lichteindrucks. Hier wurde ihm dann der Wille, den Punkt irgendwo zu sehen, zum wirklichen Sehen, eine Hypothese, die eigentlich weder physiologisch noch psychologisch, sondern metaphysisch ist, und bei der offenbar die in ihrer Entstehungszeit verbreitete Willensmetaphysik Schopenhauers, ohne daß man sich wohl dessen bewußt war, Pate gestanden hat.

Weniger noch als der Nativismus konnte begreiflicherweise der sinnesphysiologische Empirismus ohne philosophische Voraussetzungen auskommen. Indem man aber hier jene psychischen Einflüsse, die von der nativistischen Theorie nur als nachträgliche Ergänzungen zugelassen waren, an den Anfang der Entwicklung verlegte, stand man von vornherein in dem Anschauungskreis der englischen Erfahrungsphilosophie, die ja schon im 18. Jahrhundert das Problem der Sinneswahrnehmung mit Vorliebe behandelt hatte. Doch es ist ein charakteristisches Zeichen für das Vorwalten der philosophischen vor den eigentlich psychologischen Einflüssen in den Anfängen der neueren Sinnesphysiologie, daß hier zunächst nicht die Assoziationspsychologie, sondern die empiristische Erkenntnistheorie maßgebend wurde. Diese letztere fand zu der Zeit, als jene Gegensätze des Nativismus und Empirismus in der Physiologie auftraten, in John Stuart Mills Logik ihre schriftstellerisch glänzende, wenn auch philosophisch nicht sonderlich tiefgehende Vertretung. Wenn dereinst ein Historiker der Wissenschaft des 19. Jahrhunderts die um die Mitte desselben und kurz nach ihr einflußreichsten philosophischen Werke nennen will, so wird er Mills Logik unbedingt in die erste Linie stellen müssen. Auf die Entwicklung der Philosophie hat dieses wenig originale Werk kaum einen erheblichen Einfluß ausgeübt. Aber, von Justus Liebig zuerst der deutschen Gelehrtenwelt empfohlen, ist es von dieser, der damals philosophische Interessen im allgemeinen ferne lagen, vielfach als ein Ratgeber in allen den Fällen angesehen worden, wo man sich notgedrungen mit philosophischen Fragen beschäftigen mußte. So stehen denn auch die sinnesphysiologischen Arbeiten desjenigen Mannes, der sich unter allen Physiologen des Jahrhunderts die größten Verdienste um die Entwicklung der neueren Psychologie erworben hat, die Werke von Helmholtz, durchaus unter dem Zeichen von Mills Logik. Man hat einmal Helmholtz vorgeworfen, seine Grundanschauungen seien die Schopenhauers, während er doch nirgends dieses Philosophen gedenke. Man darf unbedingt sagen, daß Helmholtz in der ersten Auflage seiner physiologischen Optik Schopenhauer nicht genannt hat, weil er ihn nicht gekannt hat. Man darf aber noch mehr behaupten: die Ideen jenes epochemachenden Werkes, die an Schopenhauer anklingen, der allgemeine Gedanke einer »Intellektualität der Anschauung« und die Objektivierung der Sinneseindrücke vermöge einer ursprünglichen Kausalfunktion unseres Bewußtseins, sie sind keine anderen, als wie sie sich ein Sinnesphysiologe, der sich, wie Helmholtz, selbst einen Kantianer nannte, bilden konnte. Den entscheidenden Einfluß auf Helmholtz' psychologische Anschauungen übte in der Tat nicht Schopenhauer, weder direkt noch indirekt, durch Gedanken, die sonst in der Zeit verbreitet waren, sondern John Stuart Mill. Aber merkwürdigerweise hat Mill diese, für die neuere Psychologie folgenreiche Wirkung nicht durch diejenigen Kapitel seines Werkes gehabt, die der Assoziationslehre gewidmet waren. Diese ließ Helmholtz unbeachtet. Was er für seine Wahrnehmungstheorie verwertete, das war vielmehr die eigentliche Logik, namentlich die Lehre vom Schlusse und von der Induktion. Um das zu begreifen, muß man die Motive erwägen, von denen Helmholtz zu der Zeit, da er sich mit den Wahrnehmungsproblemen zu beschäftigen begann, geleitet wurde. Zu dieser Zeit wollte er psychologischen oder erkenntnistheoretischen Untersuchungen, soweit sie nicht für seine unmittelbaren Aufgaben unerläßlich waren, möglichst aus dem Wege gehen. Seine Maxime bestand daher darin, unter den etwa möglichen Voraussetzungen immer nur die praktisch brauchbarsten zu wählen, diejenigen, die bei der gestellten Aufgabe am schnellsten zum Ziel führten, unbekümmert um deren sonstige psychologische Wahrscheinlichkeit oder Anwendbarkeit. In diesem Sinne schob er z. B. die erste Entstehung räumlicher Vorstellungen dem Tastsinne zu, um sich beim Gesichtssinn durch die Beschränkung auf die empirischen Motive der speziellen Lokalisation die Aufgabe zu vereinfachen. In gleicher Weise führte er die Objektivierung der Sinneseindrücke auf das a priori in uns liegende Kausalprinzip zurück, um den erkenntnistheoretischen Fragen und Zweifeln über diesen Punkt von vornherein einen Riegel vorzuschieben. Ganz im selben Geiste sah er aber in Mills Lehre von der logischen Induktion das bequemste Hilfsmittel, um sich über die bei den Sinneswahrnehmungen stattfindenden psychischen Prozesse Rechenschaft zu geben. Er adoptierte Mills bedenkliche Vermengung der Induktion mit dem Analogieschlusse, um nun alle Wahrnehmungsprozesse als Induktionen oder Analogien, was für ihn dasselbe war, zu deuten. Indem er, unter Beiseitesetzung der von Mill anderwärts gegebenen Darstellung des Assoziationsmechanismus, die Wahrnehmungsvorgänge mittels dieser logischen Funktionen interpretierte, war er so zu dem Standpunkt der Reflexionspsychologie zurückgekehrt. Hierdurch ist denn auch dieser von der vorangegangenen Psychologie bereits überwundene Standpunkt seitdem in der neueren Sinnesphysiologie herrschend geblieben, und er hat von ihr aus nicht selten auf die Psychologie selbst wieder zurückgewirkt.

Helmholtz war nicht Psychologe. Wo er durch die sinnesphysiologischen Probleme zu psychologischen Fragen gedrängt wurde, da suchte er sich so rasch wie möglich mit den ihm zu Gebote stehenden Mitteln mit ihnen abzufinden. Ob die so gewonnenen Voraussetzungen mit sonstigen psychologischen Ergebnissen, oder ob sie mit der unmittelbaren psychologischen Beobachtung übereinstimmten, kümmerte ihn wenig. Denn das Psychologische war ihm nicht Zweck, sondern Mittel, und als solches sollte es ihm vor allem ein möglichst leicht zugängliches Mittel sein. Daß er diesen Standpunkt einnahm, kann dem großen Begründer der neueren physiologischen Optik und Akustik nicht zum Vorwurf gemacht werden. Er war ihm durch die Situation von selbst gegeben; auch nimmt dies natürlich den Ergebnissen seiner Forschung im einzelnen nicht das mindeste von ihrem Wert. Aber freilich entstand daraus für die Psychologie, die sich jene Ergebnisse zu eigen machte und sie weiterzuführen suchte, die Forderung, die Tatsachen aus dieser Vermengung mit einer unstatthaft gewordenen Reflexionspsychologie loszulösen und sie von neuem einer Analyse zu unterwerfen, bei der das Psychologische selbst Zweck war. Eine je größere Bedeutung den von Helmholtz und von den mit ihm gleichzeitig wirkenden Physiologen gewonnenen Ergebnissen zuerkannt werden mußte, um so schwieriger wurde natürlich dieser Schritt der Befreiung. Denn es war ja begreiflich genug, daß sich die Autorität, deren sich die neue Sinnesphysiologie auf dem Gebiet der tatsächlichen Befunde mit Recht erfreute, unversehens auf die damit verknüpften psychologischen Spekulationen übertrug. Das war um so leichter möglich, als sich der physiologische Nativismus, der dem Helmholtzschen Empirismus als Gegner erstand, überall da, wo er mit psychologischen Problemen in Berührung kam, in dem gleichen Medium logischer Über-

Die Psychologie im Beginn des zwanzigsten Jahrhunderts. 205

legungen bewegte. Auch die Philosophen, denen meist logische und metaphysische Fragen näher lagen als die psychologische Beobachtung, setzten dieser neuen Invasion der Reflexionspsychologie, die ein Jahrhundert zuvor durch die Assoziationstheorie glücklich beseitigt worden war, meist keinen erheblichen Widerstand entgegen.

V.

In dieser kritischen Lage kam der neu erstehenden Psychologie unerwartete Hilfe von einer Seite, die man solcher Taten längst nicht mehr für fähig gehalten hätte: von der vielgeschmähten Naturphilosophie Schellings. Allerdings nicht sowohl von dieser selbst als von den Nachwirkungen, die von ihr im verborgenen zurückgeblieben waren. Noch gab es vor allem auf deutschem Boden philosophierende Naturforscher, die der Blüteperiode der Naturphilosophie ihre ersten wissenschaftlichen Anregungen verdankten, und die nun in einer Zeit emsiger exakter Detailforschung von der Idee eines tieferen Zusammenhanges der Welt und ihrer Entwicklungen nicht lassen mochten. Auf diesem Boden entstand das merkwürdige Werk, das zwar in seiner Bedeutung für die neuere Psychologie heute wohl allerseits anerkannt, dessen Beziehung zu der Philosophie der Vergangenheit aber noch immer nicht zureichend gewürdigt ist: Fechners Psychophysik. Was Fechner hier leistete, ging in seinen allgemeinen Folgewirkungen weit über den engen Umkreis von Aufgaben hinaus, die er der exakten Anwendung der von ihm entwickelten psychischen Maßmethoden gezogen. Es blieb freilich nicht minder hinter den hohen metaphysischen Zielen zurück, die er sich darin gesteckt hatte. So erreichte er auf der einen Seite viel mehr als er wollte; auf der anderen aber erreichte er bei weitem nicht, das, was er erstrebte. Er wollte Regeln aufstellen, nach denen zwischen den physischen Reizen und den ihnen korrespondierenden Empfindungen exakte Maßbeziehungen gefunden werden könnten. In der neuesten Ausgestaltung, die Fechners Lebenswerk, zum Teil unter dem Einfluß seiner eigenen posthumen »Kollektivmaßlehre« gewonnen, hat sich dieses Programm zu der Aufstellung allgemeiner Maßprinzipien für die funktionellen Beziehungen psychischer Vorgänge überhaupt erweitert. So hat die Psychophysik die wirkliche Erreichung des Zieles angebahnt, das dereinst Herbart vorgeschwebt. Aber Fechners eigenes Ziel war doch ein anderes gewesen. Er war darauf ausgegangen, ein universelles Gesetz zu finden, das die körperliche und die geistige Welt im Innersten zusammenhalte. Je fruchtbarer sich die von ihm zu diesem Zweck aufgestellten Maßprinzipien auf dem eigensten Felde psychologischer Betrachtung erwiesen, um so mehr mußte sich jene metaphysische Aufgabe schließlich als eine unmögliche herausstellen. Das philosophische Weltbild Fechners mochte als Dichtung seinen Wert behalten. Die exakten Methoden, mit denen er diese phantastische Dichtung in Wirklichkeit umzuwandeln suchte, drängten ihrem eigensten Charakter nach zur Beschränkung auf das Gebiet, das in allen seinen Erscheinungen eine quantitative Gesetzmäßigkeit erkennen ließ, und auf dem doch für die Feststellung dieser Gesetzmäßigkeit bis dahin die Hilfsmittel gefehlt hatten.

Nun unterlag aber die so ins Leben gerufene neue Disziplin der »Psychophysik« einem ähnlichen Schicksal, wie es der aus der Sinnesphysiologie hervorgegangenen Theorie der Sinneswahrnehmung beschieden gewesen war. Die Erkenntnis ihrer Aufgaben und der Tragweite derselben litt zunächst unter den Bedingungen ihres Ursprungs. Je mehr Fechners weitreichende naturphilosophische Gedanken zurücktraten und meist kaum noch Beachtung fanden, um so mehr blieb die Beschränkung auf das elementare Problem der Beziehung zwischen Empfindung und Reiz, ja zumeist das noch engere zwischen Empfindungsstärke und Reizstärke als die einzige Aufgabe der Psychophysik übrig. Diese pflegte man daher auch, wie das ihr zweideutiger Name gestattete, mehr als ein Grenzgebiet der Physiologie oder der Physik, denn als ein solches der Psychologie anzusehen. Wenigstens ist dieser Schritt verhältnismäßig spät und zum Teil erst unter dem Einfluß der neueren Erweiterungen ihrer Methoden zu allgemeinen psychischen Maßmethoden geschehen. Vom naturphilosophischen Standpunkte Fechners aus war ja jene Beschränkung begreiflich. Soweit er auch der Psychophysik in der Gesamtheit der Wechselwirkungen zwischen Körper und Seele ihr Ziel steckte, so konnte und mußte er sich doch für die Feststellung einer fundamentalen mathematischen Gesetzmäßigkeit für diese Wechselwirkungen auf deren einfachsten Fall beschränken, und das war eben der Fall der Beziehung zwischen Empfindung und Reiz. Verschwand jener naturphilosophische Hintergedanke, wie dies bei den meisten Physiologen und Psychologen, die sich weiterhin mit diesen Untersuchungen beschäftigten, zutraf, so blieb naturgemäß nur jenes beschränkte, halb physiologische Problem übrig. Diesem Gesichtspunkt wurden dann auch die Methoden untergeordnet, in deren theoretischer Behandlung man daher kaum Anlaß fand, die in der Physik bei dem einigermaßen analogen Verfahren der Fehlerelimination üblichen Betrachtungsweisen zu verlassen, obgleich doch an sich der Standpunkt der Psychologie hier ein ganz anderer, ja in gewissem Sinne ein entgegengesetzter wurde. Denn eben die Schwankungen subjektiver Maßbestimmungen, die der Physiker durch seine Methoden zu eliminieren sucht, sie bilden für den Psychologen wesentliche Bestandteile der Beobachtung selbst. Doch je mehr man in der methodischen Behandlungsweise des sogenannten psychophysischen Problems diese spezifisch psychologischen Bedingungen vernachlässigte, um so leichter geschah es nun auch, daß das Problem von vornherein als ein rein physiologisches gefaßt wurde. So ereignete sich das Merkwürdige, daß gerade dieses Gebiet, das durch die Eigenart seiner Untersuchungen den Gedanken einer funktionellen Beziehung psychischer Größen zueinander nahe legte, nicht selten vielmehr dazu verwertet wurde, die Psychologie lediglich als eine angewandte Disziplin der Physiologie nervöser Prozesse erscheinen zu lassen. Seinen nächsten Ausdruck fand dieser physiologische Standpunkt darin, daß man das fundamentale Gesetz, in welchem Fechner das allgemeine Verhältnis zwischen Empfindung und Reiz zusammengefaßt hatte, nur als einen angenäherten empirischen Ausdruck für die verwickelten Bedingungen der Fortpflanzung der Erregungen in der zentralen Nervensubstanz ansah.

Hier kam nun dem Versuch, die Psychophysik gleichzeitig aus den Banden der Naturphilosophie und aus der Herrschaft nervenphysiologischer Hypothesen zu befreien, unverhofft eine Reihe anderer, zunächst anscheinend fernliegender, in ihrer weiteren Bearbeitung aber sich unvermeidlich mit der psychischen Messung eng berührender Probleme zu statten. Das waren alle die Fragen, die sich auf den zeitlichen Verlauf der Bewußtseinsvorgänge, auf die damit zusammenhängenden Beziehungen der subjektiven Zeitvorstellungen zu den objektiven Zeitwerten, endlich auf den Umfang des Bewußtseins und der Aufmerksamkeit, die Verhältnisse der Klarheitsgrade der psychischen Inhalte und die mannigfachen Phänomene bei ihrer Erhebung und ihrem Sinken im Bewußtsein beziehen, Fragen, mit denen überdies die Probleme des Rhythmus, der Gefühlsprozesse, der Affekte, des Verlaufs und der Zusammensetzung der Willensvorgänge verknüpft sind. Es war ein weites Gebiet mannigfacher Aufgaben, von dem man wohl sagen darf, daß es mehr als irgend eines der zuvor erwähnten im Zentrum der Psychologie selbst liegt. Solange es sich um Sinneswahrnehmungen und Reizwirkungen handelte, befand man sich doch immer noch halb und halb auf physiologischem Boden und konnte daher leicht auch über die Teilung der Aufgaben im Zweifel sein. Daß der Verlauf unserer Vorstellungen und Gefühle, ihre Wiedererneuerung und ihr Schwinden, daß ferner unsere Zeitanschauungen und deren rhythmische Gliederungen sowie alle sonst mit diesen Erscheinungen zusammenhängenden Erlebnisse zunächst und vor allem psychische Vorgänge sind, wie es sich auch immer mit den physischen Funktionen verhalten möge, an die sie gebunden sind, daran konnte nicht wohl ein Zweifel obwalten. Gerade diese Probleme, die, indem sie eine **exakte Analyse der komplexen Bewußtseinsvorgänge als solcher** erstreben, mehr als andere zur ausschließlichen Domäne der Psychologie gehören, sind aber dieser wiederum von außen übermittelt worden.

Vom Anfang des 19. Jahrhunderts an begannen die Astronomen auf die merkwürdigen Differenzen aufmerksam zu werden, die sich bei der Zeitbestimmung gewisser Himmelserscheinungen zwischen verschiedenen Beobachtern herausstellten. Verhältnismäßig spät erst hat sich die Psychologie dieses Phänomens der sogenannten »persönlichen Zeitgleichungen« bemächtigt, um Methoden auszubilden, die nach dem Vorbild der astronomischen Zeitregistrierungen die Messung der von der Einwirkung eines äußeren Eindrucks bis zur Ausführung einer vorgeschriebenen Bewegung verfließenden Zeit möglich machen sollten. Diese sogenannten »Reaktionsversuche« suchte man dann in verschiedener Weise weiter zu entwickeln, um die Geschwindigkeit bestimmter psychischer Akte, wie Wiedererkennungen, Unterscheidungen, Assoziationen und Willensvorgänge, zu ermitteln. Damit verband sich im weiteren Fortgang unvermeidlich die Anwendung der nämlichen »psychischen Maßmethoden«, die zunächst der Empfindungsmessung gedient hatten. Und daran schlossen sich durch den natürlichen Zusammenhang der Erscheinungen von selbst die Probleme der Beziehung der subjektiven Zeitvorstellungen zu den objektiven Zeitwerten oder des sogenannten »Zeitsinns«, der Rhythmisierung zeitlicher Vorstellungsreihen, des Gefühlsverlaufs, der Reproduktion, der Aufmerksamkeitsvorgänge usw. Noch haben diese Dinge nicht in allen modernen Darstellungen der Psychologie eine ihrer Bedeutung entsprechende Berücksichtigung gefunden: in manchen findet man gerade die fundamentalsten unter ihnen kaum berührt. Darin spiegelt sich noch immer der vorherrschende Einfluß, den die der Physiologie näher liegenden Gebiete der Sinneslehre und der Psychophysik bis dahin ausübten. So kommt es, daß sich die psychologische Forschung unserer Tage, solange es sich um die allgemeineren Fragen handelt, vielfach mit Vorliebe nur in jenen Vorhallen der Psychologie bewegt, die aus der Nerven- und Sinnesphysiologie in diese hinüberführen. Das sind Übergangszustände, wie sie auf neu bebauten Gebieten unvermeidlich sind. Sie werden wohl im selben Maße schwinden, als sich die neue Psychologie aus jener Vormundschaft der naturwissenschaftlichen Disziplinen befreit, deren sie nicht entraten konnte, solange sie in der Anwendung exakter Methoden noch ungeübt und der Tragweite ihrer eigenen Aufgaben nur dunkel bewußt war.

Wenn wir heute diesem Ziel einen großen Schritt näher zu sein glauben als zu der Zeit, da Fechners Psychophysik,

Die Psychologie im Beginn des zwanzigsten Jahrhunderts. 211

Helmholtz' epochemachende sinnesphysiologische Arbeiten und die ersten bescheidenen Versuche einiger Physiologen über Reaktionszeiten und Zeitsinn erschienen, so danken wir das vielleicht weniger der Ansammlung neuer Tatsachen als den mannigfachen Wechselwirkungen, in die jene anfangs fast beziehungslos dastehenden Arbeitsgebiete zu einander getreten sind. Die Sinneslehre hat der Psychophysik neue Aufgaben und Gesichtspunkte zugeführt. Beide haben wieder in die Analyse der Bewußtseinsvorgänge bestimmend eingegriffen, und diese selbst hat jene anderen Probleme in ein neues Licht gerückt. Damit sind wir aber auch wohl in den Stand gesetzt, die Bedeutung eines jeden dieser Gebiete für die Gewinnung psychologischer Erkenntnisse und für die Ausbildung unserer allgemeinen psychologischen Anschauungen richtiger zu würdigen, als dies in einem Stadium der Fall war, wo die einzelnen Arbeiten meist noch unabhängig nebeneinander hergingen, und wo darum den Früchten, die man geerntet, oft noch allzuviel von dem Erdgeruch des Bodens anhaften mochte, auf dem sie ursprünglich gewachsen waren.

VI.

Noch ist bei der Neuheit dieser Entwicklung die Zeit einer allseitigen historischen Würdigung ihrer Bedeutung sicherlich nicht gekommen. Dazu stehen wir allzusehr noch inmitten der Kämpfe, die jede solche Neugestaltung nach außen wie in ihrem eigenen Schoße zu bestehen hat. Aber auf das Erreichte zurückzuschauen, dazu hat jede Zeit das Recht und die Pflicht, da man doch die Gegenwart verstehen muß, um sich Ziele für die Zukunft setzen zu können. Hier ist aber unter den drei Arbeitsgebieten, die oben als die für die Tendenzen der neueren Psychologie bezeichnendsten erwähnt wurden, das der Sinneswahrnehmungen, wie es den anderen im ganzen zeitlich vorausging, so auch heute schon verhältnismäßig am klarsten in seinen Ergebnissen zu überblicken. Nachdem der Streit nativistischer und empiristischer Hypothesen vorübergegangen und das Wahrnehmungsproblem mehr und mehr von den Physiologen selbst in die Domäne der Psychologie verwiesen ist, hat sich hier die Situation wohl hinreichend geklärt. Niemand, der dieses Problem in seinem eigenen Zusammenhang und in seinen Beziehungen zu anderen Bewußtseinsvorgängen zu betrachten gelernt hat, wird heute mehr den Transaktionen beipflichten, die Helmholtz dereinst im Drange der Zeit mit den Überlebnissen der alten empiristischen Reflexionspsychologie einging. Kein Psychologe wird aber auch in den spezifischen Sinnesenergien der Nativisten heute noch etwas anderes erblicken können als eine künstliche Umdeutung elementarer psychischer Vorgänge in physiologische Vermögensbegriffe. Was die Sinneslehre des vergangenen Jahrhunderts schließlich der Psychologie und damit indirekt auch der Philosophie eingebracht hat, das liegt in der Tat weder auf dem Felde der empirischen Erkenntnistheorie, wie man bisweilen geglaubt hat, noch vollends auf dem der Metaphysik. Aber seine Bedeutung besteht darin, daß sich unter den Händen der modernen Sinnesphysiologie die Assoziationsbegriffe und damit unsere gesamten Anschauungen von dem Assoziationsmechanismus total verändert haben. Die alte Vorstellung, daß sich die »Ideen« wie selbständige, im ganzen unverändert bleibende Objekte durch das Bewußtsein bewegten, oder daß sie wie Dominosteine aneinandergefügt, auseinandergenommen und gelegentlich wohl auch durcheinander gerüttelt werden könnten, diese ganze Vorstellungsweise hat Schiffbruch gelitten. Man kann keinen Schritt in der psychologischen Optik oder

Akustik oder in irgend einem anderen Teil der Sinneslehre tun, ohne mit ihr in Konflikt zu geraten, oder ohne die wirklichen Probleme ungelöst liegen zu lassen. Die Analyse der Wahrnehmungsvorgänge hat uns so die wahre Natur der Assoziationen kennen gelehrt. Sie hat gezeigt, daß sich die Sinneswahrnehmungen nur aus elementaren Assoziationsprozessen einfacher Empfindungen begreifen lassen, von denen zahlreiche bei jeder einzelnen Wahrnehmung zusammenwirken. Die Vorstellungen sind daher in Wahrheit nicht feste oder auch nur annähernd unveränderliche Gebilde, sondern sie sind selbst wandelbare Prozesse, deren Elemente sich in der mannigfaltigsten Weise verweben oder zu eigenartigen Neubildungen verschmelzen. Der Dienst, den damit die neuere Sinneslehre der Psychologie geleistet hat, läßt sich heute kaum schon ganz übersehen. Denn die Konsequenzen dieser Auffassung reichen naturgemäß in alle anderen Gebiete hinein, in die Erinnerungs- und Phantasievorgänge so gut wie in die Gefühle, Affekte und Willenserscheinungen. Das 18. Jahrhundert hatte der Psychologie den Assoziationsbegriff geschenkt. Doch dieser Begriff war ein rohes unbehilfliches Werkzeug gewesen. Seine Anwendung hatte zumeist da erst begonnen, wo die eigentlichen Assoziationsprozesse nur noch in gewissen komplexen Resultanten nachwirken. Denn sie hatte sich auf jene Erinnerungsvorgänge beschränkt, bei denen irgend eine neu ins Bewußtsein tretende komplexe Vorstellung eine frühere erweckt, ohne unmittelbar auffallende Veränderungen an dieser hervorzubringen. Das aber ist eigentlich ein seltener Grenzfall, dem man nur infolge der schematisierenden Betrachtung, die von der Vermögenspsychologie überkommen war, eine so ungebührlich weite Ausdehnung geben konnte.

Die neue Psychologie der Sinneswahrnehmungen, die sich aus der Sinnesphysiologie entwickelte, hat uns nicht bloß einen neuen Assoziationsbegriff gegeben, der sich zu dem alten ungefähr ähnlich verhält wie die molekulare Gastheorie der heutigen Physik zu dem ehemaligen Begriff einer allen Gasen eigentümlichen Expansivkraft, sondern sie hat auch zum erstenmal ein Prinzip an das Licht gestellt, das weit über diese relativ elementaren Erscheinungen hinaus in allen Gebieten geistigen Lebens, auf den höheren Stufen desselben nur in umfassenderem Maße, seine Bedeutung bewährt hat. Das ist das Prinzip der **schöpferischen Resultanten** oder der Grundsatz, daß, wenn sich irgend welche psychische Elemente verbinden, um ein einheitliches aber zusammengesetztes Gebilde zu erzeugen, dieses zwar aus seinen Elementen und deren Wechselbeziehungen in allen seinen Eigenschaften abgeleitet werden kann, daß jedoch diese Eigenschaften immer zugleich als neue erscheinen, die weder einem einzelnen Element noch der Summe der Elemente zukommen, wenn man diese Summe als eine additive Verbindung der einzelnen betrachten wollte. So ist ein Zusammenklang als Wahrnehmungsinhalt wie in seiner Gefühlswirkung mehr als die Summe der einzelnen Töne, aus denen er besteht, obgleich die Tonelemente und ihre eigentümlichen Wechselwirkungen die Motive zu dem resultierenden Eindruck vollständig in sich enthalten. So läßt sich eine räumliche oder zeitliche Vorstellung in einfache Empfindungen und in die diese begleitenden Gefühle zerlegen, Elemente, denen wir gleichwohl die räumlichen oder zeitlichen Eigenschaften nicht zuschreiben können, weil diese immer erst durch deren Zusammenwirken zustande kommen. Dabei stehen aber auch hier diese räumlichen und zeitlichen Eigenschaften in gesetzmäßigen Beziehungen zu den Elementen und ihren Verbindungen, so daß zwischen den neuen, qualitativ eigenartigen Resultanten und ihren Komponenten eine strenge Funktionsbeziehung vorhanden ist. Man begreift, daß diese Nachweisung der schöpferischen Natur der psychischen Prozesse, die wir bei den Erzeugnissen der künstlerischen Phantasie oder den intellektuellen Tätigkeiten unbeanstandet zugeben würden, hier von besonderer Bedeutung ist, weil damit eine wichtige Instanz für die wesentliche Gleichartigkeit aller seelischen Funktionen gefunden ist, und weil naturgemäß gerade in diesen einfachsten Fällen die Gesetzmäßigkeit, die jene schöpferische Natur des psychischen Lebens beherrscht, am klarsten hervortritt. Überdies bieten aber die eigentümlichen Formen relativ einfacher assoziativer Prozesse, auf die sich die Erscheinungen der Sinneswahrnehmung zurückführen lassen, überall Anknüpfungspunkte für das Verständnis der verwickelteren Assoziationen, wie sie uns bei den Erinnerungsphänomenen, den Verlaufsformen der Affekte und Willensvorgänge begegnen. Darum darf man wohl sagen, daß unter allen den besonderen Arbeitsgebieten, von denen die Entwicklung der neueren Psychologie ausgegangen ist, kein anderes in der Gewinnung einheitlicher, auf das Ganze der Psychologie sich erstreckender Anschauungen der Sinneslehre an Bedeutung gleichkommt.

Dazu tritt nun noch ein wichtiger methodischer Gesichtspunkt. Die alte Psychologie hatte teils in der unmittelbaren Selbstbeobachtung, die schon längst um ihrer Unzuverlässigkeit willen beargwohnt worden war, teils in der Metaphysik oder wohl auch in der Naturwissenschaft, besonders der Physiologie, ihre Stützpunkte gesucht. Aus der Sinnesphysiologie aber drang zum erstenmal das Experiment in die Psychologie selbst ein. Daß die Psychophysik, wie noch heute vielfach geglaubt wird, diese erste Invasion experimenteller Methodik in das psychologische Gebiet bedeute, ist ein geschichtlicher Irrtum. Lange bevor an die Ausbildung psychophysischer Methoden gedacht wurde, hatte, von älteren Anfängen zu schweigen, die neuere Sinnesphysiologie von Ernst Heinrich Weber und Johannes Müller an die ersten wichtigen Schritte in der experimentellen Bearbeitung der Wahrnehmungsprobleme getan. Fechner selbst entnahm das Material zur Veranschaulichung seiner Methoden und zur Ableitung der von ihm aufgestellten psychophysischen Gesetze zum wesentlichsten Teil dieser Sinnesphysiologie. Auch erlaubte sie von Anfang an eine ungleich vielgestaltigere Anwendung des Experimentes als die Psychophysik, die zunächst ihre Fragestellungen auf einen sehr engen Umkreis beschränkt hatte. Denn die Analyse der Wahrnehmungsvorgänge sah alsbald die verschiedensten Angriffspunkte vor sich, von denen aus sie genötigt war, in psychologisches Gebiet einzudringen. Was der Sinnesphysiologie fehlte, um sofort ihre experimentellen Methoden in einer für die Psychologie unmittelbar fruchtbringenden Weise anzuwenden, das war nur meist das psychologische Interesse und, was damit eng verknüpft ist, das zureichende psychologische Verständnis. Daraus entstanden dann von selbst jene Anlehnungen an eine veraltete Vermögens- und Reflexionspsychologie oder an die der Physiologie geläufigen Hilfsbegriffe hypothetischer Nervenprozesse und spezifischer Sinnesenergien. Das sind wiederum begreifliche Übergangszustände, die heute noch nicht ganz überwunden, doch sichtlich im Schwinden begriffen sind. Hand in Hand mit ihrer Beseitigung geht nun aber auch eine wesentlich veränderte Auffassung der experimentellen Methode selbst in ihrer Anwendung auf die Psychologie. Den Sinnesphysiologen hatte diese Methode hier wie überall als ein Hilfsmittel gegolten, um die objektiven physischen Bedingungen der Erscheinungen zu ermitteln. Die subjektiven Phänomene waren ihnen daher wesentlich nur Symptome physiologischer Vorgänge gewesen. In dem Augenblick, wo die Sinnesphysiologie zur Sinnespsychologie wurde, mußte sich das notwendig umkehren. Der Zusammenhang der subjektiven Phänomene als solcher und die ihm eigene Gesetzmäßigkeit fesselten jetzt die Aufmerksamkeit. Je mehr das geschah, um so deutlicher begann man aber einzusehen, daß die experimentelle Methode für die Psychologie neben ihrem allgemeingültigen noch einen spezifischen Wert habe, nämlich den, daß sie die um der schwankenden Beschaffenheit der Erscheinungen willen von besonderen Schwierigkeiten umgebene Analyse der Bewußtseinsvorgänge eigentlich überhaupt erst möglich machte. Als so die Erkenntnis reifte, daß die Hilfe des Experiments infolge der willkürlichen Fixierung und Variierung der Bedingungen hier gerade das erreichen lasse, was auf anderen Wegen so lange vergeblich erstrebt worden war, nämlich eine zuverlässige Selbstbeobachtung, da mußte aber auch die Ausdehnung dieses Prinzips auf alle anderen ihm überhaupt zugänglichen Gebiete als eine unabweisbare Aufgabe der Psychologie erscheinen. Darum darf man den Augenblick, wo diese Erkenntnis tagte, wohl den Geburtsmoment der »experimentellen Psychologie« nennen. Und eben darum kann kein Zweifel obwalten, daß die Mutter dieses Zweiges psychologischer Forschung die Sinnesphysiologie gewesen ist.

Auf die allmählich erst und nicht ohne mannigfache Hindernisse erfolgte Loslösung dieses grundlegenden Teiles von der Physiologie hat dann freilich das neue Arbeitsgebiet der Psychophysik einen entscheidenden Einfluß geübt. Denn von hier aus wurde erst in das Wahrnehmungsproblem ein Gesichtspunkt hineingetragen, der im weiteren Verlauf die Ausscheidung dieses Problems aus den eigentlichen Aufgaben der Sinnesphysiologie mit sich führen mußte. Dieser neue Gesichtspunkt bestand darin, daß die Psychophysik alle Empfindungs- und Wahrnehmungsinhalte des Bewußtseins, die bis dahin selbst in der Physiologie fast nur in ihren qualitativen Beziehungen betrachtet worden waren, grundsätzlich dem Begriff des Maßes unterordnete. Daß die psychischen Erfahrungsinhalte in einem gewissen Sinne ebensogut wie die physischen meßbare Größen sind, und daß sie überall, wo es die sonstigen Bedingungen gestatten, in quantitative Beziehungen zu einander gebracht werden können, diese zunächst rein formale Erkenntnis gab erst der aus der Sinnesphysiologie sich erhebenden Forderung nach einer experimentellen Behandlung der Psychologie einen festeren Boden, indem sie dazu drängte, zugleich den Maßstab der exakten Wissenschaften an diese Behandlung anzulegen und dabei doch allezeit der Eigenart der psychischen Größen und der abweichenden Bedingungen ihrer Messung eingedenk zu bleiben. Allerdings stand der Durchführung dieses Gesichtspunktes die mit der anfänglichen Übergangsstellung der Psychophysik zusammenhängende Auffassung im Wege, daß die psychischen Größen niemals aneinander, sondern daß sie immer nur an den sie erzeugenden physischen Reizgrößen gemessen werden könnten. An sich und ohne diese Zurückführung auf ein ihnen disparates Größengebiet sollten sie des Hauptkriteriums jeder Größe, der Meßbarkeit, eigentlich entbehren. Aber die psychologische Erkenntnis, daß Empfindungen unmittelbar überhaupt nur an Empfindungen oder, allgemeiner ausgedrückt, psychische Werte nur an anderen psychischen Werten von gleicher Art meßbar sind, und daß wir daher die physischen Reize nie als Maßstäbe, sondern immer nur als äußere Hilfsmittel anwenden, mittels deren wir unter genau geregelten Bedingungen Empfindungen von bestimmter Größe erzeugen und Empfindungen von verschiedener Größe zueinander in Beziehung bringen, gerade diese psychologische Erkenntnis hat die Psychophysik aus den metaphysischen Vorurteilen ihrer Anfänge befreit und sie in einen integrierenden Bestandteil der Psychologie selbst umgewandelt. In diesem Sinne sind die sogenannten »psychophysischen Maßmethoden« zu »psychischen Maßmethoden« geworden; sie haben damit zugleich über ihr ursprüngliches Anwendungsgebiet hinausgegriffen und einer ihren eigentümlichen Aufgaben gerecht werdenden psychologischen Methodik die Wege geebnet.

Doch mag dieser methodologische Gesichtspunkt vielleicht praktisch der wichtigere sein, neben ihm ist ein anderer, rein theoretischer, der anfänglich die vorherrschende Rolle spielte, zwar allmählich zurückgetreten; er hat aber nicht ganz seine aktuelle Bedeutung eingebüßt. Ein allgemeines Gesetz zu finden, das den Zusammenhang des psychischen mit dem physischen Leben beherrschte, dies war die leitende Idee Fechners bei der Begründung der Psychophysik gewesen. Gleichwohl war sein Plan nicht auf dieses nächste Ziel beschränkt. Er hatte, wie besonders sein »Zendavesta« zeigt, an einen Stufenbau psychophysischer Funktionen gedacht, in dem sich die höheren Geistestätigkeiten in analoger Weise über den niederen wie diese über den physischen Lebensvorgängen, denen er nicht minder eine geistige Seite zuschrieb, erheben sollten. So gewann er die Idee einer universellen psychophysischen Gesetzmäßigkeit, die auch die Psychologie einer mathematischen Behandlung im selben Sinne, nur mit besserem Erfolg, als wie sie Herbart versucht hatte, zugänglich machen sollte. Dieses Ziel hat sich als ein trügerisches erwiesen. Der Gedanke, daß das seelische Leben festen Gesetzen und, wo irgend die Verwicklung der Bedingungen es gestattet, wohl auch mathematisch formulierbaren Gesetzen unterworfen sei, ist jedoch stehen geblieben. So ist die Psychophysik das Mittelglied geworden, durch das Herbarts genialer, aber in der Ausführung verfehlter Gedanke einer exakten Behandlung der Psychologie erhalten blieb, und durch das er zugleich eine Form annahm, die ihn der experimentellen Prüfung zugänglich machte. Dieser wichtige Schritt geschah in dem Augenblick, wo sich die neu erstandene Psychophysik an die Sinnesphysiologie anzulehnen begann, um nun die von dieser im einzelnen gewonnenen Ergebnisse dem weiteren Gesichtskreis einer allgemeinen psychologischen Gesetzmäßigkeit einzuordnen.

Dieses Unternehmen blieb nun freilich lückenhaft, solange es sich auf die elementaren Tatsachen beschränkte, die Sinnesphysiologie und Psychophysik der Psychologie darboten. Um so mehr mußte die Frage sich aufdrängen, wie die gefundene Gesetzmäßigkeit weiterhin in dem allgemeinen Zusammenhang der Bewußtseinsvorgänge sich äußern werde: in dem Verlauf der Vorstellungen, in dem Wogen der Gefühle und Affekte, in der Entwicklung der Willenshandlungen. Viele dieser Fragen hatte schon Herbart in seiner »Mechanik der Vorstellungen« behandelt, und wenn er auch nur problematische, überall von seinen intellektualistischen und metaphysischen Vorurteilen getrübte Antworten zu geben vermochte, so hatte er immerhin gezeigt, daß diese Fragen im allgemeinen einer exakten Behandlung nicht unzugänglich seien. Sollte es da nicht gelingen, in analogem Sinne, wie die Psychophysik die Idee der psychischen Größe auf einen festeren Boden gestellt hatte, so auf Grund der tatsächlichen Erfahrungen wirklich zu einer Mechanik des Bewußtseins zu gelangen? Mochten deren Ziele beschränkter, so würden sie dafür um so eher erreichbar sein. Das ist der Gedanke, von dem schließlich alle die hier einschlagenden Untersuchungen, deren oben gedacht wurde, getragen sind. Gegenüber der unermeßlichen Ausdehnung der Aufgaben, bei der jede partielle Lösung eines Problems immer wieder neue oft unvorhergesehene

Probleme in sich schließt, haben wir gewiß allen Grund, bescheiden von den gewonnenen Erfolgen zu denken. Doch ein Resultat hat sich bei diesen Bemühungen um so sicherer herausgestellt, je weiter die Analyse der komplexen Phänomene fortgeschritten ist. Es ist dies, daß jene Mechanik elementarer Assoziationen, die bei der Analyse der Sinneswahrnehmungen so vortreffliche Dienste geleistet, hier zwar gleichfalls überall ihre Wirkungen äußert, daß sie aber für sich allein unzureichend ist, um über den Zusammenhang der Bewußtseinsvorgänge Rechenschaft zu geben. Man kann in Wahrheit keine noch so einfache Willenshandlung aus einer bloßen Assoziation von Vorstellungen ableiten, ohne das Wollen selbst in die bloße Vorstellung einer Handlung umzuwandeln, der zum Wollen das Nötigste fehlt, nämlich der Verlauf der Gefühle und Affekte, aus dem es entspringt. Man kann ebensowenig das wechselnde Klarer- und Dunklerwerden der Bewußtseinsinhalte und die damit verbundenen Funktionen der Aufmerksamkeit sowie alle mit dieser zusammenhängenden seelischen Tätigkeiten einfach aus dem Assoziationsprinzip erklären. Wo man dies dennoch zu leisten behauptete, da täuschte man sich über die vorhandenen Lücken hinweg, indem auch hier wieder die Reflexionspsychologie, die allerlei intellektuelle Akte in die psychischen Vorgänge hineindeutet, einer solchen einseitigen Assoziationslehre zu Hilfe kam und damit freilich indirekt zugleich deren Unzulänglichkeit ans Licht stellte.

So hat denn die Analyse der komplexen Bewußtseinsvorgänge zu einer wichtigen Ergänzung der bei dem Wahrnehmungsproblem gewonnenen Prinzipien geführt. Hatte die Sinnespsychologie durch die von ihr gebotene Umwandlung der Assoziationen in Elementarprozesse eine totale Reform des Assoziationsbegriffs angebahnt, so fügte die Psychologie der komplexen Bewußtseinsvorgänge dazu die nicht minder notwendige Erneuerung und Reform des Begriffs der Apperzeption. Von Leibniz in die Philosophie eingeführt, aber wesentlich zu metaphysischen, dann nach ihm von Kant zu erkenntnistheoretischen Zwecken verwertet, war dieser Begriff schließlich von Herbart ganz aus seiner Stelle gerückt und im Sinne seines starren Intellektualismus in ein Assoziationsprodukt umgewandelt worden, dem die ihm in der unmittelbaren Erfahrung zukommenden Beziehungen zu Selbstbewußtsein und Wille völlig abhanden gekommen waren. Wohl lag schon diesem Versuch die richtige Einsicht zugrunde, daß Assoziation und Apperzeption nicht absolut fremd einander gegenüberstehen, sondern daß die Aufgabe des letzteren Prinzips wesentlich darin liege, ebensowohl die schemenhaften Begriffe der alten Vermögenslehre wie die von der Assoziationspsychologie zu Hilfe gerufenen Reflexionen zu vermeiden. Aber Herbart hatte hier den unmöglichen Weg eingeschlagen, die Apperzeption zu einem Spezialfall der Assoziation oder, um in seiner Sprache zu reden, der Verschmelzung der Vorstellungen zu machen, statt zu erkennen, daß die Apperzeptionen nicht anders auf den Assoziationen als wie diese auf den elementaren Empfindungen sich aufbauen. Sie setzen sie voraus und würden nicht ohne sie bestehen können; sie sind aber ihnen gegenüber neue Schöpfungen von spezifischen Eigenschaften, ganz im selben Sinne, wie eine Klangharmonie etwas anderes ist als eine Summe von Tönen, eine Zeit- oder Raumvorstellung etwas anderes als eine ungeordnete Mannigfaltigkeit von Empfindungen. Diese neu hinzukommenden Eigenschaften der Apperzeptionsakte sind es zugleich, in denen jene Verbindung derselben begründet ist, die in dem einheitlichen Wollen des individuellen Bewußtseins und in der schon von Leibniz erkannten engen Beziehung zum Selbstbewußtsein sich ausspricht.

VII.

Bei der näheren Verfolgung dieses Zusammenhangs der komplexen seelischen Vorgänge sah sich nun aber die psychologische Analyse mehr und mehr dazu gedrängt, über den Umkreis der Erscheinungen des individuellen Bewußtseins, der das nächste Objekt psychologischer Betrachtung bildet, hinauszugehen. Hat es diese mit dem relativ beständigen Zustand des reifen, zu einer planmäßigen Beobachtung eigener Erlebnisse befähigten Menschen zu tun, so zeigt sich doch dabei zugleich, daß dieser Zustand in Wirklichkeit mitten im Fluß mannigfacher Entwicklungen steht. Einerseits ist das individuelle Bewußtsein das Produkt einer ihm spezifisch zukommenden Sonderentwicklung. Anderseits ist es den allgemeinen Bedingungen unterworfen, welche die Zugehörigkeit zu einer bestimmten menschlichen Kulturgemeinschaft mit sich führt. Ja darüber hinaus fordern schließlich die seelischen Lebensäußerungen der Tiere zu einer vergleichenden Betrachtung heraus, die sich ebenfalls genetischen Gesichtspunkten unterordnet. Einzelne dieser Probleme vergleichender Psychologie, wie die Tierpsychologie, die Psychologie des Kindes, hat schon die psychologische Ära des 18. Jahrhunderts mit Eifer kultiviert. Fast könnte man sagen: sie hat sie entdeckt, da sie in der vorausgegangenen Philosophie, wenn man von dem hier wieder über den Horizont seiner Zeit hinausblickenden Leibniz absieht, kaum ein nennenswertes Interesse erregt hatten. Auch in dieser Beziehung folgt die neue psychologische Ära ihrer Vorgängerin nach. Besonders die Psychologie des Kindes ist unter dem Einfluß der regen pädagogischen Interessen der Gegenwart fast zu einer selbständigen Disziplin ausgewachsen, in der man sich manchmal mehr über die Anhäufung einer schlecht gesichteten und darum unbrauchbaren Masse von

Beobachtungen als über den Mangel arbeitender Kräfte beklagen möchte. Dazu ist aber im Laufe des 19. Jahrhunderts noch ein neues vergleichendes und entwicklungsgeschichtliches Gebiet getreten, das dem vorangegangenen Zeitalter unbekannt war: die **Völkerpsychologie**.

Vor allem jene komplexen Bewußtseinsvorgänge, in denen sich das wechselnde Spiel elementarer Assoziationen und apperzeptiver Prozesse in ihrem verwickelten Zusammenhang betätigt, die Phantasie- und Verstandesfunktionen, drängten auf eine solche Ergänzung der Phänomene des Einzelbewußtseins durch die Betrachtung der generellen Entwicklung hin. Man mag das geistige Wachstum des Kindes noch so sorgsam verfolgen, die Einflüsse lassen sich nimmermehr ausscheiden, durch die ihm die geistigen Errungenschaften vergangener Geschlechter in einem unerschöpflichen Strome zugeführt werden. Und wenn sich selbst diese Einflüsse beseitigen ließen, so würden immer noch die Nachwirkungen bleiben, die sie in der Organisation unseres Körpers zurückgelassen, und die möglicherweise schon die Anlagen des heute geborenen Menschen zu anderen gemacht haben, als die seiner Vorfahren aus der Urzeit gewesen sind. Solange die Psychologie den heute existierenden Menschen europäischer Abstammung mit seinen Anlagen, seinen Anschauungen und Denkgewohnheiten für das Urbild des Menschen überhaupt ansah, mochte sie immerhin im Gebiet der Sinneswahrnehmungen, der Gedächtnis- und Erinnerungsvorgänge, der einfachen Gefühle und Affekte mit einem relativ gesicherten Material arbeiten. Denn diese elementaren Funktionen vollziehen sich mit einer Gesetzmäßigkeit, die wesentliche Veränderungen nicht wahrscheinlich macht. Das verhielt sich anders, sobald man sich den komplexen Bewußtseinserscheinungen zuwandte. Diese lassen sich überhaupt nicht in ihren Entstehungsmomenten belauschen, weil alle dazu erforderlichen Vorbedingungen dem individuellen Bewußtsein fertig und abgeschlossen überliefert werden, so daß ihm zum größten Teile nur noch übrig bleibt, zu reproduzieren oder neu zu kombinieren, was andere Menschen lange vor ihm gedacht, gefühlt und getan haben. So war es denn kaum zu vermeiden, daß die psychologische Analyse gerade den höheren intellektuellen Funktionen gegenüber gänzlich versagte. Da sie sich aber doch in irgend einer Weise mit ihnen abfinden mußte, so wählte sie in der Regel einen Ausweg, der sie von den Bahnen psychologischer Betrachtung überhaupt wegführte. Sie hielt sich nämlich hier nicht bloß, wie bei den elementareren Vorgängen, an das gewöhnliche Bewußtsein des entwickelten Menschen, sondern an die Ergebnisse jener wissenschaftlichen Disziplinen, die sich mit den verschiedenen Richtungen und Leistungen des geistigen Lebens in seinen vollkommensten Äußerungen beschäftigen. Über die psychologische Natur der intellektuellen Funktionen sollte also die Logik, über die der Phantasietätigkeit die Ästhetik, über die der komplexen Gefühle und Affekte die Ethik, allenfalls unter Zuhilfenahme der Rechts- und Religionsphilosophie, Auskunft geben. Man hat sich dieses Verfahren nicht überall deutlich gemacht. Tatsächlich ist es durchgehends befolgt worden. Höchstens wurde da und dort versucht, die Normen oder Voraussetzungen jener einzelnen Gebiete irgendwie mit den aus der Selbstbeobachtung bekannten einfacheren Tatsachen in eine äußere Beziehung zu setzen. Da nun aber innerhalb der so für die Psychologie bestimmend gewordenen Geisteswissenschaften wieder die Logik die dominierende Stellung einnahm — Ästhetik, Ethik und ihre Dependenzen galten nicht selten für eine Art angewandter Logik — so befestigte dieses Verhältnis nicht wenig die ohnehin den verbreiteten Neigungen entgegenkommende Herrschaft der Reflexionspsychologie. Wer diese aus dem Gebiet der niederen seelischen Funktionen verbannte, der ließ sie wenigstens auf dem der höheren gelten, von wo aus sie dann freilich nur zu sehr geneigt, war wiederum über das Ganze sich auszubreiten.

Nun ist es an und für sich einleuchtend, daß, wenn wir über die psychologische Entstehung und die natürlichen Eigenschaften des menschlichen Denkens Rechenschaft geben wollen, wir uns nicht an die Logik um Auskunft wenden dürfen, die jene Eigenschaften im Interesse der wissenschaftlichen Anwendungen umgestaltet und auf bestimmte Normen zurückgeführt hat. Vielmehr steht hier diejenige Funktion im Vordergrund, in der jenes natürliche Denken in der einer bestimmten menschlichen Gemeinschaft zukommenden spezifischen Form sich ausprägt: die Sprache. Ebenso kann uns über die natürlichen Äußerungen der Phantasietätigkeit nicht die Ästhetik, sondern nur die Kunst in ihren ursprünglichen Erzeugnissen neben den mit ihr eng verbundenen Erscheinungen von Mythus und Religion, endlich über die Entwicklung komplexer Affekte und Willensmotive nicht die Ethik, sondern die Urgeschichte der Sitte, des Rechts und der sittlichen Anschauungen Aufschluß gewähren. Das sind die Probleme, die wir heute der Völkerpsychologie zuzählen. Der zwingende Grund für die Ausbildung dieses neuen Gebiets psychologischer Betrachtung liegt aber darin, daß überall da, wo uns das individuelle Bewußtsein auf die Frage nach der Entstehung und den Erscheinungsformen gewisser seelischer Vorgänge die Antwort versagt, wir uns notwendig an die Quelle zu wenden haben, aus der alle diese jenseits des individuellen Daseins liegenden Entwicklungen geflossen sind: an das Völkerbewußtsein und seine Erzeugnisse.

VIII.

Die experimentelle Psychologie auf der einen, die Völkerpsychologie auf der anderen Seite, sie sind die beiden Errungenschaften der neuen Psychologie. Für die Begründung der ersten fehlten dem 18. Jahrhundert die zureichenden Vorbereitungen in der Sinnesphysiologie; es fehlten aber auch vielfach noch die allgemeineren naturwissenschaftlichen Vorbedingungen. Der Gedanke einer Völkerpsychologie vollends war unmöglich in einer Zeit, da sich Sprachwissenschaft, Mythologie, Religions-, Kultur- und Sittengeschichte noch in ihrer Kindheit befanden. Die Schule Herbarts, wie in ihr die Idee einer exakten Psychologie die Einführung des Experimentes in die psychologische Beobachtung vorbereitete, hat auch dem Gedanken der Völkerpsychologie zuerst die Wege geebnet. Aber den entscheidenden Einfluß übten hier doch die Bedürfnisse aus, die innerhalb jener einzelnen Disziplinen sich regten, auf welche die Völkerpsychologie bei allen Fragen, die auf die Erzeugnisse des gemeinsamen Lebens gehen, angewiesen ist: Sprachwissenschaft, Mythologie, Ethnologie usw. Alle diese Gebiete sind im wesentlichen Schöpfungen des 19. Jahrhunderts, und sie sind in ihren Anfängen aus der gleichen Geistesströmung der Romantik entsprungen, die auch in der gleichzeitigen Philosophie eines Schelling und Hegel das Licht des Entwicklungsgedankens über alle Gebiete des geistigen Lebens ausgebreitet hat.

Unter diesen Gebieten war es die historische Sprachwissenschaft, die sich wohl am frühesten von den Einflüssen der spekulativen Philosophie emanzipierte, die nun aber auch am dringendsten von sich aus zu psychologischen Fragestellungen gedrängt wurde. In diesem Verhältnis zur Psychologie wiederholten sich zugleich in merkwürdiger Analogie die wechselnden Schicksale, die das Wahrnehmungsproblem in der neueren Sinnesphysiologie erlebt hatte. Naturgemäß war es das Äußerlichste an der Sprache, der Lautbestand der Wörter, der, wie er die nächsten Anhaltspunkte für die Untersuchungen der Sprachgeschichte bot, so auch in seinen mehr oder minder regelmäßigen Veränderungen die Idee einer Gesetzmäßigkeit erweckte, die derjenigen der Naturgesetze bis zu einem gewissen Grade verwandt sei. Dazu kam, daß das Studium der Lautbildungen, das zur Würdigung der physischen Seite dieser Erscheinungen unerläßlich war, die Sprachforscher zu einer eifrigen Beschäftigung mit der Physiologie der Stimme und Sprache nötigte. So wurde die Lautphysiologie zu dem vorzugsweise gepflegten Lieblingsgebiet. Die Sprachforscher begannen sich halb oder ganz als Physiologen zu fühlen, und es war darum begreiflich, daß sie auch in dem Streben, möglichst alle Erscheinungen auf physiologischem Wege zu interpretieren, dem Beispiel der Sinnesphysiologie nachfolgten. Ganz ohne psychologische Hilfskräfte konnte man freilich nicht auskommen. Diese, anfangs nur in vorsichtiger Beschränkung zugelassen, eroberten sich allmählich ein immer weiteres Terrain. Auch drängten die Erscheinungen der sprachlichen Formbildungen und des Bedeutungswandels mehr und mehr zu psychologischen Fragestellungen. So ereignete sich in der Sprachwissenschaft wiederum das nämliche, was kurz zuvor in der Sinnesphysiologie eingetreten war. Auch der Sprachforscher wurde wider Willen Psychologe; und seine Psychologie glich jener der Sinnesphysiologen, abgesehen von den Modifikationen, die der Gegenstand mit sich brachte, beinahe wie ein Ei dem anderen. Jene Reflexionspsychologie, die ihre eigenen nachträglichen Überlegungen über die Dinge in diese selber verlegt, breitete sich unvermeidlich auch über dieses Gebiet aus. So fiel der Sprachpsychologie, die sich hier als ein erster Teil der Völkerpsychologie entwickelte, schließlich, um die Ähnlichkeit zu vollenden, im Grunde dieselbe Aufgabe zu, die vorher die Psychologie der Wahrnehmungsvorgänge gelöst hatte. Sah sich aber diese durch die neuen Gesichtspunkte, mit denen sie den Erscheinungen gegenübertrat, immerhin selbst zu neuen experimentellen Fragestellungen genötigt, so konnte es sich für die Sprachpsychologie nur in beschränktem Umfang um ähnliches handeln. In der Hauptsache blieb ihr die Aufgabe, die von der Sprachwissenschaft gefundenen Tatsachen in die richtige psychologische Beleuchtung zu rücken. Und hier leistete ihr nun die vorangegangene Sinnespsychologie unschätzbare Dienste. Rückten doch nicht selten die sprachlichen Vorgänge alsbald in ein überraschendes Licht, wenn man auf sie nur die Prinzipien der gleichen elementaren Assoziationen anwandte, die sich bei den Sinneswahrnehmungen bewährt hatten. Doch auf solche Rückwirkungen des einfacheren auf das verwickeltere Gebiet beschränkte sich keineswegs diese Wechselwirkung. Wichtiger waren vielleicht noch die neuen Einblicke, die sich, nachdem einmal diese Grundlage gegeben war, innerhalb der sprachlichen Vorgänge selbst in den Zusammenhang der seelischen Funktionen eröffneten. Insbesondere waren es hier die Erscheinungen der Wortbildung, der Satzfügung und des Bedeutungswandels, die das verwickelte Getriebe des menschlichen Denkens erleuchteten, und in denen zugleich die stetige Entwicklung der Apperzeptionsprozesse aus den einfacheren seelischen Vorgängen, vor allem aus den elementaren Assoziationen seinen treuesten Ausdruck fand.

Wie die übrigen Arbeitsgebiete der Völkerpsychologie, in denen sie mit den verschiedenen Zweigen der Kulturgeschichte in Beziehungen tritt, teils auf diese, teils auf die Psychologie selbst zurückwirken werden, läßt sich heute noch nicht übersehen. Diese Gebiete gehören zumeist noch nicht der Gegenwart, sondern der Zukunft an. Immerhin läßt sich nach dem Vorbild des bis dahin Erreichten wenigstens das allgemeine Ziel angeben, das hier der Psychologie gesteckt ist. Es ist die Erkenntnis des geistigen Lebens in der Gesamtheit seiner Entwicklungen von den dunklen Regungen der Einzelseele in den Anfängen ihres Werdens an durch die Stufenfolge der individuellen Bewußtseinszustände bis hinauf zu den höchsten geistigen Leistungen in Gemeinschaft und Geschichte. Dieses Ziel aber, ist es schließlich nicht dasselbe, das auf anderen Wegen freilich und mit ganz anderen Mitteln dereinst die Philosophie der Romantik erstrebt hat? Es bleibt ein unvergängliches Verdienst Kuno Fischers, in dem zuletzt erschienenen Band seines Meisterwerkes über die Geschichte der neueren Philosophie die Grundgedanken der Philosophie Hegels vor allem in dem, was in ihr bleibenden Wert besitzt, ans Licht gestellt und damit, wie man wohl sagen darf, eine »Rettung« im Geiste Lessings vollbracht zu haben. Aber auch an Hegel hat sich erfüllt, was die Geschichte überall bestätigt, daß eine große philosophische Schöpfung nicht bloß die Gedankenströmungen der vorangegangenen Zeit zusammenfaßt, sondern daß sie vielleicht mehr noch die Zukunft vorausnimmt, so sehr in dieser das Bild sich verändern mag, das jene, befangen in den Mängeln und Vorurteilen ihrer Zeit, entworfen hat.

So trägt denn die Psychologie der Gegenwart die Spuren aller der Einflüsse an sich, in denen die Philosophie des 19. Jahrhunderts die hauptsächlichsten der geistigen Strömungen dieser Zeit zum Ausdruck brachte. Von Herbart hat sie die ersten Anregungen zu einer exakten Betrachtung der Bewußtseinsvorgänge empfangen. An Schopenhauer klingen gewisse metaphysische und erkenntnistheoretische Gedanken an. Als ihr mächtigster Vorläufer ist aber schließlich in den allgemeinen Zielen, denen sie zustrebt, der Philosoph hervorgetreten, dem sie anfänglich am fernsten schien: Hegel. Und durch alle diese philosophischen Einflüsse geht, als die für die Ausbildung der neueren Psychologie entscheidende Einwirkung, der Kontakt mit jenen positiven Wissenschaften, die durch die Eigenart ihrer Probleme zu psychologischen Betrachtungen gedrängt wurden und selbst wiederum der Psychologie hilfreich waren. Damit ist in dem Kampf zwischen der Philosophie und den Einzelwissenschaften, der besonders um die Mitte des vergangenen Jahrhunderts entbrannt war, vielleicht nicht zum wenigsten der Psychologie die Rolle der friedestiftenden Vermittlerin zugefallen.

VI.
Gottfried Wilhelm Leibniz.[1]

Wer die Geschichte der Philosophie in ihren neueren Entwicklungen verfolgt, dessen Blick wird bei den bedeutsameren Erscheinungen vor allem der jüngsten Vergangenheit und der Gegenwart immer wieder zu dem Bilde eines Mannes zurückgelenkt, der ein Sohn dieses Landes und dieser Stadt ist und von dem, wenn von irgend einem, gesagt werden darf, daß die deutsche Wissenschaft der neueren Zeit mit ihm begonnen hat. Ich meine Gottfried Wilhelm Leibniz. Als Leibniz auftrat, hatte in den andern Kulturländern Europas die Wissenschaft auf allen Gebieten einen mächtigen Aufschwung genommen. In der ersten Hälfte des 17. Jahrhunderts hatte sich hier jene Erneuerung der Wissenschaften vollendet, in der das Zeitalter der Renaissance seinen bedeutsamen Abschluß fand. Schon im Beginn des Jahrhunderts hatte in Italien die mathematische und experimentelle Physik und Mechanik den Sieg über die Aristotelische Naturlehre davongetragen. Daran schlossen sich in den nächsten Jahrzehnten vornehmlich in England und Frankreich die Anfänge einer exakten Physiologie und einer auf tieferer Erkenntnis der Objekte gegründeten systematischen Naturgeschichte. Mannigfache Versuche regten

---

[1] Akademischer Vortrag gehalten in Anwesenheit Seiner Majestät des Königs Georg von Sachsen im November 1902.

sich, die neuen Gedanken auf Moral und Politik, Recht und Staat hinüberzutragen; und um die Mitte des Jahrhunderts hatte bereits René Descartes das·erste große Unternehmen seines ganz von dem Geiste der neuen Wissenschaft erfüllten philosophischen Systems vollendet. Doch die deutsche Wissenschaft stand abseits von diesen, von jugendlicher Schöpferkraft erfüllten Bestrebungen. Der furchtbare Krieg, der den Wohlstand der deutschen Städte und Landschaften vernichtet hatte, ließ in der Sorge um die tägliche Notdurft keinen Raum für die Künste des Friedens; höchstens die Dichtkunst hatte ihre Bestimmung, den Menschen über die Not des Daseins zu erheben, nicht ganz vergessen. Die Lehrsäle der Hochschulen waren verödet. Auf den deutschen Universitäten herrschte noch immer die Scholastik. Hatte anderwärts die Einführung der nationalen Idiome schon die äußere Form der wissenschaftlichen Forschung und Darstellung zu verändern begonnen, so war in unserem Vaterlande das scholastische Latein noch die allein herrschende Gelehrtensprache geblieben. So ist es denn im ganzen ein trübes Bild, das die deutsche Wissenschaft um die Mitte des 17. Jahrhunderts bietet. Einer der wenigen Naturforscher des Jahrhunderts, deren Ruhm über die Grenzen der deutschen Lande hinausreichte, Kepler, mußte, um das Leben zu fristen, sein Wissen im Dienst astrologischer Künste verwerten und starb schließlich im Elend.

Zwei Jahre vor dem Ende des großen Krieges war Leibniz geboren. Seine Jugend fiel in die Zeit, da sich die Nation allmählich von ihrem schweren Siechtum erholte, eine Zeit, in der, lange bevor das äußere Leben wieder den früheren Stand erreicht hatte, aller Orten bereits geistige Interessen neu sich entwickelten. Wie in der Dichtung, so begannen sich in der Wissenschaft frische Triebe zu regen, die da und dort schon der überlieferten Gelehrsamkeit und der scholastischen Tradition der deutschen Hochschulen mit keckem Übermut entgegentraten. Es ist eine Art verspäteter Renaissance, die hier in der zweiten Hälfte des 17. Jahrhunderts auf deutschem Boden sich abspielt, und die geistige Atmosphäre der Zeit kann wohl an das sprudelnde Leben der italienischen Renaissance des Quattrocento erinnern. Es ist, als wenn sich die Kraft der Nation, lange zurückgehalten, mit einem Male mit um so gewaltigerer Macht Luft machen wollte. Und nirgends trat dieser Kontrast so überraschend hervor, wie auf dem Gebiet, auf dem freilich der deutsche Geist am meisten nachzuholen hatte: auf dem der Wissenschaft. Das ist der geistige Boden, auf dem sich Leibniz entwickelt hat. Zugleich ist seine Stellung zur Kultur dieser Zeit eine eigenartige, unvergleichliche, weil er nicht bloß zu einem der führenden Geister der Zeit wird, sondern weil in seiner Person fast diese ganze merkwürdige Spätrenaissance der deutschen Wissenschaft sich verkörpert. In Italien, Frankreich, England hatte die neue Zeit auf fast allen wissenschaftlichen Gebieten, in Mathematik und Naturforschung, in Philologie und Geschichte, in Staatswissenschaft und Philosophie hervorragende Geister erweckt; und der vielseitigen Beweglichkeit des ganzen Zeitalters entsprach es, daß die Arbeiten auf allen Gebieten in regster Wechselwirkung standen, wie dies besonders der Einfluß verrät, den die aufstrebende Naturwissenschaft mit den weiten Perspektiven, die sie dem theoretischen Erkennen und seiner praktischen Anwendung eröffnete, auf die Geisteswissenschaften und die Philosophie ausübte. Doch der Jurist, der Philologe und Historiker, der Mathematiker und der beobachtende Naturforscher waren zumeist verschiedene Personen. Nur die Philosophie bildete bis zu einem gewissen Grade ein allen gemeinsames Terrain. Als aber mit Leibniz die deutsche Wissenschaft zum erstenmal mit gewichtiger Stimme in dieses geistige Konzert der Nationen einzugreifen begann, da war es der eine Mann, der, Jurist und Mathematiker, Historiker und Naturforscher, Politiker und Philologe, und zu allem dem Philosoph, die Wissenschaft fast in allen ihren Verzweigungen umfaßte. Von Francis Bacon, dem großen Begründer der englischen Erfahrungsphilosophie, hatte sein Landsmann, Harvey, der berühmte Entdecker des Blutkreislaufs, gesagt, er habe über die Naturwissenschaften als ein Lordkanzler geurteilt, — eine Bemerkung, die deutlich genug zu verstehen gab, daß der philosophierende Staatsmann, der die Physik die Mutter der Wissenschaften genannt hatte, selbst von der Physik nicht sonderlich viel gewußt hat.

Auch von Leibniz konnte man sagen, er habe sich als Jurist in der Mathematik und als Mathematiker in der Jurisprudenz betätigt, und er habe schließlich die logische Begriffsanalyse des einen und die exakten Verfahrungsweisen des andern in seinen historischen und sonstigen Arbeiten und nicht zuletzt in seiner Philosophie verwertet. Aber niemand konnte behaupten, daß nicht überall seine Kenntnis auf der Höhe der Wissenschaft seiner Zeit stand, und mehr als das, daß sie nicht auf jedem Gebiet durch neue, oft weit über die erreichten Ziele hinausgehende Ideen und Ergebnisse schöpferisch umgestaltend gewirkt hat. Der Mann, der sich in einigen Jugendschriften in der Lösung verwickelter zivilrechtlicher Probleme, als »anmutiger Übungen des Verstandes«, wie er es nannte, versuchte, und der, als er selbst die Universität verlassen, bereits in großen Umrissen eine Reform des juristischen Studiums vorgezeichnet hatte, wie sie durchweg den Zielen entspricht, die der heutige juristische Unterricht sich gesteckt hat, der dann in reiferen Jahren fast alle die schwierigen staatsrechtlichen Fragen, die die unabsehbar verwickelten politischen Verhältnisse der Zeit boten, in einer großen Reihe gründlicher Denkschriften behandelte, — er löste in der gleichen Zeit spielend die schwierigsten mathematischen Probleme, mit denen sich sein jüngerer Freund, der selbst als einer der scharfsinnigsten Mathematiker bekannte Johann Bernoulli in Basel, fragend an ihn wandte. Als rechtskundiger Berater des Kurfürsten Johann Philipp von Schönborn in Mainz arbeitet er mit merkwürdigem politischem Fernblick ein Memorandum über die wahrscheinlichen Erfolge einer französischen Expedition nach Ägypten und einer Durchstechung der Landenge von Suez aus, und gleichzeitig sucht er in einem kühn entworfenen System die astronomische Weltanschauung des Kopernikus mit den von Kepler gefundenen Gesetzen auf Grund einer neuen kosmologischen Hypothese zusammenzufassen. Und als er in den folgenden Jahren in Paris weilt, um jene politische Denkschrift selbst dem großen französischen König zu übergeben und zu erläutern, da fallen, geweckt durch den Verkehr mit den hervorragenden Mathematikern der Zeit, in seine Seele zündend die ersten Gedanken der neuen Rechnungsmethode, die in der Geschichte der Mathematik eigentlich erst völlig den Wendepunkt bezeichnet, wo das Altertum aufhört und die neue Zeit anfängt. Die Differentialrechnung erst hat die Herrschaft des starren Begriffs der Zahl gebrochen und eine Rechnung mit stetig veränderlichen Größenbeziehungen ermöglicht, die dem Fluß der Erscheinungen unmittelbar, nicht erst mit Hilfe eines unzulänglichen, theoretisch unbefriedigenden Näherungsverfahrens zu folgen vermag. So hat hier, inmitten diplomatischer Geschäfte und Zerstreuungen, gleichzeitig mit seinem großen Zeitgenossen Isaak Newton, aber in einer dem praktischen Bedürfnisse besser angepaßten und darum bald zu allgemeiner Annahme gelangten Form Leibniz die Grundlage jener Fülle mathematischer Disziplinen geschaffen, die wir gegenwärtig unter dem Namen der höheren Mathematik zusammenfassen. Als er dann in den 80er Jahren im Auftrage seines späteren Herrn, des Herzogs Ernst August von Hannover in Italien weilt, um in den dortigen Archiven Materialien für seine groß angelegte Geschichte des welfischen Hauses zu gewinnen, da wechseln wiederum diese historischen Studien mit weit abliegenden physikalischen Arbeiten, deren Ertrag er in dem großen Prinzip niederlegt, um das ein Jahrhundert lang Physiker und Philosophen sich stritten, bis es abermals über ein Jahrhundert in Vergessenheit geriet, um endlich in unseren Tagen einmütig von der physikalischen Forschung als einer der allgemeinsten und fruchtbarsten Grundsätze für die Verfolgung der wechselnden Naturerscheinungen anerkannt zu werden: das Prinzip der Erhaltung der Kraft oder, wie es heute gewöhnlich genannt wird, der Erhaltung der Energie.

Allerdings wird diesem für die spätere physikalische Forschung grundlegenden Gedanken des großen Mannes noch heute in den Kreisen der Fachgelehrten nicht ganz das Recht, das ihm, nachdem der unerfreuliche Streit um die Priorität der Differentialrechnung, der seine letzten Lebensjahre verbitterte, längst vergessen ist, auf mathematischem Gebiete bereitwillig zugestanden wird. Niemand wird dem genialen Arzt Robert Mayer, oder den hervorragenden Physikern, Helmholtz, Joule, Clausius, die neben diesem das heute sogenannte Energieprinzip gefunden und angewandt haben, ihre Verdienste streitig machen oder behaupten wollen, es seien die Leibnizschen Arbeiten zur Dynamik gewesen, aus denen sie schöpften. Doch wenn man immer wieder der Bemerkung begegnet, Leibniz selbst habe nur das beschränktere Prinzip gekannt, das die Mechanik des 18. Jahrhunderts als das der Erhaltung der lebendigen Kräfte bezeichnete, so erklärt sich diese Behauptung nur aus der

Abneigung, welche die an dem Fortschritt ihrer Wissenschaft arbeitenden Physiker gegen historische Studien empfinden, auch wenn sich diese auf die Vergangenheit ihrer eigenen Wissenschaft beziehen, eine Abneigung, die ja bei der Fülle dringender Aufgaben, vor die sich die heutige Physik gestellt sieht, begreiflich und entschuldbar ist. Immerhin verlangt es die historische Gerechtigkeit, hervorzuheben, daß Leibniz das Gesetz der Konstanz der Energie freilich noch nicht in seinen Anwendungen auf die Wechselwirkungen der Naturkräfte kannte, daß er aber den prinzipiellen Inhalt dieses wichtigen Gesetzes vollkommen klar durchschaute. Von jener Nachweisung eines festen Verhältnisses oder einer Äquivalenz zwischen Wärme und mechanischer Arbeit, mit der die Wiederentdeckung des Energieprinzips in der neueren Zeit begonnen hat, konnte in der Tat bei dem Zustand der physikalischen Wissenschaft zu Leibniz' Zeit noch nicht die Rede sein. Aber der allgemeine Gedanke der Transformation der Naturkräfte ist ihm durchaus geläufig, und insbesondere betont er mehrfach den Übergang von Massenbewegungen in Molekularbewegungen und umgekehrt. So vergleicht er einen elastischen Körper gelegentlich einem mit Kugeln gefüllten Sack, der von der Kraft eines ihn von außen treffenden Stoßes genau so viel verschwinden lasse, als in den inneren Bewegungen der Kugeln sich wiederfinde. Im Universum kann nach ihm ebensowenig eine Kraft verschwinden wie eine neue entstehen. Wohl aber kann es geschehen, daß eine bewegende Kraft in ein bloßes Streben nach Bewegung übergeht. In diesem Sinne stellt er der lebendigen Kraft, der Vis viva, die tote, die Vis mortua, gegenüber. Fortwährend kann lebendige Kraft in tote und wiederum tote in lebendige übergehen. Das weitere Prinzip der heutigen Energielehre, das der sogenannten Entropie, nach welchem die erstere Umwandlung nicht ins Unbegrenzte möglich ist, hat Leibniz allerdings noch nicht gekannt. Seine Auffindung war wiederum ohne die einer viel späteren Zeit angehörenden Fortschritte der physikalischen Wärmelehre unmöglich. Um so entschiedener behauptet er, daß nicht die lebendige Kraft allein, sondern nur die absolute Kraft oder die Summe aller lebendigen und toten Kräfte zusammen im Universum konstant bleibe. Da die Ausdrücke lebendige und tote Kraft inhaltlich vollständig mit den in der modernen Energetik gebrauchten lebendige Kraft und Spannkraft oder aktuelle und potentielle Energie zusammenfallen, so kann es demnach keinem Zweifel unterliegen, daß Leibniz dem allgemeinen Gedanken nach das Energieprinzip der heutigen Physik bereits in seinem vollen Umfange vorausgenommen hat.

Je vielseitiger die auf solche Weise alle Gebiete des menschlichen Wissens umfassende und nicht minder den Interessen des praktischen Lebens zugewandte Arbeit dieses Mannes gewesen ist, um so begreiflicher ist es nun wohl, daß bei aller Bewunderung doch zuweilen ein gewisses Bedauern ob der allzu großen Zersplitterung dieser gewaltigen Kraft sich vernehmen läßt. Um wie viel mehr, so hört man wohl sagen, hätte dieser Mann die mathematischen Wissenschaften fördern können, wenn er nicht in Staatsgeschäften einen großen Teil seines Lebens verbracht hätte? Oder was würde er für die Rechtswissenschaft geworden sein, wäre nicht doch schließlich der beste Teil seines Interesses den exakten Wissenschaften und der Philosophie zugewandt gewesen? Oder endlich welch bahnbrechenden Wert würde sein Beispiel für die Geschichtswissenschaft gewonnen haben, wenn er die Methode kritischer Quellenforschung, deren er sich in seiner Geschichte des Hauses Braunschweig befleißigte, auf weitere Gebiete deutscher Geschichte angewandt hätte, für die ihm in einem für jene Zeit seltenen

Maße die Hilfsmittel der Archive zu Gebote standen? So urteilt jeder von dem Standpunkt seines engeren Gebietes aus. Und dabei sind hier doch erst die Hauptgebiete genannt, denen sich sein Interesse dauernder zuwandte. Nimmt man dazu noch seine mehr gelegentlichen Bemühungen in Sprach- und Völkerkunde, Geologie und Biologie, im Hüttenwesen, in der Volkswirtschaft, seine aufklärenden Untersuchungen über das Münzwesen, und schließlich, nicht als das letzte, sein unablässiges Wirken für die Gründung gelehrter Akademien, so würden alle diese Nebeninteressen selbst wieder ausreichen, ein tätiges Menschenleben auszufüllen. Aber wer den Beziehungen nachgeht, in die in dem Geiste dieses Mannes diese vielverzweigten Interessen und Tätigkeiten zu einander traten, der wird jenes oft gehörte Bedauern doch schwerlich teilen können. Im Gegenteil, je mehr man sich die Grundgedanken vergegenwärtigt, von denen seine mannigfaltigen Bestrebungen getragen sind, um so mehr wird man zu der Überzeugung gedrängt, daß er die größten Erfolge, die er im einzelnen errang, gerade dieser Vielseitigkeit seines Wissens und Könnens verdankte, die ihn fruchtbare Ideen und Methoden leicht von einem Gebiet auf das andere übertragen ließ und ihn von frühe an vor jener Einseitigkeit bewahrte, der so leicht nicht bloß der Fachmann, sondern auch der Philosoph anheimfällt, der sein Urteil über Dinge und Menschen oder gar seine gesamte Philosophie auf Anschauungen gründet, die er von einem Standpunkte mit eng begrenztem Horizont gewonnen hat. Deshalb besteht die welthistorische Bedeutung dieses Mannes in Wahrheit keineswegs darin, daß sein Wissen und die Kraft seines Könnens auf den verschiedensten Gebieten geistiger Tätigkeit reicher waren als die irgend eines andern der Gelehrten, die mit ihm oder die vor oder nach ihm gelebt haben, sondern darin, daß alles, was bisher das Zeitalter der Erneuerung der Wissenschaften als Erfolg der Arbeit zahlreicher Einzelkräfte errungen hatte, hier einmal in einer einzigen Persönlichkeit zu einer großen Einheit verbunden war. Damit hatte die deutsche Wissenschaft nachgeholt, was sie bisher verabsäumt hatte. Daß hier, bei Abschluß dieser denkwürdigen Periode, die treibenden Kräfte des Zeitalters in allen ihren Hauptrichtungen in einem einzigen schöpferischen Geiste zusammentrafen, das war ein Ereignis von unschätzbarem, vielleicht noch lange nicht genug gewürdigten Werte. Nicht das macht also die Stellung Leibnizens in der Kultur seiner Zeit und zur Kultur der kommenden Zeiten bis auf unsere Tage herab zu einer einzigartigen, daß er, wie man sich auszudrücken pflegt, für sich allein eine ganze wissenschaftliche Akademie repräsentierte, sondern dies, daß die Gedanken und Leistungen, die in einer Akademie auf viele Personen verteilt sind, wobei sich diese zumeist herzlich wenig umeinander zu kümmern pflegen, hier Gedanken und Leistungen eines Geistes, Arbeiten einer einzigen, nach einheitlichen Zielen gerichteten Kraft waren. Denn wie hoch man auch immer den Nutzen der Arbeitsteilung im Hinblick auf die Konzentration der Leistungen, die sie gestattet, schätzen mag, den Wert der geistigen Wechselwirkung der Gebiete, den wir in unserem Namen der »Universitas literarum« zum Ausdruck bringen, darf man wahrlich nicht geringer achten. Lehrt doch die Geschichte des geistigen Lebens vernehmlich genug, daß nicht selten die größten Fortschritte aus der Übertragung von Ideen oder Methoden von einem Gebiet auf ein anderes oder aus der Zusammenfassung von Gedankenrichtungen verschiedener Herkunft entsprungen sind. Aber solche Wechselwirkungen bleiben doch, eben wegen der notwendigen Arbeitsteilung, seltene Ereignisse, die oft mehr einem günstigen Zufall als planmäßiger Überlegung entspringen. Anders, wo in einer einzigen Persönlichkeit solche Ideen heterogenen Ursprungs und die Hilfsmittel zu ihrer Verwirklichung zusammenfließen. Das Altertum hatte diese Vereinigung in Aristoteles gesehen, diesem größten Systematiker aller Zeiten, dessen Schule zugleich die erste planmäßige Organisation wissenschaftlicher Arbeit gewesen ist. In ganz anderer Weise, aber doch mit übereinstimmender Wirkung hat das gleiche für die neuere Zeit Leibniz geleistet. Er hat kein wissenschaftliches System hinterlassen, sondern zumeist in Gelegenheitsschriften, Briefen, und auf flüchtigen Notizblättern die Saat seiner Gedanken ausgestreut. Er hat keine Schule gegründet, aber in fast allen Gebieten der Wissenschaft ist er der Lehrer der kommenden Zeiten gewesen. Trotzdem würde man die Bedeutung dieses enzyklopädischen Geistes nur unzulänglich einschätzen, wenn man sie bloß in den fruchtbaren Wechselwirkungen sehen wollte, in die in ihm sonst entlegene Gedankenrichtungen zueinander getreten sind. So wahr es ist, daß bei ihm, wie er selbst es einmal andeutet, der Jurist von dem Mathematiker und der Mathematiker von dem Juristen gelernt hat, und daß, wie man wohl hinzufügen darf, nicht minder der Naturforscher, der Philolog und Historiker bei jenen und schließlich der Philosoph bei ihnen allen in die Schule gegangen ist, so liegt doch der Schwerpunkt seiner Bestrebungen und seiner bleibenden Wirkung nicht in solchen herüber und hinüber gehenden Einflüssen, sondern in jener Ausgleichung der Gegensätze, in jener Aufhebung widerstreitender Interessen und abweichender Gedankenrichtungen zu einer harmonischen, den Forderungen des Denkens wie des Fühlens gleichmäßig gerecht werdenden Weltanschauung.

In allen seinen wissenschaftlichen Leistungen tritt dieser harmonisierende Zug, diese mild und gerecht zwischen dem

Kampf der Meinungen entscheidende und sich über ihn erhebende Gesinnung hervor. Wenn er von sich sagt, er sei allezeit mehr geneigt gewesen, den Meinungen anderer beizupflichten als ihnen zu widersprechen, so ist diese Selbstcharakteristik für die konziliatorische Natur seines Geistes so treffend wie möglich. Aber man muß doch hinzufügen: seine Zustimmung ist immer zugleich eine Einschränkung, weil er es nie versäumt, auch der abweichenden Anschauung ihr Recht einzuräumen. Darum gebrauchte er selbst zur Bezeichnung der allgemeinen Weltanschauung, die sich ihm aus der Fülle seiner einzelnen Studien ergeben hatte, mit Vorliebe den Namen des »Systems der universellen Harmonie«, und wenn er sich nach der Sitte der Zeit einen Namen wählte, der an das, was er unter seinen Arbeiten am meisten schätzte, erinnern sollte, so wählte er nicht den des Erfinders der Differentialrechnung oder des Entdeckers der Erhaltung der Kraft, sondern den des Urhebers der Idee der prästabilierten Harmonie. Vor allem in seiner Philosophie und am schönsten in der präzisen Zusammenfassung seiner philosophischen Ideen, die er für den Prinzen Eugen von Savoyen geschrieben, und die der geniale Feldherr, wie man erzählt, sein Leben lang als seinen teuersten literarischen Schatz bewahrte, tritt dieser harmonisierende Charakter seines Denkens deutlich hervor. Nicht durch eine äußerliche eklektische Verbindung widerstrebender Elemente, und nicht durch keckes oder vornehmes Ignorieren widerstreitender Anschauungen, sondern in der Aufhebung dieser in einer umfassenderen, jedem Standpunkt das ihm gebührende Recht einräumenden Betrachtung sieht diese Philosophie das Mittel zur Ausgleichung der Widersprüche und zur Versöhnung der Gegensätze. Dabei ist sie aber freilich auch nicht das Werk einer plötzlichen Intuition, nicht ein kühnes, unvermitteltes Aperçu, sondern langsam und allmählich ist sie ihrem Urheber mitten heraus aus seinen vielverzweigten Studien und aus einem fast unübersehbaren persönlichen und brieflichen Verkehr mit geistig hervorragenden Männern und Frauen der verschiedensten Stände und Berufe erwachsen. Diesem über dem Getriebe der wissenschaftlichen, und bis zu einem gewissen Grade auch der politischen und der religiösen Parteien stehenden Zug des Denkens verdankt diese Philosophie ihre einzigartige Stellung in ihrer eigenen, wie ihre fortwirkende Kraft auf die kommende Zeit, eine Kraft, die eher zu- als abgenommen hat, da uns Heutigen wohl Leibnizsche Ideen kongenialer geworden sind, als sie es dem Zeitalter waren, das unmittelbar seinem Wirken gefolgt ist. Ja, man darf es wohl aussprechen, von dem wahren Verständnis der Leibnizschen Ideen ist die Welt vielleicht niemals entfernter gewesen als zu der Zeit, da, wie man meinte, in Deutschland die Leibnizsche Philosophie herrschte. Ist doch die Art, wie man sich mit diesem Gedankensystem, das wie kein anderes aus den gesamten geistigen Triebkräften seiner Zeit herausgewachsen ist, noch heute gelegentlich abfindet, dürftig und äußerlich genug; und manche Darstellung erscheint nur als eine etwas breitere Umschreibung der Antwort jenes Kandidaten, der auf die Frage seines Examinators »was wissen Sie über Leibniz?« erwiderte: »er hat die Monaden erfunden«. Denn in der Tat, nicht in dem Begriff der Monade, und nicht in allem dem, was sonst das äußere Gerüste dieses Systems ausmacht, besteht die Bedeutung und die fortwirkende Kraft desselben. Alles das sind vergängliche Formen, in denen Aristoteles und die Scholastik, die Renaissance und die gleichzeitige Wissenschaft nicht bloß in dem, was sie Bleibendes geschaffen, sondern auch in dem, was an ihnen vergänglich war und nun überwunden ist, nachwirken. Doch der Geist, der dieses äußere

Gerüste des Leibnizschen Systems erfüllt, ist nicht überwunden, und er ist heute vielleicht wieder lebendiger und lebensfähiger, als er zu Leibniz' eigener Zeit gewesen ist. Für diesen Geist, will man ihn mit einem einzigen Wort andeuten, wüßte ich aber keinen besseren Ausdruck als eben den, den Leibniz selbst mit Vorliebe gebraucht hat, den der »Harmonie«. Wie in der musikalischen Harmonie die Dissonanz zum wohlgefälligen Einklang sich aufhebt, und so sich aufhebt, daß sie zum wirksamsten Hilfsmittel der Konsonanz wird, so ist für Leibniz die Welt selbst in dem Sinne harmonisch, daß sich in ihr alles Einzelne, auch das Unscheinbarste und Vergänglichste, den ewigen und unwandelbaren Zwecken einer göttlichen Weltordnung unterordnet; daher der Widerspruch gegen diese Weltordnung immer nur ein scheinbarer sein kann, der sich aufhebt, wenn man den Dingen auf den Grund geht.

In diesem Geiste der Harmonie muß darum auch nach seiner Meinung der Widerstreit der Weltanschauungen gelöst, und muß der Gegensatz der sinnlichen und der geistigen oder sittlichen Welt überwunden werden. So ist er denn schon in jüngeren Jahren eifrig bemüht, die Kluft zu überbrücken, welche zwischen der mechanischen Weltanschauung der Zeit, die mit der Natur auch den Menschen der unerbittlichen Notwendigkeit der mechanischen Gesetze unterwerfen möchte, und jener anderen, von Plato herstammenden, auch in dieser Zeit des Aufschwungs der mechanischen Naturwissenschaften nicht ganz zum Schweigen gebrachten idealistischen Philosophie besteht, die der geistigen Welt ihren überragenden Wert gewahrt sehen möchte. Sicherlich, sagt Leibniz, beherrschen die Gesetze der Mechanik die gesamte körperliche Welt. Doch wo kommen, so fragt er, die Gesetze der Mechanik her? Wenn alles in der Natur mechanisch erklärlich ist, diese Gesetze selbst sind es nicht.

Wohl aber bilden sie ein harmonisches, zweckvoll verbundenes System, welches, da Zweckideen überall nur geistigen Ursprungs sein können, darauf hinweist, daß der letzte Grund der Dinge überhaupt nur ein geistiger sein kann. Wo anders können wir nun dieses geistige Sein, wenn auch wahrscheinlich selbst hier nur in einem verdunkelten Abbild erkennen, als in unserem eigenen Geiste? Darum, weil das Wesen der Dinge ein geistiges ist, sind die wahren Gesetze des Seins die geistigen Gesetze: sie beherrschen in gebundener Form die materielle Natur; und in höherer, freierer Form, als ein System klar bewußter Zwecke treten sie uns in dem Leben und Wirken des Menschen entgegen. So bereitet in den Stufenfolgen der Natur die Entwicklung des Menschen und der Menschheit in ihrem geschichtlichen Werden sich vor. Gott lenkt, wie Leibniz in seiner an Gleichnissen reichen Sprache sich ausdrückt, die Körper wie ein Techniker seine Maschine nach den unveränderlichen Gesetzen der Mechanik, die Geister aber regiert er, wie ein Fürst seine Bürger, nach den Gesetzen der Moral. Doch in dem niederen Zweckgebiet bereitet sich das höhere, und in diesem schließlich das höchste, das unserer sinnlichen Erkenntnis verborgen bleibt, vor. Eben darum aber ist nichts zweck- oder wertlos. In der universellen Harmonie der Wesen hat jedes seinen, in ihm selbst liegenden Wert für das Ganze. Deshalb widerstrebt ihm die einseitig individualistische und atomistische Gesellschaftslehre seiner berühmten Zeitgenossen Thomas Hobbes und Samuel Pufendorf ebenso sehr wie der Pantheismus und abstrakte Universalismus eines Spinoza. Auch in der menschlichen Gesellschaft hat jede Persönlichkeit ihren eigenen, unverlierbaren Wert. Das Wort Kants »kein Mensch soll bloßes Mittel zu außer ihm liegenden Zwecken, sondern Selbstzweck sein«, auch Leibniz könnte es gesprochen haben. Er hätte aber schwerlich unterlassen hinzuzufügen, daß ein jeder immer und in allen seinen Handlungen Zweck und Mittel zugleich sei, weil er die Bestimmung habe, zu seinem Teile mitzuarbeiten an der Vervollkommnung der Menschheit. Den Gedanken, daß der Sinn der Geschichte für das menschliche Verständnis am anschaulichsten unter dem Bild der Erziehung begriffen werden könne, ihn haben später Lessing und Herder aus dem Born Leibnizscher Ideen geschöpft.

Am klarsten hat dieser selbst dem Gedanken einer harmonischen Verbindung aller Lebensgebiete bei demjenigen Problem Ausdruck gegeben, an dem schon der Jüngling die Kraft seines Denkens geübt, und um das noch der Greis sich bemüht hat: bei dem Problem des Rechts. Wohl wohnt dem strengen Recht, das unter den Normen des geistigen Lebens der Unerbittlichkeit der Naturgesetze am meisten verwandt erscheint, eine ehrfurchtgebietende Macht bei. Aber indem das Recht im letzten Grunde doch eine für vernünftige Wesen geltende Norm ist, mildert sich das »Jus strictum« durch die Rücksicht auf die besonderen Bedingungen seiner Anwendung zu der einen freieren Spielraum gewährenden Äquitas, der »Billigkeit«. Und indem nun beide, das abstrakte, für alle Fälle gleich geltende Rechtsgesetz und die der Mannigfaltigkeit der individuellen Verhältnisse Rechnung tragenden Prinzipien der Äquitas sich ergänzen, ordnen sie sich einem höchsten Prinzip unter, das die Allgemeinheit des Rechts mit der individuellen Natur der Billigkeit verbindet: der Pietas, der Frömmigkeit. Nicht das Jus strictum allein, sondern diese drei in ihrer harmonischen Verbindung und Ergänzung bilden so das Recht im weitesten Sinne des Worts. Darum ist es für Leibniz unmöglich, das Recht von der Moral zu trennen, und wo das geschriebene und selbst das durch die Sitte überlieferte Recht seine Grenze findet, da fließen der Rechtsordnung unmittelbar aus den Sittengesetzen die Motive zu, nach denen sie im einzelnen Fall entscheidet. Aus diesem Grunde verteidigt Leibniz seinem einflußreichen Zeitgenossen Pufendorf gegenüber mit einer sonst an ihm ungewohnten Schärfe der Polemik die Existenz des Völkerrechts. Zwar gibt es für Streitfragen des Völkerrechts kein irdisches Tribunal. Aber da das Recht selbst im letzten Grunde nicht aus dem geschriebenen Gesetz, sondern aus der sittlichen Natur des Menschen seinen Ursprung nimmt, so bedarf es auch eines solchen Tribunals nicht, sondern in Verträgen oder, wo diese nicht ausreichen, in den ewigen Gesetzen der Humanität und Moral sind die Normen des Völkerrechts niedergelegt.

Dies sind die Gedanken, in denen Leibniz noch auf die heutige Wissenschaft herüberwirkt, ja in denen wir uns ihm verwandter fühlen als das 18. und ein großer Teil des 19. Jahrhunderts. Wie die moderne Mathematik in manchen der von ihr neu erschlossenen Gebiete, der Funktionentheorie und der abstrakten Arithmetik wieder an Leibnizsche Ideen anknüpft, und wie die moderne Physik sein Grundgesetz der Erhaltung der Kraft wiedergefunden und erweitert hat, so erstrebt die heutige Psychologie und vielfach bereits im Bunde mit ihr die Biologie ein tieferes Verständnis der Probleme des Lebens, indem sie neben der Naturgesetzlichkeit der Lebensvorgänge deren geistige Innenseite zur Geltung zu bringen sucht. Und wie unsere Geschichtsforschung, so verschiedene Richtungen auch in ihr im Streite liegen, allerorten in dem Leibnizschen Gedanken der geschichtlichen Bedingtheit aller geistigen Schöpfungen einig ist, so ist diejenige Idee, die Leibniz selbst als seine wertvollste Überzeugung ansah, die einer höheren Einheit von Sitte, Sittlichkeit und Recht beinahe zum Gemeingut der Wissenschaften geworden, deren Probleme sich hier berühren, der Ethik so gut wie der Rechtswissenschaft. Doch je mehr auf solche Weise fast in allen Verzweigungen des geistigen Lebens Leibnizsche Gedanken in unserer Zeit nachwirken und zum Teil neu sich beleben, um so deutlicher zeigt es sich zugleich, daß diese Gedanken, so verborgen auch zuweilen das Band sein mag, das sie aneinander kettet, in dem Geiste ihres Urhebers zusammengehören, und daß sie in ihm jenes harmonische System bilden, als das er vor allem seine Philosophie betrachtet wissen wollte.

Aber nicht bloß die Tätigkeit auf den verschiedensten Gebieten des Wissens, auch die Tätigkeit des Politikers und des Diplomaten können wir uns aus dem Bilde dieses Mannes kaum hinwegdenken, ohne seine Stellung in der Gelehrsamkeit seiner Zeit und seine Wirksamkeit auf kommende Zeiten zu beeinträchtigen. Auf dem Standbild, das seine Vaterstadt Leipzig vor zwei Jahrzehnten ihrem großen Sohn errichtete, hat ihn des Künstlers Hand im Hof- und Staatskleide dargestellt, den Degen an der Seite. In der Hand aber hält er ein Buch, in das lesend sein Blick vertieft ist. Man hat diese Auffassung als unangemessen getadelt. Nicht als Hof- und Staatsmann, sagte man, sollte uns Leibniz gezeigt werden, sondern als das, was er doch vor allem gewesen, als Gelehrter und Denker, umgeben von den Zeichen und Hilfsmitteln seiner einsamen Denkerarbeit. Vollends unzulässig sei es aber, ihn gleichzeitig im Staatskleide und in das Studium vertieft darzustellen. Gewiß, man muß es zugeben, auch Leibniz wird schwerlich mit einem Folianten in der Hand in die Hofgesellschaft zu Hannover getreten sein. Den strengen Regeln realistischer Kunst ist also der Schöpfer dieses Werkes nicht nachgekommen. Aber wenn man es als die Aufgabe des Künstlers ansieht, so weit wie nur immer möglich das ganze Wesen einer Persönlichkeit zur Darstellung zu bringen, so wird man auch sagen müssen, daß im Geiste dieses höheren Realismus der Künstler seiner Aufgabe besser gerecht geworden ist, als wenn er Leibniz in seiner Studierstube, nur umgeben von den Attributen seiner Gelehrsamkeit abgebildet hätte. Mochte immerhin die politische Wirksamkeit auch als solche und um ihres allgemeinen Nutzens willen ihn fesseln, ein nicht geringer Teil seines Interesses an ihr entsprang doch zugleich dem Wunsche, durch sie die Verwertung der wissenschaftlichen Ergebnisse für das praktische Leben und die staatliche Fürsorge für die Wissenschaften und Künste fördern zu helfen. Beide Ziele hatte er insbesondere bei seinen weitgehenden, auf die Gründung gelehrter Gesellschaften gerichteten Plänen im Auge. Die Universitäten sollten nach seiner Meinung dem Unterricht, nicht dem Fortschritt der wissenschaftlichen Forschung und noch weniger ihrer praktischen Verwertung für Ackerbau, Industrie und Volkswirtschaft dienen. Bei dem Zustande des Universitätswesens seiner Zeit mochte dieser Zweifel an der Fähigkeit der Hochschulen, neben ihrem nächsten Zweck zugleich der selbständigen Forschung zu dienen, wohl gerechtfertigt erscheinen. Hier nun sollten die Akademien eintreten. Die Idee selbst war nicht neu. Schon im 13. Jahrhundert hatte Roger Bacon und in einer noch näher liegenden Vergangenheit hatte Francis Bacon sie ausgesprochen. Aber weder der einsame Franziskanermönch noch der spätere englische Staatsmann und Philosoph konnten an die Verwirklichung eines solchen, alle Kulturstaaten umfassenden Planes denken. So blieben die gelehrten Gesellschaften in London und Paris, die im Verlauf des 17. Jahrhunderts entstanden waren, national beschränkte Gründungen. Eine internationale Organisation der wissenschaftlichen Forschung konnte mit Aussicht auf Erfolg nur ein Staatsmann ins Auge fassen, dessen Ratschläge in Berlin, in Wien und St. Petersburg Gehör fanden, und der gleichzeitig mit den schon bestehenden Gesellschaften, vor allem mit der bedeutendsten, der Pariser, in regem Verkehr stand. So sind auf seine Anregung die Akademien jener drei europäischen Hauptstädte entstanden, die Berliner unter seiner direkten Teilnahme, die beiden anderen später, unter der Nachwirkung seiner Vorschläge; und in den zwei folgenden Jahrhunderten sind noch zahlreiche kleinere Zentren des wissenschaftlichen Lebens diesen Beispielen gefolgt, als eine der spätesten Gründungen in Leibniz' engerem Vaterlande die Königlich Sächsische Gesellschaft der Wissenschaften zu Leipzig.

Aber den Zwecken, die Leibniz bei der Gründung dieser Gesellschaften im Auge hatte, entsprachen diese in den folgenden Jahrhunderten nur wenig. Was er als die Hauptsache ansah, gemeinsame Arbeit, Verständigung über große, mit gemeinsamer Kraft zu lösende Aufgaben, — davon war nirgends die Rede. Die Akademien blieben im ganzen lokal oder, wenn es hoch kam, wie in Paris und London, national beschränkte Stiftungen, deren jede unbekümmert um die andern ihren Weg ging. Auf diese Weise konnte es kommen, daß am einen Ort mit großem Aufwand an Arbeit und Geldmitteln eine Aufgabe in Angriff genommen wurde, mit deren Erledigung man an einem andern Ort bereits beschäftigt war. Besonders die beiden Akademien deutscher Zunge, die Berliner und die Wiener, haben noch in den letzten Jahrzehnten des vorigen Jahrhunderts mehrmals die schmerzliche Entdeckung gemacht, daß sie sich, ohne voneinander zu wissen, jahrelang zum Teil mit identischen Problemen beschäftigt hatten. Der Pflicht, hier Wandel zu schaffen, konnte man sich um so weniger entziehen, mit je reicheren Mitteln im Laufe der Zeit der Staat, ganz im Sinne der von Leibniz gehegten Ideen, für die Lösung großer, von den einzelnen gelehrten Gesellschaften unternommener Aufgaben eingetreten war. So hat denn auch hier erst die jüngste Vergangenheit den Gedanken des großen Mannes endlich seiner Verwirklichung entgegengeführt. Wie wir uns dem tieferen Gehalt Leibnizscher Ideen heute verwandter fühlen als die Philosophie, die unmittelbar nach ihm kam und sich nach seinem Namen nannte, so ist auch seine große praktische Schöpfung, die Stiftung der Akademien, erst in unseren Tagen das geworden, was sie nach seinen Absichten von Anfang an sein sollte: eine große internationale Organisation zu gemeinsamer wissenschaftlicher Arbeit, ein Werk zur Förderung der Erkenntnis und zur nutzbringenden Anwendung des Erkannten auf alle Gebiete des Lebens, dazu bestimmt, die Nationen in friedlicher Arbeit und in gemeinsamem Streben nach den Gütern des Friedens zu einigen.

Als zwischen dem 16. und 20. April 1902 zum erstenmal Delegierte aller bedeutenderen Akademien der Welt in Paris zusammentraten, um über die Aufgaben zu beraten, die die neu gegründete internationale Vereinigung der Akademien in Angriff zu nehmen habe, da — mit Stolz und doch auch nicht ohne eine leise Beschämung dürfen wir es empfinden — war es keiner der Deutschen, sondern ein Beauftragter des französischen Instituts, der als eine der ersten mit gemeinsamen Mitteln und Kräften in Angriff zu nehmenden Aufgaben unter allgemeiner Zustimmung eine Gesamtausgabe der Werke von Leibniz beantragte. Hatten die einzelnen Akademien vielfach schon eine schöne Pflicht darin gesehen, Werke ihrer dahingeschiedenen hervorragenden Mitglieder der Nachwelt zu bewahren, wer durfte dann mit besserem Rechte als Leibniz auf den noch niemals einem Schriftsteller gewordenen Vorzug Anspruch machen, in dem vollen Umfang seiner geistigen Wirksamkeit unter der Mitarbeit aller großen Kulturnationen im Gedächtnis der Nachwelt wiederzuerstehen. Und welcher Tag konnte zur ersten Anregung eines solchen Unternehmens würdiger gewählt sein als der, da die große Idee einer internationalen Organisation der geistigen Arbeit, die er vor mehr als zwei Jahrhunderten erfaßt, nun zum erstenmal wirklich ins Leben trat? Freilich leicht ist das so begonnene Werk nicht, und es wird zahlreicher Einzelkräfte bedürfen, um es zu bewältigen. Abgesehen von den vielen bereits veröffentlichten Schriften und Briefen, birgt das Archiv zu Hannover ein überreiches, noch ungedrucktes Material an Denkschriften, Notizen, Tagebuchblättern und Briefen. Jahre werden voraussichtlich vergehen, bis alle diese Schätze gehoben sind. Aber wenn dereinst die geplante Gesamtausgabe vorliegt, dann wird sie auch ein Werk vom höchsten kulturhistorischen Werte sein, das einzigartige Denkmal eines Geistes, in welchem sich die Gedankenwelt der vorangegangenen Jahrhunderte wie in einem einzigen Brennpunkt vereinigte, um von ihm wieder auszustrahlen auf kommende Zeiten.

VII.
Gustav Theodor Fechner.
Rede zur Feier seines hundertjährigen Geburtstages.[1]

Am 19. April 1901 war ein Jahrhundert dahingegangen seit dem Tage, da Gustav Theodor Fechner zuerst das Licht dieser Welt erblickte. Wenn heute, zur Nachfeier dieses Tages, die Königlich Sächsische Gesellschaft der Wissenschaften als die nächste berufen zu sein glaubt, ihrem einstigen Mitglied eine Stunde ehrender Erinnerung zu weihen, so ist sie sich wohl dessen bewußt, daß unsere Universität und unsere Stadt Leipzig auf den Besitz dieses seltenen Mannes ältere Rechte geltend machen dürfen. Dem Verband dieser Hochschule hat er angehört von der Stunde an, da sich der Siebzehnjährige als Studierender der Medizin in die Listen ihrer akademischen Bürger eintrug, bis zu der andern, da nach einer wechselvollen Tätigkeit als Lehrer der Physik und der Philosophie der Sechsundachtzigjährige aus dem Leben schied. In der Stadt aber, in der er sich sein Heim gegründet, und die ihn in späteren Tagen zu ihrem Ehrenbürger erkoren hatte, in dieser Stadt war er festgewurzelt wie wenig andere. In den Wiesen und Wäldern ihrer Umgebung schöpfte jener Sinn für das überall waltende Leben der Natur, von dem

---

[1] Gehalten in der Aula der Universität Leipzig im Auftrage der Kgl. Sächs. Gesellschaft der Wissenschaften am 11. Mai 1901.

seine Weltanschauung erfüllt ist, immer neue Nahrung. Auf der Bank zwischen den Bäumen des Rosentals, hinter der heute seine Erzbüste auf die grünende Wiese herüberblickt, sind die Gedanken entstanden, mit denen er noch die letzte seiner philosophischen Schriften eingeleitet hat.

Die Gesellschaft der Wissenschaften ist verhältnismäßig spät in den Kreis dieser Beziehungen eingetreten. Als sie im Jahre 1846 gegründet wurde, schloß sich ihr Fechner nur zögernd an. Skeptisch in allem, was nicht zu den unwandelbaren Grundlagen seines Glaubens und Wissens gehörte, mißtraute er dem Erfolg dieser Schöpfung. Aber nachdem sie ins Leben getreten war, wurde und blieb er bis in seine letzten Jahre eines ihrer arbeitsamsten Mitglieder. Vollends, als er in der zweiten Hälfte seines Lebens seine Lehrtätigkeit allmählich eingeschränkt und zuletzt ganz eingestellt hatte, und als er auch sonst mehr und mehr sich in die Stille des eigenen Hauses zurückzog, da waren es hauptsächlich die Sitzungen unserer Gesellschaft, in denen er noch mit der Außenwelt in wissenschaftlichen Verkehr trat. Hier war man ziemlich sicher, ihn allmonatlich anzutreffen, die Augen von dem grünen schützenden Schirm umschattet, entweder aufmerksam auf die gehaltenen Vorträge lauschend oder selbst aus dem unerschöpflichen Born seines Forschens neue Gaben spendend. Hier war es, wo er die ersten Entwürfe seiner künftigen umfassenderen Werke oder weitere Ergänzungen und Ausführungen zu ihnen mitteilte. Wenn er dabei auch die philosophischen Fragen, die ihn beschäftigten, in der Regel vorsichtig vermied, so sind doch die Beziehungen wohl erkennbar, in denen seine dem Charakter unserer Verhandlungen angepaßten exakten Darlegungen zu seinen philosophischen Ideen stehen. Je unmöglicher es ist, von der Gedankenarbeit dieses langen, arbeitsreichen Lebens in dieser flüchtigen Stunde auch nur ein annähernd zureichendes Bild zu entwerfen, um so mehr darf ich daher wohl Ihrer Nachsicht versichert sein, wenn ich mich hier hauptsächlich auf den Versuch beschränke, den Beziehungen nachzugehen, die zwischen den Arbeiten Fechners auf den Gebieten der exakten Forschung und jener eigenartigen Weltanschauung bestehen, die uns in seinen allgemeineren Werken entgegentritt. Wie verhält sich Fechner der Naturforscher, der Begründer der Psychophysik und der Erfinder der Kollektivmaßlehre, zu Fechner dem Philosophen? Wie der beobachtende und rechnende Physiker, der mit vorsichtigem Zweifel allen wissenschaftlichen Hypothesenbildungen gegenübersteht, zu dem in seinem tiefsten Wesen religiös gestimmten Denker, dessen Streben weit über die Grenzen der üblichen Philosophie hinaus auf eine Wiedererneuerung und Vertiefung des im Christentum offenbar gewordenen Gottesbewußtseins gerichtet ist? Hat er etwa als Philosoph Gemütsbedürfnisse befriedigen wollen, die mit den Zwecken seiner wissenschaftlichen Forschung überhaupt nichts zu tun hatten? Oder, wenn ein Zusammenhang zwischen diesen beiden Richtungen seiner Geistesarbeit besteht, was ist das Frühere? Hat sich der Philosoph aus dem Naturforscher entwickelt, oder sind umgekehrt die exakten Probleme, die er namentlich in seinen späteren Jahren sich stellte, aus seiner philosophischen Weltanschauung hervorgegangen?

I.

In der ersten Hälfte seines Lebens ist Fechner so gut wie ausschließlich Naturforscher gewesen. Beobachtungen über die galvanischen Erscheinungen, später solche über die Phänomene des subjektiven Sehens, die Nachbilder, die Kontrastempfindungen, beschäftigten ihn neben einer reichen literarischen Tätigkeit, die vornehmlich teils dem naturwissenschaftlichen Unterricht, teils der Zusammenfassung der physikalischen und chemischen Einzelforschungen der Zeit in umfangreichen Repertorien gewidmet war. Jene heiteren Kinder seiner Laune, die er gleichzeitig pseudonym als Dr. Mises veröffentlichte, so charakteristisch sich in ihnen diese reich begabte Persönlichkeit spiegeln mag, sie sind doch nur Erholungen von ernsterer, mühevoller Arbeit. Großenteils in Verspottungen der Schellingschen Naturphilosophie und der damals stark in Universalmitteln und Mixturen schwelgenden Medizin bestehend, geben sie ziemlich treu die Gesinnungen wieder, mit denen zu jener Zeit schon die strengere Wissenschaft auf die phantastischen Hypothesen der Naturphilosophie und der nicht selten mit ihr verschwisterten Medizin herabsah.

Wäre Fechner in der Mitte seiner Laufbahn von dem schweren Leiden erlöst worden, das den noch nicht Vierzigjährigen in jahrelangem Siechtum heimsuchte, er würde uns heute als ein ganz anderer vor Augen stehen. Soweit man überhaupt seiner gedächte, was freilich wohl nur noch in den engsten Kreisen der Fachgelehrten geschehen dürfte, würde man wahrscheinlich von ihm sagen: er war ein fleißiger und umsichtiger Forscher, dessen Arbeiten über den Galvanismus durch den Scharfsinn, mit dem er die Fehler der damals wenig ausgebildeten Versuchstechnik zu eliminieren suchte, noch heute in gewissem Grade als Muster der Methodik gelten könnten. Auch hat er zusammenfassende Darstellungen der Fortschritte auf dem Gebiete der Physik und Chemie geliefert, die für ihre Zeit verdienstvoll waren. Alles das sind aber Leistungen, wie sie noch zahlreiche andere Gelehrte jener Tage aufzuweisen haben, deren Namen heute sogar innerhalb ihrer Spezialgebiete wenig mehr genannt werden. Immerhin würde der Geschichtsschreiber der Wissenschaft nicht umhin können, über eine Eigenschaft des jugendlichen Fechner ein gerechtes Erstaunen zu empfinden, in der es keiner seiner Zeitgenossen mit ihm aufnahm: das ist die ungeheure Arbeitskraft, die er betätigte. Erschien doch in den Jahren 1824 bis 1830 von ihm, neben der Übersetzung eines Werkes über die Krankheiten des Gehirns, eine Bearbeitung von Thénards Lehrbuch der theoretischen und praktischen Chemie in 6 Bänden, eine solche von Biots Lehrbuch der Physik in 4 Bänden, das gleiche Werk in zweiter, völlig umgearbeiteter Auflage in 5 Bänden, woran 2 Bände eines Repertoriums der Chemie, einen Bericht über alle wesentlichen neuen Forschungen enthaltend, und in den nächsten Jahren, bis 1832, noch 3 Bände eines ebensolchen Repertoriums der Experimentalphysik sich anschlossen. Dazu kam neben einer Anzahl kleinerer chemischer und physikalischer Arbeiten eine größere Untersuchung über die »Maßbestimmungen der galvanischen Kette«, ein »Elementarlehrbuch des Elektromagnetismus«, endlich seit 1830 die Redaktion eines pharmazeutischen Zentralblattes; dazwischen liefen her ein »Katechismus oder Examinatorium über die Physiologie des Menschen«, ein »Katechismus der Logik oder Denklehre«, die er für eine Sammlung von Schulbüchern übernommen hatte, und endlich der größte Teil jener unter dem Namen des Dr. Mises erschienenen Humoresken.

Das sind mäßig gerechnet jährlich 3 bis 4 Bände. Wären diese Bände bloß oder doch, wie es nach den Titeln der Hauptwerke den Anschein hat, zum größten Teil Übersetzerarbeit, so würde das schon eine erhebliche Leistung sein. Aber ein Mann wie Fechner war zum bloßen Übersetzer nicht geschaffen. Wo ihm das Original nicht genügte, da schritt er zur selbständigen Arbeit, oder er verbesserte und ergänzte, bis vom Original nichts mehr übrig blieb. So mußte er schon im Vorwort zum 3. Bande von Thénards Chemie erklären, von nun an, im Gebiete der organischen

Chemie, könne er das Werk des französischen Autors nur noch wie andere vorangegangene Lehrbücher benutzen; der Hauptsache nach sei er genötigt, selbständig nach den Quellen zu arbeiten. Demnach sind vier der sechs Bände des Werkes durchaus Fechners eigene Arbeit. Ähnlich erging es ihm mit Biots Physik. In der Optik hatte dieser noch an der Emanationslehre festgehalten; Fechner verhalf der Undulationstheorie, die eben erst durch Fresnels Interferenzversuche zum Sieg gelangt war, zu ihrem Rechte, ergänzte und verbesserte auch sonst überall das Originalwerk nach den neuesten Forschungen und ersetzte, als ihm das nicht mehr genügte, in der zweiten Auflage den den Galvanismus und die Elektrochemie behandelnden Band durch ein vollständig neues, für seine Zeit vorzügliches Werk. In Wahrheit waren also diese großen Lehrbücher zu einem wesentlichen Teil geistiges Eigentum des deutschen Bearbeiters. Sie gingen unter den Namen der berühmten französischen Autoren, weil diese einen besseren buchhändlerischen Erfolg versprachen als der des bescheidenen deutschen Dozenten. Nicht minder sind die Repertorien, die sich an diese großen Lehrbücher anschlossen, Zeugnisse einer erstaunlichen Arbeitskraft und zugleich einer Stoffbeherrschung auf ganz verschiedenen Gebieten der exakten Naturwissenschaft, wie sie sich seither kaum mehr in einer Persönlichkeit vereinigt gefunden haben. Nicht bloß über die in zahlreichen Zeit- und Akademieschriften niedergelegten experimentellen Einzelarbeiten wird hier gewissenhaft und übersichtlich Bericht erstattet, auch in die zum Teil schwierigen Gedankengänge der rein theoretischen, mathematisch-physikalischen Untersuchungen weiß der Verfasser durch lichtvolle Darlegung der allgemeinen Voraussetzungen und Ergebnisse vortrefflich einzuführen. Die damals eben an das Licht getretenen Abhandlungen von Poisson, Navier, Cauchy über die Molekularstruktur der Körper, über die Elastizität und andere Erscheinungen der Molekularkräfte, sie werden von ihm in ihren Hauptgedanken mit unübertrefflicher Klarheit auseinandergesetzt, so daß man diese Erörterungen noch heute mit Nutzen lesen kann. Man sieht, diese Lehrbücher und Repertorien sind keineswegs literarische Handwerkerarbeit; sie sind naturgemäß der Hauptsache nach reproduktive Leistungen, aber sie verraten doch in der Art, wie sich der Verfasser die wissenschaftlichen Ergebnisse angeeignet hat und sie zu verwerten weiß, einen hohen Grad produktiver Leistungsfähigkeit. Wenn man nicht wüßte, daß wirklich Fechner allein und oft unter erschwerenden äußeren Umständen alles das vollbracht hat, man könnte meinen, daß sich hinter dem einen Namen eine ganze Gesellschaft von Gelehrten verberge.

Nicht freiwillig hatte Fechner diese ungeheure Last auf sich genommen. Sicherlich wäre es ihm lieber gewesen, seine Zeit ausschließlich selbständigen Untersuchungen zu widmen. Aber der mittellose Privatdozent, der hier in Leipzig eine treue, seinem Wesen verständnisvoll entgegenkommende Lebensgefährtin gefunden hatte, war auf die Arbeit seiner Feder angewiesen. Früh hatte der Pastorssohn aus Großsärchen erkannt, daß die Medizin, deren Studium er sich erkoren und deren Baccalaureat er sich erworben hatte, sein innerer Beruf nicht sei. Er, der zeitlebens ein unpraktischer Gelehrter geblieben ist, paßte nicht zur ärztlichen Praxis, und diese, vornehmlich in der Verfassung, in der sie sich damals befand, paßte nicht zu dem für die exakten Naturwissenschaften begeisterten Jüngling, der sich schon als Zwanzigjähriger in seinem »Beweis, daß der Mond aus Jodine besteht« — Jod war das damals gebrauchte Allerweltsmittel — und ein Jahr später in seinem »Panegyrikus der jetzigen Medizin« weidlich über sie lustig gemacht hatte. Als Physiker war er auf die akademische Laufbahn angewiesen. Diese war aber damals wohl mehr noch als heute eine unsichere und dornenvolle. Er verließ sich auf seine Arbeitskraft. In der Stadt des Buchhandels konnte es ihm an literarischen Aufträgen nicht fehlen. In der Tat, sie strömten ihm zu, mehr als ihm gut war; und er bewies, daß selbst ein Gelehrter, der im wesentlichen bloß wissenschaftliche Werke schrieb, in dem damaligen Leipzig von dem Ertrag seiner Feder leben konnte, leben allerdings nicht im Überfluß, ja kaum auskömmlich, aber doch, wenn er in seinen Ansprüchen bescheiden war, eben zureichend, und unter der Voraussetzung, daß er, wie Fechner, mindestens für drei arbeiten konnte.

Darum, als die Arbeit an den großen Lehrbüchern und Repertorien zu Ende ging, nahm er bereitwillig einen neuen buchhändlerischen Auftrag an, von dem er hoffte, daß er ihm für eine längere Zukunft sein äußeres Leben sichern sollte. Es war die Redaktion des »Hauslexikon«, eines »vollständigen Handbuchs praktischer Lebenskenntnisse für alle Stände«, das in den Jahren 1834—1838 in acht umfangreichen Bänden erschien. Ein großer Teil der Artikel, wie sein Biograph Kuntze versichert, ungefähr ein Drittel des Ganzen und über die verschiedensten Fächer sich verbreitend, rührt von Fechner selbst her. Hatte er es in dem physikalischen Repertorium verstanden, den Physiker vom Fach über die Resultate der schwierigsten mathematischen Untersuchungen zu orientieren, so wußte er in dem Hauslexikon seine Darstellung auf den tiefsten Baßton der Popularität herabzustimmen, wenn er dem Bürger und Landmann mit guten Ratschlägen zur Hand ging, wie man seine Taschenuhr zu behandeln habe, damit nicht allzu oft kostspielige Reparaturen erforderlich seien u. dgl.

Doch über den literarischen Unternehmungen Fechners,

durch die er sein äußeres Leben zu sichern hoffte, schwebte ein Unstern. Zu der Zeit, da er seine großen Lehrbücher und Repertorien der Chemie und Physik schrieb, waren diese Wissenschaften selbst in großen inneren Umwälzungen begriffen. In den nämlichen Jahren, wo er die organische Chemie für das Thénardsche Werk in umfassendster Weise nach den vorhandenen Quellen bearbeitete, hatte Justus Liebig in Gießen jenes Laboratorium gegründet, mit dem eine neue Ära dieses Zweigs der chemischen Wissenschaft begann. In der Physik erfuhren die Optik, die Wärmelehre und vor allem die Elektrizitätslehre teils völlige Umgestaltungen, teils wesentliche Bereicherungen. Faradays glänzendes Gestirn erschien eben erst am Horizont der experimentellen Physik, als Fechners Lehrbuch des Galvanismus und sein physikalisches Repertorium herauskamen. So fügte es sich, daß jene Arbeiten, in denen er den besten Teil seiner jugendlichen Kraft erschöpft hatte, veralteten, als sie kaum erschienen waren. Noch schlimmer erging es ihm mit dem Hauslexikon. Die Hoffnung, mit Hilfe desselben auf eine Reihe von Jahren der äußeren Lebenssorgen ledig zu sein, erfüllte sich nicht. Das Werk hatte sich von vornherein ein falsches Ziel gesteckt. Es wollte dasselbe, was das Brockhaussche Konversationslexikon für die höher Gebildeten war, für weitere Volkskreise leisten. Das war vielleicht ein schönes, aber, zu jener Zeit wenigstens, ein illusorisches Ziel, weil in den Kreisen, für die das Werk bestimmt war, das Bedürfnis nach einem solchen Bildungsmittel kaum empfunden wurde. Fechner hatte seine Zeit und Arbeit umsonst geopfert. Obgleich dies sehr bald ersichtlich war, so führte er doch mit unentwegter Pflichttreue das Unternehmen zu Ende. Als bei dem Weggang W. Webers nach Göttingen im Sommer 1834 eine Deputation der philosophischen Fakultät bei ihm erschien und ihm mitteilte, die Zeit seines mühevollen Kampfes um die Existenz solle nun ein Ende nehmen, die Fakultät habe sich entschlossen, ihn zum ordentlichen Professor der Physik zu wählen, da erklärte er zunächst, wie mir ein Mitglied dieser Deputation, unser verstorbener Senior Drobisch, dereinst erzählte, er könne diese Wahl nicht annehmen, weil er sich durch die für das Hauslexikon übernommene Pflicht gebunden fühle. Erst auf dringendes Zureden seiner Freunde, zu denen ohne Zweifel auch der Verleger des Lexikons selbst, sein Freund Härtel, gehörte, entschloß er sich, der damals üblichen Form einer Meldung um die Stelle zu genügen, die er denn auch sofort erhielt.

Aber von dem Augenblick an, wo er erreicht, was er erstrebt, eine unabhängige Stellung, die ihm zu eigener, selbständiger Arbeit freie Bewegung ließ, von diesem Augenblick an war seine Kraft gebrochen. Das Übermaß der Arbeit hatte sie erschöpft. Mit Mühe nur vermochte er seinen Vorlesungspflichten nachzukommen. Jahrelang zog sich dieser Zustand hin. In dieser Zeit war es, wo er, nach einer Aufgabe sich umsehend, die seinen Forschungstrieb befriedigen sollte, ohne ihm doch größere geistige Anstrengungen zuzumuten, zu denen er sich unfähig fühlte, auf das Gebiet der subjektiven Lichterscheinungen verfiel. So entstanden seine schönen Untersuchungen über die subjektiven Komplementärfarben, über das oszillierende und das farbige Abklingen der Nachbilder, über die Kontrastempfindungen, Arbeiten, auf denen heute noch die Forschung in diesen Gebieten weiterbaut. Für ihn selbst wurden aber diese Beobachtungen unheilvoll. Die allgemeine Erschöpfung seines Nervensystems hatte nun das dem beobachtenden Naturforscher unentbehrlichste Organ für ihre Symptome gefunden, das Sehorgan. Jetzt beginnt für ihn jene dreijährige Leidenszeit, wo er monatelang im finstern Zimmer zubringt, das er sich zuweilen durch einen geschwärzten Raum, in den er hineinblickt, noch mehr zu verdunkeln sucht, um dann um so mehr durch subjektive Lichterscheinungen gequält zu werden, vor denen kein Entfliehen möglich ist. Dazu macht ihn sein Zustand gegen jede äußere Einwirkung übererregbar. Tage hindurch lebt er einsam, abgeschieden selbst von seinen Nächsten. Die Ärzte wußten keinen Rat. Aber die Natur half sich selbst. Das erschöpfte Nervensystem ruhte sich aus, und als allmählich durch Einflüsse, die wir heute unbedenklich einer heilsamen Autosuggestion zuschreiben werden, auch das Sehorgan wieder dem Lichte sich öffnete, da fühlte sich Fechner wie neugeboren. Jenes erhöhte Lebensgefühl, das zumeist die Genesung nach schwerer Krankheit begleitet, bemächtigte sich auch seines geistigen Schaffens.

Doch dieses Schaffen war nun ein anderes geworden. Der Naturforscher, der in müßigen Stunden zuweilen philosophischen Träumen nachhing, hatte sich in einen Philosophen verwandelt. Die Ideen seiner neuen Philosophie hatten sich freilich längst in ihm geregt. Schon eine der frühesten seiner Mises-Schriften, die »vergleichende Anatomie der Engel« vom Jahre 1825, spielte mit ihnen in scherzhafter Form, die aber doch, wie er später selbst sagte, keineswegs überall bloß scherzhaft gemeint war. Zehn Jahre darauf hatte er dann in dem »Büchlein vom Leben nach dem Tode«, künstlerisch vielleicht der vollendetsten unter allen seinen Arbeiten, die Anschauungen, die später der Zendavesta ausführte, in wesentlichen Punkten bereits vorausgenommen. Aber nun erst, in jener gehobenen Stimmung nach der schweren Krankheit, gestalteten sich seine Ansichten über Gott und Welt, über Diesseits und Jenseits zu einem zusammenhängenden Ganzen. In einer seiner letzten Schriften hat er, auf sein Leben zurückschauend, von sich gesagt: »ich gehöre nicht zu der Zahl derer, denen der Lebensweg leicht gemacht war, finde aber, indem ich dessen ganzen Zusammenhang überblicke und überdenke, daß durch das Schlimmste für mich teils noch Schlimmeres in den Folgen erspart, teils Besseres in den Folgen vermittelt worden ist, und daß, hätte ich alles Gewünschte, was mir versagt war, erlangt, ich ärmer in wichtigeren Beziehungen geblieben wäre.« Ich glaube, wir können noch mehr sagen: wäre jene Katastrophe nicht eingetreten, die sein Leben gewaltsam in zwei Hälften schied, so würde er vielleicht seine physikalischen Arbeiten um einige weitere tüchtige Forschungen vermehrt haben. Aber was er heute für uns ist, würde er schwerlich geworden sein.

II.

Um die philosophischen Gedanken Fechners richtig zu würdigen, muß man sie vor allem in ihrem Zusammenhang untereinander und in ihrer Beziehung zu gewissen noch ungelösten naturwissenschaftlichen Problemen ins Auge fassen. Wer sich damit begnügt, die Quintessenz dieser Philosophie darin zu sehen, daß nach ihr nicht nur die Menschen und die Tiere, sondern auch die Pflanzen, die Erde, die übrigen Planeten und die Fixsterne beseelte Wesen seien, und daß schließlich über allen diesen Seelen Gott als eine Weltseele throne, der wird freilich in ihr kaum mehr als eine phantastische Dichtung erblicken, die auf sonderliche Neuheit keinen Anspruch erheben könne. Denn solche Lehren von der Allbeseelung und Allbelebung der Natur sind ja immer dann und wann in der Philosophie wiedergekehrt. Mag aber auch die Weltanschauung Fechners mit diesen uralten mythologischen Ideen in gewissen Ergebnissen übereinstimmen, die Verbindung und die Begründung ist bei ihm eine wesentlich andere geworden. Auch hat er sich seine Philosophie nicht aus irgend einer der älteren Quellen angeeignet, sondern er ist im wesentlichen ein aus sich selbst gewordener Philosoph. Wohl ist er in seiner Jugend mit der Schellingschen Naturphilosophie in Berührung gekommen. Er hat die ersten Kapitel von Okens Naturphilosophie gelesen und ist, wie er später berichtet, von der Großartigkeit mancher Gedanken überrascht worden. Im übrigen blieb ihm das Buch unverständlich, und als Dr. Mises stimmte er in den Spott der Naturforscher über diese Naturphilosophie lebhaft ein. Immerhin mag es sein, daß eine zunächst latent bleibende Hinneigung zu gewissen Gedanken, in denen der spätere Fechner an Oken erinnert, bei ihm zurückblieb. Vorläufig wurde aber dieses Motiv durch die naturwissenschaftlichen Studien verdrängt. Sie gaben seinem Denken Richtung und Methode, so daß jene willkürliche Mißhandlung der naturwissenschaftlichen Tatsachen und Begriffe, wie sie sich ein Schelling und Oken zuschulden kommen ließen, für ihn unmöglich wurde.

Fechners naturwissenschaftliche Begabung, wie sie in seinen verschiedenen diesem Gebiet zugehörigen Arbeiten zum Ausdruck kommt, war eine höchst eigenartige. Sie bestand in einer Vereinigung von Anlagen, die in solcher Form sicherlich eine sehr seltene ist. Auf der einen Seite fesselte ihn die allgemeine Gesetzmäßigkeit der Naturerscheinungen, und er war in hohem Grade mit der Gabe ausgerüstet, verwickelte Zusammenhänge durch methodische Analyse auf ihre einfacheren Beziehungen zurückzuführen. Er hat selbst von sich gesagt, er sei kein Mathematiker; und man wird diesem strengen Urteil nicht widersprechen können, wenn er auch vielleicht in seinem Leben mehr gerechnet hat als die meisten wirklichen Mathematiker. Über die von der Mathematik ihm dargebotenen Hilfsmittel wußte er vortrefflich zu verfügen, und er nützte sie gelegentlich weit über die Grenzen der Gebiete aus, für die sie ursprünglich bestimmt waren. Ja gerade in dieser Übertragung auf neue Probleme bekundete er zuweilen eine bewundernswerte Meisterschaft. Aber ein schöpferischer Mathematiker war er nicht. Wo ein solcher neue, unmittelbar den veränderten Aufgaben entsprechende Wege eingeschlagen hätte, da erschöpfte sich Fechners Scharfsinn in der Anpassung der vorhandenen Hilfsmittel an die von Fall zu Fall sich darbietenden Bedingungen. Dagegen besaß er eine um so seltenere Erfindungsgabe im Gebiet der experimentellen Methodik. Die von früheren Beobachtern oft planlos geübten Verfahrungsweisen wußte er auf ihre Prinzipien zurückzuführen und aus diesen dann neue, vollkommenere Methoden zu entwickeln. Damit verband sich ein stark ausgeprägtes Streben nach Exaktheit, welches vor allem in den von ihm von früh an angewandten Methoden der Kombination zahlreicher Beobachtungen zum Zweck der planmäßigen Elimination von Nebeneinflüssen und von Beobachtungsfehlern zum Ausdruck kam. Von den »Maßbestimmungen der galvanischen Kette« an bis zur Ausbildung der »psycho-physischen Maßmethoden« und zu dem posthumen Werk über die »Kollektivmaßlehre« bilden die größeren experimentellen oder der Theorie der experimentellen Methodik gewidmeten Arbeiten Fechners eine Reihe glänzender Zeugnisse für diese seltene und in der Art ihrer Betätigung höchst eigenartige Anlage.

Dazu kam nun aber bei ihm noch eine andere Eigenschaft, die mit jener exakten Begabung gewiß nicht häufig verbunden ist. Das war sein lebendiges Interesse für die sinnliche Anschauungswelt, das ihm namentlich in der Zeit, da er sich noch eines ungetrübten Sehvermögens erfreute, für die Beobachtung alles Einzelnen, auch des Unerwarteten und Zufälligen, an dem die meisten achtlos vorübergehen, die Sinne schärfte. Vor allem an der Welt des Lichts und der Farben erfreute sich dabei zugleich sein ästhetischer Sinn. Diese Eigenschaft war es, die ihn frühe schon zu einem von jenen exakten Untersuchungen weit abliegenden, damals wegen seiner scheinbaren Regellosigkeit meist gemiedenen Erscheinungsgebiet hinzog: zu der wechselvollen und doch für den, der sich einmal ihr hingegeben hat, so überaus anziehenden Welt der subjektiven optischen Phänomene. Daß er hier nicht bloß zuvor Übersehenes entdeckt, sondern auch in das Chaos dieser Erscheinungen zuerst Ordnung und Regel gebracht hat, das verdankt er eben dieser Verbindung einer lebendigen Beobachtungsgabe und der Neigung zu exakter Analyse.

Doch, wie immer diese Eigenschaften, die dem Naturforscher zu Gebote standen, auch dem Philosophen förderlich sein mochten, Werke wie das »Büchlein vom Leben nach dem Tode« oder den »Zendavesta« konnten sie nicht zustande bringen. Hier tritt daher eine sicherlich nicht minder ursprüngliche, wenn auch durch Lebensschicksale und Umgebung gesteigerte Anlage hinzu: jenes tiefe **religiöse Gefühl**, welches das ganze Wesen dieses Mannes erfüllte und wohl zuzeiten über der Beschäftigung mit wissenschaftlichen Problemen zurücktreten konnte, dann aber immer wieder sich als sein bleibendstes Lebensinteresse bewährte. Ganz gewiß ist es dieser religiöse Sinn, der aus dem Naturforscher erst den Philosophen gemacht hat. Dennoch würde seine Philosophie wiederum ihre eigenartige Gestalt nicht gewonnen haben, wenn sie nicht aus dem Geiste des Naturforschers geboren wäre.

Wie nahe es nun aber auch liegen möchte, aus dem Gegeneinanderwirken solcher Eigenschaften des wissenschaftlichen Forschers und des religiösen Denkers den Philosophen begreifen zu wollen, so würde dabei immer noch eine dritte Bedingung fehlen. Sie liegt in einem Charakterzug dieser Persönlichkeit, der da und dort schon in seinen naturwissenschaftlichen Arbeiten, in seiner religiösen und kirchlichen Stellung hervortritt, der aber doch vor allem seiner Philosophie ihr Gepräge verliehen hat und vielleicht am eindrucksvollsten im persönlichen Verkehr mit ihm empfunden wurde. Ich wüßte für diesen Charakterzug kaum einen andern allgemeinen Ausdruck zu finden als den der **absoluten Vorurteilslosigkeit und Unerschrockenheit eigener Überzeugung.** Ich erinnere mich nicht, diese Eigenschaft jemals bei einem anderen Menschen in ähnlichem Grade ausgebildet gesehen zu haben, eine Eigenschaft, der überhaupt begegnet zu sein ich für einen unverlierbaren Gewinn meines Lebens halte. Leibniz hat einmal von sich gesagt, er fühle sich geneigt, jeder Ansicht, die ihm entgegentrete, unter gewissen Einschränkungen zuzustimmen. Fechner hätte vielleicht mit größerem Rechte von sich sagen können, er sei geneigt, zunächst jeder Ansicht und ohne alle Einschränkungen zu widersprechen. Wenn sich eine Meinung allgemeiner Anerkennung erfreute oder angesehene Autoritäten für sich hatte, so war das nur geeignet, um so mehr sein Mißtrauen wachzurufen. Denn er war überzeugt, daß die Gewöhnung an überlieferte Annahmen und der Autoritätsglaube die gefährlichsten und verbreitetsten Hindernisse einer vorurteilslosen Betrachtungsweise der Dinge seien. Andrerseits konnte man ihm aber auch durch die gewagteste Vermutung, durch eine allem bisher Geglaubten widersprechende Hypothese nicht imponieren. Er sah sie ebenso gut wie die landläufigen Ansichten als eine der Prüfung würdige Meinung an, die er darum freilich nicht minder wie jene zunächst mit allen ihm zu Gebote stehenden Gründen zu widerlegen suchte. »Ich bin vorsichtig im Glauben, aber auch vorsichtig im Unglauben«, hat er einmal von sich selbst gesagt. Die Lust am Streite der Meinungen, die ihm eigen war, bestand darum keineswegs darin, daß er alles bezweifelte und an seinem Widerspruch auch dann noch festhielt, wenn er seine Gegengründe preisgeben mußte; sondern wo das geschah, was freilich selten vorkam, da war er vollkommen bereit, sich den vorgebrachten Argumenten zu fügen. Noch weniger verband sich jemals sein sachlicher Widerspruch mit der geringsten persönlichen Gereiztheit, sondern aus seiner Polemik leuchtete stets das reinste Wohlwollen. Einen ungeschlichtet bleibenden Streit konnte er wohl mit der Bemerkung abbrechen, die vorgebrachte Meinung möge ja manches für sich haben und ihre Anhänger finden, nur für sich selbst könne er sie nicht annehmen. Dies gestaltete den Streit mit ihm zu einem intellektuellen Genuß seltenster Art, und selbst aus einem ergebnislosen derartigen Redeturnier ging man nie ohne nachhaltigen Gewinn hinweg.

Das einzige, was ihn bis zu einem gewissen Grade leidenschaftlich erregen konnte, war das Festhalten an Dogmen, wenn es nicht aus eigener innerer Überzeugung geschah. Religiöse und wissenschaftliche Dogmen galten ihm in dieser Beziehung gleich. Obwohl er sich mit voller Überzeugung einen Christen nannte, so erkannte er doch kein einziges kirchliches Dogma als bindend für seinen Glauben an. Und obwohl er von der strengen Gesetzmäßigkeit der Erscheinungswelt, als der Vorbedingung jeder wissenschaftlichen Erkenntnis, so fest überzeugt war, daß er auch den menschlichen Willen von dieser Gesetzmäßigkeit nicht ausnahm, so gab es doch kein einziges von der Naturforschung anerkanntes Naturgesetz, in dem er mehr als einen an den Standpunkt unserer jeweiligen Erkenntnis gebundenen und darum möglicherweise einer künftigen Verbesserung fähigen Ausdruck gesehen hätte.

Dieser persönlichen Eigenart Fechners muß man eingedenk bleiben; man muß, wie ich meine, etwas von der Vorurteilslosigkeit, die er selbst besaß, auch seiner Philosophie entgegenbringen, wenn man ihr gerecht werden will. Im Eingang zu seinem »Zendavesta« bemerkt er, er bediene sich grundsätzlich keiner anderen logischen Hilfsmittel als derjenigen, die auch die Naturwissenschaft verwende, und neben denen es überhaupt keine geben könne, solange man streng auf dem Boden der Erfahrung bleibe, von ihm aus aber eine zusammenhängende Weltansicht zu gewinnen suche. Diese beiden Hilfsmittel seien die Induktion und die Analogie: die Induktion, die aus einzelnen Tatsachen allgemeine Gesetze ableite, und die Analogie, die nach den uns bekannten Gegenständen der Erfahrung andere, uns unbekannte beurteile. Auf Induktion und Analogie in diesem Sinne seien nicht bloß die einzelnen Erfahrungswissenschaften, sondern es sei auf sie auch die gewöhnliche Weltansicht gegründet, die in der Wissenschaft die hergebrachte und daher selbst in den weiteren Kreisen des gebildeten Publikums die allgemein verbreitete sei. In der letzten, in der Bestreitung der überlieferten Anschauungen vielleicht eindrucksvollsten seiner philosophischen Schriften hat Fechner diese gewöhnliche Weltansicht die Nachtansicht genannt: die Nachtansicht, weil sie diese ganze Welt der Farben und Töne, der Empfindungen und Gefühle, alles also, was uns das Glück dieses Lebens in der Anschauung der Natur und im Verkehr mit unseren Mitmenschen genießen läßt, als ein vorübergehendes subjektives Erlebnis, als eine sich immer wieder erneuernde Illusion ansieht, während die Welt an sich ein in undurchdringliches Dunkel und Totenstille gehülltes Chaos sein solle. Nichts als schwingende Atome und rastlose, einförmige Bewegungen, und in diesem Chaos nur vereinzelte lichte und tönende Punkte, die empfindenden Wesen, die eine Zeit lang erscheinen, um dann wieder in der umgebenden Nacht zu versinken! Das ist, wie Fechner meint, die Weltansicht der Naturforscher, die aber auch die Theologie widerstandslos sich angeeignet hat, ohne zu bemerken, daß damit Gottes schöne Welt in einen Hades verwandelt wird, und daß die Aussicht auf ein lichtes Jenseits, mit der man sich tröstet, um so unsicherer wird, je weniger begreiflich zu machen ist, wie aus jenem finstern Diesseits ein solches Jenseits hervorgehen könne.

Ist diese Nachtansicht im höchsten Grad unbefriedigend, so ist sie aber keineswegs, wie behauptet wird, das Ergebnis wissenschaftlicher Erkenntnis, sondern sie ist in Wahrheit nur dadurch entstanden, daß die Wissenschaft in ihren Induktionen und Analogien auf halbem Wege stehen blieb, und daß sie daher ein unvollständiges Bild der Welt zustande brachte, das für die Ableitung gewisser Zusammenhänge tauglich sein mag, sich aber in ein falsches verwandelt, sobald man jene beschränkten Zusammenhänge für die volle Wirklichkeit der Dinge ansieht. Fechner sucht den Fehler dieser »Nachtansicht« vornehmlich an ihrem völligen Unvermögen zwei Problemen gegenüber nachzuweisen, Problemen, die zu jeder Zeit zu den tiefsten und schwierigsten der Philosophie gehört haben. Das eine ist das Problem des Lebens, das andere das des Bewußtseins.

III.

Wie entsteht das Leben? Nach der herrschenden Ansicht sind irgendwo und irgendwann unter uns unbekannten Bedingungen aus den unorganischen Stoffen der Natur organische Verbindungen hervorgegangen. Die Organismen sind also Erzeugnisse der toten, leblosen Natur. Man hat sich, wie Fechner bemerkt, infolgedessen alle erdenkliche Mühe gegeben, auf irgend eine Weise wenigstens Organismen einfachster Art aus unorganischen Stoffen zu erzeugen. Aber diese Mühe ist noch immer vergeblich gewesen. Statt hieraus zu schließen, daß überhaupt das Lebendige niemals aus dem Leblosen entstehe, begnügt man sich jedoch mit der Annahme, es seien in früheren Perioden unserer Erde Bedingungen für die Bildung des Organischen vorhanden gewesen, die heute nicht mehr existieren, und die wir auch nicht einmal in unseren Laboratorien künstlich herstellen können; unerachtet doch frühere Zustände unserer Erde, soweit wir auf sie zurückschließen dürfen, keineswegs dem Leben der Organismen günstiger als die heutigen waren. Dagegen geht man an der Tatsache, daß umgekehrt überall die Organismen es sind, die zuerst durch ihren Stoffwechsel und dann durch ihren Untergang unorganische Stoffe entstehen lassen, nichtachtend vorüber. Und doch macht diese Erfahrung von vornherein die Annahme wahrscheinlich, daß die gewöhnliche Ansicht in ihr Gegenteil umzukehren sei: nicht das Lebendige ist aus dem Leblosen, sondern das Leblose ist aus dem Lebendigen hervorgegangen.

Nehmen wir diesen Satz an, so werden wir nun unvermeidlich zu dem Schlusse gedrängt, daß jenes Lebendige, aus dem dereinst alle lebenden Wesen unserer Erde entsprungen sind, die Erde selbst ist: die Erde, die wir darum nicht bloß im poetischen Bilde, sondern im wirklichen und eigentlichen Sinne unsere Mutter nennen sollten. Wir belächeln mitleidig den Glauben wilder Völker, die da meinen, die Menschen seien aus Steinen entstanden. Und was tun wir Besseres, wenn wir nicht bloß die Menschen, sondern auch die Tiere und Pflanzen, das ganze Leben auf der Erde als einen Niederschlag ansehen, der sich zufällig auf einer toten Gesteinsmasse abgelagert habe? Wir haben uns in das Studium der Erdgloben in unseren Schulstuben so lange vertieft, bis wir die Erde selbst für einen Globus halten, auf dem die Berge, Flüsse, Meere mit ihrer lebenden Bevölkerung bloß äußerlich aufgemalt sind. Fechner veranschaulicht das Widersinnige dieser Meinung durch den Traum eines Naturforschers. Dieser sieht sich am Ufer eines klaren Wassers, in dem eine grüne, an zwei einander entgegengesetzten Stellen weiße Kugel herumschwimmt. Ei, denkt der Naturforscher, was kann das sein? Gewiß ein ungewöhnlich großes Infusorium! Und er freut sich schon des Berges von Ehren, der ihm als einem neuen Ehrenberg zuteil werden wird, wenn er diese neue Spezies beschreibt. Er bringt die Kugel unter das Mikroskop. Da entdeckt er einen Besatz von grünen Fransen und Wimpern in allerlei Tinten. Aber als er stärkere Vergrößerungen anwendet, zeigt es sich, daß das neue Infusor nicht aus Zellen zusammengesetzt ist, wie er erwartet hatte, sondern daß als Elementarteile auf seiner Oberfläche Bäume, Blumen, Schafe, Pferde, Hunde, Menschen herumwimmeln, — und plötzlich entdeckt er in einem der beweglichen Pünktchen sich selber. Da ging dem Naturforscher ein Licht auf. Ein Geschöpf, so dachte er, zu dem ich selbst mit allen Pflanzen und Tieren gehöre, ein solches Geschöpf kann unmöglich etwas anderes als ein lebendes Wesen sein. Die anderen Naturforscher, denen er das sagte, lachten ihn natürlich aus. Wer aber hatte recht?

Der hauptsächlichste Einwand, den man gegen das Leben der Erde ins Feld führt, besteht darin, daß man auf den Mangel aller der morphologischen und chemischen Bestandteile hinweist, die wir als erforderlich für den Lebensprozeß ansehen. Die Gesteinsmassen der Erde zeigen keine Zellen, keine Gewebe und Organe, keine Eiweißstoffe. Aber, fragt Fechner, ist es denn nötig, daß die Erde als Ganzes noch einmal alle die organischen Erzeugnisse aufweise, die sie ohnehin schon eben in den Organismen, die sie hervorbringt, besitzt? Gewiß, wenn wir die Erde organisch nennen, so werden wir sie in anderem Sinne so nennen müssen als die einzelnen organischen Individuen, die ihre Bestandteile sind. Wir haben sie dann als ein Individuum höherer Ordnung anzusehen, dem als gleichgeartete Wesen die andern ähnlichen Weltkörper, nicht die ihr untergeordneten irdischen Organismen gegenüberstehen. Unter diesem Gesichtspunkt werden wir aber überhaupt das Merkmal für die Unterscheidung des Lebendigen und des Leblosen nicht in irgend welche Struktur- und Stoffunterschiede, sondern nur in die allgemeinen Eigenschaften der Bewegungsvorgänge verlegen dürfen, aus denen die an den verschiedenen Körpern zu beobachtenden Erscheinungen hervorgehen. Nun sind alle Bewegungen der organischen wie der unorganischen Natur zwei großen Prinzipien unterworfen, von denen das erste ziemlich allgemein anerkannt, das zweite aber oft übersehen oder mindestens nicht richtig gewürdigt wird: dem Prinzip der Kausalität und dem der Finalität oder Zweckmäßigkeit. Nach dem Prinzip der Kausalität kehren überall und zu allen Zeiten, insoweit dieselben Umstände wieder eintreten, auch dieselben Erfolge wieder. Dieses Prinzip beherrscht zwar die ganze Natur, die lebende wie die leblose, und innerhalb der ersteren auch die geistige Welt; aber es ist für sich allein betrachtet zu unbestimmt, als daß man mit seiner Hilfe den Charakter der einzelnen Erscheinungsgebiete und demnach auch die eigentümlichen Unterschiede des Unorganischen und des Organischen näher feststellen könnte. Anders verhält es sich mit dem Prinzip der Finalität. Es ergibt sich gerade so wie das der Kausalität aus der allgemeinen Betrachtung des Ganges der Naturerscheinungen. Aber während dieses nur die allgemeine Gesetzmäßigkeit der Erscheinungen hervorhebt, bezeichnet jenes die Richtung, in der die Gesetzmäßigkeit verläuft. Demnach stehen Kausalität und Finalität durchaus nicht im Widerspruch, sondern sie ergänzen sich, und es muß notwendig vorausgesetzt werden, daß die einzelnen Gesetze, die nach dem Kausalprinzip den Verlauf der Erscheinungen bestimmen, zugleich jene Richtung enthalten, die das Finalprinzip ihrem Verlaufe vorzeichnet. Die widerspruchslose Koexistenz beider Prinzipien besteht also wesentlich darin, daß das Finalprinzip selbst eine Folge der Bedingungen ist, die für die Geltung des Kausalprinzips in der Welt bestehen. Dieses allgemeinste Finalprinzip hat Fechner später, im Anschluß an eine von Zöllner in seinem Buch »Über die Natur der Kometen« ausgeführte Betrachtung, als »Prinzip der Tendenz zur Stabilität« bezeichnet. Doch ist der Gedanke selbst Fechners Eigentum. Er ist deutlich im »Zendavesta« ausgesprochen und schon früher, in einer 1849 in unserer Gesellschaft gehaltenen Festrede »Über das Kausalgesetz«, angedeutet. Das Finalprinzip äußert sich hiernach darin, daß in der Natur jedes irgendwie nach außen begrenzte und daher relativ abgeschlossene System sowie jeder relativ selbständige Teil eines solchen nach kürzerer oder längerer Zeit wieder in denselben Zustand zurückzukehren strebt, den er zuvor besaß. So schwingen innerhalb eines Salzkristalls die einzelnen Salzteilchen infolge ihres Wärmezustandes regelmäßig um dieselben Gleichgewichtslagen. So nehmen die Planeten in ihrem Umlauf um die Sonne immer wieder die gleichen Stellungen ein. Und so erneuern sich in den Organismen die nämlichen Lebensvorgänge periodisch teils innerhalb eines und desselben Wesens, teils im Wechsel der Generationen. In keinem der uns in der Natur entgegentretenden Systeme oder ihrer Teile ist aber die Gültigkeit dieses Prinzips eine absolute, sondern überall nur eine approximative. Die regelmäßigen Schwingungen der Moleküle ändern sich, wenn sich ihr Wärmezustand ändert. Die Planetenbewegungen erfahren Störungen und infolgedessen sehr langsame Abweichungen von ihrer Stabilität. Der Lebensprozeß der Organismen erschöpft allmählich ihren Gleichgewichtszustand und bewirkt bei ihrem Ende dessen völlige Aufhebung. Je umfassender ein System ist, um so mehr muß sich jedoch seine approximative einer absoluten Gleichförmigkeit in der Wiederkehr der nämlichen Zustände nähern, weil im selben Maße die Störungen abnehmen, die in äußeren Einwirkungen ihren Ursprung haben. Für das Universum als Ganzes muß daher schließlich das Prinzip der Stabilität im absoluten Sinne gültig sein.

Nun lassen sich jedoch zwei Formen einer solchen Tendenz zur Stabilität unterscheiden: eine einfachere und eine verwickeltere. Ein Beispiel einfacher Stabilität bietet jedes beliebige unorganische Molekül: die Teilchen des Kristalls, die um ihre Gleichgewichtslagen schwingen, kehren sofort wieder in die nämlichen Zustände zurück. Beispiele verwickelter Stabilität bieten die Organismen und ihre Elementarteile. Jede Zelle erhält sich durch die Vorgänge der Stoffaufnahme und Stoffabgabe in einem annähernd stabilen Zustand, und dasselbe gilt von dem ganzen zusammengesetzten Organismus und schließlich von einer Generationenfolge von Organismen, bei der sich im Wechsel von Geburt und Tod die gleichen organischen Formen neu erzeugen. Aber die Tendenz zur Stabilität kommt hier erst zum Vorschein, wenn wir größere Reihen wechselnder Zustände vergleichen; auch erhält sich der Organismus immer nur in der Weise, daß aus den minder stabilen organischen Verbindungen stabilere unorganische hervorgehen. Mit der allgemeinen Tendenz zur Stabilität verbindet sich daher eine Tendenz des Übergangs in stabilere Zustände, organischer in unorganische Verbindungen.

Welcher dieser Formen ordnen sich nun die kosmischen Systeme unter? Unsere Erde gleicht, indem sie bei ihrer Bewegung um die Sonne mit sehr großer Annäherung in die nämlichen Stellungen zurückkehrt, einerseits der vollkommenen Stabilität der unorganischen Körper. Anderseits entspricht sie in dem verwickelten Verlauf der Vorgänge der Periodizität der Lebenserscheinungen. Wie unser eigener Leib, so ist die Erde ein durch bestimmte Gestalt äußerlich abgeschlossenes, durch das Walten von Kräften und Zweckbeziehungen innerlich verknüpftes Ganzes, dem ähnliche selbständige und in sich geschlossene Ganze in den andern Weltkörpern gegenüberstehen. Ebenso ist das Spiel der Prozesse auf ihr räumlich und zeitlich in größere und kleinere, regelmäßig wiederkehrende Perioden gegliedert. Erblickt man daher das wesentliche Kriterium des Organischen in dieser regelmäßigen Gliederung und Wiedererneuerung der Bewegungsvorgänge, so kann nach Fechners Meinung kein Zweifel obwalten, daß der Wechsel der kosmischen Bewegungen das vollkommenste Beispiel für den Begriff der organischen Bewegung überhaupt ist. Diese Vollkommenheit der organischen Periodizität der kosmischen Prozesse beruht aber gerade darauf, daß sich bei ihnen mit der verwickelten Zusammensetzung ineinander greifender Perioden eine nahezu vollkommene Stabilität derselben, wie sie auf unserer Erde nur den unorganischen Molekeln zukommt, verbindet. Daraus ergibt sich dann allerdings die Nötigung, dieses organische Leben der kosmischen Systeme als ein eigenartiges von dem der einzelnen Organismen und ihrer Elementarteile zu unterscheiden. Fechner nennt jenes das **kosmorganische**, dieses das **molekularorganische**. Nach dem kausalen Verhältnis, in welchem das Leben auf der Erde zur Erde selbst steht, müssen aber, wie er meint, die molekularorganischen notwendig aus den kosmorganischen Bewegungen hervorgegangen sein; und nach der überall bei den Lebensvorgängen zu beobachtenden Tendenz des Übergangs der minder stabilen in stabilere Verbindungen ist anzunehmen, daß mit der Entstehung molekularorganischer aus kosmorganischen Bewegungen zugleich die erste Bildung unorganischer Stoffe zusammenfiel. So erscheint die Erde nicht mehr als ein äußerer Wohnplatz, sondern im buchstäblichen Sinne als die Mutter der lebenden Wesen auf ihr. Und die Erde ist ihrerseits nur ein Glied in den großen kosmorganischen Grenzen unseres Sonnensystems, das sich wiederum dem Gesamtleben des Universums als der letzten allumfassenden Einheit unterordnet.

IV.

Wie der Frage nach dem Ursprung des Lebens, so steht nach Fechners Meinung die gewöhnliche Weltansicht auch der zweiten nach der Entstehung des Bewußtseins ratlos gegenüber. Sie läßt das Bewußtsein aus dem Bewußtlosen hervorgehen, ohne darüber Rechenschaft zu geben, wie das möglich sei. Natürlich sind wir aber bei dieser Frage noch weit mehr als bei der vorigen auf Analogien angewiesen. Denn in das Bewußtsein eines anderen Wesens können wir nicht hineinblicken, da eigentlich jeder nur seines eigenen Bewußtseins unmittelbar gewiß ist. Der Fehler und das Unbefriedigende der gewöhnlichen Weltansicht liegt nun darin, daß sie hier bei den nächsten und äußerlichsten Analogien stehen bleibt. Den Tieren schreibt man eine Seele und also ein Bewußtsein zu, weil sie ein dem unseren ähnliches Nervensystem besitzen, während man doch nicht im geringsten weiß, wie dieses Nervensystem in den Besitz von

Bewußtsein gelangen, und warum es sich in dieser Eigenschaft von sonstigen Stoffverbindungen unterscheiden soll. Mit demselben Rechte, mit dem man schließt: die Tiere brauchen Nerven zur Empfindung, also werden auch die Pflanzen solche nötig haben, mit demselben Rechte könnte man sagen: die Violinen brauchen Saiten zum Tönen, also werden auch die Flöten Saiten zum Tönen brauchen. Statt die Bedingungen, unter denen das Bewußtsein eines Wesens zustande kommt, nach den ihm selbst eigentümlichen Verhältnissen zu bestimmen, beruft man sich auf die für ein völlig anders geartetes Wesen geltenden Bedingungen. Wenn die Pflanze Empfindung hat, so kann diese freilich nicht durch Nerven zustande kommen; aber wer hat denn je bewiesen, daß es ohne Nerven überhaupt keine Empfindung gebe? Ist man doch meist bereit, den Protozoen, die ebenfalls keine Nerven besitzen, wegen gewisser Lebensäußerungen Empfindung zuzuschreiben. Nun sind allerdings auch die Lebensäußerungen der Pflanzen in mancher Beziehung anders geartet als die dieser einfachsten Tiere. Doch wer sagt uns, daß sich Empfindungen schlechthin nur durch tierische Lebensäußerungen verraten können? Vollends zu verlangen, daß die Erde, die Planeten Gehirn und Nervensystem besitzen müßten, ist ein völlig unzulässiger Schluß vom Teil auf das Ganze. In den Gehirnen der Menschen und Tiere, die zu ihr gehören, besitzt die Erde schon eine Menge von Bewußtseinsorganen der verlangten Art. Wenn sie als Ganzes alle ihre Geschöpfe umschließt, so wird sich die Organisation dieser Geschöpfe und demnach auch ein dem ihrigen gleichendes Substrat des Bewußtseins nicht noch einmal in diesem Ganzen wiederholen können.

Stützt sich so die geläufige Annahme nur auf unzulängliche äußere Analogien, so bleibt sie aber nicht bloß auf die Frage nach der Entstehung des Bewußtseins überhaupt, sondern auch auf die andere nach den Ursachen des Wechsels der Bewußtseinserscheinungen die Antwort schuldig. In uns kommen und gehen die Vorstellungen. In einem gegebenen Moment umfaßt unser Bewußtsein immer nur einen sehr begrenzten Inhalt. Dabei kann dieser bald aus Erinnerungen an längst vergangene Wahrnehmungen bestehen, bald kann umgekehrt ein direkter Sinneseindruck, wenn sich ihm unsere Aufmerksamkeit nicht zuwendet, zunächst unbewußt bleiben, um dann später im Bewußtsein aufzutauchen. Wo kommen nun die Vorstellungen her, die, nachdem sie aus dem Bewußtsein verschwunden waren, wieder in dasselbe eintreten? Und wo gehen diejenigen hin, die aus ihm verschwinden? Fechner antwortet: wie das Einzelleben nur als Abzweigung aus einem umfassenderen Lebensvorgang, so kann Bewußtsein, mag es sich nun um die erste Entstehung desselben in einem Individuum oder um das Bewußtwerden einer einzelnen Vorstellung handeln, nur daraus begriffen werden, daß jedes einzelne Bewußtsein auf einem allgemeineren Bewußtsein ruht, in das seine Erlebnisse untertauchen, und aus dem sie sich wieder erheben können. Jenes allgemeine Bewußtsein, auf dem sich jedes individuelle Bewußtsein irdischer Wesen erhebt, können wir uns aber nur an das Gesamtleben unserer Erde gebunden denken. Die erste Entstehung unseres Bewußtseins ist demnach dem Erwachen aus dem Schlafe verwandt. In der Tat bringt ja der Mensch bei der Geburt eine Menge geistiger Anlagen zur Welt mit, die als ein dunkles Erinnern gedeutet werden können. Wie sich nun bei dem Erwachen aus dem Schlaf in gewissem Sinne die Entstehung des einzelnen Bewußtseins wiederholt, so sind das Gehen und Kommen der Vorstellungen und schließlich selbst die Zustände der wechselnden Richtung der Aufmerksamkeit Vorgänge, in denen der Wechsel von Schlafen und Wachen abermals an den einzelnen Bewußtseinsinhalten sich abspielt. Alle diese inneren Erlebnisse ordnen sich dem Bilde der Schwelle des Bewußtseins unter. Über dieser Schwelle erhebt sich zunächst als eine Hauptwelle von längerer Periode das wache Bewußtsein in seinem ganzen Zusammenhange; und dann erheben sich über dieser Hauptwelle noch wechselnde Oberwellen von kürzerer Periode, die einzelnen Empfindungen und Vorstellungen, welche die besonderen Inhalte des Bewußtseins ausmachen, und denen so eine über der Hauptschwelle liegende »Oberschwelle« entspricht. Demnach ist jene Hauptschwelle, ebenso wie diese Oberschwelle, nicht als eine Grenze anzusehen, die das Bewußtsein vom Bewußtlosen, sondern nur als eine solche, die ein beschränkteres von einem umfassenderen Bewußtsein scheidet. Da aber auch das umfassendere Bewußtsein seine Schwelle haben wird, so können wir, wo immer ein neues individuelles Bewußtsein entsteht, dies als einen Vorgang der Erhebung über eine Schwelle deuten. Das Bewußtsein der Erde umfaßt so in ähnlicher Weise die Bewußtseinseinheiten der zu ihr gehörenden lebenden Geschöpfe, wie unser eigenes Bewußtsein seine augenblicklichen Erlebnisse; und jenes gesamte Bewußtsein verfügt über einen Schatz von Erinnerungen, der die ganze Geschichte der Erde und ihrer lebenden Wesen in sich schließt, ähnlich wie unser eigenes Bewußtsein auf den Zusammenhang unseres Einzellebens zurückblickt. Die Erde selbst aber, wie sie als kosmorganisches Glied dem Sonnensystem und dann mit diesem dem Universum sich eingliedert, bildet als Bewußtseinseinheit wiederum nur ein Glied in einer Reihe weiter aufsteigender Bewußtseinsformen, deren höchste das allumfassende Gesamtbewußtsein des Universums selbst, das göttliche Bewußtsein ist.

Auch auf dieses göttliche Bewußtsein, in welchem alle

anderen Bewußtseinseinheiten von den höchsten bis zu den niedersten, als seine einzelnen Erlebnisse, enthalten sind, wendet nun aber Fechner, wenn auch nirgends ausdrücklich, so doch tatsächlich das Prinzip der Schwelle an, und es bildet dies zugleich einen sehr bedeutsamen Zug seines Gottesbegriffs, durch den sich dieser von den meisten ähnlichen philosophischen Begriffsbildungen unterscheidet. Zwar soll alles, was für die niedrigeren Bewußtseinseinheiten unter der Schwelle liegt, für jenes höchste Bewußtsein über der Schwelle sein, da ja nur so eine Forterhaltung und Wiedererneuerung solcher Inhalte auch für das niedrigere Bewußtsein gesichert ist. Aber Fechner ist nicht der Meinung, daß das göttliche Bewußtsein auch die ganze Zukunft des Universums in sich trage. Vielmehr drängt ihn der Gedanke der Entwicklung, von dem seine Auffassung der Entstehung des Lebens wie des Bewußtseins getragen ist, dazu, diesen Gedanken nun auch auf Gott selbst anzuwenden. Dies geschieht, indem er dem göttlichen Bewußtsein zwar von Anfang an einen allgemeinen, in den kosmischen Gesetzen der Kausalität und Finalität sich betätigenden Weltplan zuschreibt, die äußere Ausgestaltung dieses Weltplans im Laufe des kosmischen Geschehens aber als eine Reihe neuer Erlebnisse innerhalb des göttlichen Bewußtseins ansieht. Er vergleicht Gott einem Künstler, dem sein Werk zwar von Anfang an in seinen allgemeinen Umrissen vor Augen schwebt, der aber darum keineswegs jede einzelne Stufe dieser Ausführung voraussieht. In diesem Sinn entwickelt sich nach ihm das göttliche Bewußtsein ähnlich wie das menschliche, nur freilich von Anfang an einheitlicher, planvoller, gesetzmäßiger; und Gott ist ihm schließlich ebenso gut das Erzeugnis seiner eigenen Erlebnisse, die zugleich die Erlebnisse des Universums sind, wie der einzelne Mensch das Produkt seiner Lebensschicksale ist. Dieser Gedanke erscheint ihm um so anmutender, da er es ihm zugleich möglich macht, sich den Menschen selbst als den Mithelfer und Vollbringer der Werke Gottes zu denken, und das Übel in der Welt und die Sünde als einen zwar dem ursprünglichen Wesen Gottes fremden, aber doch zur Vollendung der Schöpfung und zur Erzeugung des Guten und Schönen unerläßlichen Bestandteil der Weltordnung anzusehen. Dies sind Gedanken, in denen er an die beiden großen deutschen Theosophen des 16. und 17. Jahrhunderts erinnert, mit denen auch sonst seine Weltanschauung manche Züge gemein hat: an Paracelsus und Jakob Böhme. Aber auch mit den Philosophen seiner eigenen Zeit, denen er sonst wegen ihrer Versündigung an der Naturwissenschaft abhold war, mit Schelling und sogar mit Hegel berührt er sich hier, ohne daß freilich diese Beziehungen ihm selbst über die Schwelle des Bewußtseins getreten sind.

V.

Wenn Leben und Bewußtsein niemals entstanden, sondern ursprüngliche Tätigkeiten des Universums sind, so wird nun dadurch auch unmittelbar der Gedanke nahegelegt, beide seien in Wahrheit nur verschiedene Äußerungen eines und desselben Geschehens. In der Tat ist das Fechners Auffassung. Was uns äußerlich als eine zusammenhängende, aber in eine extensive Ordnung räumlicher und zeitlicher Vorgänge auseinander tretende Lebensbewegung gegeben ist, das erfassen wir innerlich als die intensive Einheit unseres Bewußtseins. Wie ein Kreis, den wir zuerst von einem Punkte jenseits seiner Peripherie und dann von seinem Mittelpunkt aus betrachten, verschieden erscheint und doch derselbe Kreis ist, so sind Lebensvorgänge und Bewußtseinsvorgänge das nämliche leiblich-geistige Geschehen, jedesmal nur von einem verschiedenen Standpunkte aus angesehen. Dabei zerlegt sich für den äußeren Standpunkt das Ganze in eine Mannigfaltigkeit einzelner Teile, für den inneren Standpunkt schließt es sich in die Einheit des Bewußtseins zusammen. Beide Standpunkte ergänzen sich daher, aber beide erfassen die ganze Wirklichkeit. Es gibt für Fechner kein unerkennbares »Ding an sich«, dessen bloße Erscheinungsweisen etwa jene beiden Auffassungen wären, sondern die Welt ist jenes leiblich-geistige Sein selbst, als das wir sie unmittelbar an unserem eigenen Leibe und in unserer eigenen Seele erkennen. Demnach ist auch die Seele kein besonderes, unausgedehntes Wesen, das in einem bestimmten Punkte des Gehirns seinen Sitz hätte. Fechner stellt dieser monadologischen oder atomistischen seine synechologische Ansicht gegenüber. Nach ihr ist der ganze lebende Körper beseelt, wie ja auch das seelische Leben auf dem Zusammenwirken aller Organe beruht. Diejenigen Bewegungen, an die unmittelbar die einzelnen Bewußtseinserscheinungen gebunden sind, nennt Fechner in seinen späteren Schriften »psychophysische Bewegungen«. Wie Leben und Beseelung nicht erst entstanden, sondern ursprünglich sind, so ist auch die psychophysische Bewegung die ursprüngliche. Die kosmorganischen Prozesse sind samt und sonders psychophysische Bewegungen. Mit der Differenzierung des Kosmorganischen zum Molekularorganischen haben sich dann aber die einzelnen psychophysischen Bewegungen ausgebildet, die den individuellen Bewußtseinsformen der lebenden Wesen zugrunde liegen. Demnach entsprechen sich fortan psychophysische Bewegung und Bewußtsein. Jeder einzelne Bewußtseinsvorgang ist an eine besondere psychophysische Bewegung gebunden; und wie sich eine Vorstellung als Erinnerungsbild nur wiedererneuern kann, weil sie unter der Schwelle des individuellen Bewußtseins in einem zugehörigen Gesamtbewußtsein als wirkliche Vorstellung weiterexistiert, so kann sich auch die zugehörige Bewegung nur wiederholen, weil sie, einmal entstanden, nie wieder untergeht, sondern nur vorübergehend zurückgedrängt werden kann. Fechner veranschaulicht diese unbegrenzte Dauer der psychophysischen Bewegungen durch das Bild der Welle, die, wenn sie sich auf einem Wasserspiegel mit andern Wellen kreuzt, für das Auge verschwindet, in Wirklichkeit aber in der Zusammensetzung der Bewegungen fortdauert.

Dieses Bild legt nun freilich die Frage nahe, ob nicht schließlich doch eine psychophysische Bewegung derart transformiert werden könne, daß sie als die gleiche nicht wieder zum Vorschein komme; und diese Frage erweckt unvermeidlich die andere: wie steht es mit der Fortdauer unseres Bewußtseins, wenn das Leben aufhört?

Fechner erkennt an, daß eine Beantwortung dieser Frage auf Grund der Betrachtung der psychophysischen Bewegungen als solcher unmöglich sei. Aber er meint, daß sich wegen unserer Unkenntnis dieser Bewegungen die physikalische Analyse nicht anheischig machen könne, deren Schicksale zu verfolgen. Demnach bleibe nichts anderes übrig, als die psychische Seite der Vorgänge ins Auge zu fassen, woraus sich dann der Rückschluß auf die zugehörige physische Seite aus dem Zusammenhang beider von selbst ergebe. Hier liegt ihm nun der unweigerliche Beweis für die über die weitesten Zeitstrecken sich ausdehnende Fortdauer der Bewußtseinsvorgänge in der Ausdehnung des menschlichen Bewußtseins über ein ganzes, langes menschliches Leben. Während sich der Körper des Menschen infolge der Vorgänge des Stoffwechsels fortwährend erneuert, so daß schließlich kein Atom mehr dasselbe geblieben ist, reicht die Erinnerung des Greises bis in die früheste Kindheit zurück. Das wird, wie er meint, nur begreiflich, wenn sich auch die einmal entstandenen psychophysischen Bewegungen auf neue und neue Körperelemente übertragen können. Wenn aber in dieser Weise die Fortdauer unserer psychischen Erlebnisse und ihrer psychophysischen Substrate nicht an bestimmte beharrende Substanzen gebunden ist, so haben wir auch keinen Grund, anzunehmen, daß sie an die Erhaltung unseres Leibes gebunden sei. Freilich ist der tote Körper nicht mehr der psychophysischen Bewegungen fähig, die zur Entstehung von Empfindungen und Vorstellungen erforderlich sind. Aber warum sollen nicht diese Bewegungen irgendwie in der uns umgebenden Welt fortdauern? In der Tat sieht sich Fechner zu dieser Annahme durch seine ganze Auffassung des individuellen Bewußtseins als einer »Oberwelle« über einer unter seiner Schwelle liegenden »Unterwelle« eines umfassenderen Bewußtseins gezwungen. Dieses wäre ja kein Bewußtsein mehr, wenn nicht die Erlebnisse des individuellen Geistes in ihm fortexistierten; und zu diesen Erlebnissen gehört doch auch als das allerwesentlichste das Bewußtsein der eigenen Persönlichkeit. Ein Verschwinden des Selbstbewußtseins in einem Allgemeinbewußtsein erscheint ihm daher undenkbar. Gehöre doch jedes zur Entwicklung gelangte individuelle Bewußtsein wesentlich mit zu den Erlebnissen dieses Allgemeinbewußtseins. Wohl aber glaubt er annehmen zu dürfen, daß durch die Vereinigung mit dem letzteren die Schranken hinwegfallen werden, die dem seelischen Leben durch die Gebundenheit an eine begrenzte körperliche Organisation gesetzt sind. Das jenseitige Leben ist ihm daher in Wahrheit ein diesseitiges Leben. Es ist jedoch in analoger Weise eine höhere Stufe unseres gegenwärtigen Daseins, wie dieses selbst eine höhere Stufe zu dem ihm vorausgehenden traumhaften Zustand vor der Geburt ist. Der Mensch lebt nicht einmal, sondern dreimal auf Erden. Die erste Lebensstufe ist ein steter Schlaf, die zweite ein Wechsel zwischen Schlaf und Wachen, die dritte ein ewiges Wachen. Nicht in fernen, unzugänglichen Räumen über dem Himmel oder unter der Erde leben unsere Abgeschiedenen, sondern mitten unter uns. Wir können, an die Schranken unseres Leibes gebunden, nur in Gedanken, in Erinnerungen mit ihnen verkehren. Sie aber leben mit klarem Bewußtsein um uns und in uns. Denn manche unserer Gedanken mögen wohl durch ihre unmittelbare Teilnahme an unserem geistigen Leben entstehen. Und das ist »die große Gerechtigkeit der Schöpfung, daß jeder sich die Bedingungen seines zukünftigen Seins selbst schafft. Die Handlungen werden dem Menschen nicht durch äußerliche Belohnungen oder Strafen vergolten; es gibt keinen Himmel und keine Hölle im gewöhnlichen Sinne der Christen, Juden und Heiden, wohin die Seele nach dem Tode käme, — sondern, nachdem sie die große Stufenkrankheit, den Tod, überstanden, entwickelt sie sich nach der unwandelbaren, jede spätere Stufe über dem Grunde der früheren aufbauenden Folgerichtigkeit der Natur auf der Erde ruhig weiter fort in einem und zu einem höheren Sein; und, je nachdem der Mensch gut oder schlecht, edel oder gemein gehandelt, fleißig oder müßig gewesen, wird er im folgenden Leben einen gesunden oder kranken, einen starken oder schwachen Organismus als sein Eigentum finden. . . . Wie lange aber auch das Unwahre, Böse und Gemeine noch fortwirken und um seinen Bestand mit dem Wahren, Schönen, Rechten ringen möge, es wird zuletzt durch dessen immer wachsende Macht bezwungen, durch seine eigenen mit wachsender Kraft zurückgeschlagenen Folgen vernichtet werden.« Darum wohl dem, der hienieden »einen Schatz von Liebe, Achtung, Verehrung, Bewunderung im Andenken der Menschen hinter sich gelassen. Was er fürs diesseitige Leben hinter sich gelassen, gewinnt er mit dem Tode, indem er das zusammenfassende Bewußtsein für alles gewinnt, was die Nachgelassenen von ihm denken; er hebt damit den Scheffel, von dem er im Leben bloß einzelne Körner zählte. Das gehört zu den Schätzen, die wir für den Himmel sammeln sollen.«

Indem so Diesseits und Jenseits in ein einziges immerwährendes Leben zusammenfließen, dessen Stätte für den Menschen die Erde ist, an deren geistigem Wesen er teilnimmt, und die für ihn die Vermittlung mit dem allumfassenden göttlichen Sein bildet, widerlegt sich damit von selbst jene Nachtansicht der herrschenden Wissenschaft, die in der leuchtenden und tönenden Natur nur eine vorübergehende Illusion erblickt. Wohl muß es, damit das Licht gesehen, der Schall gehört werde, ein sehendes und hörendes Wesen geben. Aber ist nicht die ganze uns umgebende Natur ein solches Wesen, das sich in den einzelnen Geschöpfen, die sie hervorgebracht hat, und deren Leben für sie unverlierbar ist, nur in seine einzelnen Teile gliedert? Darum ist es die natürliche Ansicht, die jener trostlosen Naturanschauung der heutigen Wissenschaft vorausging, und die bestehen bleiben wird, wenn diese wieder untergegangen ist, daß der Lichtstrahl, die Tonwelle sich selbst empfinden, weil die ganze Welt von dem gleichen Sehen durchleuchtet, von dem gleichen Hören durchtönt ist, das den Menschen an der ihn umgebenden Natur sich erfreuen läßt. Das ist die Tagesansicht, die Fechner der Nachtansicht gegenüberstellt, und die er nicht bloß für vereinbar mit den Ergebnissen der Naturwissenschaft hält, sondern von der er auch überzeugt ist, daß sie allein das Rätsel des Jenseits in einer mit dem Zusammenhang unserer Erfahrungen und Erkenntnisse übereinstimmenden Weise gelöst habe. Beweisen freilich läßt sich diese Tagesansicht, wie er zugesteht, ebensowenig, wie sich die Nachtansicht beweisen läßt. Aber wenn einmal der Glaube zu Hilfe gerufen werden muß, um die Lücken des Wissens auszufüllen, so duldet es ihm keinen Zweifel, daß die Tagesansicht der trostreichere Glaube ist. Und wie man auch darüber denken möge, ihn selbst hat jedenfalls der unerschütterliche Glaube an seine Weltanschauung mit einem Glücksgefühl erfüllt, das ihn bei allem Schweren, was ihm das Dasein brachte, wohl zu einem der glücklichsten Menschen machte, die jemals gelebt haben. Er hat selbst von sich gesagt: »Wäre nicht der finstersten und scheinbar hoffnungslosesten Zeit meines Lebens der erste Anbruch der Tagesansicht in den Ideen des ‚Büchleins vom Leben nach dem Tode' schon vorausgegangen, ich würde jene Zeit nicht ertragen haben.« Ergreifend spricht sich dies aus in einzelnen der Gedichte, die gerade in diesen trübsten Tagen entstanden sind. So in jenem »Lied in Trübsal«:

>»Wenn alles sich verdunkelt,
>   Erloschen ist der Schein,
>Der einsam noch gefunkelt
>   Vom letzten Sternelein;
>O denk', daß eine Sonne
>   Lebendig doch noch geht,
>Ein neuer Tag der Wonne
>   Dereinst bevor dir steht«;

oder in den Schlußversen zu dem Büchlein »über die drei Motive und Gründe des Glaubens«:

>»In Gott ruht meine Seele;
>   Der Engel ganze Schar
>In seinen reichen Höhen
>   Lichtstrahlend seh' ich gehen,
>Und einer trägt mich gar.«

Der Gedanke der Allbelebung der Natur und der Allgegenwart Gottes in ihr durchzieht alle diese Lieder. Den poetisch schönsten Ausdruck hat wohl dieser Gedanke in einem »Morgen und Frühling« benannten Gedicht gefunden:

»Gott, ich möchte wohl zu dir beten,
Es betet alles um mich;
Doch find' ich die Worte nicht, die es täten,
Dich selber, wie find' ich dich?
Wie fragend so mein Herz erbanget,
Gings heimlich durch die Flur:
Was in uns nach dir liebend langet,
Ist Gott ja selber nur.
In dir auch regt er seine Hände,
Die strecken nach uns sich aus,
Nicht such' ihn, wo die Welt zu Ende,
Bei dir ist Gott im Haus.«

VI.

Die Zeit, da Fechners philosophische Schriften zuerst in die Öfffenlichkeit traten, war für ihre Wirkung die denkbar ungünstigste. Als die drei Bände des Zendavesta, dieser umfassendsten Darstellung seiner Anschauungen, im Jahre 1851 erschienen, beherrschten ganz andere Interessen die wissenschaftliche Welt. Die Naturphilosophie hatte gründlich Fiasko gemacht, auch der Stern der Hegelschen Philosophie war verblichen; der Pessimist Schopenhauer harrte in Frankfurt noch immer vergebens der Wiederauferstehung seines vergessenen Werkes, an die damals außer ihm niemand glaubte. Ludwig Feuerbach und in den folgenden Jahren der in seinen Spuren wandelnde physiologische Materialismus kamen dem populären philosophischen Bedürfnisse entgegen, während sich die strengere Wissenschaft auf ihre Spezialgebiete zurückzog und die Philosophie überhaupt meist für einen überwundenen Standpunkt ansah. Wie konnte da ein Werk, das sich schon auf dem Titel als eine Lehre von den Dingen des Himmels und des Jenseits ankündigte, als etwas anderes denn als ein phantastischer

Traum erscheinen, der mit Wissenschaft überhaupt nichts zu tun habe! Fechner hat schwer unter dieser Ungunst der Zeiten gelitten. Er ist nicht müde geworden, die Überzeugungen, die er gewonnen, und durch die er sich beglückt fühlte, immer wieder in neuer Gestalt der Welt zu verkünden. Dem Zendavesta ließ er kleinere Schriften folgen, in der Hoffnung, daß die kürzere Form der Verbreitung seiner Gedanken förderlicher sei. In dem Vorwort zu der Schrift »über die Seelenfrage« sagt er: einem Publikum, das sich durchaus nicht aus dem Bette alter Ansichten zurechtfinden könne, habe er zum erstenmal in seinem »Büchlein vom Leben nach dem Tode« zugerufen: »Steh' auf!« Als man ihn nicht gehört, da habe er wieder und wieder gesprochen: »Steh' auf!« »Jetzt rufe ich ein fünftes Mal, und, wenn ich lebe, werde ich noch ein sechstes und siebentes Mal ‚Steh' auf!' rufen, und immer wird es nur dasselbe ‚Steh' auf!' sein. Aber zum Rufe, der eine schlafende Welt aufwecken soll, gehört ein starker Atem; ich bin nur ein Atemzug in diesem Atem.«

Am meisten verwahrt er sich gegen den Namen eines Phantasten. Einen Phantasten, so meint er, nenne man mit Recht denjenigen, der irgendwo im Himmel oder auf Erden Dinge als wirklich annehme, die den sichergestellten Gesetzen der Erscheinungswelt widersprechen, und für die sich gar keine Gründe in dem Zusammenhang der Erfahrung aufzeigen ließen. In diesem Sinne sei z. B. die Lehre von der Seelenwanderung phantastisch, oder sei es phantastisch, anzunehmen, daß die menschliche Seele in einer Sonne oder einem Planeten oder irgendwo sonst in einer fernen Welt weiter lebe. Phantastisch sei daher im Grunde auch die ganze heute herrschende religiöse Weltanschauung, weil sie zwischen der Welt unseres gegenwärtigen und der unseres künftigen Daseins gar keine Vermittelungen oder Beziehungen anerkenne. Man zeige mir aber einmal, so fragt er, den Punkt, wo meine Ansicht den feststehenden Tatsachen widerspricht! Man wird, diesen Punkt nirgends finden. Im Gegenteil, was ich lehre, das ist aus der Anschauung der wirklichen Natur und des wirklichen Lebens geschöpft. Allerdings ist es in dieser für uns unmittelbar erfaßbaren Wirklichkeit der Dinge nicht selbst schon enthalten. Aber die Philosophie ist ihm überhaupt nicht Sache des Wissens, sondern des Glaubens. Man kann eine Weltanschauung nicht beweisen, wie man einen mathematischen Lehrsatz beweisen kann, und man kann sie nicht empirisch aufzeigen, wie man eine Naturerscheinung beobachten kann. In dieser Beziehung stehen ihm Philosophie und Religion auf gleichem Boden. Die Philosophie steht aber zugleich in der Mitte zwischen Religion und Wissenschaft. Sie hat beide zu versöhnen, indem sie eine Weltanschauung entwickelt, die mit den Ergebnissen der Wissenschaft im Einklang bleibt, während sie den religiösen Gemütsbedürfnissen Befriedigung schafft.

Man sieht, Fechner stellt der Philosophie eine andere Aufgabe, als sie ihr von allen denen gestellt zu werden pflegt, die diese Aufgabe als eine wissenschaftliche ansehen. Von den großen Philosophen der Vergangenheit gibt es kaum einen, der in Fechners Schriften seltener genannt wird als Kant. Von der Forderung Kants, die seitdem ein Axiom der wissenschaftlichen Philosophie geblieben ist, ehe man über das Wesen der Dinge selbst irgend etwas aussage, müsse vor allem die Fähigkeit unseres Erkenntnisvermögens zu solchen Aussagen geprüft werden, von dieser Forderung ist Fechners Philosophie völlig unberührt geblieben. Man würde sich in ihr vergeblich nach etwas umsehen, was als Erkenntnistheorie oder als Ethik im wissenschaftlichen

Sinne, als eine kritische Untersuchung der Prinzipien des menschlichen Handelns, angesprochen werden könnte. Darum würde man aber auch diese Philosophie mit einem falschen Maßstabe messen, wenn man den der wissenschaftlichen Philosophie an sie anlegen wollte. Dies will sie grundsätzlich nicht sein. Vielmehr besteht sie ebensowohl in einer Umdeutung der religiösen Glaubensinhalte wie in einer Ergänzung der wissenschaftlichen Ergebnisse, wobei jene Umdeutung und diese Ergänzung in einer Weise vorgenommen werden sollen, daß sich Glaube und Wissen zu einer einzigen, in sich harmonischen, den Wissenstrieb wie das Glücksbedürfnis des Menschen befriedigenden Weltanschauung vereinigen. Darum ist Fechners Philosophie wesentlich Religionsphilosophie oder, vielleicht noch treffender ausgedrückt, Theodizee. Aber sie ist keine Theodizee im Leibnizschen Sinne. Sie macht nicht den Versuch, das christliche Dogmensystem mit einer zunächst unabhängig von ihr entstandenen Philosophie in Einklang zu bringen. Dem Dogma steht Fechner vollkommen frei gegenüber. Es ist ihm eine Hülle, die den religiösen Kern des christlichen Glaubens häufiger verbirgt als schützt. Um so mehr gilt ihm dieser Kern selbst als ein unveräußerliches Gut der Menschheit.

Man wird nach allem dem Fechner Recht geben müssen, wenn er den Namen eines Phantasten ablehnt. In der Tat, seine Philosophie ist phantasievoll, aber phantastisch im Sinne eines die Wirklichkeit willkürlich verändernden Spieles der Phantasie ist sie nicht. Freilich bietet sie überall bloße Denkmöglichkeiten. Mehr zu leisten macht sie sich aber auch nicht anheischig. Die Rechtfertigung dieses Standpunktes sieht eben Fechner darin, daß der Glaube überhaupt nicht ein abgesondertes Reich neben dem Wissen sei, sondern daß er mitten in dieses hineinreiche, zur Verbindung und Ergänzung seiner Bestandteile unentbehrlich sei. Wenn wir annehmen, daß andere Menschen ein Bewußtsein in sich tragen ähnlich dem unsern, oder daß in fernen Räumen und Zeiten des Weltalls nicht weniger wie in der uns umgebenden Welt das Gesetz der Kausalität gelte, so seien auch solche für die Wissenschaft unentbehrliche Voraussetzungen im Grunde nur eine Sache des Glaubens. Vollends die Annahmen über die Materie und ihre Kräfte, über die allgemeinsten Gesetze der Natur und des geistigen Lebens, sie verraten sich schon dadurch als Glaubenssätze, daß in ihnen keineswegs irgend eine Einmütigkeit erzielt ist. Manche von ihnen hält man offenbar nur darum für gewiß, weil man sich an sie gewöhnt hat. Bei diesem Punkte setzt nun Fechners Philosophie ein. Er verlangt, daß man zwischen dem eigentlichen Wissen und dem bloßen Glauben streng unterscheide, und daß man nicht Glaubensinhalte deshalb schon als wahr annehme, weil sie uns überliefert oder in allgemeiner Geltung sind. Vielmehr, so unentbehrlich der Glaube sei, um das Wissen zu ergänzen, so könne doch nur dies als das Kriterium eines berechtigten Glaubens angesehen werden, daß er eine solche Ergänzung in befriedigender Weise zustande bringe. Dieses Kriterium versagt nun nach seiner festen Überzeugung bei den Glaubensinhalten der gewöhnlichen Weltansicht, wie sie von der heutigen Wissenschaft sanktioniert ist. Er sieht es dagegen in vollem Maße erfüllt bei seiner eigenen Weltansicht, die in den wesentlichsten Beziehungen die Umkehrung jener ist. Es ist das Bewußtsein dieses Gegensatzes, verbunden mit dem festen Glauben an den beglückenden Inhalt seiner Lehre, was Fechners philosophischen Schriften einen eigentümlichen Reiz verleiht. Er will nicht bloß durch Argumente überzeugen, sondern er hat etwas von dem Geiste eines Propheten in sich, der die Menschheit von eingewurzelten Irrtümern befreien und sie des Glückes der neuen Gottes- und Welterkenntnis teilhaftig machen möchte, die sich ihm selbst offenbart hat.

VII.

Doch, mochte auch Fechner nicht müde werden, immer wieder von neuem seinen Weckruf ertönen zu lassen, er konnte sich allmählich der Wahrnehmung nicht verschließen, daß, abgesehen von der Teilnahme, die seine kleineren populären Schriften bei einzelnen religiös gestimmten Gemütern fanden, seine Philosophie keine in weitere Kreise dringende Kraft ausübte, ja daß sie, was für ihn das Schmerzlichste war, von der wissenschaftlichen Welt, von der offiziellen Philosophie so gut wie von der Naturwissenschaft, unbeachtet blieb. Ein anderer würde vielleicht, über solchen Mißerfolg verstimmt, auf fernere Versuche, seiner Überzeugung Eingang zu verschaffen, verzichtet haben. Nicht so Fechner. In der Zuversicht, mit der ihn sein eigener fester Glaube erfüllte, hat er nicht abgelassen, sein Ziel zu verfolgen. Dennoch wandelte sich in den letzten dreißig Jahren seines Lebens zum Teil der Charakter seiner Arbeiten. In den Hauptwerken, die er in dieser Zeit veröffentlichte, änderte er, wenn ich mich des Ausdrucks bedienen darf, die Taktik seines Verfahrens; ja er änderte diese vornehmlich in dem bedeutendsten dieser Werke, in den »Elementen der Psychophysik«, so sehr, daß für eine oberflächliche Betrachtung der Zweck selber als ein anderer erscheinen konnte.

Nirgends tritt dies so deutlich hervor, als wenn man die Psychophysik mit dem zehn Jahre früher erschienenen Zendavesta vergleicht. Wo wir auch den Zendavesta aufschlagen mögen, wir fühlen uns in die Sphäre mystischtheosophischer Spekulation versetzt, in eine nicht sowohl philosophische als poetische Weltanschauung. Wir bewegen uns ausschließlich im Himmel und im Jenseits. Auch die Erde mit allem, was auf ihr lebt, hat für dieses Buch nur eine Bedeutung, weil es zu den »Dingen des Himmels« gehört. In der Psychophysik wandeln wir den Weg nüchterner und exakter Untersuchungen. Rein empirische Betrachtungen, sorgfältig ausgearbeitete Methoden der Versuchsanordnung und der Fehlerelimination, endlich mathematische Gesetzesformulierungen, die sich streng an die vorhandenen Versuchsergebnisse anschließen, folgen aufeinander. Sollte man da nicht meinen, in den »Elementen« habe ein exakter Geist ersten Ranges mit aller dem geübten Naturforscher und Mathematiker zu Gebote stehenden Vorsicht ein neues Wissensgebiet systematisch auszubauen begonnen; in dem »Zendavesta« aber habe dieser selbe Geist eine Traumwelt poetisch gestaltet, die mit jenen exakten psychophysischen Arbeiten im Grunde ebenso wenig wie mit des gleichen Verfassers »Maßbestimmungen der galvanischen Kette« etwas zu tun habe? Aber wer die letzten Kapitel der Psychophysik und wer den Zendavesta ganz gelesen hat, muß von dieser Meinung zurückkommen. Da wird es unverkennbar, daß die Psychophysik für Fechner selbst nichts anderes gewesen ist als der umfassendste und gründlichste Versuch, den er unternommen, die in dem Zendavesta entworfene Weltanschauung nach der Seite der von ihr postulierten Beziehungen zwischen körperlicher und geistiger Welt exakt zu begründen und so mindestens innerhalb der durch die Erfahrung gezogenen Grenzen aus der Sphäre des bloßen Glaubens in die des Wissens zu erheben. Doch die Psychophysik beschränkt sich nicht auf diese Aufgabe, sondern sie klingt in der ganzen Weltanschauung aus, die im Zendavesta entwickelt worden war, in der Lehre von

Gott und Welt ebenso wie in der Auffassung von Leib und Seele, da dieses beschränktere Verhältnis, wie die Psychophysik nachzuweisen sucht, unmittelbar auf jenes allumfassende zurückschließen lasse. So stellt es sich denn, je mehr man in diese Werke eindringt, immer klarer heraus, daß beide im Grunde einen und denselben Inhalt haben, wenn auch die einzelnen Teile dieses Inhalts in ihnen sehr verschieden angeordnet und behandelt sind. In Wahrheit kehren alle wesentlichen Ideen des Zendavesta in der Psychophysik wieder; es sind aber auch umgekehrt die Grundgedanken der Psychophysik schon im Zendavesta zu finden.

Im Zusammenhang mit seiner Anschauung, daß Materielles und Geistiges aneinander gebundene, nur durch den Standpunkt der äußeren und der inneren Auffassung geschiedene Eigenschaften des Wirklichen seien, hatte Fechner im Zendavesta bereits die Frage erwogen, ob sich nicht zwischen den Erscheinungen unseres Bewußtseins und den ihnen entsprechenden physischen Bewegungsvorgängen eine mathematische Gesetzmäßigkeit feststellen lasse. Er hatte diese Frage ohne weiteres bejahend beantwortet. Durch die Allgemeingültigkeit des Kausalprinzips einerseits und durch die Gebundenheit des Bewußtseins an bestimmte physische Vorgänge andererseits wird eine solche gesetzmäßige Beziehung nach ihm gefordert, und er hält es zugleich für im höchsten Maße wahrscheinlich, daß sie in einem einheitlichen, für alle Wechselwirkungen zwischen Leib und Seele in gleicher Weise gültigen mathematischen Gesetz bestehe. Er geht die Verhältnisse mathematischer Abhängigkeit durch, die sich in diesem Fall a priori vermuten lassen. Die einfache Proportionalität erscheint ihm unannehmbar, weil sie der verschiedenen Beschaffenheit des Körperlichen als einer Mannigfaltigkeit vieler Bewegungen und des Geistigen als einer Zusammenfassung des Mannigfaltigen nicht gerecht werde. Er sucht sich dann das Verhältnis durch Zahlenreihen zu verdeutlichen, die nach einer verschiedenen Gesetzmäßigkeit fortschreiten. Hier drängt sich ihm schließlich eine Beziehung als die wahrscheinlichste auf: die der einfachen arithmetischen Reihe 1, 2, 3, 4, 5 .... zu der geometrischen 1, 2, 4, 8, 16 .... In ihr scheint er zunächst ein anschauliches Bild für die intensiven, dem einfacheren Fortschritt der mathematischen Reihe parallel gehenden Änderungen des Psychischen, und für die extensive, den größeren Stufen der geometrischen entsprechende Mannigfaltigkeit des Physischen gesehen zu haben. Das Schema beider Reihen erweckte, wie er später mitteilt, plötzlich eines Morgens, am 22. Oktober 1850, in ihm die Idee, es möge wohl einem gleichen verhältnismäßigen Zuwachs an lebendiger Kraft körperlicher Bewegung ein gleicher absoluter Zuwachs geistiger Intensität entsprechen. So entstand die erste Aufstellung des sogenannten psychophysischen Grundgesetzes in der Form der logarithmischen Funktion, wie sie im Anschluß an jene Reihenbetrachtungen der zweite Band des Zendavesta als »kurze Darlegung eines neuen Prinzips mathematischer Psychologie« enthält. Schon hier erblickt Fechner einen Hauptwert dieser Funktion darin, daß sie, da der Logarithmus bei einer bestimmten Größe des Argumentes null und dann negativ wird, über die Schwelle des Bewußtseins Rechenschaft gebe und es daher wahrscheinlich mache, daß die unter die Schwelle gesunkenen Vorstellungen in einem allgemeineren Bewußtsein fortexistieren können. Auf einzelne empirische Bewährungen des Gesetzes, namentlich auf das Verhältnis der Tonintervalle zu den Schwingungszahlen und der subjektiven Lichtempfindungen zu den objektiven Lichtstärken, ist er erst nachträglich aufmerksam geworden.

Wie sehr hat sich diese Darstellungsweise in den Elementen der Psychophysik geändert! Da wird, nachdem die Psychophysik allgemein als eine exakte Lehre von den Abhängigkeitsbeziehungen zwischen Körper und Seele definiert ist, die so gestellte Aufgabe zunächst rein empirisch zu lösen unternommen. Unter jenen Abhängigkeitsbeziehungen wird die einfachste, die der Empfindung zu dem sie verursachenden äußeren Reize herausgegriffen. Dann werden die für eine solche Untersuchung erforderlichen Maßmethoden entwickelt. Dem folgen die von Physiologen und Physikern gefundenen, hierher gehörigen Ergebnisse, jetzt unter Voranstellung der klassischen Untersuchungen Ernst Heinrich Webers über den Tastsinn. Indem er Weber als den bezeichnet, der zuerst eine allgemeine Gesetzmäßigkeit zwischen Reiz und Empfindung festzustellen versucht habe, bildet von nun an das von ihm nach jenem benannte »Webersche Gesetz« die Grundlage aller weiteren Erörterungen. Daran reihen sich die Betrachtungen über die Schwelle. Dem Begriff der Reizschwelle wird der der »Unterschiedsschwelle« gegenübergestellt. Es wird das Verhältnis der physischen Reizbewegung zu denjenigen Bewegungsvorgängen im Innern des Nervensystems erörtert, die der Empfindung unmittelbar parallel gehen, und für die er jetzt den Ausdruck »psychophysische Bewegungen« einführt. Ist das Webersche Gesetz Ausdruck einer Beziehung zwischen der äußeren physischen Bewegung und der psychophysischen Bewegung? Oder entspricht es der Beziehung zwischen psychophysischer Bewegung und Empfindung? Den Beweis für die letztere Annahme betrachtet Fechner dadurch für erbracht, daß die Tatsachen der Reizschwelle und der Unterschiedsschwelle eine übereinstimmende Erklärung fordern. Die Unterschiedsschwelle aber müsse auf den Übergang der psychophysischen Bewegung in die Empfindung bezogen werden, da die Konstanz der relativen Größe der Unterschiedsschwelle ihren unmittelbaren Zusammenhang mit dem Weberschen Gesetz beweise. Dieses Gesetz selbst oder die ihm entsprechende logarithmische Funktion könne nun sehr wohl als eine fundamentale Abhängigkeitsbeziehung zwischen den beiden Gebieten des Physischen und des Psychischen, nimmermehr als eine solche zwischen verschiedenen Bestandteilen des Verlaufs der physischen Erregungen gedacht werden. Desgleichen sieht Fechner in dem von ihm entdeckten »Parallelgesetz«, wonach der Unterschied zweier Reize als gleich groß empfunden wird, wenn die Reizbarkeit für beide gleichmäßig zu- oder abnimmt, eine Bestätigung dieser Auffassung. Überdies sieht er aber in dem gleichen Parallelgesetz eine Art Übertragung des Weberschen Gesetzes von außen nach innen, die den Übergang aus der »äußeren« in die »innere Psychophysik« vermittelt. Denn dieser fallen alle die Veränderungen der Empfindungen und der psychophysischen Bewegungen zu, die nicht direkt durch äußere Reize veranlaßt sind. Demnach treten weiterhin auch der Wechsel von Schlaf und Wachen, die wandelbaren Zustände der Aufmerksamkeit, das Gehen und Kommen der Erinnerungsbilder unter den Gesichtspunkt der »inneren Psychophysik«. Indem es nun Fechner durch das Parallelgesetz für erwiesen hält, daß für diese das Webersche Gesetz ebenfalls gelte, muß nach ihm auch die Tatsache der Schwelle in ihr wiederkehren. Dabei zeigt dann die unmittelbare Beobachtung, daß uns hier der Begriff der Schwelle sogar in mehrfachen Gestaltungen entgegentritt: so im Wechsel von Schlaf und Wachen als Gesamtschwelle des Bewußtseins, im Wechsel der Aufmerksamkeit als Partialschwelle für einzelne Vorstellungen. Auf diese Weise ergibt sich als allgemeines Bild der Bewußtseinsvorgänge jenes Wellenschema, das schon im Zendavesta angedeutet worden war. Mit dem Wellenschema wird aber auch die Übertragung des Bildes der Ober- und Unterwelle von dem individuellen Bewußtsein auf dessen weiter zurückgehende Bedingungen nahegelegt. Das Einzelbewußtsein fügt sich so in einen »psychophysischen Stufenbau der Welt« ein. Ohne jene Allbeseelung des Universums, zu der jedes Einzelbewußtsein als Teilbewußtsein gehört, würde nach Fechner das individuelle Seelenleben nicht zu erklären sein. So mündet die Psychophysik wiederum in der Naturphilosophie, und diese in jener religiösen Grundanschauung, die in der Welt eine Entfaltung des göttlichen Wesens, in dem menschlichen wie in jedem seelischen Sein einen Strahl aus der Lichtfülle des göttlichen Geistes sieht. Allmählich und unversehens ist der Leser aus den exakten und empirischen Betrachtungen der äußeren durch die innere Psychophysik zur Theosophie des Zendavesta zurückgeführt worden. So wird die Psychophysik für Fechner zu einem induktiven Beweissystem für seine Philosophie. War der Versuch, dieser um ihrer selbst willen Eingang zu verschaffen, gescheitert, so hoffte er nun ein zunächst vielleicht beschränkteres, aber um so höheres Ziel zu erreichen: er hoffte, diese Weltanschauung zu einer, wenn nicht absolut bewiesenen zu machen, so doch jedenfalls als diejenige darzutun, die für den Standpunkt der exakten Wissenschaft die wahrscheinlichste sei. Zu diesem Zweck ließ er nicht nur seine subjektiven Überzeugungen zunächst zurücktreten, um die Tatsachen und die auf sie gegründeten Gesetzesformulierungen für sich selbst reden zu lassen, sondern selbstlos verleugnete er in den grundlegenden Teilen des Werkes sogar die Urheberschaft seiner eigensten Schöpfung, des psychophysischen Grundgesetzes, um es unter den schützenden Namen E. H. Webers zu stellen, und, einigermaßen ungerecht gegen sich selbst, nannte er Weber den »Vater der Psychophysik«, sicherlich nicht ohne die Absicht, dadurch dem neuen Gebiet eine günstige Aufnahme zu bereiten.

VIII.

Die im Eingang gestellte Frage, ob Fechners philosophische Anschauungen aus seinen exakten Untersuchungen, oder ob umgekehrt diese aus seiner Philosophie hervorgegangen seien, ist damit, wie ich denke, beantwortet. Gewiß, von Hause aus war Fechner Naturforscher; und den exakten Arbeiten der ersten Periode seines Lebens liegt keine andere Tendenz zugrunde als die der Lösung der konkreten Probleme selbst, mit denen sie sich beschäftigen. Eine Bedeutung für seine Philosophie haben sie erst indirekt, durch die Schulung seines Geistes in naturwissenschaftlicher Methodik, gewonnen. Seine eigentümliche Weltanschauung aber, jene halb poetische, halb philosophische Lehre von der Allbelebung und Allbeseelung, von dem Stufenbau und der Entwicklung der Wesen, sie ist zunächst unabhängig von seinen naturwissenschaftlichen Arbeiten entstanden. Dies ändert sich von dem Augenblick an, wo seine Weltanschauung festere Gestalt gewonnen hat. Nun ordnet sich die exakte Arbeit ganz den philosophischen Zwecken unter. Aus dem Zendavesta ist die »Atomenlehre«, sind die »Ideen zur Schöpfungs- und Entwicklungsgeschichte«, und ist vor allen die »Psychophysik« hervorgegangen. Aus der Psychophysik hat sich dann noch, durch bestimmte Fragen der psychophysischen Methodik veranlaßt, die »Kollektivmaßlehre« abgezweigt, die aber außerdem von dem ebenfalls in philosophischen Anschauungen begründeten Interesse an der Nachweisung der allgemeinen Gesetzmäßigkeit der Naturerscheinungen angeregt war. Hier berühren sich die Betrachtungen dieses posthumen Werkes mit dem ersten Vortrag, den Fechner am 18. Mai 1849 in unserer Gesellschaft »über die mathematische Behandlung organischer Gestalten und Prozesse« gehalten hat. So stehen die hauptsächlichsten

Arbeiten Fechners in dieser späteren Periode direkt oder indirekt unter dem Zeichen seiner Philosophie. Die exakten Forschungen sind ihm nicht nur durch philosophische Fragen nahe gelegt, sondern die wichtigsten unter ihnen hat er nur zu dem Zweck unternommen, für seine Weltanschauung eine festere Basis und zugleich die Hilfsmittel zu gewinnen, um ihr in der Wissenschaft Eingang zu verschaffen. Es ist bezeichnend, daß, so lange bei ihm naturwissenschaftliche Forschung und philosophische Spekulation nebeneinander hergehen, ohne sich direkt zu berühren, er alles das, was außerhalb der exakten Arbeit liegt, philosophische und religiöse Betrachtungen so gut wie Gedichte und Humoresken, hinter dem Pseudonym des Dr. Mises verbirgt. Dieser verschwindet dagegen auch auf den populären religiösen und philosophischen Schriften von dem Augenblick an, wo er die exakte Forschung in den Dienst seiner Philosophie stellt; nur für die Humoresken und das Rätselbüchlein hat er ihn noch in den späteren Auflagen beibehalten.

Welchen Erfolg hatte nun dieser letzte Versuch Fechners, seiner Philosophie mit den Waffen der Wissenschaft eine gesicherte Stellung zu erobern?

Als nach dem Erscheinen der »Elemente der Psychophysik« Jahre dahingegangen waren, konnte er sich der Tatsache nicht verschließen, daß, wenn das letzte Ziel dieses Werkes die Bekehrung der wissenschaftlichen Welt zu seinen philosophischen und religiösen Überzeugungen gewesen war, er dieses Ziel abermals nicht erreicht hatte. Wohl erregte die Psychophysik großes Aufsehen. Über ihre Probleme und Methoden entstanden lebhafte Diskussionen in den Kreisen der Nächstbeteiligten, der Physiologen und Psychologen. Die Verfahrungsweisen zur Prüfung der Beziehungen zwischen Reiz und Empfindung wurden sorgfältiger ausgebildet. Das Webersche Gesetz wurde teils auf weitere Sinnesgebiete ausgedehnt, teils in den Grenzen seiner Gültigkeit eingeschränkt. Die mathematischen Formulierungen Fechners erfuhren bald Zustimmungen bald Anfechtungen, und vor allem die Deutung des Weberschen Gesetzes wurde heftig umstritten: der psychophysischen Auffassung trat eine physiologische, die den Grund des Gesetzes in das Verhältnis der äußeren physischen Reizbewegung zu den zentralen psychophysischen Bewegungen verlegte, und eine psychologische, die in ihm einen allgemeinen Ausdruck der Relativität der psychischen Zustände und Vorgänge sah, gegenüber. Aber die philosophischen Grundanschauungen Fechners, jene Anschauungen über das Verhältnis des Einzelbewußtseins zu einem unter seiner Schwelle liegenden Gesamtbewußtsein und die daraus sich ergebende Einordnung beider in einen psychophysischen Stufenbau der Welt, — dieser ganze Schlußstein seiner Lehre, zu dem das Vorangegangene nur Vorbereitung und Begründung hatte sein sollen, wurde mit Stillschweigen übergangen. Es schien zweifelhaft, ob selbst diejenigen, die bei der Mitarbeit an den Fragen der äußeren Psychophysik eifrig beteiligt waren, die Kapitel über die »innere Psychophysik« auch nur gelesen hatten.

Diese Sachlage mag sich auf den ersten Blick befremdlich ausnehmen; bei näherem Zusehen ist sie begreiflich genug. So überzeugend für Fechner selbst durch die Tatsache der Schwelle die Einordnung des Bewußtseins in jenen Stufenbau der Welt sein mochte, einen guten Teil ihrer überzeugenden Kraft empfing doch diese psychophysische Begründung für ihn eben dadurch, daß die Weltanschauung, auf die sie hinauslief, unabhängig von aller Psychophysik feste Wurzel in ihm gefaßt hatte. Wer jener Begründung objektiver gegenüberstand und die Annahmen, die sie einschloß, unabhängig von ihrem metaphysischen Zusammenhang betrachtete, der konnte sich aber hier berechtigten

Bedenken nicht verschließen. Daß eine psychophysische Bewegung als solche ins Unbegrenzte fortdauere, um nach langer Zwischenzeit wieder einmal über die Schwelle des Bewußtseins zu treten, dafür bot das Fechnersche Bild von der Fortdauer sich durchkreuzender Wellen, namentlich im Hinblick auf die allgemeinen Erscheinungen der Transformation der Energie, keinen zureichenden Halt. Vollends aber die Unterordnung der verschiedensten Bewußtseinsvorgänge, wie des Wechsels von Schlaf und Wachen, des Gehens und Kommens der Erinnerungsbilder, der Schwankungen der Aufmerksamkeit, unter die gleiche Vorstellung des Auf- und Niedersteigens einer nie erlöschenden psychophysischen Wellenbewegung mußte, je tiefer die psychologische Analyse in die Natur der Vorgänge einzudringen suchte, um so mehr als eine äußerliche Analogie erscheinen, die den wahren Charakter der Prozesse mehr zu verhüllen als zu erleuchten geeignet sei. Ob man sich über alle diese Bedenken, welche die in der Psychophysik eingeschlossene Psychologie erregen konnte, bei der dem Erscheinen des Werkes folgenden Diskussion deutliche Rechenschaft gab, darf allerdings bezweifelt werden, da sie nirgends zum entschiedenen Ausdruck kamen. Gerade aber, wenn solche Bedenken gegen das Wellenschema mehr instinktiv als mit klarem kritischem Bewußtsein sich regten, so führten sie um so leichter zu dem Ergebnis, daß die ganze »innere Psychophysik« mit allen an sie geknüpften Folgerungen außerhalb der Diskussion blieb. Der Schöpfer der neuen Wissenschaft sah sich dadurch in die Lage versetzt, sein Werk fortwährend in den äußeren Befestigungen, die es umgaben, verteidigen zu müssen, während das Zentrum seiner Stellung, um dessen willen er eigentlich nur seine Außenwerke errichtet hatte, für die Gegner nicht zu existieren schien. Dieser Umstand hat den später zur Verteidigung seines psychophysischen Standpunktes geschriebenen Arbeiten Fechners ihren Charakter aufgeprägt. Die Energie und Ausdauer, mit der er seine Auffassung des Weberschen Gesetzes als eines die geistige und körperliche Welt verbindenden Fundamentalprinzips verteidigte, wird begreiflich, wenn man bedenkt, daß mit jener psychophysischen Auffassung der ganze Wert, den für ihn die Psychophysik als exakte Grundlegung seiner philosophischen Weltanschauung besaß, stehen oder fallen mußte. Ja im Hinblick auf diese enge Verbindung seiner Auffassung mit seinen tiefsten philosophischen Überzeugungen wird man nicht umhin können, die Selbstüberwindung zu bewundern, mit der er abweichende Meinungen vollkommen vorurteilslos erörterte und ihnen von ihren eigenen Voraussetzungen aus gerecht zu werden suchte.

So hat es denn auch die Stimmung seiner letzten Lebensjahre anscheinend nicht im geringsten verbittert, ja kaum getrübt, als er sich endlich der Erkenntnis doch nicht mehr verschließen konnte, daß er mit seiner Auffassung des psychophysischen Gesetzes nahezu allein stand, und daß also, wenn er gemeint hatte, seiner Philosophie mit Hilfe der Psychophysik in der Wissenschaft Eingang zu verschaffen, diese Hoffnung gescheitert war. Er trug dies mit der heiteren Ruhe des Weisen, der nicht daran zweifelt, daß die Wahrheit schließlich über den Irrtum obsiegen werde, ob nun seine eigene Überzeugung Wahrheit oder Irrtum gewesen sein möge. Ein Ton der Resignation geht aber doch durch manche Äußerungen seiner letzten Jahre. Wie sich die Zukunft der Psychophysik gestalte, meint er am Schlusse einer im Jahre 1882 für die »Allgemeine Zeitung« geschriebenen populären Auseinandersetzung, werde hauptsächlich von zwei Fragen abhängen: erstens davon, welche der verschiedenen Ansichten über die Bedeutung des psychophysischen Gesetzes dereinst obsiegen, und zweitens davon, ob sich die »innere Psychophysik« haltbar erweisen werde. Je nach Entscheidung dieser Fragen werde die Psychophysik »entweder fortgehends nur eine bescheidene Nebenrolle neben Psychologie und Physik als Verbindungsglied beider spielen oder großen und neuen Aussichten in das Gesamtgebiet der Existenz Anhalt und Unterlage bieten«.

Sicherlich ist in diesem Urteil der Urheber der Psychophysik ungerecht gegen sich selbst gewesen. Es ist ihm hier ergangen wie so manchmal schöpferischen Geistern, die, wenn sich ihre Ideale nicht verwirklichen wollen, nun auch die wertvollen Schätze gering achten, die sie auf dem Wege zu ihren vergeblich erstrebten Zielen gewonnen haben. Als Kepler in seiner »Harmonice mundi« das dritte seiner drei großen Gesetze aufstellte, welches die Verhältnisse der Umlaufszeiten der Planeten zu ihren mittleren Entfernungen von der Sonne bestimmt, da waren es phantastische Ideen über die mystische Bedeutung der regulären Vielecke und der harmonischen Tonintervalle für den Kosmos, die seine Spekulationen geleitet hatten, und in jenem Gesetz selbst sah er nur einen der Bausteine, aus denen sich der wunderbare Bau seiner mystischen Weltharmonie zusammensetzte. Keplers Weltharmonie ist längst verschollen. Aber das dritte seiner Gesetze ist zur Grundlage der Theorie geworden, in welcher der Gedanke jener Weltharmonie in wissenschaftlich geläuterter Gestalt wiedererstand, der allgemeinen Gravitationstheorie. So mögen sich vielleicht auch die metaphysischen Spekulationen, die Fechner auf seiner »inneren Psychophysik« aufgebaut hat, als Trugbilder erweisen und mit der Zeit vergessen werden. Was unvergessen bleiben wird, ist dies, daß er als der Erste exakte Methoden, exakte Prinzipien der Messung und der experimentellen Beobachtung in die Erforschung des geistigen Lebens eingeführt, und daß er damit eine wissenschaftliche Seelenlehre im strengen Sinne des Wortes überhaupt erst möglich gemacht hat. Schon Herbart hatte dies als Ziel vorgeschwebt, aber er hatte gänzlich den Weg verfehlt, der zu ihm führen konnte. Die Physiologen, die seit Johannes Müller mannigfach auf den Grenzgebieten des Physischen und Psychischen tätig waren, hatten im einzelnen vorgearbeitet, aber ohne ein klares Bewußtsein der allgemeinen Aufgabe, und ohne an die Ausbildung strenger Methoden zu denken. Erst Fechner hat mit seinen »psychophysischen Maßmethoden«, die, zunächst für ein spezielles Problem bestimmt, leicht auf weitere Gebiete auszudehnen waren, zur exakten Erforschung des geistigen Lebens die Bahn eröffnet. Für Fechner selbst ist diese Aufgabe ganz und gar aus metaphysischen Ideen heraus erwachsen, und da er sie nur als das Hilfsmittel zur Geltendmachung dieser Ideen betrachtete, so hat er ihre Bedeutung und Tragweite unterschätzt. Er meinte, wenn jener metaphysische Zweck hinwegfalle, so werde die psychophysische Methodik nur als eine bescheidene Zugabe zur Psychologie zurückbleiben. Heute werden wir ihren Wert nicht zum wenigsten gerade darin erblicken dürfen, daß sie von wandelbaren philosophischen Anschauungen nicht berührt wird und dadurch wesentlich mitgeholfen hat, der Psychologie selbst den Charakter einer von dem Streit metaphysischer Systeme unabhängigen positiven Wissenschaft zu sichern.

Wie steht es nun aber, so wird man nach allem dem fragen, mit Fechners philosophischer Weltanschauung? Hat sie etwa, außer jenem von ihrem Urheber kaum gesuchten Ergebnis, an sich selbst keinen Wert? Oder kommt, wie zweifelhaft es mit ihrer psychophysischen und psychologischen Begründung aussehen möge, gleichwohl auch ihr eine bleibende Bedeutung zu? Bei der Beantwortung dieser Frage darf man wohl an das Fechnersche Wort erinnern, daß eine Philosophie kein mathematischer Lehrsatz sei, der entweder wahr oder falsch sein müsse. Überhaupt ist ja Philosophie kein eindeutiger Begriff. In der Geschichte der philosophischen Weltanschauungen scheiden sich deutlich zwei Arten von Gedankensystemen. Die einen suchen die Wissenschaft ihrer Zeit, oft in einseitiger Richtung, aber im wesentlichen doch unter dem mitwirkenden Einfluß aller Hauptfaktoren, zu dem Ganzen einer Weltanschauung zusammenzufassen. Diesen Charakter besitzt allen anderen voran die aristotelische Philosophie, die als der vollendetste Ausdruck der Wissenschaft des Altertums auf Jahrhunderte hinaus das wissenschaftliche Denken beherrscht hat. Im 17. Jahrhundert hat Descartes ähnliches erstrebt und zum Teil erreicht, und am Ende des 18. dürfen wir wohl der Lehre Kants die Stellung einer in diesem engeren Sinne »wissenschaftlichen Philosophie« zuerkennen. Daneben gibt es aber noch eine zweite Art von Philosophie. Sie will kein streng wissenschaftliches System sein, sondern, unbefriedigt von den Ergebnissen des begrifflichen Denkens, möchte sie mit Hilfe der Phantasie ein Weltbild gestalten, das den Bedürfnissen des Gemüts Befriedigung schafft und dem Erkenntnistrieb über die Schranken hinweghilft, die der behutsam vordringenden wissenschaftlichen Forschung gesetzt sind. Diese Philosophie ist es, die sich, um die Rätsel des Daseins nach eigenem Wunsche zu lösen, mit der Dichtung vermählt. Sie ist eine Dichtung in Begriffen, die nötigenfalls, wo die Hilfsmittel der Begriffssprache versagen, ihre Gedanken in lebendigen Anschauungen verwirklicht sieht und so die Philosophie wieder zu ihrer ursprünglichen Quelle, zum Mythus, zurückführt. Könnte es für das Daseinsrecht dieser dichterischen Form der Philosophie ein sprechenderes Zeugnis geben als die Tatsache, daß der Denker, mit dem die wissenschaftliche Philosophie der abendländischen

Menschheit begonnen hat, und der wohl heute noch tiefer als irgend einer der nach ihm gekommenen in Wissenschaft, Religion und Leben unter uns nachwirkt, daß Plato, wo immer sich ihm die Hilfe des strengen begrifflichen Denkens versagte, zum Mythus, zur philosophischen Dichtung seine Zuflucht nahm? Und wenn wir uns fragen, welche der beiden Seiten in diesem größten der Philosophen die wirkungsvollste gewesen ist, so mögen wir wohl zweifeln, ob nicht dem philosophischen Dichter doch noch vor dem Dialektiker die Palme gebührt.

Welcher dieser beiden Arten philosophischer Weltanschauungen Fechners Gedankensystem angehört, kann nicht zweifelhaft sein. Es gehört in die Reihe der philosophischen Dichtungen, und im Grunde wollte er es selbst nicht anders betrachtet wissen. Die Philosophie galt ihm als eine Sache des Glaubens, nicht des Wissens. Aber wie die philosophische Dichtung überhaupt in der Entwicklung der philosophischen Systeme ihr gutes Recht besitzt, so darf Fechners Philosophie das Recht für sich geltend machen, daß sie in der Reihe verwandter Gedankensysteme eine geschichtlich wohl begründete und, wie ich meine, eine bedeutsamere Stellung einnimmt als die, die ihr in der Gegenwart in der Regel zugestanden wird. Ihrem allgemeinen Charakter nach ist diese Philosophie — das kann nicht zweifelhaft sein — zunächst der Naturphilosophie Schellings und seiner Schule verwandt. Aber die Ideen dieser Naturphilosophie kehren in ihr in einer gereiften, abgeklärten, den Ansprüchen der Wissenschaft entgegenkommenden Weise wieder. Darum, wenn in künftigen Zeiten der Historiker der Philosophie die Gedankenentwicklungen des 19. Jahrhunderts in jener die Ereignisse näher zusammenrückenden Perspektive, welche die größere Ferne gewährt, überblicken wird, so mag er wohl sagen: im Anfang dieses Jahrhunderts, wo die verstandesmäßige Betrachtung der Welt durch eine lebendigere Naturanschauung abgelöst wurde, wie sie vor allem in Goethe ihren dichterischen Ausdruck fand, und wo gleichzeitig in der Naturwissenschaft neue Entdeckungen auf allen Gebieten, auf dem des Galvanismus, der chemischen Vorgänge, der Lebenserscheinungen, das allgemeine Interesse fesselten, da erhob sich unter dem zusammenwirkenden Einfluß dieser Motive eine phantastische, auf die Abwege bodenloser Spekulationen geratende Naturphilosophie, die mit der Wissenschaft notwendig in Widerspruch geraten mußte, weil ihre Vertreter der strengen Methode des wissenschaftlichen Denkens entbehrten, und weil die Zeit zu einer philosophischen Verwertung der neuen Ergebnisse noch nicht reif war. Dies war die Naturphilosophie Schellings und seiner Schule. Dann aber, ein halbes Jahrhundert später, kam ein Mann, der das Unternehmen dieser romantischen Naturphilosophie mit besseren Mitteln zu Ende führte. Gründlich geschult in der indessen reifer gewordenen Naturforschung seiner Zeit, hat er ein Weltbild entworfen, das freilich eine philosophische Dichtung blieb, in dem aber die verworrenen Ideen jener Naturphilosophie in einer abgeklärten, wissenschaftlicheren Gestalt wiederkehrten, während ihr Urheber zugleich bei der Ausführung seiner Lebensaufgabe den positiven Wissenschaften eine Fülle neuer Anschauungen und Anregungen zuführte. Dieser Mann war Gustav Theodor Fechner, der Erneuerer und Vollender der romantischen Naturphilosophie des neunzehnten Jahrhunderts.

Beilagen.

1. Persönliche Erinnerungen.

In Fechners Persönlichkeit ragte eine jener stillen, anspruchslosen Gelehrtennaturen, wie sie in der ersten Hälfte des 19. Jahrhunderts vielfach noch die Physiognomien unserer Universitäten bestimmten, in die anspruchsvollere Gegenwart hinüber. Schon die kleine Wohnung in der Blumengasse zu Leipzig trug das Gepräge eines äußerlich überaus bescheidenen, aber innerlich zufriedenen Daseins. In der schmucklosen kleinen Studierstube stand ein einfacher viereckiger Tisch, der, wenn er je einen Anstrich gehabt, längst seiner Farbe verlustig gegangen war. An den Wänden des Zimmers und des noch kleineren alkovenartigen Nebenraumes standen ein paar Bücherregale, roh im Holze, auf denen nur sehr wenig Bücher, aber große Stöße von Manuskripten aufgestapelt lagen. Die eigene Lektüre war Fechner durch sein langjähriges Augenleiden fast ganz versagt, und wenn ihn auch teilnehmende Freunde und namentlich Freundinnen täglich einige Stunden durch Vorlesen unterstützten, so war ihm das doch nur ein kümmerlicher Ersatz. So war er, der sich in seiner Jugend durch eine staunenswerte Belesenheit auf den verschiedensten Gebieten hervorgetan hatte, in den späteren Jahren darauf angewiesen, zumeist aus sich selbst und aus dem, was ihm der Schatz seiner Erinnerungen bot, zu schöpfen. Das Buch, das er am meisten gebrauchte, war die Logarithmentafel, die fast immer auf seinem Tische lag; und die Lektüre, die ihn vorzugsweise beschäftigte, war die seiner eigenen Manuskripte, die er so lange immer wieder umarbeitete, bis sie die ihn befriedigende Form gewonnen hatten. Zuerst pflegte er, für andere ganz unleserlich, seine Gedanken auf losen Quartblättern niederzuschreiben. Dann wurde dieser Entwurf in zusammenhängender Form ausgearbeitet; und hieran schlossen sich endlich die letzten Reinschriften in Folio, deren oft noch zwei aufeinander folgten. Er schrieb, um sich das Lesen zu erleichtern, in großen Schriftzügen, deren Entzifferung für ihn selbst leicht, für den Setzer oft sehr schwer war. An Diktieren konnte er sich niemals gewöhnen.

Wie ein peinlich sorgfältiger Schriftsteller, so war Fechner auch ein äußerst gewissenhafter Rechner. Die Menge der einzelnen Rechnungen, die er für die Psychophysik und für die Kollektivmaßlehre ausgeführt hat, ist unabsehbar, und er versäumte es kaum, sich durch wiederholtes Rechnen von der Richtigkeit eines Resultates zu überzeugen. Noch in den letzten Jahren pflegte er, wenn in das Gebiet der Psychophysik einschlagende Arbeiten jüngerer Forscher erschienen, fast jede einzelne ihrer Rechnungen nachzuprüfen.

So war zwischen Nachdenken und Schreiben fast seine ganze Zeit geteilt. Da konnte es wohl vorkommen, daß er, wenn er den täglichen Spaziergang mit der treuen Lebensgefährtin, den er sich als einzige Erholung im Tage gönnte, eben angetreten hatte, noch einmal von der Straße in seine Studierstube zurückkehrte, um rasch einen Gedanken, der ihm gekommen war, zu Papier zu bringen. Trotzdem hatte man, wenn man ihn besuchte, niemals den Eindruck, ihn in einer Arbeit zu stören. Er liebte es offenbar, sich mit anderen über schwebende Fragen, die dann nach seiner Weise das Gespräch zu führen sofort zu Streitfragen wurden, zu unterhalten. Oft beschäftigte ihn der Gegenstand des Gesprächs sichtlich noch längere Zeit nachher. Denn es konnte vorkommen, daß er ein Argument, das ihm zu spät eingefallen war, am nächsten Tage brieflich nachholte, und daß sich auf diese Weise eine gelegentliche Diskussion in einer längeren Korrespondenz fortsetzte. Dabei liebte er es aber, die Unterredung auf positive Themata zu beschränken. Seine philosophischen und religiösen Überzeugungen, für die er in seinen Schriften so unermüdlich Propaganda machte, berührte er selten. Auch sonst war er hinsichtlich der Arbeiten, die ihn beschäftigten, keineswegs mitteilsam. Man erfuhr von ihnen in der Regel erst, wenn sie vollendet waren. Der auffallendste Beleg hierfür ist die »Kollektivmaßlehre«. Als ich nach seinem Tode auf den Wunsch der Witwe seine Papiere ordnete, war ich im höchsten Maße überrascht, einen großen Teil dieses Werkes in den verschiedenen der oben geschilderten Stadien, die seine Manuskripte zu durchwandern pflegten, aufzufinden. Niemand hatte von der Existenz dieser Arbeit gewußt, weder Frau Fechner noch irgend einer seiner Freunde und Kollegen, obgleich er den Plan etwa zwanzig Jahre mit sich herumgetragen und sich mit der Ausarbeitung selbst wohl beinahe ein Jahrzehnt lang beschäftigt hatte. In der vorzüglichen Ausgabe und Ergänzung dieses Werkes, die G. F. Lipps im Auftrag der Königl. Gesellschaft der Wissenschaften besorgt hat, kann man das Stadium, in dem sich Fechners Arbeit befand, als ihn der Tod überraschte, deutlich erkennen, da der Herausgeber Sorge getragen hat, die beigefügten Ergänzungen im Unterschied von den eigenen Ausführungen des Verfassers kenntlich zu machen. Nur wer das Manuskript selbst gesehen hat, kann sich freilich eine zureichende Vorstellung von den großen Schwierigkeiten der Arbeit machen, durch die es dem Herausgeber gelungen ist, dieses letzte Werk Fechners für die Wissenschaft zu retten.

2. Fechners Verhältnis zur Philosophie seiner Zeit.

Fechner selbst bemerkte, mit Schellings Identitätsphilosophie vermöge er »keine klaren Berührungspunkte zu finden«. Aber ein in Schellings Ansichten wurzelndes Werk, die Naturphilosophie Okens, habe ihn »durch seine titanische Kühnheit zuerst über die gewöhnliche Ansicht der Natur hinaus und eine Zeitlang in seine Richtung gedrängt« (Zendavesta II, S. 351). In der Tat kann man bei Oken zahlreiche Stellen finden, an welche die Ideen Fechners anklingen. Ich hebe die folgenden hervor: Oken, Lehrbuch der Naturphilosophie 1809—11, I, S. 24: »Ohne Leben gibt es kein Sein. Nichts ist bloß dadurch, daß es ist.« »Es gibt keine neue Lebenskraft im Universum; das Leben ist nichts Neues, in die Welt Gekommenes, nachdem sie erschaffen war, sondern ein Ursprüngliches, eine Idee, ein Gedanke Gottes, die Entelechie selbst mit allen ihren Folgen.« S. 25: »Jedes lebende Ding ist ein Doppeltes: ein für sich Bestehendes und ein in das Absolute Eingetauchtes.« S. 31: »Der Raum ist sphärisch und zwar eine unendliche Sphäre.« »Die Sphäre ist daher die vollkommenste Form, die Urform.« »Wenn Gott real werden will, so muß er unter der Form der Sphäre erscheinen, eine andere Form für Gott gibt es nicht. Der seiende Gott ist eine unendliche Kugel.« »Das Universum ist eine Kugel, und alles, was im Universum ein Totales ist, ist eine Kugel.« S. 36: »Je vollkommener die Bewegung eines Dinges kreisförmig ist, um so vollkommener ist es selbst.« II, S. 15: Der Urschleim, aus dem alles Organische erschaffen worden, ist der Meerschleim.« (Vgl. Fechner, Ideen zur Schöpfungsund Entwicklungsgeschichte, S. 86.) S. 16: »Wo es dem sich erhebenden Meerorganismus gelingt, Gestalt zu gewinnen, da geht ein höherer Organismus aus ihm hervor.« S. 17: Alle organischen Individuen müssen sterben. »Aber diese Zerstörung ist keine für die Natur. Es entstehen in demselben Moment wieder andere Organismen an anderen Stellen.« »Auch der Weltorganismus ist ewig, ist ohne Wechsel.« S. 18: »Das

Sterben ist ein Zurückrufen in Gott, von dem alles ausgegangen ist.« »Das Sterben ist kein Vernichten, sondern nur ein Wechseln.« »Das Verschwinden und Erscheinen der Individuen ist nur eine Metamorphose des einen in das andere, eine Seelenwanderung, deren Weg durch Gott geht.« S. 25: »Der Urorganismus ist das Ebenbild des Planeten. Er muß also die kugelförmige Form haben.« S. 26: »Der Urorganismus ist infolge der Sollizitation der Luft eine Blase.« »Die ersten organischen Punkte sind Bläschen. Die organische Welt hat zu ihrer Basis eine Unendlichkeit von Bläschen« (Infusorien). S. 27: »Besteht die organische Welt aus Infusorien, so muß die ganze organische Welt aus Infusorien sich entwickeln; Pflanzen und Tiere können nur Metamorphosen von Infusorien sein.« (Einen Beweis hierfür sieht Oken darin, daß beim Absterben der Organismen wieder Infusorien entstehen.) S. 31: »Es ist mithin kein Organismus erschaffen, der größer als ein infusorischer Punkt ist. Es wird kein Organismus erschaffen und ist nie einer erschaffen worden, der nicht mikroskopisch ist.« »Alles Größere ist nicht erschaffen, sondern entwickelt.« »Der Mensch ist nicht erschaffen, sondern entwickelt.«

Neben solchen Stellen des Werkes, in denen sich Fechner mehr oder minder nahe mit ihm berührt, finden sich freilich noch viele andere, und es sind im allgemeinen gerade diejenigen, die in der Naturphilosophie Schellings und seiner Schule eine besonders hervorragende Rolle spielen, denen Fechner niemals zugestimmt haben würde. Dahin gehören vornehmlich die immer wiederkehrenden Übertragungen der polaren Gegensätze des Galvanismus und Magnetismus auf die verschiedensten Natur- und wo möglich auch Geistesprozesse, und das Spiel mit Analogien überhaupt, das denn doch die ziemlich weiten Grenzen, die sich Fechner selbst gestattet hat, noch erheblich überschreitet. (Vgl. z. B.

Oken, a. a. O. III, S. 126, 180.) Immerhin muß anerkannt werden, daß gerade bei Oken die wirkliche Vertrautheit mit den Tatsachen der positiven Naturwissenschaft den spekulativen Phantasien eine Richtung gibt, durch die er gelegentlich neuere Anschauungen in freilich noch roher Gestalt vorausnimmt. Dies gilt besonders von seinen entwicklungsgeschichtlichen Sätzen, deren hauptsächlichste oben angeführt sind. Wenn in neuerer Zeit zuweilen von Schelling gerühmt wurde, daß er ein Vorläufer der Entwicklungstheorie sei, so ist diese Behauptung vollkommen irrig. Schelling hat den Begriff der Entwicklung nie anders als in jenem idealen Sinne verstanden, in welchem Goethes »Metamorphose der Pflanzen«, die hier hauptsächlich auf ihn von Einfluß war, die Blüte als eine höhere Stufe des Blattes betrachtet hatte. Hierfür liegt ein deutliches Zeugnis darin, daß Schelling, nachdem er in den »Ideen zu einer Philosophie der Natur« und in der »Weltseele« die Entwicklung als eine aufsteigende konstruiert hatte, in dem »ersten Entwurf eines Systems der Naturphilosophie« die Sache umkehrte, also die Stufenfolge in abwärtsgehender Richtung behandelte, um dann in der »Einleitung« zu diesem Entwurf wieder zur aufsteigenden Ordnung zurückzukehren. Oken ist, so viel ich finden kann, der einzige unter diesen Naturphilosophen, der die organische Entwicklung klar als eine reale aufgefaßt und diesen Gedanken auch auf den Menschen übertragen hat. Er war also in diesem Sinne ein wirklicher Vorläufer der Deszendenztheorie, während in seinen infusorienartigen »Bläschen« und seinem »Urschleim« zugleich gewisse Anschauungen der Zellen- und Protoplasmatheorie vorausgenommen sind.

So unverkennbar nun auch die geistige Verwandtschaft ist, die Fechners Weltanschauung mit der Philosophie der Romantik verbindet, so ist er doch von dem aus dieser erwachsenen System Hegels zeitlebens nur unsympathisch berührt worden. Bei seinem vorwaltenden Interesse für die Naturphilosophie und bei dem Mißbehagen, das ihm die Hegelsche Dialektik erregte, ist das begreiflich. Von dem »Weltgeist« Hegels konnte er sich keine rechte Vorstellung machen. Er sah in ihm immer nur eine Summe individueller Menschengeister und meinte, eine reale Einheit der Menschheit könne doch nur durch ein allgemeines, an ein reales Substrat gebundenes seelisches Prinzip zustande kommen. Fechner ist und bleibt eben Naturphilosoph. Die geistige Welt hat für ihn in gewissem Sinne nur als Entwicklungsprodukt der Natur Interesse und Bedeutung, während ihm freilich umgekehrt auch die Natur nur als ein geistiges Wirken denkbar ist. Hier berühren sich, ohne direkt beeinflußt zu sein, Fechners Ideen über Natur und Geist, über Diesseits und Jenseits wohl am nächsten mit denen des philosophisch und poetisch tiefsten der Romantiker, Novalis. (Vgl. Novalis' Schriften, herausgeg. von Ernst Heilborn, 2. Teil, 1. Hälfte, S. 3, 4, 244 ff.)

Aus allem dem erklärt sich zugleich Fechners Stellung zu andern Philosophen, vornehmlich zu Kant. Im »Zendavesta« wird Kants Name kaum genannt; in der »Tagesansicht« kommt er mehrmals auf ihn zu sprechen, aber immer nur, um den Begriff des »Dinges an sich« zurückzuweisen, der ihm wie ein Versuch erschien, die Freude an der Welt zu zerstören. Am häufigsten beschäftigt er sich in seinen Schriften mit Herbart und Lotze. Herbarts mathematische Psychologie ist es wohl gewesen, die ihm zuerst den Gedanken eingab, nach einer exakten Funktionsbeziehung zwischen Physischem und Psychischem zu suchen (Zendavesta II, S. 373). Von Herbart hat er auch den Begriff der »Schwelle« übernommen, der dann freilich bei ihm eine weitreichende metaphysische Bedeutung gewann, die er bei jenem noch nicht besessen. In Herbart und Lotze bekämpfte er übrigens mit treffenden Gründen die monadologische Ansicht von der Seele, um ihr seine »synechologische« gegenüberzustellen.

Wie Fechner seine Philosophie im wesentlichen aus sich selbst geschöpft hat, so wird man auch von ihm sagen können, daß er neueren philosophischen Systemen ein verhältnismäßig geringes Verständnis entgegenbrachte. Für erkenntnistheoretische Untersuchungen und für geschichtliche Betrachtungen fehlte ihm der Sinn. Natur und Religion — das waren die beiden Pole, um die sich sein philosophisches Denken bewegte. Wo er sich auf andere Gebiete begab, wie auf das der Ethik in der Schrift »Über das höchste Gut«, oder selbst auf das der Psychologie, wie in den Schlußkapiteln der Psychophysik, da münden seine Betrachtungen immer wieder in seine Natur- und Religionsphilosophie aus.

Diese Verbindung natur- und religionsphilosophischer Motive gibt zugleich der Philosophie Fechners ihren pantheistischen Charakter. Er hat selbst, wenn man ihn einen »Pantheisten« nannte, dem nicht widersprochen. Aber er ist freilich zugleich der Meinung gewesen, daß mit diesem Ausdruck nicht sonderlich viel gesagt sei. In der Tat beruht die Eigenart seiner Gedanken mehr auf dem, worin sie von den sonst geläufigen Formen des Pantheismus abweichen, als auf dem, worin sie mit ihnen übereinstimmen. Denn diese Eigenart wird man vornehmlich in drei Merkmalen finden können. Das eine besteht in der Anpassung seiner Philosophie an die positiven Ergebnisse der Naturforschung. So weit auch Fechner über die letzteren hinausgeht, er gerät nirgends mit ihnen in einen direkten Widerspruch. Dies ist ein Zug, der seine Philosophie von den ihr sonst nächstverwandten Anschauungen der Schellingschen Naturphilosophie wie der älteren mystischen Theosophie scheidet.

Seine Philosophie ist Theosophie, ja in ihren Lehren über die jenseitige Welt wohl auch mystische Theosophie; aber sie ist die Theosophie eines Naturforschers der Gegenwart. Zweitens unterscheidet sie sich von den klassischen Entwicklungsformen des Pantheismus in der neueren Philosophie, wie vor allem von den Systemen Spinozas und Hegels und von der ihrem allgemeinen Charakter nach hierher zu stellenden Weltanschauung Schopenhauers dadurch, daß die Lehre von dem »psychophysischen Stufenbau« des Universums einen persönlichen Gottesbegriff nicht nur möglich macht, sondern fordert. Denn nach ihr schließt das göttliche Bewußtsein zwar alle anderen Bewußtseinseinheiten in sich, aber es ist nicht mit der Summe derselben identisch; sondern es verhält sich nach einem von Fechner oft gebrauchten Vergleich ähnlich zu ihnen, wie ein umschließender Kreis zu den in ihm liegenden eingeschriebenen Kreisen. Diese Vereinigung von Theismus und Pantheismus bringt Fechners Anschauungen in Berührung mit früheren und mit gleichzeitigen Formen mystischer Theosophie. Wie sein psychophysischer Stufenbau der Welt an uralte Emanationsideen anklingt, so enthalten Schellings spätere, positive Philosophie, Franz Baaders Schöpfungs- und Erlösungslehre, Chr. Fr. Krauses Lebensphilosophie verwandte Vorstellungen. Doch ist Fechners Philosophie von diesen vorangegangenen und gleichzeitigen theosophischen Spekulationen unabhängig, und sie ist ihnen überlegen durch die in ihr herrschende naturwissenschaftliche Form der Problemstellungen.

Ein drittes Merkmal der Philosophie Fechners ist endlich dies, daß sie alle transzendenten Begriffe ablehnt. Es gibt keine Welt der Dinge an sich hinter der Erscheinungswelt. Darin liegt ein wesentliches Motiv der »Tagesansicht«, die eben in der Überzeugung besteht, daß die Natur, die wir sehen, hören, empfinden, die wirkliche Natur ist. Aber auch Gott und die Zwischenwesen zwischen ihm und den Menschen, Tieren und Pflanzen sind ganz so, wie sie uns in der Anschauung gegeben sind, wirklich. Das Universum, das wir freilich nur teilweise, aber in diesem Teil doch noch in seiner ganzen majestätischen Erhabenheit wahrnehmen, ist die wirkliche Welt; das Gottesbewußtsein, das wir in uns erleben, ist Gott selbst, keine bloße Wirkung Gottes, keine Erscheinungsweise einzelner seiner Attribute. In dieser Auffassung, daß Sein und Erscheinung eins seien, trifft Fechner, ohne es zu wissen, wohl am meisten mit der sonst freilich ganz anders gearteten Lehre Hegels zusammen. Allerdings kommt, wie bei Hegel in der »absoluten Idee«, so auch bei ihm in dem Dualismus von Körper und Seele das Transzendente wieder zum Vorschein. So richtig er hervorhebt, daß die Naturwissenschaft nur dadurch zu ihrer »Nachtansicht« gelange, daß sie ihre Abstraktionen der Wirklichkeit der Dinge gleichsetze, so ist er doch selbst in dieser Verwechslung befangen geblieben. Materielle und geistige Welt bleiben ihm stets, ganz im Sinne der Attributenlehre Spinozas, zwei **objektiv** verschiedene Seiten des Seins, denen gegenüber wir zwar einen verschiedenen Standpunkt der Betrachtung einnehmen, wo aber doch dieser Standpunkt wieder nur deshalb den Inhalt der Wahrnehmung verändert, weil dieser selbst nach jeder der beiden Seiten ein anderer ist. Nur unter der Voraussetzung einer solchen realen Verschiedenheit des Physischen und Psychischen hatte ja seine Auffassung des Weberschen Gesetzes als eines Prinzips der **Wechselwirkung** zwischen beiden Seiten des Seins einen Sinn. Wäre ihm jemals die Auffassung nahe getreten, daß Naturwissenschaft und Psychologie überhaupt nicht verschiedene Gegenstände zu ihrem Inhalte haben, sondern nur verschiedene Formen der Bearbeitung einer und derselben einheitlichen Erfahrung seien, so hätte er seine »Tagesansicht«

dem naturwissenschaftlichen Dogmatismus gegenüber festhalten können; aber er hätte freilich auch auf alle die transzendenten Spekulationen verzichten müssen, die er auf den Begriff der »Schwelle« gegründet hatte.

3. Fechners philosophische Methode.

In der Einleitung zum »Zendavesta« (Bd. I, S. XXI ff.) hat Fechner hervorgehoben, daß er sich in seiner Philosophie keiner andern Methoden bediene als der in der Wissenschaft überhaupt und insonderheit in der Naturwissenschaft anerkannten, nämlich der »Verallgemeinerung durch Induktion und Analogie«. Er bleibe nur mit seinen Induktionen und Analogien nicht auf halbem Wege oder bei unvollständigen Resultaten stehen, sondern suche sie konsequent zu Ende zu führen; und im ganzen walte bei ihm die Verwertung der Analogie vor, während in der Naturwissenschaft diese gegen die Induktion zurücktrete. Man kann diese Selbstcharakteristik seiner Methode zutreffend nennen; aber man wird doch nicht umhin können, sie unvollständig zu finden. In bezug auf die Induktion ist sie es, insofern sie eine der bezeichnendsten Eigentümlichkeiten der Fechnerschen Induktion, die nämlich, daß sie meist von einer bestimmten Tatsachengruppe ausgeht, ohne sich nach irgendwelchen begleitenden Hilfsinduktionen umzusehen, unberücksichtigt läßt. Hinsichtlich der Analogie ist sie es, weil sie wiederum an der spezifischen Eigentümlichkeit des Fechnerschen Verfahrens, die Analogien zu häufen und ganz verschiedenen Erfahrungsgebieten zu entnehmen, vorübergeht. Durch diese Eigenschaften stehen aber Induktion und Analogie bei ihm nicht nur in einem Gegensatz zu einander, sondern sie stehen auch im Gegensatz zu den in den positiven Wissenschaften befolgten Anwendungsweisen dieser Methoden. Hier gilt es im allgemeinen als Regel, daß man der Induktion eine möglichst umfassende Basis gebe, und daß man die Analogie auf die nächsten Instanzen, auf diejenigen Fälle, die dem problematischen Objekt möglichst nahe stehen, beschränke. Dieser formale Gegensatz von Induktion und Analogie ist in der logischen Natur beider Methoden wohl begründet. Die Induktion will das allgemeine Prinzip finden, dem die einzelnen Tatsachen, die zu ihrer Grundlage gedient haben, subsumiert werden können: dazu ist unbedingtes Erfordernis, daß keine wesentliche Tatsache übersehen werde, daß also die Induktion möglichst vollständig sei. Die Analogie dagegen folgert von einem Objekt auf ein anderes, indem sie aus der Übereinstimmung derselben in bestimmt gegebenen Eigenschaften auf die Übereinstimmung in anderen, nicht gegebenen zurückschließt. Sie muß also von vornherein darauf ausgehen, ihre Vergleichungen auf einzelne, einander möglichst nahe stehende Objekte zu beschränken. Indem nun Fechner umgekehrt seine Induktionen so beschränkt wie möglich und seine Analogien so umfassend wie möglich ausführt, pflegt bei ihm von selbst die Induktion schließlich in eine bloße Analogie auszulaufen, während seine Analogien durch ihre Häufung den Charakter von Induktionen annehmen, ohne daß dies jedoch ihrer Sicherheit förderlich wäre, da im Gegenteil Analogien, die von verschiedenen Angriffspunkten ausgehen, oft einander widerstreiten, ja widerstreiten müssen, weil eben die Analogie nach ihrem logischen Charakter eine solche Durchkreuzung verschieden gerichteter Vergleichungen nicht erträgt. Einige Beispiele mögen dies erläutern.

Eine der wichtigsten Induktionen Fechners ist diejenige, die seinem Begriff des Lebens zugrunde liegt. Der von ihm mit großer Energie geltend gemachten negativen Instanz, daß noch alle Versuche, aus Unorganischem organisches Leben hervorzubringen, gescheitert seien, wird man gewiß ihre Berechtigung nicht versagen. Wenn er sich aber dann zur Gewinnung eines positiven Begriffs vom Leben im wesentlichen auf eine Betrachtung der Lebensvorgänge unter dem rein mechanischen Gesichtspunkt einer irgendwie zusammengesetzteren regelmäßigen Periodizität beschränkt, so ist die Basis dieser Induktion sicherlich viel zu eng. Der Begriff des Lebens darf nicht bloß von dieser ganz abstrakten, mathematisch-physischen Seite her, er muß vor allem auch nach den chemischen und den physiologischen Eigenschaften, die das Leben charakterisieren, bestimmt werden; diese lassen sich aber jenem abstrakt mechanischen Gesichtspunkt nicht unterordnen. Dennoch ruht die ganze Lehre von der Entstehung des Molekularorganischen aus dem Kosmorganischen auf dieser bloß formalen, für den physiologischen Begriff des Lebens nebensächlichen Eigenschaft. Infolge dieser beschränkten Grundlage fällt aber zugleich das ganze Beweisverfahren aus der Rolle der Induktion in die der Analogie. Der Begriff des Lebens ist hier in Wahrheit gar nicht durch Induktion, sondern bloß dadurch entstanden, daß die regelmäßige Periodizität der kosmischen Vorgänge mit derjenigen der Stoffwechsel- und Reproduktionsvorgänge des organischen Lebens in Analogie gebracht wurde.

Wie die Induktion durch die Beschränkung auf eine eng begrenzte Zahl von Merkmalen zur bloßen Analogie wird, so gestaltet sich nun aber bei Fechner die Fülle der Analogien, die er zur Begründung seiner Hauptsätze aufsucht, zu einer eigenartigen Nachbildung des Induktionsverfahrens. So ist der »Zendavesta« ebenso unerschöpflich in der Hervorhebung von Analogien zwischen den Eigenschaften der Erde und denen der lebenden Wesen auf ihr, wie in der Zurückweisung von Einwänden, die der Nichtübereinstimmung gewisser Merkmale entnommen werden könnten. Doch je mehr sich Fechner bemüht, alle möglichen positiven Instanzen, die nur irgend aufzufinden sind, zu verwerten, und darunter gelegentlich auch solche, die er, wenn sie dem Zweck seiner Beweisführung nicht entsprächen, sicher verwerfen würde, um so mehr verliert seine Deduktion ihre wissenschaftliche Unbefangenheit, und um so leichter ereignet es sich, daß die nebeneinander herlaufenden Analogien eigentlich unvereinbar sind. So kann man ihm möglicherweise beistimmen, wenn er sagt, daß man für die Erde als organisches Ganze nicht dieselbe Organisation noch einmal erwarten solle wie für die lebenden Geschöpfe auf ihr, da ja die Sinnesorgane, Nerven und Gehirne aller ihrer Geschöpfe zu ihr selbst gehören. Aber wenn er sich dann die Gelegenheit nicht entgehen läßt, die Meeresfläche als Auge der Erde mit den durchsichtigen und kugelförmig gewölbten Teilen des Sehorgans in Beziehung zu bringen usw. (Zendavesta II, S. 225 ff.), dann muß man sich doch sagen, daß ein solches Auge im großen auch entsprechende optische Nerven und ein dazu gehöriges Gehirn im großen fordern würde. Hier schädigen sich die Analogien wechselseitig, indem die neue die Einwände wieder herbeiruft, die soeben gegen die vorangegangene aus dem Felde geschlagen waren. In den späteren Schriften ist Fechner in der Benutzung der Analogien vorsichtiger geworden. Aber ganz hat er doch auch hier diese schädliche Häufung nicht vermieden.

4. Die Vorschule der Ästhetik und die späteren naturwissenschaftlichen Schriften.

Unter den späteren Werken Fechners stehen namentlich zwei durch die in ihnen eingehaltene Taktik naturwissenschaftlicher Begründung mit der Psychophysik auf gleichem Boden: die »Atomenlehre« und die »Ideen zur Schöpfungsund Entwicklungsgeschichte«. Ihnen reiht sich durch ihre gegen die herrschende philosophische Methode gerichtete Tendenz noch die »Vorschule der Ästhetik« an, die jedoch insofern zugleich eine bemerkenswerte Ausnahmestellung einnimmt, als sie ausgesprochenermaßen überhaupt auf die Beziehung zu einer allgemeinen Weltanschauung Verzicht leistet. Gerade dieser Verzicht wurzelt aber hier sichtlich in dem Streben, den Gegensatz der Weltanschauung Fechners gegen den Standpunkt der herrschenden Philosophie um so schärfer hervortreten zu lassen. Der »Ästhetik von oben«, die aus allgemeinen philosophischen Prinzipien, nicht aus der unmittelbaren Anschauung und Vergleichung der ästhetischen Objekte das Wesen des Schönen ergründen will, stellt Fechner seine »Ästhetik von unten« gegenüber. Er will zeigen, daß hier so gut wie auf andern Gebieten die Erfahrung die Quelle unserer Erkenntnis sei; und er zieht zu diesem Zweck neben der Beobachtung über die psychologischen Wirkungen der Kunstwerke die experimentelle Ermittlung der Bedingungen des Gefallens und Mißfallens an einfachen Formverhältnissen zu Rate, um so die Grundlagen einer »experimentalen Ästhetik« zu schaffen. Aus den Ergebnissen von Beobachtung und Versuch leitet er dann erst die Prinzipien ab, deren streng empirische, lediglich auf das Verhältnis des Eindrucks zu seiner psychologischen Wirkung gegründete Geltung hervorgehoben wird. So ist hier der Verzicht auf die Beziehung zu einer allgemeineren philosophischen Weltanschauung in dem Thema der Arbeit begründet. Der Protest gegen die herkömmliche Ästhetik konnte nur dann ein so eindringlicher werden, wenn bei diesem Unternehmen auch die eigene Weltanschauung gänzlich zurücktrat. Die Beziehung zu der allgemeinen Richtung seines Denkens läßt sich aber auch hier nicht verkennen. Dieses will überall, selbst in den Ideen über Gott und Unsterblichkeit, die unmittelbare lebendige Anschauung in ihre Rechte einsetzen; und darin steht sie der abstrakten, mit anschauungslosen Begriffen operierenden Spekulation feindlich gegenüber. Für diese Philosophie der lebendigen Anschauung konnte es kein günstigeres Gebiet geben, ihre Stärke zu zeigen, als das der Ästhetik, die es ja überall nur mit Gebilden der unmittelbaren Anschauung zu tun hat. Wäre Fechner dazu gekommen, wie er es als möglich andeutet, die Ästhetik zu seinen psychophysischen Grundanschauungen in Beziehung zu setzen, so würde darum die »Vorschule der Ästhetik« zu einer solchen in seinem Sinne philosophischen Ästhetik wahrscheinlich in das gleiche Verhältnis getreten sein, in welchem der erste Teil der Psychophysik zu den im zweiten enthaltenen Lehren der »inneren Psychophysik« steht.

Auf einem andern Gebiet hatte er den Kampf gegen die abstrakte spekulative Philosophie schon zuvor in seiner »philosophischen und physikalischen Atomenlehre« aufgenommen. Sichtlich wirkt aber in dieser Schrift bereits das Streben mit, die Vereinbarkeit der in der Physik herrschenden Anschauungen mit den Voraussetzungen, die seine eigene Philosophie fordert, deutlich zu machen. Nachdem er die Grundlosigkeit der philosophischen Einwände gegen die Atomistik dargetan, sucht er zunächst die atomistische Vorstellung auf ihre einfachste Form, auf die der einfachen punktförmigen Atome zurückzuführen, indem er mit Recht bemerkt, daß die mathematische Analyse, wo sie sich der atomistischen Theorie bedient, nur der Kraftpunkte bedürfe. Aber nicht in diesen Darlegungen, in denen er, der Anschauungsweise der Zeit folgend, überall die atomistische Konstitution der Materie als feststehend behandelt, sondern in den weiteren möglichen Vorstellungen, die er über die Gesetze der Kräftewirkungen entwickelt, besteht, den damals geltenden Lehren gegenüber, die Originalität seiner Ausführungen. In philosophischer Hinsicht ist hier vor allem der Satz bezeichnend, daß uns in Wirklichkeit nie die Materie selbst, sondern nur die Gesetze ihrer Wirkungen gegeben seien, aus denen wir erst auf jene zurückschließen. Nun würde, der einheitlichen Natur des Kausalprinzips gemäß, unser Bedürfnis der Naturerklärung am vollkommensten befriedigt sein, wenn es möglich wäre, ein einziges Gesetz aufzufinden, das alle besonderen Gesetze als seine Spezialfälle in sich schlösse. Daß das Gravitationsgesetz, wie man wohl zuweilen gemeint hat, dieses Gesetz nicht sein kann, lehren die Wirkungen der Molekularkräfte. Fechner sucht daher diese mit jenem in einem einheitlichen Kraftgesetz zusammenzufassen, indem er annimmt, die Wirkungen zweier Teilchen aufeinander seien zugleich von der Gegenwart weiterer Teilchen abhängig, so daß sich mit der Zunahme der Zahl dieser die Form des Gesetzes fortschreitend kompliziere. Bietet nun gleich die Durchführung einer solchen Hypothese so große mathematische Schwierigkeiten, daß eine Deduktion der Erscheinungen auf diesem Wege vorläufig unmöglich ist, so ist sie doch prinzipiell von großem Interesse, indem sie zeigt, daß es sehr wohl denkbar ist, auf einem von dem herkömmlichen wesentlich abweichenden Wege das Ziel einer einheitlichen Naturerklärung zu erreichen. Dabei würde es diese Hypothese der multiplen Kräfte gestatten, nicht bloß die Gravitation und die Molekularkräfte einem und demselben allgemeinen Gesetze unterzuordnen; sondern auch das Trägheitsgesetz, das in der Regel als eine zu den nach außen wirkenden Kräften hinzukommende Eigenschaft der Materie angesehen wird, ließe sich als der einfachste Spezialfall jenes allgemeinen Kraftgesetzes auffassen. Wie nämlich die Gravitationswirkung zwischen zwei Kraftzentren a und b als das

Produkt der beiden Richtungen ab und ba, demnach als das Quadrat ihrer Distanz erscheint, so ließe sich die Trägheit als das dem einzelnen Kraftzentrum entsprechende Produkt der Distanz Null betrachten. Wie das Trägheitsprinzip nach unten, so würden sich dann aber nach oben die Molekularkräfte, die je nach der Zahl der in Beziehung tretenden Teilchen bald anziehend bald abstoßend wirken, der gleichen Betrachtungsweise einordnen lassen. Dabei sind nun diesen Molekularkräften nicht nur die chemischen, sondern, was für Fechner das wertvollste Ergebnis ist, die organischen Kräfte beizuzählen, die in den Lebenserscheinungen zum Ausdruck kommen. Wie schon bei den kosmischen Bewegungen eine regelmäßige Periodizität der Bewegungen durch das fortwährende Zusammensein verschiedener Kräftewirkungen zustande kommt, so werden nämlich die periodischen Lebenserscheinungen der Organismen aus solchen Molekularkräften höherer Ordnung abzuleiten sein. Damit wird das allgemeine Kraftgesetz selbst zur Quelle jenes Prinzips der Stabilität, welches Fechner als das allgemeinste kosmische Finalprinzip dem Kausalprinzip gegenüberstellt. Wenn er so in dem Versuch, den spezifischen Begriff der Trägheit zu eliminieren, bereits an Ideen heranstreift, die in den neuesten Spekulationen der theoretischen Physik über die Ursachen der Gravitation aufgetreten sind, so weist seine Betrachtung der Molekularkräfte auf einen Weg hin, der die Zweckmäßigkeit der organischen Gebilde als eine Folgewirkung der mechanischen Gesetze selber erkennen läßt. Auch in dieser Einführung des teleologischen Prinzips berührt sich Fechner mit Ideen, die in der neuesten Entwicklung der Wissenschaft wieder rege geworden sind. Doch während der Neo-Vitalismus der heutigen Physiologie in der Regel auf die Irrpfade des alten Vitalismus mit seinen spezifischen Lebenskräften zurücklenkt, weist Fechner auf einen Weg hin, der diesen längst unhaltbar gewordenen Standpunkt vermeiden läßt.

Näher ausgeführt sind übrigens diese Folgerungen aus dem allgemeinen Kräftegesetz der Natur großenteils erst in der zweiten der oben genannten naturphilosophischen Schriften, in den »Ideen zur Schöpfungs- und Entwicklungsgeschichte der Organismen«. Obgleich der Zeit nach später als die »Elemente der Psychophysik«, hat diese Schrift doch ihrem sachlichen Inhalte nach hier, zwischen der Atomenlehre und der Psychophysik, ihre Stelle. Unter denen, die vor dem Auftreten Darwins bereits den allgemeinen Gedanken der Entwicklung der organischen Welt zum Ausdruck gebracht, hätte wohl auch Fechner seine Ansprüche geltend machen können. Schon im »Zendavesta« hatte er diesen Gedanken im Zusammenhange mit seinen Ideen über die Allbelebung der Natur entwickelt. Ja er hatte hier als einen der Wege, auf denen man versuchen könne, die organische Entwicklung zu begreifen, die Anhäufung zufälliger, durch äußere Einflüsse entstandener Unterschiede bezeichnet und sogar auf jene Analogien mit der Züchtung der Pflanzen und Tiere hingewiesen, in denen Darwin später eine so wichtige Stütze seiner Theorie erblickte (Zendavesta II, S. 179). Aber Fechner hatte diesen Weg von vornherein für ungangbar erklärt. Auch lag speziell die Deszendenzlehre außerhalb seiner damaligen Gedankenkreise. In dem Vorwort zu den »Ideen« bekennt er, daß er erst nach langem Sträuben zu ihr bekehrt worden sei. Damit wird nun aber auch die Darstellungsform in dieser späteren Schrift eine veränderte. Hatte er in dem früheren Werke seine eigentümliche Entwicklungstheorie in unmittelbarem Anschluß an seine Lehre von der Allbelebung der Natur und von der Erde als dem nächsten Mittelwesen zwischen Gott und den irdischen Lebewesen vorgetragen, so nimmt er jetzt ganz den Standpunkt eines dem Darwinschen Entwicklungsgedanken im allgemeinen zugeneigten, aber zugleich an der Art der Aufstellung und Ausführung desselben unabhängige Kritik übenden Naturforschers ein. Zu diesem Zweck sucht er zunächst die Betrachtung dadurch zu vertiefen, daß er eine begriffliche Unterscheidung des organischen und des unorganischen Molekularzustandes gibt und dann auf Grund dieser Unterscheidung die Annahme des kosmorganischen Zustandes der Materie entwickelt, aus welchem der molekularorganische und damit alles das, was wir im gewöhnlichen Sinne »Leben« nennen, hervorgegangen sei. Indem er dann zu einer Prüfung der von Darwin aufgestellten Prinzipien des Kampfes ums Dasein und der natürlichen Zuchtwahl durch Anpassung an die äußeren Lebensbedingungen übergeht, ist er durchaus geneigt, diesen ihre Bedeutung einzuräumen. Aber als die einzigen und als die entscheidenden Bedingungen vermag er sie nicht anzuerkennen, teils weil sie schließlich auf die empirisch nirgends nachweisbare Entstehung des Lebendigen aus dem Leblosen zurückführen, teils weil nach ihnen das Zweckmäßige aus dem Zufälligen und Zwecklosen hervorgegangen wäre. Noch in dem Buch über die »Tagesansicht« hat er die Unmöglichkeit einer solchen Annahme durch eines seiner treffenden Gleichnisse zu veranschaulichen gesucht. Ein Bauherr, dem eine unbegrenzte Zeit zu Gebote steht, verzichtet darauf, sein Haus nach einem bestimmten Plan ausführen zu lassen. Er gibt den Bauleuten Steine und Mörtel und weist sie an, die Steine ganz beliebig, wie es der Zufall fügt, aufeinander zu häufen. Da er Zeit habe zu warten, so werde ja nach vielen unzweckmäßigen Bildungen auch irgend einmal die Mauer eines Wohnhauses erscheinen. In der Tat, nach Jahrtausenden tritt dieses Ereignis wirklich ein. Da vergißt aber der Bauherr unglücklicherweise, seinen

Leuten Halt zu gebieten, und so ereignet es sich, daß diese im nächsten Moment die eben entstandene Mauer wieder abtragen. Indessen hat sich sein Nachbar, der den Bauleuten einen bestimmten Plan in die Hände gab, längst wohnlich eingerichtet. Die Prinzipien der organischen Entwicklung müssen, so behauptet Fechner, wie die Prinzipien der Naturerklärung überhaupt, vor allen Dingen den Erscheinungen selber entnommen werden, ehe man sich nach anderweitigen Erfahrungen umsieht, die auf sie übertragen werden können. Als solche den Entwicklungsvorgängen selbst immanente Prinzipien glaubt er aber hauptsächlich drei ansehen zu dürfen: das Prinzip der Stabilität, das der bezugsweisen Differenzierung, und das der abnehmenden Veränderlichkeit. Das nächste, was uns bei der Betrachtung der lebenden Wesen entgegentritt, ist nicht ihre Veränderlichkeit, sondern die Konstanz, mit der sich ihre Entwicklungszustände wiederholen. Darin betätigt sich aber das Prinzip der Stabilität in der nämlichen vollkommeneren Form, in der es sich uns in den kosmischen Bewegungen zu erkennen gibt, so daß sich in diesem Merkmal das Organische und das Kosmische in gleicher Weise von der niederen Stabilität des Unorganischen scheiden. Wo nun innerhalb dieser allgemeinen Tendenz zur Wiederholung gleicher Entwicklungszustände Veränderungen eintreten, da ergreifen solche im allgemeinen stets Teile eines Systems, die zu einander gehören: sie erfolgen als »bezugsweise Differenzierungen«. So differenzieren sich schon die Organe des einzelnen Organismus durch die Korrelation ihrer Funktionen, und in ähnlicher Weise in der Natur verschiedene organische Arten, wie z. B. die Blütenorgane gewisser Pflanzen und die Körperformen und Färbungen der sie besuchenden Insekten. Zu einer solchen wechselseitigen Anpassung kann nach Fechners Meinung der Kampf ums Dasein höchstens mithelfen, nachdem einmal die Anfänge der bezugsweisen Differenzierung eingetreten sind; den Ursprung der letzteren als das Ergebnis bloß zufälliger Abänderungen anzusehen, widerspricht jedoch aller Wahrscheinlichkeit. Vielmehr muß dieser Vorgang von Anfang an auf einem Verhältnis der Zusammengehörigkeit verschiedener organischer Arten zu einander beruhen, welches der Korrelation der Organe des individuellen Organismus vollständig analog ist. Damit ist aber ausgesprochen, daß das Reich der Organismen nicht aus unabhängig existierenden Wesen besteht, sondern daß es zu einem Ganzen gehört, welches selbst die wesentlichen Eigenschaften eines lebenden Wesens besitzt. Solch ein Ganzes ist nun offenbar unsere Erde, deren einzelne lebendige Teile die sämtlichen auf ihr vorkommenden Pflanzen und Tiere sind. Indem schließlich das Prinzip der »abnehmenden Veränderlichkeit« annimmt, das jetzt in der organischen Natur bestehende Übergewicht der Tendenz zur Stabilität über die zur Differenzierung sei allmählich erst eingetreten, in früheren Schöpfungsperioden seien also die abändernden Bedingungen wirksamer gewesen als heute, sucht es zunächst die Schwierigkeiten zu beseitigen, welche die Entstehung auffallender Speziesmerkmale auf dem Wege natürlicher Entwicklung zu bereiten scheint. Fechner meint, alles dies weise darauf hin, daß in früheren Perioden die Differenzierungen in einem rascheren Tempo erfolgt seien als gegenwärtig. Auch dies würde unbegreiflich bleiben, wenn man alle Veränderungen als die bloß zufälligen Ergebnisse eines äußeren Kampfes ums Dasein betrachten wollte. Denn es sei unerfindlich, warum dieser Kampf in der heutigen Welt zwischen verschiedenen wie zwischen ähnlichen Wesen nicht in unverminderter Stärke fortbestehen sollte. Fasse man dagegen die organische Entwicklung als einen zusammenhängenden Vorgang auf, so werde ein solch verschiedener Verlauf wohl begreiflich, wie denn ja auch heute noch die Entwicklung der Einzelwesen zuerst rasch und dann immer langsamer erfolge. Als der stürmisch verlaufende Anfang der Entwicklung überhaupt werde daher der Übergang der kosmorganischen in die molekularorganischen Bewegungen anzusehen sein, worauf erst allmählich auch für die letzteren das Prinzip der Tendenz zur Stabilität in wachsendem Maße zur Geltung gelangt sei.

Auf diese Weise führt Fechner in seiner Schöpfungsgeschichte den Leser von der an den Anfang gestellten Anerkennung des Darwinschen Entwicklungsgedankens Schritt für Schritt zu einer Anschauung, die in den wesentlichsten Beziehungen die vollständige Umkehrung der herrschenden Theorie ist. Wo diese mit unbeschränkten zufälligen Abweichungen operiert, da fordert er korrelative Änderungen. Wo dort die organischen Individuen einander selbständig gegenüberstehen, da ordnen sie sich hier von Anfang an der Idee einer umfassenderen organischen Einheit unter. Die Unterscheidung der kosmorganischen und der molekularorganischen Bewegung, der Begriff der Erde als des großen, alle irdischen Geschöpfe umfassenden Mutterorganismus, Gedanken, die in den früheren naturphilosophischen Schriften an die Spitze gestellt waren, sie ergeben sich hier auf dem Weg einer Untersuchung, die anscheinend nur in der Kritik und folgerichtigen Weiterbildung der bestehenden naturwissenschaftlichen Hypothesen besteht. Erst nachdem er den Leser so weit geführt, endet er dann mit einem Hinweis auf die »Glaubensansichten«, die das entworfene Bild der organischen Entwicklung ergänzend abschließen; und da ist es nun, auf wenige Seiten zusammengefaßt, wieder die ganze Lehre von den Dingen des »Himmels und des Jenseits«, die dereinst das Thema des »Zendavesta« gebildet hatte, mit der diese Entwicklungstheorie abschließt.

5. Fechners Psychologie.

Die Grundzüge von Fechners Psychologie sind in seiner »inneren Psychophysik« enthalten. Damit ist schon gesagt, daß die empirische Analyse des seelischen Lebens, die wir heute der Psychologie als Aufgabe stellen, in ihr keine Rolle spielt, sondern daß sie wesentlich eine metaphysische Psychologie ist. Sie ist dies aber zugleich in dem Sinne, daß die Frage nach dem Verhältnis des Psychischen zum Physischen und die andere nach den künftigen Schicksalen der Seele, also nach der psychologischen Begründung der Glaubensaussichten, die ganze Darstellung beherrscht. Nachdem Fechner in den Erörterungen über den Sitz der Seele, gegenüber der monadologischen und der materialistischen Ansicht, die seiner Auffassung von Leben und Beseelung entsprechende »synechologische« begründet hat, ist es fast ausschließlich der Begriff der »Schwelle« in seinen verschiedenen Anwendungen, der ihn beschäftigt. Seine ganze Psychologie, so weit sie sich auf eine Interpretation empirischer Tatsachen einläßt, besteht in der Anwendung dieses Schwellenbegriffs auf die verschiedensten psychischen Vorgänge: auf die Entstehung des Bewußtseins im Kinde, auf den Wechsel von Schlaf und Wachen, auf das Gehen und Kommen der Vorstellungen, auf das Wandern der Aufmerksamkeit, auf die Vorgänge der Unterscheidung. Auch hier ist es demnach die Analogie, die die alleinherrschende Rolle spielt. Alles, was im menschlichen Bewußtsein geschieht, fällt für Fechner unter den Gesichtspunkt eines Schwellenphänomens; und da unsere Bewußtseinsvorgänge im allgemeinen wechselnde Vorgänge sind, so ist es ja klar, daß, wenn man jede Veränderung ein Steigen über eine

Schwelle oder ein Sinken unter eine Schwelle nennt, dieses Bild niemals versagen kann. Das, was die eigentliche Aufgabe der psychologischen Analyse ist, die Aufzeigung der Mannigfaltigkeit und Verschiedenheit der psychischen Vorgänge, bleibt jedoch völlig im Hintergrund: es verbirgt sich hinter dem Schwellenbegriff und kommt höchstens in dem Bilde der Ober- und Unterwellen zu einem unzulänglichen Ausdruck. Das ganze Interesse Fechners gehört eben nicht der Psychologie als solcher an, sondern diese ist für ihn nur ein Bestandteil der Natur- und Religionsphilosophie. Er will nicht wissen, wie das psychische Leben selbst sich verhält, sondern wie der »psychophysische Stufenbau der Welt« beschaffen ist, in den sich die individuelle Seele eingliedert. Darum interessierte ihn so sehr die Existenz der Schwelle, in der er den unmittelbaren Beweis für den Zusammenhang des individuellen Bewußtseins mit einem allgemeinen Bewußtseinsleben zu sehen glaubte. Deshalb meinte er aber auch, mit der Prüfung und Nachweisung des Weberschen Gesetzes sei im Grunde die Aufgabe der experimentellen Psychologie erschöpft. So sorgfältig er bis an sein Lebensende die Arbeiten studierte, die sich auf dieses Thema bezogen, alles andere ließ er ungelesen. Von den chronometrischen Versuchen, den Beobachtungen über Assoziation, Gedächtnisvorgänge usw. Kenntnis zu nehmen, konnte er niemals bewogen werden.

Hätte Fechner in seiner »inneren Psychophysik« erreicht, was er erstrebte, wäre es ihm gelungen, den Schwellenbegriff in dem von ihm aufgestellten Sinn als den beherrschenden und alles erklärenden der Psychologie nachzuweisen, so würde er seine Philosophie zu einem Ziele geführt haben, welches eigentlich nach seiner eigenen Erklärung die Aufgabe der Philosophie überschritt. Denn diese Philosophie wäre nun doch etwas mehr als ein bloßer Glaube gewesen, sie würde in der »inneren Psychophysik« eine wissenschaftliche Grundlage besessen haben, die vielleicht nicht alle auf ihr aufgebauten Folgerungen, aber doch die nächsten und namentlich diejenigen tragen konnte, die sich auf den Stufenbau der diesseitigen Welt bezogen. Wenn Fechner dieses Ziel nicht erreichte, weil sich die »innere Psychophysik« unzureichend erwies, die Probleme der Psychologie zu lösen, so gewann also damit seine Philosophie im Grunde nur jenen Charakter einer Glaubensanschauung wieder, den sie von Anfang an für sich in Anspruch genommen hatte. In dem Streben, seiner Überzeugung Geltung zu verschaffen, hatte aber Fechner in seinen späteren Schriften, vor allem in der Psychophysik, dieses ursprüngliche Glaubensprogramm tatsächlich aufgegeben. Er hatte den Versuch unternommen, seine Philosophie zur exakten Wissenschaft zu erheben.

6. Fechners Verhältnis zum Spiritismus.

Fechners fester Glaube an ein Fortleben des Geistes in der Sphäre seines diesseitigen Lebens brachte ihn von selbst in unmittelbare Berührung mit den Vorstellungen über geistige Fernewirkungen, Hellsehen, Geistererscheinungen, wie sie jederzeit auf den philosophischen Mystizismus eingewirkt haben. Auch darin ist Fechner ein Nachfolger der Naturphilosophie aus dem Anfange des 19. Jahrhunderts, die ja in Männern wie Ennemoser, G. H. Schubert u. a. diese angeblich magische und mystische Seite des Seelenlebens eifrig kultivierte. Besonders im 3. Bande des »Zendavesta« bezieht er sich mehrfach auf die Schriften der Genannten, sowie auf Justinus Kerners und anderer Mitteilungen über Somnambule, auf Swedenborgs »Himmel und Hölle« usw. Er führt freilich diese Zeugnisse nur als »Ansichten« an, die den seinigen ähnlich seien (Zendavesta III, S. 78 ff.), ohne für die Tatsächlichkeit des in solchen mystischen Schriften Berichteten einzutreten. Aber da er sie mit als Argumente verwendet, so mußte er doch wohl irgend eine tatsächliche Grundlage für wahrscheinlich halten. Da konnte es denn nicht ausbleiben, daß in den späteren Jahren von den Anhängern neuer mystischer Richtungen und Lehren Fechner mit Vorliebe als Zeuge angerufen oder um eine Prüfung der vorgeblichen wunderbaren Tatsachen ersucht wurde. So hat sich ihm, wie er selber klagt, Reichenbach mit seiner Odlehre »an die Fersen geheftet« und ihn fast wider seinen Willen gezwungen, sich zu einer Beteiligung an seinen Versuchen herbeizulassen (Erinnerungen an die letzten Tage der Odlehre und ihres Urhebers, 1876). Ähnlich hat ihm später der Spiritismus manche unerfreuliche Stunde bereitet. Daß sich auch die Spiritisten an ihn wandten, darüber hat er sich freilich selbst nicht gewundert. Im Gegenteil, in seinem Tagebuch schreibt er einmal: »Einigermaßen wundert es mich, daß meine Ansichten vom Jenseits, wie ich sie im ‚Büchlein vom Leben nach dem Tode' und ausführlicher im 3. Teile des ‚Zendavesta' entwickelt habe, trotz ihrer Verwandtschaft mit den Ansichten der Spiritisten und Vereinbarkeit mit den spiritistischen Versuchen, im Kreise der Spiritisten selbst so gut wie unbeachtet geblieben sind; was übrigens kein Anlaß für mich sein soll, mich in ihre Literatur zu mischen.«

So wenig aber auch Fechners Schriften in spiritistischen Kreisen verbreitet sein mochten, an ihn selbst ergingen von den Anhängern dieser Bewegung, namentlich in den Jahren 1877—78, von verschiedenen Seiten her Einladungen, sich an spiritistischen Sitzungen zu beteiligen. Aber er war seit dem »Zendavesta« vorsichtiger geworden. Von den wissenschaftlichen Waffen der »Psychophysik« versprach er sich in dieser Zeit größeren Erfolg als von den zweifelhaften Erscheinungen des »magischen Geisteslebens«; und er lehnte daher solche Einladungen konsequent ab. Da überraschte eines Tages Fr. Zöllner, der bekannte Astrophysiker, ein Kränzchen, dem außer einigen andern Kollegen auch Fechner und W. Weber angehörten, mit einem Gaste, — dieser Gast war das bekannte amerikanische Medium Slade. So wurde Fechner fast unfreiwillig Zeuge und Teilnehmer mehrerer spiritistischer Sitzungen. Ich besitze zwei Aktenstücke von Fechners eigner Hand über diese Sitzungen, ein ausführliches von ihm geführtes Tagebuch vom November 1877 bis Januar 1878, in welchem er nach jeder Sitzung sorgfältig über das Gesehene und über den Eindruck, den es auf ihn machte, berichtet, und einen an mich gerichteten, zwölf eng geschriebene Bogen füllenden Brief vom Juni 1879, in welchem er endgültig seine Stellung zum Spiritismus darlegt. Da dieses Schreiben sachlich und zum Teil sogar wörtlich genau mit den später diesem Gegenstand in der »Tagesansicht« gewidmeten Bemerkungen übereinstimmt, so bietet dasselbe gegenwärtig kein besonderes Interesse mehr. Um so interessanter und charakteristischer für Fechners »Vorsicht im Glauben wie im Unglauben« ist das Tagebuch. Zunächst sind die Eindrücke, die er von Slades Kunstleistungen empfängt, überwiegend ungünstige. Nachdem alle die bekannten Leistungen, die Schieferschriften unter dem Tisch, das Heben von Tischen und Stühlen usw., mehrfach vorgeführt worden waren, bemerkte er: »Soll ich nach dem allgemeinen Charakter der vorgeführten Produktionen gehen, so überwog für mich im ganzen der Eindruck einer geschickt ausgeführten, aus verschiedenen interessanten Kunststücken zusammengesetzten Taschenspielerei, wobei der Taschenspieler immer die Fäden in der Hand behält und keine Ausweichung aus dem Kreise, den er nun eben zu beherrschen weiß, gestattet. Von einer wissenschaftlichen

Untersuchung der vorgeführten Phänomene war überhaupt nicht die Rede; es fehlten alle Bedingungen dazu. Wir hatten einfach das Zusehen, oder hatten, wenn selbst mit zugezogen, nur auszuführen, was Slade vorgeschlagen hatte. Auf unsererseits vorgeschlagene Abänderungen wurde nicht eingegangen, und doch wäre eine exakte Untersuchung nur so zu führen, daß die Umstände und Weisen der Versuche möglichst aus bestimmten Gesichtspunkten abgeändert und gerichtet würden.«

In diesen Sätzen ist wohl auch die Stellung bezeichnet, die mit Fechner W. Weber zunächst den Sladeschen Experimenten gegenüber einnahm. Da ereignete sich etwas, durch das, wie Fechner berichtet, Zöllner, der im stillen schon längst überzeugt war, zu Tränen bewegt wurde, das aber auch den Zweifel der bis dahin skeptisch gebliebenen Beobachter erschütterte: Zöllner hatte sich, um seine Hypothese der vierdimensionalen Geisterwelt zu prüfen, ausgesonnen, in eine an ihrem Ende zugesiegelte Schnur ohne Lösung des Siegels Knoten durch die Geister schürzen zu lassen. Und dies Experiment war anscheinend gelungen! Das hielten auch Weber und Fechner für ein »Experimentum crucis«. Aber während Zöllner das Resultat mit Begeisterung begrüßte, fügte sich Fechner nur widerstrebend. Es überwog bei ihm der unbehagliche Eindruck, daß, wenn sich diese Erscheinungen als Wahrheit erweisen sollten, der alberne und läppische Charakter derselben eine unwürdige Vorstellung von dem Treiben der Geisterwelt erweckte, die zu seinen eigenen Ideen über das Fortleben nach dem Tode in einem unerfreulichen Gegensatze stand. So half er sich denn, da er jenem »Experimentum crucis« nichts entgegenzusetzen wußte, mit der Annahme, daß es sich hier wohl um abnorme, pathologische Vorkommnisse handle, durch die man sich die Aussichten in die jenseitige Welt nicht verkümmern lassen dürfe. Es ist die Stellung, die am Schluß der »Tagesansicht« zum Ausdruck kommt: »Die Tagesansicht kann mit und ohne den Spiritismus bestehen, bestände aber doch lieber ohne als mit demselben; denn wenn schon sie in wichtigen Punkten mit ihm zusammentrifft und hierin eine Stütze suchen könnte, ja, wie ich meine, bis zu gewissen Grenzen wirklich darin findet, stört er doch mit seinen Abnormitäten nicht nur in sie, sondern in das gesamte System unserer bisherigen Erkenntnis hinein.«

Bedenkt man, wie sehr sich Fechner sein ganzes Leben hindurch bemüht hatte, Zeugnisse für seine Weltanschauung aufzufinden, wo sie nur immer sich bieten mochten, so kann man nicht umhin, die Objektivität zu bewundern, mit der er den spiritistischen Vorführungen gegenübertritt, und mit der er, selbst nachdem er sich dem angeblichen Experimentum crucis glaubt fügen zu müssen, den Wert dieses Zeugnisses mehr negativ als positiv einschätzt: er würde es lieber entbehren, als daß er sich nun in einem gewissen Grade darauf stützen kann. Wenn er sich schließlich durch jenes Experiment für überwunden erklärte und infolgedessen natürlich auch andere angebliche Geistermanifestationen als möglicherweise nicht auf Täuschung beruhend zugeben mußte, so war dabei übrigens, neben seinem Grundsatz absoluter Vorurteilslosigkeit, sichtlich auch der Umstand maßgebend, daß er sich schwer entschließen konnte, einen Menschen, der die Außenseite eines ehrlichen Mannes besaß, für einen gemeinen Betrüger zu halten. Hätte daher Fechner die Mitteilungen gelesen, die Jahre nachher die Witwe eines Dieners, der Slade auf seinen Reisen begleitet hatte (soviel ich mich erinnere in der »Gegenwart«), veröffentlicht hat, so würde er wohl bei seinem anfänglichen Urteil, daß es sich um Taschenspielerkunststücke handle, stehen geblieben sein. Nach diesen Mitteilungen war nämlich Slade »Kautschukmann« gewesen, hatte aber die Ausübung dieses Berufs wegen eines leichten Schlaganfalls aufgeben müssen. So war er denn zum »Medium« geworden. Während seine Hände auf dem Tisch ruhig mit denen der sogenannten »Beobachter« zusammen zur »Kette« geschlossen waren, führte er alle Kunststücke unter dem Tisch mit den Beinen und Füßen aus, welche letztere mit Schuhen ohne Sohlen und seidenen Strümpfen bekleidet waren, so daß er sich der Zehen als Finger bedienen konnte. Die Schieferschriften, das Heben von Tischen und Stühlen waren natürlich auf diese Weise leicht auszuführen, und andere Taschenspieler, die nicht zufällig die Vorschule des Kautschukmanns durchgemacht hatten, mochten immerhin mit gutem Gewissen erklären können, daß diese Leistungen auf dem Wege der gewöhnlichen Taschenspielerei unmöglich seien. Auch das Geheimnis, wie er das »Experimentum crucis« mit den vier Knoten in der zugesiegelten Schnur zustande brachte, hat Slade schwerlich mit ins Grab genommen, da gerade diese Leistung mit bekannten und oft vorgeführten echten Taschenspielerkunststücken eine auffallende Familienähnlichkeit besitzt.

VIII.
Die Leipziger Hochschule im Wandel der Jahrhunderte.

Festrede zur 500jährigen Jubelfeier der Universität Leipzig.[1])

Eine Stunde, die der Erinnerung an die Tage geweiht ist, da unsere Universität auf dem Boden dieser Stadt und unter dem Schutz der Fürsten der sächsischen Lande ins Leben trat, scheint vor andern dazu angetan, der wechselvollen Schicksale zu gedenken, die diese Schöpfung in dem nunmehr abgeschlossenen halben Jahrtausend ihrer Geschichte durchlebt hat. Doch wenn wir heute die akademische Welt mehr als zuvor von Fragen und Sorgen um die Zukunft unserer hohen Schulen bewegt sehen, so möchte es manchem vielleicht zeitgemäßer erscheinen, den Blick nicht der Vergangenheit, sondern den neuen Aufgaben zuzuwenden, die uns bevorstehen. Ist es doch, als sei das geistige Leben der Nation heute von einer Strömung getragen, die nicht minder umgestaltend auf unsere Hochschulbildung einzuwirken strebt, wie dies um die Wende des 15. und 16. Jahrhunderts, bald nach der Gründung der älteren deutschen Hochschulen geschah, als die Stürme sich vorbereiteten, die den Bau der scholastischen Universi-

---

[1]) Gehalten in der Wandelhalle der Universität am 30. Juli 1909. Die Feier des fünfhundertjährigen Bestehens der Universität Leipzig. Erstattet von K. Binding. 1910.

Die Leipziger Hochschule im Wandel der Jahrhunderte.

täten des Mittelalters in Trümmer legen sollten, um auf seinen Grundlagen die neue Universitas literarum erstehen zu lassen, in der wir heute leben und wirken.

An solchem Wendepunkt der Zeiten kann aber auch eine Stunde wie diese an das Wort gemahnen, in dem der große Sohn dieser Stadt und dieser Hochschule, Leibniz, den Ertrag seines Nachdenkens über den Lauf der Geschichte zusammenzufassen liebte: »Die Vergangenheit ist überall schon erfüllt von der Zukunft!« Was heute geschieht — so dürfen wir wohl dies Wort umschreiben —, ist vorbereitet in der Lebensarbeit vergangener Geschlechter; und gelingt es uns, die Richtlinien zu ziehen, die das Entschwundene mit der Gegenwart verbinden, so werden uns diese Linien vielleicht auch den Weg in die Zukunft zeigen.

In der Tat gibt es wohl keine deutsche Hochschule, die zu solch vergleichenden Betrachtungen zwischen dem Sonst und dem Jetzt mehr herausforderte als die unsere. Spiegelt sich doch in ihrer Geschichte in einem mehr als anderwärts durch starke Kontraste gehobenen Bilde die gesamte Entwicklung der deutschen Universitäten. Schon ihre Gründung ist wegweisend für die Schicksale der kommenden Jahrhunderte. Sie ist nicht, wie ihre Mutteruniversität Prag und die anderen älteren Hochschulen Deutschlands, eine von Kaiser und Papst oder von Landesfürsten und Städten unter päpstlicher und kaiserlicher Genehmigung erfolgte Stiftung; sondern sie ist von den Studenten und Professoren selbst gegründet worden, die sich diese Stadt zum Sitz ihrer künftigen Studien erkoren. Ein echt mittelalterliches Bild entrollt sich vor unserm Auge in jenem Zug von Prag ausgewanderter Scholaren und ihrer Magister. Wohl hatten ähnliche Wanderungen im 12. und 13. Jahrhundert zur Gründung italienischer Stadtuniversitäten den Anstoß gegeben. In Deutschland, wo erst von der zweiten Hälfte des 14. Jahrhunderts an die Hochschulen nach den fertigen Vorbildern des Auslandes durch die Initiative weltlicher und geistlicher Fürsten entstanden, ist diese Selbstgründung eine alleinstehende Erscheinung. Nachdem von den aus Prag Ausgezogenen eine kleine Schar von kaum vierhundert Köpfen nach freier Wahl in dieser aufblühenden, im Mittelpunkt der großen Verkehrsstraßen liegenden Handelsstadt festen Fuß gefaßt hatte, bedurfte es dann freilich auch hier der fürstlichen Hilfe und der päpstlichen Sanktion zur Vollendung und Sicherung der neuen Schöpfung. Beides fehlte nicht. Den fürstlichen Brüdern Friedrich und Wilhelm, Landgrafen von Thüringen und Markgrafen von Meißen, mochten die Eingewanderten einen willkommenen Anlaß bieten, auch ihre Staaten mit dem Glanze eines Studium generale zu schmücken. Sie beschenkten die neue Universität mit Kollegienhäusern und Einkünften und mit Privilegien und Rechten, wie sich solcher auch die älteren Universitäten erfreuten. Aber jene Gründung nach eigener Wahl bezeichnete doch einen wichtigen Unterschied, der bis tief in das 19. Jahrhundert hinein dieser Universität eine Sonderstellung gegenüber ihren deutschen Schwesteranstalten gegeben hat. Die sächsischen Fürsten fühlten sich als Schützer und Nutritoren der Hochschule. Wo es not tat, da sprachen sie wohl einmal ein gewichtiges Wort mit bei der Abstellung dringender Mißstände oder bei der Ausgleichung von Streitigkeiten mit der Stadt. Im allgemeinen aber mischten sie sich in die inneren Angelegenheiten der Korporation nicht ein. Denn ihnen galt nicht, wie das anderwärts geschah, die Universität als eine von der absoluten Fürstengewalt, die sie ins Leben gerufen, abhängige Schöpfung, sondern als ein selbständiges Gemeinwesen, dessen Verfassung ohne seine eigene Zustimmung zu ändern sie als widerstreitend der übernommenen Pflicht, die Beschirmer der Rechte der

Korporation zu sein, empfunden haben würden. Diese Rechte aber waren in dem Statutenbuch niedergelegt, das die Eingewanderten von Prag mitgebracht; und jedes neue Mitglied hatte bei der Immatrikulation zu schwören, daß es die darin verzeichneten Ordnungen befolgen und schützen wolle. So war diese Hochschule durch die Art ihrer Gründung mit einer Autonomie ausgestattet, wie sie keine andere deutsche Universität besessen hat, und nicht zum geringsten Teil trug diese Autonomie in sich selbst die Bürgschaft ihrer Erhaltung. Denn fortan galt es als eine unantastbare Norm, jede Änderung der bestehenden Verfassung müsse aus dem freien Willen der Korporation hervorgehen. Noch im Jahre 1830, als endlich die Erkenntnis gereift war, daß die Universität aus dem Staat im Staate, der sie nahezu gewesen, in ein Organ des Staates sich umwandeln müsse, hat sie selbst das Statut ausgearbeitet, das dieser neuen Ordnung der Dinge als Grundlage dienen sollte. So verdankt unsere Hochschule ihre lange bewahrte und heute noch in den Traditionen der Sitte und des Herkommens nachwirkende Selbständigkeit schließlich jener Schar fahrender Schüler, die hier vor fünfhundert Jahren die Stätte fanden, wo sie unter dem Schutze eines den Studien allezeit geneigten Fürstengeschlechts diese Schöpfung ins Leben riefen.

Gleichwohl würde es irrig sein, wollte man in jenen Vorgang freier korporativer Gründung moderne Anschauungen hinübertragen und in ihm etwa die Äußerung eines freieren, über den Geist der mittelalterlichen Universitäten hinausgehenden Strebens erblicken. Genau das Gegenteil ist richtig. Die deutschen Studenten und ihre Lehrer waren von Prag weggezogen, weil sie den tschechischen Übergriffen gegenüber an den alten Ordnungen der Hochschule festhielten, und weil sie als treue Söhne der Kirche der hussitischen Lehre, die unter den Böhmen um sich gegriffen, widerstrebten. Erhalten, nicht umstürzen wollten sie das Bestehende. Darum nahmen sie das alte Statutenbuch in die neue Heimat mit, und klerikal, wie es Prag und Paris gewesen, wurde zunächst der Charakter der neuen Hochschule: Kleriker die Doktoren und die Magister, wirkliche oder künftige Kleriker die Scholaren, Kleriker ursprünglich auch der Jurist und der Mediziner, — alle Studien Vorbereitungen zur Theologie oder deren für das weltliche Leben unentbehrliche Ergänzungen. Den konservativen Geist gegenüber neu sich regenden geistigen Strömungen, der den älteren deutschen Universitäten überhaupt eigen ist, zeigt so die unsere von Anfang an stärker ausgeprägt als die meisten andern. Überall hat sie neuen Ideen nur zögernd den Zugang gestattet, und das schon im 16. Jahrhundert geprägte Wort »Lipsia vult exspectari« ist mit einigem Wandel der Bedeutungen bis in das neunzehnte oft und nicht mit Unrecht gebraucht worden. Dem eindringenden Humanismus hat Leipzig einen langen und zähen Widerstand geleistet. Der Reformation hat es sich verhältnismäßig spät erst zugewandt. Gegenüber der neuen Naturwissenschaft und Philosophie ist es auffallend lange hinter dem Bollwerk der Aristotelischen Physik und Metaphysik verschanzt geblieben. Ein merkwürdiger Kontrast zu dem bewegten internationalen Treiben der umgebenden Handelsstadt mit ihren Messen und Märkten und dem früh schon in ihr sich entwickelnden Emporium des Buchdrucks und Buchhandels!

Selbst nachdem er aus dem Lehrbetrieb und der wissenschaftlichen Arbeit verschwunden war, hat sich unsere Universität in den äußeren Formen ihres Lebens diesen konservativen Zug durch die Jahrhunderte bewahrt. So ist die alte dem internationalen Charakter der mittelalterlichen Hochschule eigene Scheidung der Lehrer und Schüler in Nationen, eine Einrichtung, die die andern deutschen Universitäten teils nie gekannt, teils längst beseitigt hatten, bei uns bis zum Jahre 1830 erhalten geblieben. Dem internationalen Wesen der mittelalterlichen Hochschule, in der die Fakultäten ursprünglich nur Stufen eines einzigen bis zur Theologie aufsteigenden Lehrganges bildeten, entsprach diese Scheidung. Für die neueren Universitäten, bei denen frühe schon die Teilung der wissenschaftlichen Berufe zur vorherrschenden Geltung gelangte, war sie bedeutungslos geworden. Auch war es ein seltsamer Kontrast, wenn die kleine Landesuniversität, die Leipzig in der ersten Hälfte des 19. Jahrhunderts geworden war, unter ihre vier Nationen fast die ganze Kulturwelt verteilte. Bis zur gleichen Zeit, wie diese mittelalterliche Gliederung nach Nationen, blieb aber auch der alte Name der »Universitas scholastica« im offiziellen Gebrauch bestehen, um von da an erst durch den anderwärts längst üblich gewordenen der »Universitas literarum« ersetzt zu werden. Noch heute besitzen wir die wohltätige Einrichtung des für die minderbemittelten unserer Musensöhne bestimmten Konvikts im wesentlichen genau in den Formen, in denen sie um die Mitte des 16. Jahrhunderts aus den ehemaligen Bursenkonvikten hervorging. Nur die Wappen der Nationen, die einst auf die zum Mahle Versammelten herabblickten, sind mit den Nationen selber verschwunden. Auch der Famulus des mittelalterlichen Magisters in seinem Beruf, den Verkehr des Professors mit seinen Studenten zu vermitteln, ist uns heute noch eine wohlbekannte Erscheinung. Und wenn am Jahresfest unserer Hochschule mit den sonstigen Insignien seiner Würde und der wertvollen Kette, die vor wenig Dezennien König Johann gestiftet, der abgehende dem neugewählten Rektor das Statutenbuch vom Jahre 1554 überreicht, das natürlich längst nicht mehr gilt, so ist diese symbolische Handlung ein sprechendes Bild jener Mischung von Altem und Neuem, die uns noch in so manchen andern Sitten unseres akademischen Lebens begegnet.

In dieser Bewahrung des Überkommenen, auch wo es seiner einstigen Bedeutung verlustig gegangen, äußert sich aber zugleich das stolze Bewußtsein korporativer Selbständigkeit, das unserer Hochschule von ihrem Ursprung an eingepflanzt war. Schon das erste der fünf Jahrhunderte ihrer Geschichte zeigt dies nicht bloß in der unaufhörlichen Fehde mit der ebenfalls durch mannigfache Privilegien bevorzugten Stadt. Solche Fehden bilden ja auch sonst die ständigen Kapitel in der älteren Geschichte unserer Universitäten. Hier aber werden sie mit einer gesteigerten Erbitterung geführt, die in wiederholten blutigen Straßentumulten der Magister und Scholaren auf der einen, der Bürger und Handwerksgesellen auf der andern Seite sich austobt. In ernsteren Kämpfen verteidigt jedoch die Universität ihre Rechte gegen den Herzog selbst und seine Räte und gegen den päpstlichen Kanzler, den Bischof von Merseburg. So in einem denkwürdigen Streit vom Jahre 1446, wo die Lehrer der Hochschule dem in der Pleißenburg residierenden Kurfürsten Friedrich mit trotziger Rede entgegentreten, indes den Fürsten seine Begleiter zur gewaltsamen Unterwerfung der Widerspenstigen drängen und lärmende Studentenscharen die Burg bedrohen. Aber der Kurfürst läßt Milde walten, und die alten Rechte der Hochschule bleiben unangetastet. Dieser Vorgang ist typisch geworden für ähnliche Ereignisse späterer Zeit. Immer waren es die Fürsten dieses Landes, die, eingedenk der Schutzpflicht, die sie bei der Gründung der Hochschule übernommen, die Rechte dieser gewahrt wissen wollten.

Dieses Festhalten an den überlieferten Ordnungen führte dann freilich als eine unvermeidliche Folge auch das Beharren bei dem alten wissenschaftlichen Lehrbetriebe mit sich, in dem unsere Hochschule ebenso wie in ihrer äußeren Organisation lange Zeit den Geist mittelalterlicher Gebundenheit bewahrt hat. Noch Jahrhunderte hindurch bewegt sich ihr inneres Leben in den Formen des alten Korporationswesens. Die Mitglieder bilden, abgesehen von einem wechselnden Strom wandernder Scholaren, deren unruhiger Geist sie von einer Universität zur andern treibt, eine geschlossene Gemeinschaft, in der der Schüler allmählich zum Lehrer wird: der Scholar zum Baccalar und Magister oder, wenns hoch kommt, zum Doktor, einer Würde, an der ursprünglich die Mitglieder der philosophischen Fakultät keinen Teil haben. Und der Lehrstoff ist die festüberlieferte scholastische Wissenschaft, innerhalb deren jeder fähig werden soll, jedes Fach zu lehren, so daß die Gegenstände entweder durch das Los alljährlich verteilt werden oder in regelmäßigem Wechsel innerhalb der Gelehrtenzunft umlaufen. Diese Wissenschaft ist aber nicht mehr die Scholastik des 12. und 13. Jahrhunderts, die an der Wiege der früheren Universitäten der romanischen Länder, vor allen Italiens, gestanden, jenes für seine Zeit bewundernswerte Lehrgebäude, wie es in einer großartigen Synthese der neuerschlossenen Kenntnis der aristotelischen Schriften und der älteren kirchlichen Philosophie errichtet worden war. Es ist auch nicht mehr die Scholastik des 14. Jahrhunderts, wie sie sich in der mit allen Mitteln einer in fortdauernder Übung gesteigerten dialektischen Kunst in den Kämpfen der gelehrten Dominikaner und Franziskaner um die Grenzfragen des Glaubens und Wissens gemüht hatte, — sondern es ist die erstarrte Scholastik, die als das dürftige Gerüst eines unverändert von Generation zu Generation vererbten Lehrstoffs von jener für die Kultur ihrer Zeit hochbedeutsamen kirchlichen Wissenschaft übriggeblieben war. Nur zu leicht sind wir geneigt, mit dem Gedanken der ersten Anfänge unserer Hochschulen nach sonstigen Analogien den eines Aufblühens der von ihnen gepflegten Wissenschaft zu verbinden. Nichts ist irriger als dies. Aus dem Bedürfnis der in den Klöstern entstandenen, nach freierer Betätigung strebenden Wissenschaft waren die ersten Universitäten der romanischen Länder hervorgegangen. Wie jene Wissenschaft mit den Schriften ihres führenden heidnischen Philosophen weltlichen Interessen zugänglich geworden war, so strebten ihre Vertreter unaufhaltsam hinaus in das öffentliche Leben, und der aus der strengen Zucht der Klosterschule befreite, von einer Hochschule zur andern wandernde Scholar ist so zu einer typischen Gestalt in der Schar der fahrenden Leute geworden. Die deutschen Hochschulen haben zwar die ungebundene Art der fahrenden Schüler unverkürzt und nicht selten wohl gesteigert durch die alte germanische Trink- und Rauflust übernommen. Doch die Wissenschaft, die überliefert ward, hatte sich überlebt. Sie war zu einem toten Lehrstoff geworden, der nur noch einem in spitzfindigen Distinktionen und Disputationen sich ergehenden logischen Formalismus Raum ließ. So ist es das Schicksal der deutschen Universitäten gewesen, daß ihre Entwicklung mit einer Periode des Verfalls der Wissenschaft beginnt. Zwei große geistige Bewegungen waren es erst, die sie dem Schlummer, in den sie die Aufnahme einer absterbenden Wissenschaft versenkt hatte, entrissen. Die eine dieser Bewegungen war der Humanismus; die andere, die weit später eingesetzt hat, war die neue Naturwissenschaft. Der Humanismus hat die scholastische Form zerbrochen. Er hat für die Sprachen und Literaturen der alten Welt den Sinn neu erschlossen. Doch den scholastischen Stoff des Wissens ließ er im wesentlichen unangetastet; und als in der Reformation die religiösen Interessen wieder die Vorherrschaft über die Gemüter gewannen, da fügten sich auch die Universitäten ohne sonderliches Widerstreben nochmals dem scholastischen Lehrbetrieb. Erst als vom Beginn des 18. Jahrhunderts an der bis dahin außerhalb der Universitäten stehenden neuen Naturwissenschaft und der in ihr wurzelnden neuen Philosophie der Zugang eröffnet wurde, hat die deutsche Hochschule begonnen, sich zu unsrer heutigen Universitas literarum zu entwickeln. So ist diese nicht aus einem organischen Wachstum in ihr selbst liegender Keime hervorgegangen, sondern sie hat in einem lange dauernden Kampf lebensunfähig gewordener Formen gegen von außen zugeführte neue Ideen sich emporringen müssen; und den Hochschulen als den Hüterinnen des bestehenden Wissens ist nur zu oft die wenig erfreuliche Rolle zugefallen, eine unhaltbar gewordene Position so lange zu verteidigen, bis schließlich sie selbst der jugendlicheren Kraft dieses Neuen erlagen.

Daß sich in Leipzig die Scholastik länger als an den meisten andern Universitäten erhalten hat, brachte aber der mit ihrer äußeren Autonomie eng verbundene konservative Geist der Hochschule mit sich. Während vom Ende des 15. und besonders vom Beginn des 16. Jahrhunderts an selbst an den älteren Universitäten, in Basel, Heidelberg und in dem nahen Erfurt, die humanistische Bewegung längst Eingang gefunden, galt neben Köln vor andern Leipzig als eine Hochburg der Scholastik. Als Herzog Georg, der in seinen jungen Jahren der neuen Richtung geneigt war, mehrere Humanisten hierher sandte, verschloß diesen die Universität ihre Pforten. Wie spotteten da die Erfurter Poeten, ein Ulrich Hutten, ein Crotus Rubianus mit ihren Genossen, der rückständigen Hochschule! Von jenen »Briefen der Dunkelmänner«, in denen die Erfurter Humanisten die Geißel ihrer Satire über das verwelschte Latein und das wüste Treiben der veralteten Universitäten schwingen, sind gleich die ersten dieser angeblich von scholastischen Magistern und Baccalaren geschriebenen Briefe aus Leipzig datiert. Da ergehen sich, während die Welt von der neuerwachten Begeisterung für die Poesie der Alten und von dem Streben es ihr gleich zu tun erfüllt ist, die Leipziger in langwierigen Disputationen, ob man einen Mann, der fähig sei, vom Magister zum Doktor der Theologie befördert zu werden, einen Magister nostrandus oder einen Noster magistrandus nennen solle, und über ähnliche nichtige Fragen, indes sie sich in sogenannten »Aristotelischen Schmäusen« an Einbecker und Naumburger Bier, oder, wenns hoch hergeht, an Malvasier und Rheinwein vergnügen, oder sich auch, wenn die Disputation zu hitzig wird, mit ihren Bierkrügen die Köpfe zerschlagen. Vielleicht mag es in Erfurt nicht viel besser gewesen sein. Aber unsere Akten bezeugen es leider, daß das Bild, das die Erfurter Poeten von dem Tun und Treiben unserer vormaligen Kollegen entwerfen, keineswegs erdichtet ist. Wenn nächtliche Straßenkämpfe zwischen Studenten und Handwerkern zu Zeiten ein gewöhnliches Schauspiel sind, und wenn die Relegationen um solchen Unfugs willen, die gelegentlich auch die Magister treffen, eine für heutige Gewohnheiten erschreckende Zahl erreichen, so sind das unverwerfliche Zeugnisse. An der Leipziger Universität mochten ohnehin die Sitten jener fahrenden Schüler, die sie gegründet, immer noch nachwirken.

Wohl fehlt es auch in dieser für den wissenschaftlichen Geist unserer Hochschule trüben, noch dazu des öfteren durch Krieg und Pest bedrängten Zeit nicht an einzelnen Lichtblicken. Die großmütigen Schenkungen, mit denen Herzog Moritz ihr in den Tagen ihres schwersten Ringens um die Existenz zu Hilfe kam, vor allem die Überweisung der ausgedehnten Räume des alten Dominikanerklosters, auf dessen Boden wir heute noch stehen, diese von der Universität im treuen Gedächtnis bewahrten Taten, in denen der ritterliche Fürst das von ihm gesprochene Wort wahr machte, die Universität solle erkennen, daß sie ihm lieb sei, sie boten zuerst die Mittel zu ihrer Erhaltung in schwerer Zeit und dann die Grundfesten ihrer künftigen Erneuerung. Neben dem Bilde des tapferen Herzogs darf aber auch das des tapferen Rektors nicht fehlen. In Kaspar Borner, der dem Fürsten in dessen Fürsorge für die Hochschule als Ratgeber zur Seite stand, war noch einmal einer jener ihre ganze Kraft und ihr eigenes Leben für das Wohl der Gemeinschaft einsetzenden Männer erstanden, wie sie wohl das korporative Leben der Vergangenheit in seiner Blütezeit gekannt hatte, wie sie aber aus den in eigennützigem Streben und kleinlichem Zwist befangenen alternden Korporationen verschwunden waren. Mit eiserner Beharrlichkeit hielt er den errungenen Besitz, der die Universität auf Jahrhunderte hinaus zu der begütertsten des Reiches machte, gegen den anstürmenden Adel der Landschaft und gegen die ihren Anteil begehrende Stadt fest, und als bei der Belagerung Leipzigs im Frühling des Jahres 1547 aus der in ihren Höfen und Lehrräumen von den Bauern der Umgebung erfüllten Universität alle andern Lehrer mit ihren Schülern geflohen waren, da blieb er allein zurück, bis ihn die in der Stadt wütende Epidemie hinwegraffte. Und dieser echte Repräsentant alten Gemeinschaftssinnes hatte zugleich ein offenes Auge für die Bedürfnisse der Zukunft. Er hatte den Humanisten die Pforten der Universität geöffnet. Im Verein mit einem ihrer hervorragendsten Vertreter, mit dem durch seine pädagogischen Reformen weit berühmten Joachim Camerarius, hatte er der Hochschule ein neues Statut gegeben, das an die Stelle des alten Systems der unter den Mitgliedern der Artistenfakultät herumwandernden Aristotelischen Schulfächer die neue Einrichtung der Fakultätsfächer und der für sie geschaffenen Professuren einführte. Doch diese wichtige Reform trug noch keine dauernden Früchte. So reich gesegnet die Tätigkeit des Camerarius durch die Entwerfung der Lehrpläne für die von Kurfürst Moritz gestifteten sächsischen Landesschulen in Pforta, Meißen und später in Grimma gewesen ist, indem sie das gelehrte Mittelschulwesen unseres Landes auf lange hinaus zu einem Muster deutscher Gymnasialbildung gemacht hat, bei der Universität verwehten die Spuren seines Wirkens nur zu bald im Drange der Zeiten. Schon in der zweiten Hälfte des Jahrhunderts gewannen mit der alten Abschließung der Körperschaft auch die alte Weise des zünftigen Aufrückens und der scholastische Lehrbetrieb wieder die Herrschaft. Es war die Zeit, da die Spötter diese Hochschule eine Anstalt zur Altersversorgung nannten, weil man ihr nachsagte, ein Magister, also nach heutiger Bezeichnung ein Professor der philosophischen Fakultät, pflege, nachdem er mit Privatlektionen und Pensionstischen für wohlhabende Studenten notdürftig sein Leben gefristet, erst dann in den Besitz eines festen Gehalts zu gelangen, wenn er bereits dienstuntauglich geworden sei. Auch erließ noch zu Anfang des 17. Jahrhunderts der Senat strenge Weisungen an die Dozenten, wonach jede andere Philosophie außer der scholastischen bei Strafe verboten sein sollte. Als dann aber vollends die Schrecken des dreißigjährigen Krieges hereinbrachen, mußte die Universität mit ihren verwaisten Hörsälen froh sein, daß ihr der erworbene Besitz wenigstens die Fortexistenz sicherte, die freilich zu Zeiten hier wie anderwärts zu einer bloßen Scheinexistenz geworden war. Da boten dann wohl einen schwachen Ersatz für die ausbleibenden Studenten die zahlreichen Kinder, die von ihren Eltern um des Schutzes willen, den die privilegierte Körperschaft vor allem in Kriegszeiten gewähren mochte, in das Album der Universität eingetragen wurden. Nun kamen Jahre, in denen neben 10 bis 12 erwachsenen Studenten, von denen man vielleicht annehmen kann, daß sie dann und wann Vorlesungen besuchten, 500—600 Kinder Aufnahme in den Schoß unsrer Alma Mater fanden. Aus der Altersversorgung, die diese einige Jahrzehnte früher gewesen, schien sie zu einer Kinderbewahranstalt geworden zu sein. Noch als sich nach dem Frieden da und dort schon wieder ein freierer Geist zu regen begann, hat diese schwere Zeit hier ihre Schatten geworfen. Leibniz preist sich glücklich, daß er n seiner jungen Studentenlaufbahn auf ein Semester Leipzig mit Jena vertauschen durfte, wo er in einzelnen Lehrern wenigstens ein Streben über Aristoteles und Euklid hinauszugehen vorfand. Und wenn er einige Jahre später im Grunde froh zu sein scheint, daß ihm die heimische Juristenfakultät den Doktorgrad versagt, weil die Reihe der auf Beförderung harrenden jungen Assessoren schon zu groß sei, so sieht man hieraus, daß auch die alte Sitte des Aufrückens in der zunftmäßig geschlossenen Fakultät noch nicht ganz verschwunden war. Welches Entsetzen mußte da die alten Doktoren und Magister erfassen, als wenige Dezennien später der jugendlich kecke Christian Thomasius statt im schwarzen Talar, wie es die Sitte der Zeit gebot, im bunten Gewand und mit dem Degen an der Seite auf dem Katheder erschien, und als — eine merkwürdige Ironie des Schicksals, daß es gerade auf dieser konservativsten aller Hochschulen geschah, — wohl zum erstenmal an dem schwarzen Brett einer deutschen Universität die Ankündigung eines Kollegs in deutscher Sprache von desselben Thomasius Hand angeschlagen wurde. Da war freilich seines Bleibens nicht länger in Leipzig. Er wie der ihm befreundete fromme August Hermann Francke, der der hier herrschenden starren Orthodoxie weichen mußte, wandten ihre Schritte nach Halle, wo vor allem unter Thomasius' Mitwirkung die neue kurbrandenburgische Hochschule entstand.

In dem Wettkampf, der sich jetzt vom Beginn des 18. Jahrhunderts an zwischen den drei Nachbaruniversitäten Leipzig, Wittenberg und Halle entwickelte, zu denen später noch Göttingen als die vierte hinzutrat, haben sich nun auch die Tore unsrer alten Hochschule der neuen Wissenschaft endgültig erschlossen. Man hat wohl gesagt, in dem Vierklang der Stimmen, die diesen vier Hochsitzen deutscher Wissenschaft zugefallen, sei Wittenberg in der Theologie, Halle in der Philosophie, Göttingen in der Geschichte und Staatswissenschaft, Leipzig in der Philologie die führende gewesen. Doch trifft diese Charakteristik höchstens zeitweise einigermaßen zu, und mehr als die Vorherrschaft der Philologie ist für Leipzig in dieser Zeit ein andrer Zug bezeichnend, der zwar dem ganzen Jahrhundert der Aufklärung eigen ist, der uns aber doch hier besonders ausgeprägt entgegentritt. Das ist das Streben nach Universalität der Bildung. Es wird durch die Lage der Universität inmitten des lebendigen Verkehrs der Handelsstadt und des Büchermarkts im Gegensatz zu jenen stilleren Musensitzen an der Saale und Leine begünstigt. Aber etwas wirken wohl auch die Traditionen der alten Scholastik noch nach. Auch sie war ja, sogar im extremen Sinne, universell gewesen. Darum war es bei der Aufnahme der neuen Wissenschaft begreiflich genug, daß man diese gleichfalls in die alten allumfassenden Formen zu gießen suchte. Das führte dann freilich eine gewisse Oberflächlichkeit des wissenschaftlichen Betriebs um so leichter herbei, je mehr indessen der Umfang des Wissens sich erweitert hatte. Immerhin gab der neue Inhalt diesem Streben nach Universalität, wie es in der außerordentlich vielseitigen Lehrwirksamkeit der Leipziger Gelehrten seinen Ausdruck fand, eine wesentlich neue Bedeutung. Eine Verbindung von Lehrfächern, die uns heute unmöglich erscheint, ist allerdings im 18. Jahrhundert allgemein verbreitet. Aber für Leipzig ist diese Vielseitigkeit doch besonders bezeichnend. Selbst ein strenger Philologe wie Johann August Ernesti sucht in seinen »Initia doctrinae solidioris« eine Art allgemeiner Enzyklopädie der Wissenschaften zu geben. Sein geistig beweglicherer Kollege Christ treibt neben Philologie und Archäologie mit Vorliebe moderne Kunstgeschichte und Biographik, und einen Teil seiner Mußestunden widmet er der Verfertigung lateinischer Gedichte im Stil des älteren Humanismus. Abraham Gotthelf Kästner, einer der anregendsten der Leipziger Dozenten um die Mitte des Jahrhunderts, lehrte als seine Hauptfächer Mathematik und Physik. Daneben hielt er aber ein philosophisches Disputatorium, in dem er sich über alle möglichen Wissensgebiete verbreitete, wie er denn zeitlebens den schönen Wissenschaften gehuldigt hat. Und der langjährige Herrscher auf dem deutschen Parnaß, Gottsched, begann zwar seine akademische Laufbahn als Professor der Poetik. Doch rückte er bald zu der angeseheneren Professur der Logik und Metaphysik auf, neben der er die Poetik beibehielt. Als er sich dann um Wolffs Stelle in Marburg bei dessen Rückkehr nach Halle bewarb, war er bereit, zu allem dem auch noch die Mathematik zu übernehmen, und da sich ihm eines Tags die Gelegenheit zu bieten schien, nach seiner ostpreußischen Heimat zurückzukehren, erbot er sich, Professor der Theologie und Hofprediger in Königsberg zu werden. Das sind Erscheinungen, die noch stark an die wandernden Professuren der Aristotelischen Scholastik erinnern. Immerhin würde es verfehlt sein, sie bloß als ein Festhalten an einer veralteten Lehrweise anzusehen. Das Bildungsideal der Zeit war nun einmal ein alle Gebiete menschlicher Erkenntnis umfassendes, die größten wie die kleinsten Probleme zu gleicher Klarheit erhebendes Wissen, das zudem die Schätze dieses Wissens aus der engen Gelehrtenrepublik in die weiteren Schichten des Volkes hinaustragen und so der allgemeinen Wohlfahrt dienstbar machen sollte. Dieses Bildungsideal der Aufklärungszeit hat vor allem Leipzig zu verwirklichen gestrebt, und dieses Streben fand in dem gebildeten Bürgertum dieser Stadt, die sich nach dem treffend geprägten Wort Goethes als ein »klein Paris« fühlte, den günstigsten Boden. So erbittert daher oft in den vergangenen Jahrhunderten Stadt und Hochschule sich bekämpft hatten, in diesen neuen Bildungsinteressen waren sie fest zusammengewachsen, so daß man sich ebensowenig mehr die Universität außerhalb dieser Stadt, wie die Stadt ohne diese Universität denken konnte. Dieses Zusammenstimmen der beiden Kreise machte unsre Hochschule zur bevorzugten Trägerin jener nicht überall tief gehenden, dafür aber um so wirksamer das gesamte geistige Leben durchdringenden Allgemeinbildung, durch die Leipzig trotz Halle, wo die neue Philosophie zuerst ihre Wurzeln geschlagen, um die Mitte des Jahrhunderts zum Vorort der deutschen Aufklärung geworden ist. Vornehmlich aber war dies der Boden, auf dem sich jenes frei zwischen Hochschule und bürgerlicher Gesellschaft stehende Schriftstellertum ausbilden konnte, das auf das geistige Leben der Zeit wie auf die Entwicklung unsrer Literatur einen so entscheidenden Einfluß geübt hat. Hier ist der freie Beruf des unabhängigen Schriftstellers entstanden, dessen erster großer Vertreter in Deutschland der hervorragendste Schüler unserer Hochschule in diesem Zeitalter, Lessing, geworden ist. Hier hatte eine die Universität mit weiteren Kreisen der Gebildeten verbindende Zeitschriftenliteratur, die durch alle Schattierungen, von den im schwerfälligen Gewand lateinischer Gelehrsamkeit einherschreitenden »Acta eruditorum« an bis zu der populären Eintagsliteratur, die durch Mylius' »Freigeist« oder dessen »Naturforscher« und die zahlreichen schöngeistigen Zeitschriften vertreten war, ihre Hauptstätte — ein bewegtes literarisches Leben, das weite Kreise zog, immerhin aber in der Hochschule seinen Mittelpunkt fand. Mochten es darum auch nicht große wissenschaftliche Fortschritte im einzelnen sein, durch die sich diese hervortat, als ein Mittelpunkt literarischer Bildung in einer wichtigen Übergangsepoche gewann sie nicht minder einen hohen Wert. Deutlich läßt das noch der Eindruck erkennen, den auf den jungen Goethe dieses Wesen einer auf die Pflege allgemeiner Bildung und feiner Sitte nach französischem Muster gerichteten Gesellschaft ausübte. War es doch nicht zum wenigsten auch die studentische Welt, auf die der hier herrschende Ton der Gesellschaft zurückwirkte. Daß in Leipzig, wie Goethe sich ausdrückt, »ein Student kaum anders als galant sein konnte, wenn er mit den wohlgesitteten Einwohnern verkehren wollte«, während in Jena und Halle die geringe Achtung, die der »wilde Fremdling« vor dem Bürger empfand, die Roheit der Sitten steigerte, davon hat uns Zachariäs »Renommist« ein wertvolles Kulturbild hinterlassen. Wenn hier der aus dem Renommisten, der er einst gewesen, in Leipzig zum eleganten, höfisch gesitteten Jüngling erzogene Student die jenenser und hallenser Raufbolde nicht nur mit der Waffe besiegt, sondern schließlich selbst zur feineren Lebensart bekehrt, so hat damit der für sein Leipzig begeisterte Dichter doch auch nicht ganz unzutreffend angedeutet, welche Stellung damals in Wirklichkeit diese Stadt und ihre Hochschule in dem Wandel der akademischen Sitten einnahmen. Der galante Student, wie er uns in dieser Schilderung entgegentritt, hat freilich dem akademischen Leben kommender Zeiten ebensowenig standhalten können, wie die steife Verskunst Gottscheds und seiner Genossen dem Sturm und Drang der neu erstehenden nationalen Dichtung. Dennoch war auch jene bisweilen in das Geckenhafte umschlagende Reform der akademischen Sitten eine Schule, die die akademische Jugend durchmachen mußte, sollte der natürliche Drang nach Kraftbetätigung, in dessen Äußerungen der Student von ehedem noch allzusehr an den Scholaren der mittelalterlichen Universitäten erinnerte, einen idealen Inhalt gewinnen, wie er im folgenden Jahrhundert zuerst durch die nationale Erhebung und dann durch die Erneuerung der deutschen Hochschulen selbst ihm geworden ist.

Diese Erneuerung unsrer Hochschulbildung, die sich im 18. Jahrhundert vorbereitet und im 19. vollzogen hat, beruht aber auf dem jetzt erst endgültig eingetretenen Bruch mit dem schulmäßigen Lehrbetrieb. Und dieser Bruch ist auf das engste gebunden an die von nun an mit unwiderstehlicher Macht sich durchsetzende Verbindung von Lehre und Forschung. Nicht die Erneuerung des Lehrstoffs und nicht die ohnehin nur teilweise durch sie bedingte veränderte Lehrform hat die Scholastik endgültig von unsern Hochschulen verbannt, sondern die Umwandlung dieser selbst aus höheren Schulen im buchstäblichen Sinne des Wortes in Anstalten, die der wissenschaftlichen Arbeit in der doppelten Form der Forschung und der Lehre gewidmet sind. Noch war im 18. Jahrhundert im allgemeinen die Forschung eine private Nebenbeschäftigung des Lehrers gewesen, zu der er dann allmählich wohl auch die Tüchtigeren unter seinen Studenten heranzog. So sind neben den mehr praktisch gerichteten Übungen der Theologen schon im Laufe des 18. Jahrhunderts in Göttingen und Halle philologische Seminarien entstanden. Bei uns wurde ein solches jetzt vor hundert Jahren bei dem vierhundertjährigen Jubiläum der Universität eröffnet, und es mochte als ein glückliches Vorzeichen gelten, daß der jugendliche Gottfried Hermann das neue Institut mit einer in klassischem Latein gedichteten Kantate begrüßte.

Die Hauptschwierigkeit, die dem für die neue Verbindung von Lehre und Forschung unentbehrlichen Fortschritt dieser Gründungen im Wege stand, bereiteten jedoch zunächst die Gebiete, die in der Bedeutung ihrer Institute und in dem Aufwand ihrer Mittel ihre bescheidenen philologischen Vorläufer heute weit überflügelt haben: die Naturwissenschaften. Die späte Aufnahme ihrer praktischen Hilfsmittel in den Lehrbetrieb der Universitäten hängt mit der Art, wie von diesen überhaupt die neue Naturwissenschaft aufgenommen worden war, auf das engste zusammen. Wohl hatte sich die die Scholastik verdrängende neuere Philosophie auf der Grundlage der neuen Naturwissenschaft entwickelt. Eingang bei den Universitäten fanden aber die Naturwissenschaften selbst zuerst in der Form der aus ihnen hervorgegangenen Philosophie. Das war bei der Art des von den Zeiten der Scholastik her noch immer herrschenden Lehrbetriebs begreiflich genug. Die Universitäten waren und blieben ja Lehrinstitute, höhere Schulen, nichts weiter. Wenn der Professor für sich physikalische oder chemische Experimente machte, so lag das außerhalb seines Lehrberufs. Dieser blieb in der Naturwissenschaft und zumeist selbst in der Medizin ein rein theoretischer, ganz wie er es zur Zeit der Herrschaft der Aristotelischen Physik gewesen war. Selbst der Anatom tat ein Übriges, wenn er etwa einmal im Semester die Lage der Eingeweide seinen Zuhörern demonstrierte. Da war es denn immerhin ein großer Schritt vorwärts, daß die neue Philosophie wenigstens zu ihrem Teil in die naturwissenschaftlichen Anschauungen, von denen sie durchdrungen war, einführte. So kam es, daß besonders die allgemeineren Naturwissenschaften lange noch von Professoren der Philosophie vorgetragen wurden, die dann freilich in der Universalität ihrer Bestrebungen auch bis zu ganz konkreten technischen Gebieten, die später überhaupt von der Hochschule verschwanden, herabstiegen. Christian Wolff und seine Schüler lasen daher gelegentlich über Baukunst, Kriegskunst, Nautik ebensogut wie über Physik und über Mechanik. Dieser Zustand war nur möglich, weil doch ein gutes Stück scholastischer Tradition in der Lehrform immer noch weiterlebte, vornehmlich aber, weil die Aufgabe, die sich die Hochschule gestellt, die einer eigentlichen Schule noch nicht überschritten hatte. Hierfür ist es bezeichnend, daß die Initiative zur Gründung von Arbeitsstätten naturwissenschaftlicher Forschung zunächst überhaupt nicht von den Universitäten ausging, sondern von den Fürsten und ihren Räten. Wohl mochten es nicht immer wissenschaftliche Interessen sein, die in solchen von oben kommenden Anregungen zum Ausdruck kamen. Die Experimente mit Elektrisiermaschine und Luftpumpe waren beliebte Vorführungen, mit denen vom 17. Jahrhundert an wandernde Künstler die Hofgesellschaften unterhielten. Begreiflich daher, daß man in diesen Kreisen wünschte, die Universitäten möchten ihnen in der Pflege dieser Gebiete, die ihnen interessanter waren als Cicero oder Virgil, zu Willen sein. So regte Kurfürst August der Starke schon um das Jahr 1710 nicht nur die Gründung einer Sternwarte in Leipzig an, sondern er veranlaßte auch die Anstellung eines besonderen Professors der Physik, von dem er wünschte, daß er mit dem nötigen Instrumentarium ausgestattet werde. Die Universität aber stand diesen Anforderungen ziemlich ablehnend gegenüber. Eine Sternwarte, meinte man, sei eine überflüssige Zierde; und dem Professor der Physik überließ 'man es, sich, wenn er wollte, seine Apparate selbst anzuschaffen oder aus der Hinterlassenschaft seines Vorgängers zu erwerben. Noch schlimmer urteilte man über die Errichtung chemischer Laboratorien, über die ein Gutachten aus dem Anfang des 18. Jahrhunderts sich äußerte, sie seien nicht bloß überflüssig, sondern durch den Geruch, den sie verbreiteten, lästig, und durch die giftigen Stoffe, mit denen die Chemiker umgingen, gesundheitsgefährlich.

Wenn man daher nach der Bedeutung, die heute die naturwissenschaftlichen Laboratorien und die mannigfachen, gleichzeitig der praktischen Unterweisung und der wissenschaftlichen Forschung dienenden medizinischen Institute für unsre Universitäten besitzen, vermuten könnte, es sei von Anfang an der für den Wohlstand der Nation wie der Einzelnen unschätzbare Nutzen dieser Anstalten gewesen, der ihre Gründung veranlaßt habe, so würde diese Annahme ein großer historischer Irrtum sein. Eine theoretische Wahrheit kann zuweilen sofort einleuchten. Die ungeheuren praktischen Folgen, die eine Umwälzung wissenschaftlicher Methoden mit sich führt, werden erfahrungsgemäß immer erst erkannt, nachdem diese Folgen selbst mindestens teilweise schon eingetreten sind. So war es denn auch eine solchen praktischen Erwägungen völlig ferne liegende reformatorische Idee pädagogischer Art, die hier aus den Bildungsbestrebungen des 18. Jahrhunderts und den am Ende des Jahrhunderts mächtig sich regenden neuen Erziehungsidealen als letzte Frucht hervorging. Schon Kant hatte in seinem »Streit der Fakultäten« die Anwendung dieser Ideale auf die Hochschulbildung gestreift. Ihren energischen Ausdruck fand sie aber erst in dem Zukunftsprogramm der neuen Philosophie, die sich im Bunde mit der um die Wende der

Jahrhunderte hervortretenden romantischen Geistesströmung entwickelte, und die auf eine neue, engere Verbindung von Kunst, Wissenschaft und Leben hindrängte. Hier war es allen voran Fichte, der seine Stimme laut für diese neue Botschaft erhob. In der Entfremdung vom Leben und von den praktischen Bedürfnissen der Zeit erkannte er den schwersten Schaden der seitherigen Wissenschaft und besonders auch der seitherigen Hochschulbildung. Doch in dem wunderbaren Wechselspiel geistiger Kräfte, das solchen Übergangszeiten eigen ist, hat die gleichzeitige Erneuerung der Philosophie, von der diese reformatorische Idee ausging, nicht minder durch den Konflikt, den sie sehr bald zwischen der Philosophie und den positiven Wissenschaften, besonders den Naturwissenschaften, heraufbeschwor, jene Entwicklung begünstigt, die um die Mitte des 19. Jahrhunderts der Naturwissenschaft allmählich die führende Rolle an den deutschen Universitäten verschaffte.

Durch die Philosophie des 18. Jahrhunderts war die neue Naturwissenschaft in den Kreis des akademischen Unterrichts eingeführt worden. Die Naturwissenschaft des neunzehnten begann auf das bitterste die Philosophie zu bekämpfen, die freilich mittlerweile selbst eine andre geworden war. Denn von den Quellen der Naturforschung, aus denen sie im vorangegangenen Zeitalter geschöpft, hatte sie weit sich entfernt. Man mag diese Feindschaft, die längere Zeit die allezeit gemeinsamen Interessen unsrer geistigen Bildung schwer geschädigt hat, beklagen. Doch man wird nicht umhin können zuzugestehen, daß sie auf die Konsolidierung der Einzelwissenschaften in Forschung und Unterricht fördernd gewirkt hat. Vielleicht war jene Feindschaft notwendig, sollten beide, Philosophie und Einzelwissenschaft, dereinst wieder einmal als Verbündete sich die Hände reichen. Hier ist nun aber noch einmal jene Eigenart unsrer Hochschule zur Geltung gekommen, die sie von den Tagen ihrer Gründung an nicht verlassen hat. An diesem denkwürdigen, in die Geistesgeschichte des 19. Jahrhunderts tief eingreifenden Streit hat die Leipziger Universität so gut wie keinen Anteil genommen. Mag diese Erscheinung auf den ersten Blick befremdlich sein, unsre Vergangenheit macht sie verständlich. Nach Leibniz und Newton, diesen geistigen Führern der Naturwissenschaft des 18. Jahrhunderts, war noch Kants Philosophie ganz und gar orientiert gewesen. In der Übereinstimmung mit Kant konnten daher Naturforscher und Philosophen leicht sich verständigen. Als aber zu Ende des Jahrhunderts von Jena die neue philosophische Bewegung ausging, die Natur und Geist, Kunst, Religion und Geschichte zu einem einzigen, von dem philosophischen Gedanken beherrschten Wissenssystem zu vereinigen strebte, da konnte die Naturforschung, wenn auch anfänglich selbst von dem Feuer der Begeisterung für das Neue hingerissen, auf die Dauer keine Heeresfolge leisten. Langsamer folgten ihr die Geisteswissenschaften in dieser ablehnenden Haltung, und es begann nun in den Einzelgebieten jener fruchtbare, durch die immer weiter gehende Arbeitsteilung für die Exaktheit der Forschung und die Differenzierung der wissenschaftlichen Methoden sich auszeichnende Betrieb, der die Hochschulen um die Mitte des 19. Jahrhunderts nahezu in Sammelstätten unabhängiger Fachschulen und gänzlich zusammenhanglos gewordener wissenschaftlicher Einzelarbeiten verwandeln zu wollen schien. Von jenem stolzen Prachtbau einer künftigen Universitas literarum, von dem im Anfang des Jahrhunderts die hervorragendsten Geister der Nation geträumt, konnte kaum mehr die Rede sein. Eher schien das Ganze einem großen Mietshause zu gleichen, das je nach Bedürfnis planlos ergänzt und erweitert wird, und dessen Bewohner sich höchstens aus zufälligen Begegnungen kennen. Jene philosophische Bewegung um die Wende des 18. und 19. Jahrhunderts aber, die uns heute fern genug liegt, um neben ihren Mängeln unbefangen auch ihre positive geschichtliche Bedeutung würdigen zu können, sie hatte sich von Jena aus über alle Hochschulen Deutschlands verbreitet, und vor allen die neu errichtete in Berlin, an der zuerst Fichte und dann Hegel gelehrt, war in der ersten Hälfte des Jahrhunderts ihre Hauptstätte geworden.

Doch all dieser Sturm und Drang der neuen Philosophie ist an unsrer Hochschule beinahe wirkungslos vorübergegangen. Die Leipziger Philosophen hielten an Kant fest, lange nachdem anderwärts die Kantische Philosophie einstweilen ad Acta gelegt war, um in künftigen Zeiten, nachdem der Strom der philosophischen Romantik vorübergerauscht war, wieder aufgenommen zu werden. Und als endlich die Schule Kants auch bei uns vom Schauplatze verschwand, da wurde Herbart der unsre Universität beherrschende Philosoph, und er behielt diese Herrschaft, selbst nachdem sie in Göttingen, der Stätte seiner eigenen Wirksamkeit, längst geschwunden war. Herbart, der der neuen, von Jena und Berlin ausgegangenen Philosophie ablehnend und absprechend gegenüberstand, der auf exakte Methode das größte Gewicht legte und im übrigen in das Geschäft der positiven Wissenschaften wenig und in das der Theologie gar nicht sich einmischte, er war ganz dazu angetan, zwischen Philosophie und Einzelforschung ein gutes Verhältnis wohlwollender Neutralität herzustellen, indes außerhalb der Kampf zwischen beiden immer noch tobte. So hat uns diese Wahlverwandtschaft einer ruheliebenden konservativen Gesinnung, wie sie unsrer Universität seit alter Zeit eingepflanzt war, mit dem Geist einer positiven, die Probleme vorsichtig abwägenden Philosophie über jene

Zeit der Feindschaft glücklich hinweggeholfen, die um die Mitte des vorigen Jahrhunderts in vielen akademischen Kreisen die Beschäftigung mit philosophischen Fragen beinahe als das Symptom einer gewissen geistigen Rückständigkeit erscheinen ließ, falls sich nicht etwa eine aus irgendwelchen gerade in der Naturwissenschaft geltenden Hypothesen kritiklos zusammengeraffte Weltanschauung für Philosophie ausgab. Mochte auch jene neutrale Stellung, die Leipzig in dem Streit einhielt, in der Philosophie selbst eine gewisse Sterilität mit sich führen, so verband sich nun aber damit auf der andern Seite ein Vorteil. Gerade Leipzig, das dereinst der echte Typus einer reinen Lehruniversität gewesen, wurde nun zu einer Stätte, die der Einzelforschung eine sorgfältige Pflege bot, und die der Arbeit solcher Einzelforschung, wo es darauf ankam, auch auf völlig neuen Gebieten bereitwillig Unterkunft gewährte. Waren auf andern Universitäten die Institute und Seminarien, soweit sie nicht der Naturwissenschaft und der Medizin dienten, nicht selten noch auf der Stufe der alten, mehr schulmäßig betriebenen philologischen Übungen verblieben, so führte der hier herrschende Geist wissenschaftlicher Arbeitsteilung frühe schon zu einer Übertragung der in den naturwissenschaftlichen Instituten reich entwickelten Verbindung von Lehre und Forschung auf andere Gebiete und zur Ausbildung ähnlicher Anstalten gemeinsamer Arbeit auch für die Geisteswissenschaften. Noch befinden sich unsere deutschen Universitäten in dieser Beziehung teilweise in einem Übergangszustand, den freilich die Entwicklung des Institutswesens verständlich macht. Durch die ungeheuren Erfolge, die sich die naturwissenschaftlichen Anstalten in den jedem sichtbaren Früchten, die sie für das praktische Leben trugen, errungen, erschien jede Anforderung gerechtfertigt, die von ihnen aus erhoben wurde. Galt doch die Hilfe, die man ihnen gewährte, mit Recht nicht bloß als ein Gewinn für die Universität, sondern als ein nicht geringerer für die allgemeine Wohlfahrt. Der Nutzen, den philologische und historische oder selbst nationalökonomische und staatswissenschaftliche Seminarien stiften sollten, leuchtete dem größeren Publikum und leuchtete manchmal selbst den Staatsmännern, in deren Händen die Leitung der Hochschulen lag, weniger ein. Da mochte dieser und jener noch immer nicht viel anders denken als Friedrich der Große, der einstmals an den Rand eines Memorandums, das ihm die Anstellung eines Professors der Staatsökonomie in Halle empfahl, die Worte schrieb: »Ein Bauer ist ein besserer Ökonomiker als ein Professor!« Und wo man auch einen solchen Nutzen nicht bestritt, da meinte man doch, das hier gesteckte Ziel lasse sich ohne sonderlichen Aufwand von Mitteln mit Hilfe der jedem zu Gebote stehenden Universitätsbibliotheken und in den gewöhnlichen Vorlesungsräumen erreichen. Man übersah, daß eine konzentrierte wissenschaftliche Arbeit, auch wenn ihre Hilfsmittel im wesentlichen bloß literarischer Art sind, nicht minder eine konzentrierte Vereinigung dieser unentbehrlichen Mittel fordert, und daß Auditorien ebensowenig die geeigneten Arbeitsstätten für philologische und historische Forschung sind, wie etwa für den Physiker und Chemiker Demonstrationsexperimente im Hörsaal die Quellen neuer Entdeckungen zu sein pflegen. Und noch mehr: man übersah, wie sehr es für alle Richtungen geistigen Lebens ein Erfordernis gründlicher Bildung ist, daß sich der Schüler eine solche nicht bloß passiv aneignet, sondern selbsttätig mit ihren Hilfsmitteln und Methoden vertraut wird. Daher denn auch nur diese Verbindung von Lehre und Forschung dem Staat und der Gesellschaft fähige Vertreter der akademischen Bildung auf allen Gebieten, und der Universität selbst ihre künftigen Lehrer zur Verfügung stellen kann. Denn nicht darauf kommt es hier überhaupt an, daß jeder Schüler, der sich in Seminar und Laboratorium in eigener Arbeit betätigt, nun auch selbst ein Gelehrter werde, der die Wissenschaft durch eigene Forschung bereichert. Das ist weder notwendig, noch würde es wünschenswert sein. Die Vorbereitung zu praktischen Berufen wird immer eine Hauptaufgabe der Universitäten bleiben. Doch die volle Befähigung auch zur Lösung praktischer Aufgaben kann niemals durch die passive Aneignung eines toten Lehrstoffes, sondern in einer für die selbsttätige Anwendung fruchtbringenden Weise nur durch eigene Einsicht und eigene Überzeugung gewonnen werden; und die letztere setzt wieder jene Einführung in selbständige Arbeit voraus, die allein zur freien Prüfung wie zur richtigen Anwendung überkommener Lehren fähig macht. Weil die Universität ihre Schüler nicht zu Automaten und willenlosen Werkzeugen, sondern zu selbständig denkenden Menschen und zu Charakteren erziehen soll, deshalb eben ist für sie die Forschung selbst das letzte und wichtigste Hilfsmittel der Lehre.

Doch wie die neue, aus der Romantik geborene Philosophie wider ihr Wissen und Wollen durch die aus jener Feindschaft zwischen Philosophie und Wissenschaft erwachsene Selbständigkeit der wissenschaftlichen Einzelarbeit diese auf allen Gebieten gefördert hat, so ist es die gleiche, besonders von der Naturwissenschaft lange Zeit so bitter gehaßte Philosophie gewesen, die den reformatorischen Gedanken der notwendigen Zusammengehörigkeit der Lehre und Forschung zuerst erfaßt hat, und der wir durch diese von ihr ausgehende Wirkung nicht bloß die Blüte unsrer Hochschulen, sondern zu einem guten Teil den Wert unsrer nationalen Bildung verdanken. So ist denn auch aus den Kreisen dieser romantischen Philosophie der Staatsmann und Gelehrte hervorgegangen, der vor andern das neue Bildungsideal der Hochschule zu verwirklichen strebte, und den ein günstiges Geschick bei der ersten Neugründung einer Universität im 19. Jahrhundert, der Friedrich-Wilhelms-Universität zu Berlin, an die Spitze der preußischen Unterrichtsverwaltung gestellt hatte: Wilhelm von Humboldt.

In unübertrefflichen Worten hat Humboldt das Verhältnis der neuen deutschen Hochschule zum Staate in einer Denkschrift festgelegt, deren Gedanken heute vielleicht mehr als zur Zeit, da sie niedergeschrieben wurden, eine aktuelle Bedeutung besitzen. Lag doch damals noch jene ganze Entwicklung von den ersten philologischen Seminarien an bis zu den großen, über alle Gebiete der Natur- und Geisteswissenschaften sich erstreckenden Arbeitsinstituten im Schoße der Zukunft. Auch waren gerade in den Vorverhandlungen über die Gründung der Berliner Hochschule Stimmen laut geworden, die den Universitäten den Charakter reiner Unterrichtsanstalten gewahrt wissen wollten, neben denen den Akademien die wissenschaftliche Forschung als solche zuzuweisen sei. Einem solchen Programm gegenüber konnte schon Humboldt hervorheben, in Deutschland sei die Wissenschaft in neuerer Zeit mehr durch Universitätslehrer als durch Akademiker gefördert worden. Es gelte also, die hier liegenden Anlagen zu fernerer Entwicklung weiterzubilden, nicht die Universitäten in einen früheren Zustand zurückzudrängen. »Forschung und Unterricht«, so fordert er, »müssen an ihnen gleichzeitig ihren Ort haben, und das Verhältnis von Lehrer und Schüler muß das der gemeinsamen Arbeit an der Wissenschaft sein. Die geübte, aber auch leichter einseitige und minder lebhafte Kraft des Älteren muß sich mit der schwächeren, aber unbefangeneren und mutig nach allen Richtungen hinstrebenden des Jüngeren verbinden. Der Staat aber kann und darf sich in diese innere Tätigkeit nicht einmischen, sondern er muß sich bewußt bleiben, daß solche Einmischung nie förderlich, sondern immer nur hinderlich sein kann. Seine Aufgabe ist es, die notwendigen Mittel zur Verfügung zu stellen und die richtigen Männer zu wählen«. Und den gleichen Gedanken spricht einer der ersten großen Lehrer jener Berliner Hochschule, Friedrich Schleiermacher, aus. »Die Universitäten zu bloßen Spezialschulen für den Staatsdienst machen zu wollen, hieße«, so erklärt er, »alle wissenschaftlichen Bestrebungen aus ihrem Zusammenhang reißen und den bloßen Mechanismus dem Leben vorziehen. Die Unterdrückung der höchsten, freiesten Bildung und des wissenschaftlichen Geistes würde die Folge sein. Der Lehrer soll in voller Freiheit in den Schülern eine Pflanzschule von Mitstrebenden um sich sammeln, denen die wissenschaftliche Forschung zugleich zu einer Schule des Charakters werde«.

Daß die Universitäten des verflossenen Jahrhunderts dem Ziel geistiger Autonomie, das ihnen hier zum erstenmal mit dem vollen Bewußtsein seiner Tragweite gestellt worden ist, näher gekommen sind, wird niemand bestreiten. Freilich ist es nicht minder gewiß, daß das Streben nach diesem Ziel von frühe an Widerständen begegnete, und daß diese Widerstände wohl noch heute nicht ganz überwunden sind. Mußten sie doch mit einer gewissen inneren Notwendigkeit aus den Wechselwirkungen mit den sonstigen in Staat und Gesellschaft tätigen Kräften hervorgehen, Wechselwirkungen, die sich gerade um der geistigen Autonomie willen, die die neue Hochschule forderte, leicht zu Konflikten verschärften. Solche Konflikte sind im wesentlichen von zweierlei Art. Die einen, nach außen die augenfälligsten, entspringen aus der Einmischung politischer Motive in die Aufgaben wissenschaftlicher Hochschulbildung; die andern, mehr latenten, aber für das innere Leben der Hochschule nicht minder gefährlichen, aus der Eigenart des Hochschullehrerberufs gegenüber andern Formen des staatlichen Beamtentums. Wir können uns heute ihnen um so unbefangener gegenüberstellen, weil sie zumeist der Vergangenheit angehören. Aber ganz sind sie doch in der Gegenwart nicht verschwunden; um so mehr scheint es darum auch hier geboten, den Fehlern der Vergangenheit Lehren für die Zukunft zu entnehmen.

Es konnte nicht ausbleiben, daß die Universitäten, in dem Maße, als sie sich aus Schulen im engeren Sinne dieses Wortes in Anstalten der freien Forschung und Lehre umwandelten, an den politischen und kirchlichen Kämpfen, die die Zeit bewegten, einen lebhafteren Anteil nahmen, und daß ihnen, so lange ein solcher Kampf zunächst noch mit geistigen Waffen geführt wurde, bisweilen mehr, als es im Interesse ihres Lehrberufs wünschenswert sein mochte, eine führende Rolle zufiel. Nun ist ja vor allem auf geistigem Gebiete noch niemals ein ersehnter Preis errungen worden, der nicht mit Leiden und Dulden bezahlt worden wäre. Die Hochschule des 19. Jahrhunderts hat der Erkenntnis dieser Wahrheit reichlich ihren Tribut gezollt. Keiner der großen Kämpfe um die Güter des nationalen Lebens und seiner Kultur hat sich abgespielt, ohne daß die Hochschulen in der vordersten Linie der Streitenden standen, und ohne daß die akademische Jugend zuweilen wohl auch weit über das Ziel hinausstürmte, das in erreichbarer Nähe lag. Gleichwohl hat die Geschichte auch hier ihre Gerechtigkeit geübt. Hat doch die zweite Hälfte des Jahrhunderts jene Ideale, deren Vorkämpfer in der ersten verfolgt worden waren, ihrer Verwirklichung entgegengeführt. Auch unserer Universität sind solche Opfer nicht erspart geblieben. Man braucht nur die Namen Theodor Mommsen, Otto Jahn und Moritz Haupt zu nennen, die im Jahre 1851 ihre völlig außerhalb ihrer akademischen Lehrtätigkeit liegenden persönlichen Anschauungen mit der Verbannung von unserer Hochschule büßen mußten, um sich an diesen leuchtenden Beispielen zugleich die schädigende Wirkung zu vergegenwärtigen, die solche politische Motive auf die Leitung der Hochschulen ausüben können.

Doch wir sind in der glücklichen Lage heute es aussprechen zu dürfen, daß die folgende Zeit reichlich wieder gut gemacht hat, was die Vergangenheit gefehlt. Ein neuer Geist über dem Wohle unserer Hochschule waltender Fürsorge erwachte, als König Johann das Ideal, das dereinst in schwerer Zeit zu Anfang des Jahrhunderts die edelsten Geister der Nation erstrebt, zu verwirklichen suchte. Was der Staatsmann und Gelehrte Humboldt im Geiste vorausgeschaut, das an der Hochschule seines eigenen Landes zum Leben zu erwecken, wurde der feste Wille des Königs und Gelehrten aus dem Hause Wettin. Wie er über das Verhältnis der Universitäten zu politischen Irrungen und Verfolgungen dachte, dafür besitzen wir ein denkwürdiges Aktenstück in einem Briefe, den in seinem Auftrag der hochverdiente Minister von Falckenstein schrieb, und den das Archiv unserer philosophischen Fakultät bewahrt. »Die Leipziger Universität«, so heißt es in diesem Briefe in deutlicher Anspielung auf die Berufung zweier hervorragender Männer aus dem Kreise der Göttinger Sieben und eines andern von der dänischen Regierung abgesetzten Universitätslehrers, »die Leipziger Universität hat in früherer wie in neuerer Zeit oft von einem altehrwürdigen Vorrecht Gebrauch gemacht, ausgezeichneten Männern, welchen anderwärts ihre Wirksamkeit verbittert oder gänzlich abgeschnitten ward, zur Ehre der Wissenschaften und zu ihrem eigenen

Ruhme ein anderes Feld der Wirksamkeit zu eröffnen«. Es folgte die Berufung Friedrich Ritschls, der kurz zuvor die von Georg Curtius vorausgegangen war, und die nun mit andern unter Mitberatung der Fakultät ausgeführten Berufungen zusammen eine neue Blüte der philologischen Studien bei uns einleitete.

Nicht minder wie die politischen Kämpfe sind jedoch im Laufe des letzten Jahrhunderts außerwissenschaftliche Tendenzen einer andern Art der freien Entwicklung unserer deutschen Hochschulen bisweilen hemmend in den Weg getreten. Wir wollen sie kurz die partikularistischen nennen, obgleich sie nicht immer in der Beschränkung der Auswahl der Lehrkräfte, sondern noch allgemeiner vielleicht in der Abschließung der Universitäten eines Landes gegen andere deutsche Hochschulen sich äußerten. Dieser im weiteren Sinne des Wortes partikularistische Zug gehört, im Gegensatze zu den nunmehr glücklich überwundenen politischen Bedrängungen früherer Tage, meist der näheren Vergangenheit an; ja zuweilen könnte es scheinen, als habe sich, nachdem die politische Einheit der deutschen Stämme errungen ist, der alte germanische Fehler, die eigene Sonderart gegen die gemeinsamen nationalen Güter zur Geltung zu bringen, nun gerade mit besonderer Energie auf das geworfen, was uns in der Zeit der politischen Zersplitterung geeinigt hatte: auf unsere Hochschulen als die Zentren unserer nationalen Bildung. Den Universitäten selbst ist darin die geringere Schuld beizumessen gegenüber andern Faktoren, die den Bildungsinteressen eigentlich fern liegen oder fern liegen sollten. Voran steht hier das mit dem Übergang der Universitäten in staatliche Lehranstalten leicht sich verbindende Streben, auch die sonst für die Stellung der Beamten im Staate geltenden Grundsätze der Beförderung, der Versetzung und des Aufrückens im Dienste so-

Die Leipziger Hochschule im Wandel der Jahrhunderte. 377

weit wie immer möglich auf die Universitätslehrer anzuwenden. So gewiß es nun ist, daß auch sie Staatsbeamte sind und heute überall als solche sich fühlen, so führt doch der Beruf der Universitäten Unterschiede mit sich, die man nicht übersehen darf, wenn nicht die Hochschulbildung selbst bleibenden Schaden nehmen soll. Das hat nach einer nicht unwichtigen Seite hin schon der alte Kant in den schlichten Worten angedeutet: »Über die Befähigung von Gelehrten können eigentlich nur Gelehrte entscheiden.« Hier eben fordert die Aufgabe der neuen Hochschule, wie sie sich von Anfang des 19. Jahrhunderts zu verwirklichen begann, eine geistige Autonomie, die freilich durch keine ein für allemal bindende Normen festgelegt werden kann, um so mehr aber der treuen Bewahrung durch die Sitte bedarf. Ist die Wissenschaft als solche international, so ist sie zugleich in der besonderen Ausprägung, die ihr das einzelne Volkstum gegeben, in dem Sinne national, daß die Grenzen der Einzelstaaten und der Provinzen, in die die Nation politisch sich gliedert, für die Wissenschaft hinfällig sind. Niemand hat das energischer betont, als in den gleichen Tagen, da ein Humboldt und Schleiermacher die Pläne einer zukünftigen Hochschule erwogen, der Philosoph, der wie kein anderer für den Wert der nationalen Eigenart in die Schranken trat, Fichte in den »Reden an die deutsche Nation«. Sprache, Recht und Sitte gelten ihm als die jeder Nation zugehörigen unantastbaren Güter. Die Wissenschaft aber preist er als ein gemeinsames Gut, dem nur jede Nation und allen voran die deutsche das Gepräge ihrer geistigen Eigenart so weit sie es vermag mitteilen müsse. In der Tat hat in dieser Form die deutsche Hochschule ihrem Wesen nach die mittelalterliche Idee der Universitas als einer allen Nationen offen stehenden Bildungsstätte am treuesten bewahrt. Sie hat diese Idee nur in die Schranken zurückgewiesen, die ihr die nationale Literatur- und Unterrichtssprache notwendig ziehen mußte. Um so mehr hat sie innerhalb dieser Schranken jenen regen Austausch zwischen den Universitäten der deutschen Stämme hervorgebracht, der für die Entwicklung der Wissenschaft wie für die Ausgleichung der Stammesvorurteile bei Lernenden wie Lehrenden gleich förderlich gewesen ist, indes zugleich die zunehmende Zahl der zum Studium herzuwandernden Ausländer der deutschen Wissenschaft auch außerhalb der Heimat die Wege geebnet hat. So konnte hier teilweise wenigstens jene alte, auf einer fremden Sprache und Kultur ruhende Einheit der Wissenschaft, die immerhin ein Vorzug der mittelalterlichen Universitäten gewesen war, in der deutschen Hochschule der Gegenwart in einer von nationalem Geiste erfüllten lebendigeren Form wiedererstehen. Darum würde nun aber auch die nationale wie die internationale Bedeutung unserer Universitäten schwer geschädigt werden, wenn jemals die Neigung sich durchsetzen sollte, diese freie Bewegung der Lehrenden und Lernenden für die ersteren tunlichst auf heimische Lehrkräfte zu beschränken und das diese Freiheit der Bewegung zum Ausdruck bringende Berufungssystem durch ein nach bureaukratischem Schema eingerichtetes Beförderungs- und Versetzungssystem zu beseitigen. Für die Universität, die den höchsten Anspruch an geistige Leistungsfähigkeit stellen muß, darf hier überall nur der altbewährte Grundsatz maßgebend sein, daß mit der Erweiterung des Gebiets der Auslese die Chancen für die Wahl der Tüchtigsten zunehmen.

Uns hat nun die altüberlieferte politische Autonomie unserer Hochschule zu einem nicht geringen Teil auch über diese Gefahren hinweggeholfen. Denn hier, wo die Mitwirkung der Fakultäten bei der Gewinnung neuer Lehrkräfte nie in Frage gestellt wurde, lag es von dem Augen-

Die Leipziger Hochschule im Wandel der Jahrhunderte. 379

blick an, wo diese Universität die Fesseln ihrer einstigen korporativen Gebundenheit abgestreift hatte, im eigensten Interesse der Fakultäten, bei ihren Vorschlägen auf die Gewinnung der Tüchtigsten bedacht zu sein, die für sie erreichbar waren; und unseren Regierungen muß es nachgerühmt werden, daß ihr Bemühen auf dasselbe Ziel gerichtet gewesen ist. Vor allem verdanken wir es aber auch hier der durch König Johann begründeten Ära, daß, seitdem durch ihn diese Landesuniversität zu einer gesamtdeutschen Hochschule geworden ist, für uns nie ein anderes Prinzip maßgebend war, als das der freien Auswahl der akademischen Lehrer aus allen Ländergebieten deutscher Zunge. Keinen sprechenderen Beleg hierfür kann es geben als die Zusammensetzung unseres Lehrkörpers. Er umfaßt Angehörige aller Länder des Deutschen Reiches und der deutschen Lande Österreichs. Nicht minder hat uns die deutsche Schweiz seit Jahren manche der treuesten und tüchtigsten Mitarbeiter an dem Werk deutscher Bildung zugeführt; und ohne Bedenken hat unsere Universität, wo die Gelegenheit günstig schien, selbst ausgezeichnete Gelehrte des stammverwandten Skandinavien für diese Mitarbeit zu gewinnen vermocht. Wollte man sich hier überhaupt über ein Mißverhältnis wundern, so könnte es höchstens deshalb geschehen, weil die Zahl unserer in Sachsen geborenen Kollegen und der an unserer Hochschule selbst zur ordentlichen Professur aufgerückten Dozenten auffallend klein ist im Verhältnis zur Bildungsstufe unseres Landes und zu der Tüchtigkeit unserer jüngeren Kollegen. Aber niemand unter uns empfindet das als ein Mißverhältnis. Denn an dieser großen Arbeitsstätte deutscher Wissenschaft und Bildung fühlen wir uns überhaupt nur als Deutsche. Und das ist bei allem Unterschied der Zeiten schließlich das Gefühl, das uns noch heute mit unsern Vorgängern vor fünfhundert Jahren verbindet. Als diese dereinst aus Böhmen auszogen, um sich im deutschen Lande eine neue Heimstätte zu suchen, da nannten sie sich die »geeinte deutsche Nation«. Auch wir fühlen uns als eine Hochschule »geeinter deutscher Nation«, und wir danken es unsern Fürsten und unsern Regierungen, daß sie hierin mit uns eines Sinnes sind. In jener Aufhebung der Sondereigenschaften zur Einheit, bei der jeder Teil sein Bestes zu bewahren sucht, sehen auch sie eine Aufgabe nationaler Bildung, an der vornehmlich die Hochschule durch die freie Bewegung ihrer Mitglieder, der Lehrer wie der Lernenden, mitzuarbeiten berufen ist.

So tritt uns heute im Rückblick auf das letzte Jahrhundert vor andern die Gestalt König Johanns als die des großen Erneuerers unserer Hochschule entgegen. Aus einer Landesuniversität, die sie bis dahin gewesen, hat er sie in eine nationale deutsche Hochschule umgewandelt. Mit weit ausschauendem Blick hat er hierdurch an jenem Werk geistiger Einheit der Nation mitgearbeitet, das trotz der politischen Einigung, die wir errungen, heute ein noch immer zu erstrebendes Ziel geblieben ist. Und noch in einem andern Sinne hat König Johann diese Hochschule zu einem wahren »Studium generale« deutscher Nation erhoben, und sind seine Nachfolger aus dem Hause Wettin ihm auf diesem Wege im weiteren Ausbau seines Werkes gefolgt. Hier wurde, wie wir wohl sagen dürfen, in großem Stil die Lücke ergänzt, deren Ausfüllung nötig war, sollten die deutschen Universitäten des 19. Jahrhunderts wirklich zu dem werden, was zu Anfang desselben seine besten Geister erstrebten: zu Stätten der Lehre und Forschung für das Ganze der Wissenschaft. Die Geisteswissenschaften waren in den ihnen zur Verfügung stehenden Mitteln zuletzt weit hinter den sie mächtig überflügelnden Naturwissenschaften zurückgeblieben, und sie sind es teilweise noch heute. Da sind denn die Anfänge dieser letzten Ergänzung der Institute unserer Hochschule wiederum an die Regierung des Fürsten geknüpft, der als Gelehrter den Geisteswissenschaften zugewandt war, indes ihn doch zugleich eine reiche Lebenserfahrung die große Bedeutung der Naturwissenschaften für den Aufschwung der nationalen Kultur würdigen ließ. So sind allmählich den neu erstehenden naturwissenschaftlichen und medizinischen Unterrichts- und Arbeitsanstalten im Süden unserer Stadt hier, im näheren Umkreis dieses Universitätshauses die mannigfaltigen Institute an die Seite getreten, die der fortschreitenden Arbeitsteilung auch innerhalb der Geisteswissenschaften gefolgt sind. Unsere Fakultäten haben in den zum heutigen Tag in die Hände unserer Ehrengäste gelegten Druckschriften treulich über diese Anstalten Bericht erstattet. Was in diesen Bänden geschildert worden, das ist in allem Wesentlichen das Werk der Ära König Johanns und seiner der Universität allezeit wohlgeneigten und auf ihr Bestes bedachten Nachfolger, der königlichen Brüder Albert und Georg und Seiner Majestät unseres gegenwärtigen Rector Magnificentissimus, dem wir heute den tiefgefühlten Dank der Hochschule für die von ihm wie von seinen Ahnen ihr erwiesene Huld und Förderung darbringen dürfen.

Und noch nach zwei andern Seiten darf heute unser Dank sich richten. Unsere sächsische Staatsregierung ist, seit die Universität in die neue Phase ihrer Entwicklung eingetreten, allezeit in weiser Fürsorge bemüht gewesen, durch die Gewinnung tüchtiger Lehrkräfte wie durch die Schaffung neuer Institute und die Erweiterung der vorhandenen die Lösung der großen Aufgaben zu fördern, die der Hochschule gestellt sind, und unsere sächsische Volksvertretung hat sich nie einer für die Zwecke der Universität an sie gerichteten Forderung der Regierung versagt. Nicht ein einziges Mal hat, so weit die Erinnerung der ältesten Generation unter uns zurückreicht, unser Landtag die im Interesse der Hochschule gewünschten Bewilligungen abgelehnt oder auch nur zu kürzen gesucht, — gewiß ein seltener Ruhmestitel in den Annalen der deutschen Volksvertretungen; ja in dieser Fürsorge für die Hochschule sind alle politischen Parteien, von der äußersten Rechten bis zur äußersten Linken, so sehr sie in sonstigen Fragen auseinandergehen mochten, jederzeit einig gewesen.

Wenn vor dem in unseren Universitätshof Eintretenden gegenüber dem älteren Bornerianum, das zu Ehren des tapferen Rektors aus dem 16. Jahrhundert seinen Namen trägt, das Albertinum und das Johanneum als die beiden Hauptbauten der neuen Hochschule sich erheben, so sollen demnach diese Namen das Gedächtnis an die zwei Epochen bewahren, die, in der Zeit weit voneinander abliegend, bis dahin die wichtigsten Marksteine ihrer Geschichte gewesen sind. Gemahnt uns der Name jenes sein Leben für die Gesamtheit hingebenden Universitätslehrers an die Rettung unserer Hochschule aus schwerer Drangsal, so sollen die beiden andern Namen ihre Erhebung zu einer gesamtdeutschen Hochschule und zu einer Stätte, auf der sich, wie wir hoffen, für alle Zukunft Forschung und Lehre zur Einheit verbinden, im dankbaren Gedächtnis der Nachwelt festhalten. Wenn sich aber außerdem vor dem Bornerianum das eherne Standbild des großen Sohnes dieser Stadt erhebt, der einst unmutig ihrer Hochschule den Rücken gekehrt, weil er sie für unfähig hielt, jemals etwas anderes als eine Stätte unfruchtbarer scholastischer Künste zu werden, so mag uns das immerhin zugleich daran erinnern, daß unter den Irrtümern, an denen es auch seinem Leben nicht gefehlt hat, der Zweifel an der Zukunft der deutschen Hochschulen nicht der kleinste gewesen ist. Könnte Leibniz heute an dem Ort seines Standbildes wieder zum Leben erwachen und über die großen Auditorien und die immer weiter in die benachbarte Universitätsstraße hinein sich erstreckenden Seminarien und Institute seinen Blick schweifen lassen, würde er dann auch noch in unser naturwissenschaftliches und medizinisches Viertel geführt mit seinem Reichtum an Instituten, von denen ein einziges leicht das Doppelte der Mittel heischt, die zu seiner Zeit eine ganze Universität forderte, und fände er endlich in diesem großen Komplex wissenschaftlicher Anstalten einen höchst bescheidenen Raum unserer Akademie, der sächsischen Gesellschaft der Wissenschaften, angewiesen, — dann würde er wohl erkennen, daß nicht, wie er geweissagt, die Akademien die Zufluchtsstätten der Wissenschaft geworden sind, sondern die Hochschulen selbst mit ihrer lebendigen Wechselwirkung von Lehre und Forschung. Die Akademien aber schließen sich nunmehr an sie als deren Organe für große, die Kräfte des einzelnen Landes und der einzelnen Hochschule überschreitende internationale Unternehmungen an. So ist für sie, was Leibniz als einen in weiterer Ferne erreichbaren Nebenzweck betrachtete, zum Hauptzweck geworden, und auch das in jenem Verband gelehrter Gesellschaften, der heute sein Netz über die ganze Kulturwelt ausgebreitet hat, in einer Ausdehnung, die der erste Begründer der deutschen Akademien in seinen kühnsten Träumen nicht hoffen konnte, und die wirksamer als Reden und lärmende Demonstrationen ein anderes seiner Ideale in sich verkörpert: die Friedensgemeinschaft der Völker in der Pflege der geistigen Güter.

Durch schwere Irrungen hat sich unsere jahrhundertelang in mittelalterlichen Überlieferungen befangen gebliebene Universität hindurchkämpfen müssen. Aber was den Ahnen zum Schaden gereicht, kann sich den Enkeln zum Segen wenden. Was unsere Vorfahren, in längst überlebten Anschauungen befangen, in den Kämpfen um die Erhaltung ihrer korporativen Selbständigkeit erstrebt, das ist für uns, und ist über den Umkreis unserer Universität hinaus für unsere deutsche Hochschulbildung die Grundlage geworden, auf der sich der stolze Bau freier Lehre und Forschung erhebt, den wir heute als eines der wertvollsten Güter unserer Nation preisen. Aus der politischen und wirtschaftlichen Autonomie einer dem Leben der Nation gleichgültig gegenüberstehenden Korporation ist schließlich die geistige Autonomie unserer heutigen Hochschulen hervorgegangen. Indem aber gerade die unsere ihrem Ursprung getreu jahrhundertelang jene äußere Autonomie festhielt, bis diese schließlich dennoch den Machtmitteln und den umfassenderen Zwecken des modernen Staates weichen mußte, hat dieses Beharren zu einem nicht geringen Teil dazu beigetragen, jenen Trieb zur Selbständigkeit, der das korporative Leben der alten Universität erfüllte, dem neuen Geiste einer von äußerem Zwang befreiten selbständigen Wissenschaft dienstbar zu machen.

Noch zu einer andern Betrachtung mag aber dieser Rückblick auf die Vergangenheit anregen. Mit der Dauer und dem Inhalt eines Einzellebens verglichen, erscheint ein halbes Jahrtausend fast als eine unabsehbare Zeit, die sich mit den Zeiträumen messen kann, in denen Staaten und Völker in der Geschichte auftreten und wieder verschwinden. Und dennoch, wenn wir hier Anfang und Ende zusammennehmen, soweit ein Ende bis dahin erreicht ist, möchte es scheinen, als sei alles Vorangegangene nur Vorbereitung zu einer Entwicklung, in die wir vor kurzem erst eingetreten sind. Das paradoxe Wort Francis Bacons »Antiquitas seculi juventus mundi« ist man versucht, in der Anwendung auf unsere Hochschulen abermals umzukehren: ihre Jugend trug die Last einer greisenhaft überlebten Wissenschaft, von der sie sich in jahrhundertelangem Ringen befreien mußten, ehe sie selbst Trägerinnen einer jungen Wissenschaft werden konnten. Und noch ist die Zeit zu kurz, die seit diesem großen Wandel verflossen ist, als daß sich die Folgen heute schon übersehen ließen. Denn mag immerhin die Zukunft vorbereitet sein in der Vergangenheit, so sind es doch vor allem die Ideen, die die Gegenwart bewegen, die uns den Weg in die Zukunft zeigen. Und für den Wandel, der sich hier im Laufe weniger Dezennien in den Erwartungen, die wir der Zukunft entgegenbringen, vollzogen hat, ist wohl nichts so kennzeichnend, wie die veränderte Beurteilung, die gegenüber der am meisten der äußeren Beobachtung sich aufdrängenden Erscheinung, dem in immer gewaltigerem Maße sich steigernden Wachstum unserer Universitäten, eingetreten ist. Als die Universität Göttingen im Jahre 1887 das Fest ihres 150jährigen Bestehens feierte, da konnte der Rektor dieser Hochschule nicht umhin, in seiner Festrede schwere Bedenken über den, wie er, und wie mit ihm sicherlich viele damals meinten, viel zu großen Zufluß von Studierenden zu den Universitäten zu äußern. Er sah die Ursache dieses Übelstandes vornehmlich in der das Bedürfnis weit übersteigenden Menge der Gymnasien, die den gelehrten Berufen eine viel größere Zahl von Anwärtern zuführten, als in ihnen untergebracht werden könnten. Daß diese Besorgnis nicht unbegründet war, sofern man, wie bisher, als die wesentliche Aufgabe der Universitäten die Vorbereitung zu irgend einer der Formen der Beamtenlaufbahn sah, wird niemand bestreiten. Trotzdem ist nichts von allem dem eingetreten, was der Redner von damals zur Beseitigung der gefürchteten Übel wünschen mochte. Weder ist die Zahl der Gymnasien vermindert worden, noch hat der Zufluß der Studierenden zur Hochschule abgenommen, sondern das Gegenteil ist geschehen. Die zur Universität vorbereitenden Mittelschulen haben sich fortdauernd vermehrt, die Zahl ihrer Zöglinge ist namentlich in den Großstädten enorm gewachsen, und — was das schlagendste Zeugnis für die Bedeutung dieser Erscheinungen ist — die Berechtigung zur Vorbereitung für die Universität ist in weitem Maße auf Klassen von Unterrichtsanstalten ausgedehnt worden, bei denen eine frühere Zeit dies für ausgeschlossen hielt. Ja, hier konnte es scheinen, als werde der Staat nicht allein, wie es sonst bei solchen Reformen zu geschehen pflegt, von einem in der Bevölkerung sich regenden dringenden Bedürfnis zu solchen Neuorganisationen gedrängt, sondern als suche er selbst dem Bedürfnis nach Kräften zuvorzukommen. Doch, mochte immerhin in diesen neuen Einrichtungen, die alle auf ein steigendes Wachstum unserer Universitäten abzielten, manchmal des Guten zu viel geschehen, — im ganzen läßt sich heute nicht mehr verkennen, daß wir hier einer Bewegung gegenüberstehen, die zu hemmen niemand die Macht hat, weil es schließlich der Wille der Nation ist, der in ihr zum Ausdruck kommt, und dem auch die Hochschulen sich fügen müssen, mögen sie wollen oder nicht. Denn mit unwiderstehlicher Gewalt dringt das Streben nach höherer Bildung in weitere Kreise, während es sich zugleich mit dem zunehmenden Streben nach sozialer Gleichheit verbindet.

Aus der Verbindung dieser beiden Motive sind in der Tat zwei in ihrer Richtung entgegengesetzte, in ihrer allgemeinen Tendenz aber gleichartige Bewegungen hervorgegangen, die beide umgestaltend auf unsere Hochschulentwicklung einzuwirken beginnen. Die eine dieser Bewegungen, die vorläufig auf den deutschen Hochschulen noch wenig hervortritt, aber in der Zukunft wahrscheinlich eine größere

Bedeutung gewinnen wird, geht von oben nach unten: sie will solche Bevölkerungskreise, denen infolge der nun einmal nie ganz zu beseitigenden Unterschiede der äußeren Lebensbedingungen die direkte Teilnahme an der Bildungssphäre der akademischen Welt versagt ist, so weit wie möglich an den allgemeineren geistigen Interessen teilnehmen und sie die für das Leben wertvollsten Früchte der wissenschaftlichen Arbeit mitgenießen lassen. Die zweite Bewegung, die ungleich mächtigere, geht von unten nach oben: sie will solchen, die sich bis dahin mit einer mäßigen Mittelschulbildung oder mit dem Rüstzeug einer technischen Berufsausbildung begnügen mußten, die allgemeine Hochschulbildung zugänglich machen. Findet dieser Zug nach oben in dem wachsenden Zuströmen zur Hochschule seinen weithin sichtbaren Ausdruck, so äußert sich jener Zug nach unten in einer verborgeneren, doch stetig wachsenden Propaganda, die von den Hochschulen aus in Volkshochschulkursen, Wandervorträgen, Volksbildungsvereinen und andern Veranstaltungen um die Hebung der allgemeinen Bildung bemüht ist. Vorläufig ist diese Seite der heutigen Universitätsbewegung zumeist noch der freien Tätigkeit einzelner Hochschullehrer und ihrer Schüler überlassen geblieben. Zum Teil hat dies wohl seinen Grund darin, daß es dem Staate und den offiziellen Organen der Universität bis jetzt an den Angriffspunkten fehlt, um diese Bestrebungen mit ihren Mitteln den bisherigen Aufgaben der Hochschule anzugliedern. Unvereinbar würde ja letzteres mit den bestehenden Zielen des Hochschulunterrichts nicht sein. Fände doch hierin jene Erziehung des Schülers zu selbständiger wissenschaftlicher Arbeit, die die Universität erstrebt, nur eine wirksame Ergänzung, zu der die Vorbereitung schon innerhalb der bisherigen Seminarübungen nicht ganz fehlt. Nur daß hier die Erziehung des Schülers zum Lehrer, die zu der des Schülers zum Forscher die Parallele bildet, meistens noch künstlich eingeengt bleibt, da sie in ihrem· lediglich auf die Vorübung zu künftiger praktischer Tätigkeit gerichteten Charakter des direkten Nutzens und damit der aneifernden Kraft entbehrt, die der produktiven Arbeit eigen ist.

Mag nun aber auch diese auf die geistige Hebung weiterer Volkskreise gerichtete Bewegung vielleicht dereinst noch einmal zu einer wichtigen neuen Form sozialer Wohlfahrtseinrichtungen führen, an der mitzuwirken die Hochschulen berufen sind, so steht doch gegenwärtig die umgekehrte, die zur eigenen direkten Teilnahme an der Universitätsbildung hindrängt, weitaus im Vordergrund des Interesses. Wie überall, so hat eben auch hier das egoistische Motiv den Vorsprung vor dem altruistischen, und wenn irgendwo, so hat ja das Streben nach eigener Förderung auf geistigem Gebiet seine Berechtigung. Aber indem dieser unaufhaltsame Drang nach Teilnahme an der Hochschulbildung sichtlich bereits beginnt auf den Charakter der Hochschulen verändernd einzuwirken, tritt an diese selbst wie an die Regierungen, denen die staatliche Fürsorge für diese höchsten Bildungsanstalten anvertraut ist, immer gebieterischer die Pflicht heran, bei Zeiten darauf bedacht zu sein, daß die neuen Zwecke, denen der akademische Unterricht gerecht werden soll, nicht die Güter gefährden, die die Vergangenheit in heißem Kampf sich errungen hat. Wie sehr wir hier inmitten einer in ihren letzten Folgen heute noch nicht zu übersehenden Erweiterung der Ziele unserer Hochschulbildung stehen, das läßt übrigens nicht bloß der wachsende Zudrang zu den Universitätsstudien erschließen, sondern das spricht sich auch in so manchen Parallelerscheinungen aus, die dahin drängen, Lehranstalten, die bisher als hohe Schulen für begrenztere Gebiete gelten konnten, zu eigentlichen Hochschulen zu erheben oder, wo die Be-

Die Leipziger Hochschule im Wandel der Jahrhunderte. 389

dingungen dazu nicht zureichen, wenigstens ihre Angliederung an die Universität zu bewirken. So stehen die technischen Hochschulen heute bereits auf dem Punkte zu vollen Universitäten zu werden, die sich lediglich durch die abweichende fachliche Sonderung ihrer Fakultäten und durch einen in Anpassung an diese etwas abgeänderten Charakter der für die allgemeinen Bildungsfächer bestimmten Abteilung unterscheiden. Auf der andern Seite haben sich die landwirtschaftlichen Hochschulen, die Tierarzneischulen, die zahnärztlichen Lehranstalten und Institute vielfach bereits der Universität angegliedert. Dasselbe gilt von den Handelshochschulen, soweit diese nicht in einzelnen bis jetzt der Universität entbehrenden Großstädten selbst mit der Absicht umgehen, nach dem Vorbild der Polytechniken zu Universitäten auszuwachsen. So wird die Hochschule, sei es in ihrer altüberlieferten Form, sei es in einer dieser durch spezifische Bildungsinteressen bestimmten Abwandlungen das gemeinsame Ziel aller höheren Bildungsbestrebungen. Hier greift eben in den weitere und weitere Kreise erfassenden Drang nach Bildung der andere nach sozialer Gleichheit mächtig ein, und wenngleich in dieser Verbindung die äußerlichsten Motive zunächst wohl die mächtigsten sind, so darf man immerhin hoffen, daß auch hier das an sich wertlosere Interesse das wertvollere, die Schätzung der geistigen Bildung um ihrer selbst willen, aus sich erzeugen werde. Niemand kann sich aber mehr der Illusion hingeben, diese Bewegung, deren Ziel die eine, vielleicht nach besonderen Bedürfnissen wechselnde, jedoch an innerem Wert und sozialer Geltung gleiche Hochschule ist, könne aufgehalten oder in andere Bahnen gelenkt werden. Und mag zuweilen der gesteigerte Zudrang zu einzelnen, namentlich zu den der staatlichen Fürsorge anheimfallenden Zweigen der öffentlichen Beamtenlaufbahn, Sorgen erwecken und Abmahnungen veranlassen, niemand denkt mehr daran, den Zudrang zur Hochschule überhaupt hemmen zu wollen. Eher sucht man durch neue Gründungen in den bis dahin der Universitäten entbehrenden Landesteilen und Großstädten dem Bedürfnis entgegenzukommen.

Diese veränderte Auffassung des Zuges nach der Hochschule entspricht aber zugleich einer immer merklicher werdenden Veränderung nicht bloß in den Vorbedingungen allgemeiner Bildung, welche die zur Universität strömende Jugend mitbringt, sondern vielleicht mehr noch in den Zielen, die sie mit Hilfe der Hochschulbildung zu erreichen sucht. Und hier vor allem liegt die Quelle des Wandels, in den wir eingetreten sind, und der in dem Wachstum der Universitäten nur sein äußerlichstes Symptom hat. Daß sich eine Generation, die in den Traditionen der alten Hochschule aufgewachsen ist, in die neue Situation, der wir hier gegenüberstehen, nicht immer zu finden weiß, ist ja begreiflich. Allzuoft noch betrachtet man eben jenen Wandel nicht als eine mit der gesamten geistigen Bewegung des Zeitalters eng verbundene Erscheinung, sondern man sieht in ihm eine Reihe unabhängiger Veränderungen, bei deren jeder man vor allem zu fragen habe, ob sie den bisherigen Zwecken der Hochschule entspreche oder nicht. Soll das Realgymnasium als eine dem humanistischen gleichberechtigte Anstalt gelten? Sollen die Oberrealschulen oder unter gewissen Bedingungen sogar die Lehrerseminarien die Vorbereitung auf die Hochschule vermitteln können? Sollen die Frauen in die geheiligten Räume der Alma Mater Zutritt erhalten? Jede dieser Fragen wurde bekanntlich zunächst von den Hochschulen selbst mit einem energischen Nein, ebenso regelmäßig dann aber durch die folgenden Ereignisse mit Ja beantwortet. Darin liegt schon ein deutlicher Hinweis, daß es sich hier überall nicht darum handelte, wie die neu sich regenden Bedürfnisse den alten Zwecken der Hochschule unterzuordnen seien, sondern umgekehrt, wie die alte Hochschule den ihr gestellten neuen Zwecken gerecht werden könne. Und das ist in Wahrheit die Situation, der wir heute gegenüberstehen. Die Bedürfnisse sind da. Sie heischen Befriedigung, und sie werden sie finden. Aber noch sind wir in einem Übergangszustande. Die alte Organisation der Universitäten reicht nicht mehr aus. Im Hinblick auf das, was sie geleistet hat, und was sie noch leistet, kann es sich aber nimmermehr darum handeln, sie zu zerstören und eine neue an ihre Stelle zu setzen; sondern die Frage kann nur sein, wie unsere Hochschulen, die seit ihrem Ursprung aus dem Studium generale des Mittelalters schon so mannigfache Wandlungen erlebten, auch diese neue, seit den Tagen der humanistischen Wiederbelebung und der Aufnahme der neuen Philosophie und Naturwissenschaft vielleicht die eingreifendste, bestehen sollen, ohne darum den bis dahin erstrebten und in heißem Kampfe errungenen Bildungsidealen untreu zu werden. Und hierauf gibt wohl die allmählich und stetig eingetretene Veränderung in den Absichten, mit denen heute ein großer Teil der studierenden Jugend den Universitäten zuströmt, und der Aussichten, mit denen er von ihnen scheidet, um das Erworbene anzuwenden, die Antwort. Jene Sorgen und Klagen über das Wachstum unserer Universitäten, die sogar in den sonst pessimistischen Stimmungen wenig zugänglichen Festreden unserer Rektoren widerklangen, sind heute verschwunden, weil das Reich der Zwecke, um deren Willen die Universitätsbildung gesucht wird, immer umfassender geworden ist. Seit kaum einem halben Jahrhundert hat der Umkreis öffentlicher wie privater Berufszweige, für die die Hochschulbildung bald als unerläßliches Erfordernis bald wenigstens als wünschenswerte Zugabe zu dem sonst zu erlangenden Nachweis der Befähigung gilt, gewaltig zugenommen. Und fast regelmäßig beobachtet man hier zugleich eine Steigerung in dem Sinne, daß, was eine Zeitlang als wünschenswert galt, allmählich zur Forderung wird. Dabei ist es nicht bloß der Staat, der den Kreis der Beamten, für die er akademische Bildung verlangt, immer mehr in die Breite und Tiefe ausdehnt, die großen Banken, Industrie- und Fabrikunternehmungen, manche Zweige des kaufmännischen Geschäfts, wie besonders der Buchhandel, fordern diese mindestens für die Spitzen ihres Beamtenpersonals. Dazu kommen die Angehörigen aller jener Bildungsanstalten, die, früher außerhalb der Universität stehend, heute Anschluß an sie entweder bereits gefunden haben oder zu finden hoffen. Und diesen Kategorien schließt sich endlich noch eine letzte an: die Mitglieder jener vollkommen freien Berufe, die, der eigentlichen Fachbildung am fernsten stehend, um so mehr eine möglichst vielseitige Bildung erstreben. Hierher gehört die noch immer in fortschreitender Zunahme befindliche Zahl der künftigen Journalisten und freien Schriftsteller, sowie derer, die die akademische Bildung rein um ihrer selbst willen suchen, ein Motiv, das auf das engste mit dem Einfluß zusammenhängt, den die höhere Bildung auf die soziale Stellung ausübt. Besonders in einem Fall hat sich dieses persönliche, von Berufs- und Erwerbszwecken freiere Motiv wohl heute schon als ein entscheidendes herausgestellt: bei dem Zuströmen der Frauen zu dem akademischen Studium. Wenn in den Anfängen dieser Erscheinung die zu einem künftigen Ärzte- oder Lehrerberuf sich vorbereitenden Studierenden gelegentlich in den Frauen unbequeme Konkurrentinnen erblickten, so hört man heute kaum mehr etwas von solchen Befürchtungen. Instinktiv hat unsere männliche akademische Jugend herausgefühlt, daß das Hauptmotiv der studierenden Frau zumeist gar nicht das künftige Brotfach ist, mag es auch ihrer auf praktische Tätigkeit gerichteten Phantasie Befriedigung gewähren, sich in die Ausübung eines solchen hineinzudenken, sondern der Anspruch auf volle Teilnahme an dem Genuß der höheren Bildung und der Wunsch, der eigenen Arbeit die soziale Geltung zu verdanken, zu der die akademische Bildung berechtigt.

So sehen wir uns denn, wohin wir blicken, heute bereits durch die Macht neu sich regender Lebensbedürfnisse weit über die Ziele hinausgetrieben, denen die Universitäten bis dahin zugewandt waren. Als kirchliche Anstalten waren die alten Hochschulen entstanden. In der Fürsorge für die Erhaltung eines Standes gelehrter Kleriker lernte der Staat sie als Schulen für die Ausbildung eines gelehrten Beamtenstandes gebrauchen und schätzen. Damit hat er in der Bestimmung ihrer Zwecke die Kirche abgelöst. Aber schon hat gegenwärtig eine dritte Macht begonnen, dem Staat in einem weiten und immer mehr sich erweiternden Umfang von Forderungen an die Seite zu treten. Diese dritte Macht ist die Gesellschaft. Sie bedarf fortan des Staates zur Erreichung ihrer Zwecke, ebenso wie dereinst die Kirche zur Durchführung der ihren der Machtmittel des Staates bedurfte. Doch die Gesellschaft mit ihrer vielgestaltigen Menge von freien Berufs- und Lebensformen erhebt an die Hochschule eine Fülle von Ansprüchen, die weit über die verhältnismäßig fest abgegrenzten engeren Zwecke des Staates hinausgehen. Wer in der Stille des gelehrten Berufslebens früherer Tage aufgewachsen ist, dem kann es darum zuweilen wohl in dem bunten Nebeneinander, dem Drängen und Stoßen, in dem sich diese gesellschaftlichen Kräfte in ihren Anforderungen an die Hochschule begegnen, unheimlich zu Mute werden. Aber der Gang der Geschichte ist unaufhaltsam. Mit elementarer Gewalt drängen die Forderungen der Gesellschaft zu ihrer Erfüllung, und den Hochschulen selbst steht es am wenigsten zu, sich diesem Streben nach Erweiterung und mannigfaltigerer Gestaltung ihrer Bildungswege und Bildungsmittel zu widersetzen. Nur darum kann es sich handeln, das alte Bildungsideal, das den höchsten Wert der Wissenschaft in ihr selbst sieht und an die wissenschaftliche Arbeit die Forderung einer strengen, darum aber auch notwendig bis zu einem gewissen Grade einseitigen Vertiefung in die Probleme stellt, mit dem neuen Bildungsideal in Einklang zu bringen, das gleichzeitig auf Vielseitigkeit der Bildung und auf praktische Verwertung der von ihr gebotenen Mittel dringt.

Solche einander widerstrebende Bedürfnisse innerhalb der gleichen höheren Bildungsanstalten zu befriedigen, diese Aufgabe ist vielleicht die schwerste, die jemals an die Hochschule herangetreten ist. Dennoch ist allem Anscheine nach das kommende Jahrhundert berufen, sie zu lösen; und vielleicht bildet die Entwicklung, in die unsere Universitäten während der letzten Dezennien eingetreten sind, schon die Anfänge einer solchen Lösung. Denn in dem Maße, als die Universität ihre Pforten weiteren Kreisen öffnet, nimmt die Differenzierung der Lehrfächer und Lehrformen zu, und gewinnt zugleich die Scheidung allgemeinerer Bildungsfächer und besonderer Gebiete der Fachbildung eine wachsende Bedeutung. Daneben schieben sich besondere Lehrkurse ein, die den Übergang von einem Fach zum andern ermöglichen, der infolge der erweiterten Berechtigung zum Studium immer häufiger geworden ist. Das alles bedingt eine Vermehrung der Lehrkräfte, die sich in ihrer Eigenart der so herbeigeführten Differenzierung des Lehrberufs anpassen müssen. Nicht minder macht sich endlich heute bereits das Bedürfnis geltend, auf der Hochschule selbst schon für eine besondere Vorbereitung zum akademischen Lehramt Sorge zu tragen und so einem der bedenklichsten Mängel unseres

Habilitationswesens, der laxen, auf Lehrbefähigung und manchmal selbst auf wissenschaftliche Leistungen allzu wenig Rücksicht nehmenden Zulassung zum akademischen Lehrfach zu steuern. Unter der alten, strenger auf bestimmte Fachprofessuren eingeengten Herrschaft der Brotstudien hat sich die heute noch zum Schaden der Hochschule verbreitete Vorstellung ausgebildet, das Recht zu dozieren sei für die Universität selbst von untergeordneter Bedeutung, die Habilitation sei also ein Wagnis, das zu unternehmen man dem einzelnen auf eigene Gefahr überlassen könne. Die Erweiterung des Wirkungskreises der Universitäten hat diese Anschauung, wenn sie je berechtigt war, völlig unhaltbar gemacht. Der Universität tüchtige jüngere Lehrkräfte zuzuführen, die als aktive Mitarbeiter an der Erfüllung ihrer Aufgaben immer unentbehrlicher werden, sollte als eine der verantwortungsvollsten Pflichten betrachtet werden. Auch hat hier schon die neuere Entwicklung der allmählich über alle Fachgebiete sich ausdehnenden Institute mit ihren Assistenten wohl die Wege zu einer Reform dieser Zustände gewiesen. In den Assistenten, dann in den Mitgliedern der Seminarien und Laboratorien hat sich besonders für die spezifischen Berufsfächer von selbst bereits eine Abstufung ausgebildet, die stetig von den älteren zu den jüngeren Assistenten und endlich zu den selbständiger arbeitenden Studierenden herabreicht, so daß hier allmählich der Schüler in den Lehrer übergeht und dabei die günstigste Gelegenheit findet, seine Kraft zu erproben, um sich zu einem künftigen unabhängigen Lehrberuf vorzubereiten.

Hier überall hat die Universität, dem Zwang der Bedürfnisse folgend, zum Teil aus sich heraus schon die Einrichtungen geschaffen, durch die sie den neuen Forderungen des akademischen Lebens entgegenkommt. Aber auf die Dauer wird es doch nicht zu vermeiden sein, daß diesen von selbst entstandenen Anfängen eine planvoll vorgehende Organisation zu Hilfe komme, in deren Ausbildung Hochschulen und Regierungen zusammenwirken müssen. Innerhalb der Hochschulen, denen ja die Mängel der bisherigen Einrichtungen am ehesten fühlbar werden, beginnen sich in der Tat schon mannigfache Bestrebungen dieser Art zu regen. So die Hochschultage, die Rektorenkonferenzen, endlich die innerhalb der jüngeren Mitglieder des Lehrkörpers um sich greifenden Vereinsbildungen, in welchen, wie unbestimmt oder unpraktisch noch die zuweilen auftauchenden Vorschläge sein mögen, doch das berechtigte Bewußtsein zur Geltung kommt, daß die aus freier eigener Wahl tätigen oder zu spezielleren Zwecken herangezogenen Mitglieder des Lehrkörpers immer mehr zu unentbehrlichen Hilfskräften der Hochschule geworden sind. Wie die Universitäten, so rüsten sich aber auch wohl die Regierungen, den neu sich regenden Ansprüchen zu genügen, wie sich aus manchen, vorläufig besonders die Stellung jener unentbehrlichen Hilfskräfte regelnden Maßnahmen entnehmen läßt.

So gehen wir denn nicht unvorbereitet den neuen Aufgaben entgegen, die das nächste Jahrhundert an unsere Hochschulen stellen wird. Schon einmal haben sich diese durch den Kampf neuer gegen alte Bildungsideale hindurchringen müssen. Das war der Kampf des Humanismus und der ihm folgenden neuen Philosophie und Naturwissenschaft gegen die absterbende Scholastik. Aber wenn wir heute abermals von einem alten und einem neuen Bildungsideale reden, so handelt es sich nicht, wie in jener fernen Vergangenheit, um einen Kampf unversöhnlicher Gegner, aus dem nur einer von beiden als Sieger hervorgehen konnte, sondern um die Aufgabe, mit jenem in der Vergangenheit neu errungenen, für die Gegenwart alten Bildungsideal das neue der Zukunft zur Einheit zu verbinden. Denn jenes alte

Bildungsideal können wir nicht preisgeben, ohne das wertvollste Gut, das sich die deutsche Hochschule errungen, die Einheit von Lehre und Forschung, schwer zu gefährden. Dem neuen Bildungsideal aber, das die in Staat und Gesellschaft wirksamen Kräfte erzeugt haben, können wir nicht uns entziehen. Da ist es denn ein Glück, daß jenes alte und dieses neue Ideal keine unversöhnlichen Gegner sind, sondern daß vielmehr jedes das andere gebieterisch als seine Ergänzung fordert. So möge denn in dem friedlichen Wettstreit der Geister um die alten und neuen Werte des Lebens, bei dem jeder fremde Sieg zugleich einen eigenen Sieg bedeutet, auch unsere Hochschule eine ehrenvolle Stellung behaupten!

Ebenfalls im SEVERUS Verlag erhältlich:

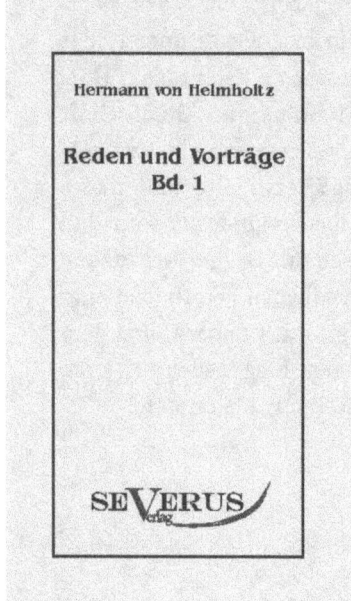

Hermann von Helmholtz
Reden und Vorträge, Bd. 1
Mit einem Vorwort von Sergei Bobrovskyi
SEVERUS 2010 / 408 S./ 29,50 Euro
ISBN 978-3-942382-14-4

Helmholtz – bis heute steht er mit seinem Namen für die gesamte Vielfalt der naturwissenschaftlichen Forschung.

Der vorliegende Band versammelt Vorträge zu verschiedenen Themen, gehalten zwischen 1853 und 1869.

www.severus-verlag.de

Ebenfalls im SEVERUS Verlag erhältlich:

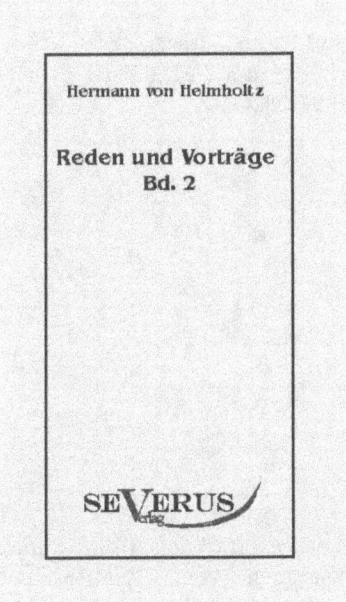

Hermann von Helmholtz
Reden und Vorträge Bd.2
SEVERUS 2010 / 396 S./ 29,50 Euro
ISBN 978-3-942382-16-8

Helmholtz - bis heute steht er mit seinem Namen für die gesamte Vielfalt der naturwissenschaftlichen Forschung.

Der vorliegende Band versammelt Vorträge zu verschiedenen Themen, gehalten zwischen 1870 und 1881.

www.severus-verlag.de

Ebenfalls im Severus Verlag erhältlich:

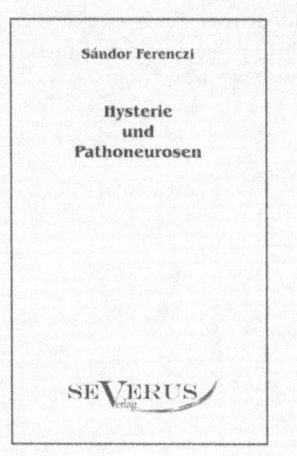

Sándor Ferenczi
Hysterie und Pathoneurosen
SEVERUS 2010 / 84 S. / 24,50 Euro
ISBN 978-3-942382-42-7

Dr. Sándor Ferenczis Studien umfassen praktische Erfahrungen hinsichtlich verschiedener Ausprägungsformen und -graden von Hysterie und veranschaulichen darüber hinaus auch weitere Problemstellungen, mit denen Psychoanalysten konfrontiert werden.

Er präsentiert eine Abhandlung über die hysterische Symptombildung, die er in Zusammenhang mit der Erfahrung frühkindlicher sexueller Gewalt setzt und beschreibt Hysterie als Regression der Erotik in sonst reinen Ich-Funktionen dienende Organe. Sein kurzer Bericht über Kriegsneurosen veranschaulicht darüber hinaus zahlreiche seelische Störungen, die sich hinter vermeintlich körperlichen Symptomen verbergen. Dr. Sándor Ferenczi versteht es sehr gut sowohl bereits vorhandene Forschungsgegenstände der Psychoanalyse eingängig und prägnant aufzugreifen, als auch richtungsweisend neue Untersuchungsfelder zu entwickeln.

www.severus-verlag.de

Ebenfalls im SEVERUS Verlag erhältlich:

Wilhelm Weygandt
Abnorme Charaktere in der dramatischen Literatur
Shakespeare - Goethe - Ibsen - Gerhart Hauptmann
SEVERUS 2010 / 144 S. / 19,50 Euro
ISBN 978-3-942382-22-9

„Bei Hauptmann wie bei Ibsen, bei Shakespeare und ebenfalls bei Goethe sahen wir, wie der Dichter in seinen Schöpfungen uns eine reichliche Fülle abnormer Charaktere in dem mannigfaltigsten Sinne dieses Begriffes darbietet."

Der deutsche Psychiater Wilhelm Weygandt (1870 bis 1939) verbindet in dem hier vorliegenden Buch seine unfangreichen psychiatrischen Erfahrungen, die er als Direktor der ehemaligen Staatskrankenanstalt Hamburg-Friedrichsberg sammeln konnte, mit den großen Werken der Literatur. Seine Arbeiten zählen zu den bedeutendsten Zeugnissen der Psychiatriegeschichte vom Ende des 19. Jahrhunderts bis in die Zeit des Nationalsozialismus.

www.severus-verlag.de

Bisher im SEVERUS Verlag erschienen:

Achelis, Th. Die Entwicklung der Ehe * **Andreas-Salomé, Lou** Rainer Maria Rilke * **Arenz, Karl** Die Entdeckungsreisen in Nord- und Mittelafrika von Richardson, Overweg, Barth und Vogel * **Aretz, Gertrude (Hrsg)** Napoleon I - Briefe an Frauen * **Ashburn, P.M** The ranks of death. A Medical History of the Conquest of America * **Avenarius, Richard** Kritik der reinen Erfahrung * Kritik der reinen Erfahrung, Zweiter Teil * **Bernstorff, Graf Johann Heinrich** Erinnerungen und Briefe * **Binder, Julius** Grundlegung zur Rechtsphilosophie. Mit einem Extratext zur Rechtsphilosophie Hegels * **Bliedner, Arno** Schiller. Eine pädagogische Studie * **Blümner, Hugo** Fahrendes Volk im Altertum * **Brahm, Otto** Das deutsche Ritterdrama des achtzehnten Jahrhunderts: Studien über Joseph August von Törring, seine Vorgänger und Nachfolger * **Braun, Lily** Lebenssucher * **Braun, Ferdinand** Drahtlose Telegraphie durch Wasser und Luft * **Büdinger, Max** Don Carlos Haft und Tod insbesondere nach den Auffassungen seiner Familie * **Burkamp, Wilhelm** Wirklichkeit und Sinn. Die objektive Gewordenheit des Sinns in der sinnfreien Wirklichkeit * **Caemmerer, Rudolf Karl Fritz** Die Entwicklung der strategischen Wissenschaft im 19. Jahrhundert * **Cronau, Rudolf** Drei Jahrhunderte deutschen Lebens in Amerika. Eine Geschichte der Deutschen in den Vereinigten Staaten * **Cushing, Harvey** The life of Sir William Osler, Volume 1 * The life of Sir William Osler, Volume 2 * **Eckstein, Friedrich** Alte, unnennbare Tage. Erinnerungen aus siebzig Lehr- und Wanderjahren * **Eiselsberg, Anton Freiherr von** Lebensweg eines Chirurgen * **Elsenhans, Theodor** Fries und Kant. Ein Beitrag zur Geschichte und zur systematischen Grundlegung der Erkenntnistheorie. * **Engel, Eduard** Shakespeare * **Ferenczi, Sandor** Hysterie und Pathoneurosen * **Fourier, Jean Baptiste Joseph Baron** Die Auflösung der bestimmten Gleichungen * **Frimmel, Theodor von** Beethoven Studien I. Beethovens äußere Erscheinung * Beethoven Studien II. Bausteine zu einer Lebensgeschichte des Meisters * **Fülleborn, Friedrich** Über eine medizinische Studienreise nach Panama, Westindien und den Vereinigten Staaten * **Goette, Alexander** Holbeins Totentanz und seine Vorbilder * **Goldstein, Eugen** Canalstrahlen * **Griesser, Luitpold** Nietzsche und Wagner - neue Beiträge zur Geschichte und Psychologie ihrer Freundschaft * **Hartmann, Franz** Die Medizin des Theophrastus Paracelsus von Hohenheim * **Heller, August** Geschichte der Physik von Aristoteles bis auf die neueste Zeit. Bd. 1: Von Aristoteles bis Galilei * **Helmholtz, Hermann von** Reden und Vorträge, Bd. 1 * Reden und Vorträge, Bd. 2 * **Kalkoff, Paul** Ulrich von Hutten und die Reformation. Eine kritische Geschichte seiner wichtigsten Lebenszeit und der Entscheidungsjahre der Reformation (1517 - 1523), Reihe ReligioSus Band I * **Kerschensteiner, Georg** Theorie der Bildung * **Krömeke, Franz** Friedrich Wilhelm Sertürner - Entdecker des Morphiums * **Külz, Ludwig** Tropenarzt im afrikanischen Busch * **Leimbach, Karl Alexander** Untersuchungen über die verschiedenen Moralsysteme * **Liliencron, Rochus von** / **Müllenhoff, Karl** Zur Runenlehre. Zwei Abhandlungen * **Mach, Ernst** Die Principien der Wärmelehre * **Mausbach, Joseph** Die Ethik des heiligen Augustinus. Erster Band: Die sittliche Ordnung und ihre Grundlagen * **Müller, Conrad** Alexander von Humboldt und das Preußische Königshaus. Briefe aus den Jahren 1835-1857 * **Oettingen, Arthur von** Die Schule der Physik * **Ostwald, Wilhelm** Erfinder und Entdecker * **Peters, Carl** Die deutsche Emin-Pascha-Expedition * **Poetter, Friedrich Christoph** Logik * **Popken, Minna** Im Kampf um die Welt des Lichts. Lebenserinnerungen und Bekenntnisse einer Ärztin * **Prutz, Hans** Neue Studien zur Geschichte der Jungfrau von Orléans * **Rank, Otto** Psychoanalytische Beiträge zur Mythenforschung. Gesammelte Studien aus den Jahren 1912 bis 1914. * **Rohr, Moritz von** Joseph Fraunhofers Leben, Leistungen und Wirksamkeit * **Rubinstein, Susanna** Ein individualistischer Pessimist: Beitrag zur Würdigung Philipp Mainländers * Eine Trias von Willensmetaphysikern: Populär-philosophische Essays * **Sachs, Eva** Die fünf platonischen Körper: Zur Geschichte der Mathematik und der Elementenlehre Platons und der Pythagoreer * **Scheidemann, Philipp** Memoiren eines Sozialdemokraten, Erster Band * Memoiren eines Sozialdemokraten, Zweiter Band * **Schweitzer, Christoph** Reise nach Java und Ceylon (1675-1682). Reisebeschreibungen von

www.severus-verlag.de

deutschen Beamten und Kriegsleuten im Dienst der niederländischen West- und Ostindischen Kompagnien 1602 - 1797. * **Stein, Heinrich von** Giordano Bruno. Gedanken über seine Lehre und sein Leben * **Strache, Hans** Der Eklektizismus des Antiochus von Askalon * **Thiersch, Hermann** Ludwig I von Bayern und die Georgia Augusta * **Tyndall, John** Die Wärme betrachtet als eine Art der Bewegung, Bd. 1 * Die Wärme betrachtet als eine Art der Bewegung, Bd. 2 * **Virchow, Rudolf** Vier Reden über Leben und Kranksein * **Wecklein, Nikolaus** Textkritische Studien zu den griechischen Tragikern * **Wernher, Adolf** Die Bestattung der Toten in Bezug auf Hygiene, geschichtliche Entwicklung und gesetzliche Bestimmungen * **Weygandt, Wilhelm** Abnorme Charaktere in der dramatischen Literatur. Shakespeare - Goethe - Ibsen - Gerhart Hauptmann * **Wlassak, Moriz** Zum römischen Provinzialprozeß * **Wulffen, Erich** Kriminalpädagogik: Ein Erziehungsbuch * **Zoozmann, Richard** Hans Sachs und die Reformation - In Gedichten und Prosastücken, Reihe ReligioSus Band III

www.severus-verlag.de

www.ingramcontent.com/pod-product-compliance
Lightning Source LLC
Chambersburg PA
CBHW070805300426
44111CB00014B/2429